STEPHEN SPIGNESI

Titanic – Das Schiff, das niemals sank

Buch

Kaum eine Katastrophe hat die Menschheit stärker in ihren
Bann gezogen als der Untergang der *Titanic.* Kaum ein Detail
auch, das damit in Zusammenhang steht, blieb seither uner-
forscht. Stephen Spignesi hat für sein *Titanic*-Handbuch alles
bekannte Faktenmaterial nochmals gesichtet und alles Interes-
sante zusammengetragen: von der Planung und Konstruktion
des Schiffs, den Passagierlisten, der Speisekarte des letzten Tages, den Namen der Überlebenden und ihrem späteren Schicksal, den Prozessprotokollen, den Mythen und Legenden um
die *Titanic* bis zur Entdeckung des Wracks und zum Filmepos
unserer Tage.

Autor

Stephen J. Spignesi ist leidenschaftlicher Sammler und Chronist,
er hat u. a. einen »Woody Allen Companion«, »The Beatles
Book of Lists« und eine »Complete Stephen King Encyclopedia«
veröffentlicht. Er lebt in New Haven, Connecticut.

Stephen Spignesi

TITANIC –
Das Schiff, das
niemals sank

Chronik
einer Jahrhundertlegende

Aus dem Amerikanischen
von Franca Fritz und Heinrich Koop

GOLDMANN

Die Originalausgabe erschien unter dem Titel
»The Complete Titanic.
From the Ship's Earliest Blueprints to the Epic Film«
bei Birch Lane Press, Carol Publishing Group, Secaucus, N. J.

Umwelthinweis
Alle bedruckten Materialien dieses Taschenbuches
sind chlorfrei und umweltschonend.

Deutsche Erstausgabe Juli 2000
© 2000 der deutschsprachigen Ausgabe
Wilhelm Goldmann Verlag, München,
in der Verlagsgruppe Bertelsmann GmbH
© 1998 Stephen Spignesi
Published by Arrangement with Carol Publishing Group Inc.
Umschlaggestaltung: Design Team München
Umschlagabbildung: AKG, Berlin
DTP/Satz: Martin Strohkendl
Druck: Graphischer Großbetrieb Pößneck
Verlagsnummer: 15068
Redaktion: Dieter Löbbert
AM · Herstellung: Sebastian Strohmaier
Made in Germany
ISBN 3-442-15068-X

1 3 5 7 9 10 8 6 4 2

Für
meinen Bruder Paul

Der Text der »Todesnachricht« der *Titanic,*
gefunkt von der *Olympic* am Montag, dem 15. April 1912

Carpathia erreichte Position der *Titanic* bei Tagesanbruch.
Nur Boote und Wrackteile gefunden. *Titanic* sank gegen 2.20
Uhr morgens, Position 41°46' N, 50°14' W. Aus allen Booten
insgesamt etwa 675 Seelen gerettet, Besatzung und Passagiere
zusammengenommen. Fast alle Frauen und Kinder gerettet.
Leyland Liner *Californian* blieb auf Position und suchte den
Ort der Katastrophe ab. Verluste wahrscheinlich 1800 Seelen.

Inhalt

TEIL III
Mysterium *Titanic*:
Ein Jahrhundert voller Geheimnisse

TEIL IV
Am Grab der *Titanic*:
Dr. Ballards großer Triumph

TEIL V
Titanic 1997: Von Mexiko zum Broadway

TEIL VI
Die unsterbliche *Titanic*:
Eine Legende lebt weiter

Epilog

Anhang

White Star Liner, "TITANIC."

R.M.S. *Titanic*:
Das todgeweihte Traumschiff

Seit den Tagen Napoleons war nichts geschehen, was den Glauben der Menschheit an den ununterbrochenen Fortschritt hätte erschüttern können.

Walter Lord,
Autor von »*Letzte Nacht der Titanic*«
und »*Titanic – wie es wirklich war*«

In meinen Augen erwachte die heutige Welt am 15. April 1912.

Jack Thayer,
Überlebender der *Titanic*

Titanic: Seit April 1912 ist dieser Name zur Metapher für eine Unzahl von Dingen geworden. Ihr Untergang auf der Jungfernfahrt hat wahrscheinlich nur deshalb ein solches Interesse erzeugt und eine seither derart ungebrochene Faszination ausgelöst, weil zuvor alle Welt davon überzeugt worden war – vom erfahrensten Kapitän bis hin zum bescheidensten Zwischendeckspassagier –, dass die *Titanic* einfach nicht sinken *könne.* Nie zuvor zog die Herausforderung des Schicksals derart entsetzliche und tief greifende Auswirkungen nach sich.

Aber das ungebrochene Interesse an der *Titanic* ist mehr als eine distanzierte, kühl analysierende Bewertung der symbolischen Bedeutung ihres Entwurfs, ihrer Konstruktion, ihrer ersten Fahrt und ihres Untergangs. Die Dramatik und unwiderstehliche Faszination der Geschichte dieses Schiffes sind das Ergebnis einer vielfältigen Mischung kraftvoller emotionaler, ineinander verwobener Elemente – die soziale Arroganz und strenge, diskriminierende Klassenstruktur der damaligen Zeit; der Optimismus und die Hoffnungen Hunderter Zwischendeckpassagiere, die als Emigranten auf dem Weg nach Amerika waren; der unvergleichliche Luxus und die beispiellose Größe des Schiffes und die Kette fataler Fehlurteile, die letztendlich zum Untergang der *Titanic* und zum Tod von über 1500 ihrer Passagiere führte, angefangen von der zu geringen Zahl an Rettungsbooten bis hin zu falschen Befehlen nach der Kollision mit dem Eisberg.

Eines Tages hörte ich bei der Arbeit an diesem Buch Mozarts »Requiem« über Kopfhörer, während ich gleichzeitig beschrieb, wie Emily Ryerson sich von ihrem Ehemann und einigen anderen Passagieren an Deck der *Titanic* verabschiedete. Sie »standen alle sehr still beieinander«, erinnerte sie sich später, während sie und ihre Kinder in einem vollbesetzten Rettungsboot zu Wasser gelassen wurden. Einen kurzen Augenblick lang vermischten sich die dunkle Erhabenheit von Mozarts »Introitus« und das surreale Bild der Männer, die sich noch an Bord des Schiffes befanden und dem langsam nach unten gleitenden Boot hinterhersahen, zu einem Gefühl, das ich nur als überwältigend beschreiben kann.

Es gibt ein Problem, mit dem jeder Autor konfrontiert ist, der über die *Titanic* zu schreiben versucht: Wir alle sind auf bloße Worte begrenzt, um etwas zu schildern, was über die Sprache weit hinausgeht. Der Untergang der *Titanic* ist ein derart elementares, tief greifendes und schreckliches historisches Ereignis, dass dem Chronisten dieses Geschehnisses eines bald deutlich wird: Die Sprache ist noch nicht an dem Punkt angelangt, dass Worte wirklich in der Lage wären, die tragische Essenz dieser Katastrophe zu vermitteln.

Seit 1955, als Walter Lord unter dem Titel »A Night to Remember« (deutsch: »Letzte Nacht der Titanic«) seine zukunftsweisende *Titanic*-Chronik veröffentlichte, hat das Interesse an dieser Katastrophe Jahr für Jahr zugenommen; immer mehr Menschen zeigten sich fasziniert von dieser grausamen und doch denkwürdigen Nacht.

1997 hob James Camerons preisgekrönter Film »Titanic« scheinbar über Nacht das Objekt des Interesses einer Gruppe von Personen in den Rang eines Phänomens, das Millionen auf der ganzen Welt in seinen Bann zog. Nur wenige Tage nach der Premiere breitete sich das *Titanic*-Fieber in der populären Kultur des gesamten Planeten aus. *Titanic*-Bücher eroberten die Bestsellerlisten; der *Titanic*-Soundtrack wurde zur meistverkauften Filmmusik aller Zeiten; die »Titanic Historical Society« begrüßte Hunderte neuer Mitglieder; und im Frühling hatte sich Camerons *Opus magnum* zum Film mit dem besten Einspielergebnis aller Zeiten entwickelt. Überall wurden neue Rekorde aufgestellt, und Ende März 1998 schwirrte durch die gesamte Medienwelt das Gerücht, dass die äußerst dankbaren Twentieth Century-Fox und Paramount-Studios die Absicht hätten, James Cameron mit einem großzügigen Bonus zu bedenken – in Höhe von etwa 110 Millionen Dollar. (Um den Film fertig stellen zu können, hatte Cameron auf seine Gewinnbeteiligung verzichtet, bis »Titanic« über 200 Millionen Dollar an den Kinokassen eingebracht hatte.)

Und nun noch ein weiteres Buch über die *Titanic*? Die Antwort lautet Ja, denn *TITANIC – Das Schiff, das niemals sank* lässt sich mit keiner der bisher erschienenen Publikationen vergleichen. Das vorliegende Buch ist nicht nur Führer, Anthologie, Schmöker, Enzyklopädie und Nachschlagewerk zugleich, sondern auch eine Zeitmaschine voller zeitgenössischer Artikel und Essays; darüber hinaus enthält es Listen, Tabellen, Fotos, Augenzeugenberichte, Gerichtsakten, Senatsberichte, ein »Who's who«, eine ausführliche Zeittafel und vieles andere mehr.

Ich möchte ausdrücklich darauf hinweisen, dass ich als Autor und der Herausgeber bei den Vorbesprechungen zu diesem Buch uns dazu entschlossen haben, die grammatischen und syntaktischen Inkonsistenzen und Unregelmäßigkeiten der Schreibweise beizubehalten, wie sie in den Originalberichten, Zeitungs- und Zeitschriftenartikeln des Jahres 1912 vorkamen; das Gleiche gilt für die verschiedenen Quellen, wie Speisekarten, Schadenersatzklagen und Werbemittel, die auf den folgenden Seiten nachgedruckt sind. Wir haben die Orthografie des Originalmaterials beibehalten – nicht aus Trägheit oder Gleichgültigkeit, sondern aus Respekt vor der Erinnerung an die *Titanic*, ihre Passagiere und den ursprünglichen Autoren dieser Dokumente. In manchen Fällen führt dies zu einer leicht widersprüchlichen Aneinanderreihung von Worten oder einer merkwürdigen beziehungsweise veralteten Schreibweise oder Wortwahl. Daran lässt sich jedoch nichts ändern.

Dieses Buch soll eine vollständige Chronik des *Titanic*-Phänomens sein, ein umfassender Führer zu allem, was mit dem Ozeanriesen zu tun hat.

Die R.M.S. *Titanic* besitzt einen festen Ehrenplatz im Bewusstsein der Welt. Schiffe wie die *Titanic* werden zum Leben erweckt in den Augen derer, die sie bauen, sie steuern oder auf ihnen reisen. Es ist keine übertriebene Behauptung, dass viele Leute sehr traurig wären, ein solch großartiges Schiff durch ein ungewöhnliches Unglück zu verlieren – selbst wenn dabei keine Menschenseele zu Schaden kommen würde.

Das vorliegende Werk ist eine Hommage an die *Titanic*.

Oder um es mit den letzten Zeilen des bewegenden Musicals *Titanic* zu sagen: »Fahre weiter, fahre weiter, großartige *Titanic*! Die Winde des Schicksals wünschen dir eine glückliche Reise!«

Engineering News

12. Januar 1911

Dieser Artikel aus der angesehenen Zeitschrift *Engineering News* bietet einen kurzen Blick auf die *Titanic* während ihrer Frühphase. Er beschäftigt sich mit der Fertigstellung des Luxusliners und der daraus entstehenden Sorge über die unzureichende Länge der New Yorker Hafenkais (der hier, zusammen mit einer überraschend negativen Betrachtung dieser neuen »Monster der Meere«, Ausdruck verliehen wird).

Olympic und *Titanic* kurz vor der Fertigstellung

Die White Star Steamship Co. steht kurz vor dem Stapellauf der beiden größten Schiffe der Welt, der *Olympic* und der *Titanic*. Die Länge ihrer Schiffskörper beträgt 882,5 Fuß über alles. Die *Olympic* soll im kommenden Juni in Dienst und auf große Fahrt gehen. Allerdings stellt sich die Frage, wo diese monströsen Schiffe andocken können.

Natürlich ist es aus Sicherheitsgründen vonnöten, dass ein Pier zumindest so lang sein sollte wie das Schiff, das an ihm festmacht. Allerdings sind die großen neuen Piers, welche die Stadt New York gerade am North River, in der Nähe der 23. Straße, fertig gestellt hat, gute 100 Fuß zu kurz, um diese Anforderung zu erfüllen. Falls die *Olympic* am White Star Pier anlegen wollte, würde ihr Heck daher etwa 100 Fuß in den Fluss hinausragen und der Gefahr einer Beschädigung durch vorbeifahrende Schiffe ausgesetzt sein. Daher hat sich die Gesellschaft mit der Bitte an die New Yorker Hafenbehörde gewandt, zwei der Chelsea Piers um etwa 100 Fuß in den North River hinein zu verlängern, um einen Liegeplatz für die *Olympic* und ihr Schwesterschiff zu erhalten.

Es ist natürlich abzusehen, dass dies nur die erste einer Reihe derartiger Anfragen darstellt. Die Hamburg-Amerika-Linie hat bereits mit den Arbeiten an einem Schiff begonnen, das noch etwa 40 Fuß länger werden soll als die White-Star-Liner, und diese Reederei wird zweifellos in Kürze um die Erlaubnis nachfragen, ihre Piers in Hoboken verlängern zu dürfen. Auch die Cunard Co. hat den Bau eines Schiffes angekündigt, welches dasjenige der Hamburg-Amerika-Linie an Länge noch übertreffen soll, sodass die Cunard-Piers ebenfalls ausgebaut werden müssen.

Diese ganze Entwicklung wirft im Augenblick zwei Fragen auf. Zunächst sollte man darüber nachdenken, ob es wirklich im Interesse der Öffentlichkeit und der sicheren Seefahrt sein kann, dass die Navigationsbreite auf dem North River eingeengt wird. Die andere Frage lautet, ob die leidgeprüften Steuerzahler der Stadt New York tatsächlich mit den zusätzlichen Kosten für einen Ausbau der Docks belastet werden können, nur weil zwei oder drei Reedereien Schiffe bauen, die alle bisherigen an Größe wesentlich übertreffen.

Wenn diese neuesten Monster des Meeres einen wirklichen

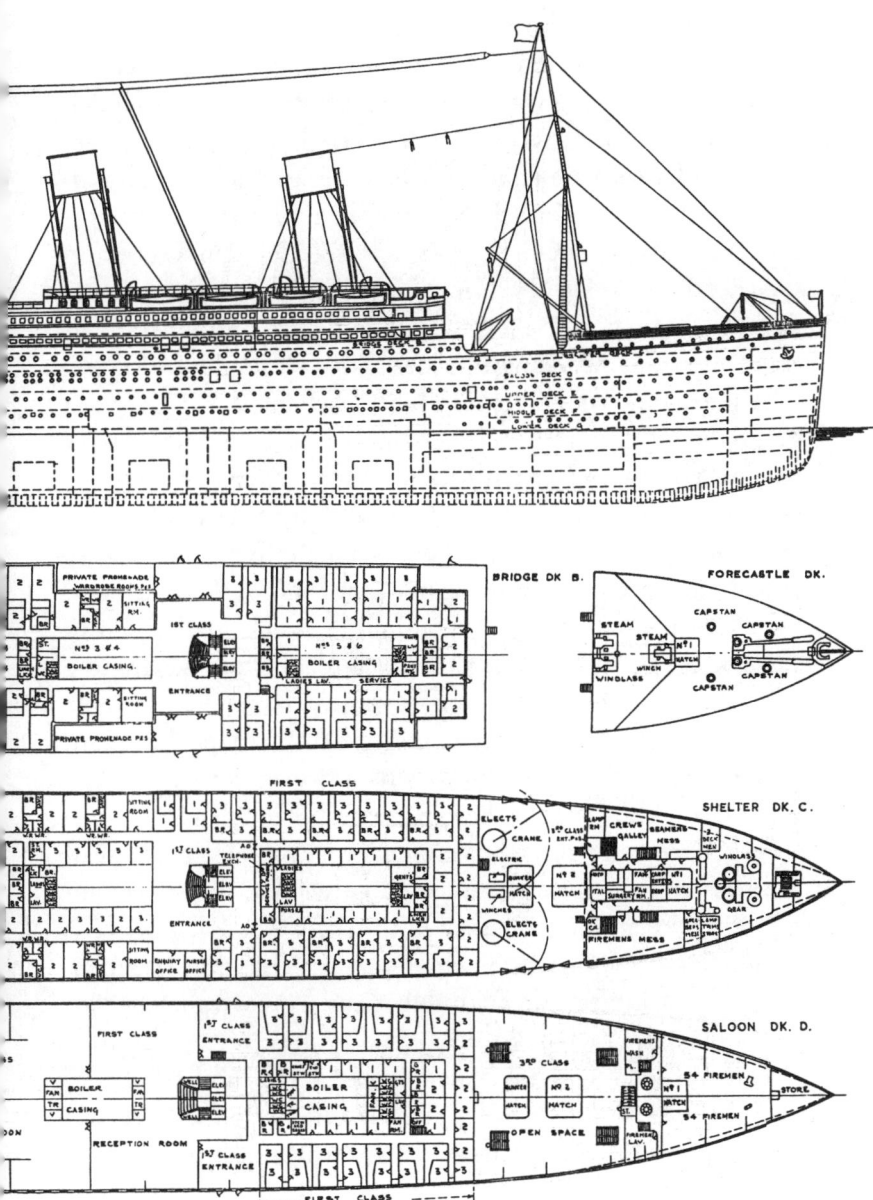

Fortschritt im wirtschaftlichen Transportwesen darstellen würden – nämlich wenn ihr Bau billigere transatlantische Frachtraten bedeutete –, wäre es wahrscheinlich sehr einfach, die beiden Fragen positiv zu beantworten. Allerdings haben wir bis heute keinen Grund anzunehmen, dass solche riesigen Schiffe tatsächlich einen derartigen Fortschritt darstellen. Sie wurden hauptsächlich gebaut, um dem Streben nach äußerstem Luxus im Passagierverkehr Ausdruck zu verleihen. Statt eines Fortschritts im Bereich Transporteffizienz repräsentieren sie wahrscheinlich eine tatsächliche Zunahme der Kosten. Es dürfte davon auszugehen sein, dass – über das Jahr gesehen – Passagiere auf kleineren Schiffen mit beachtlichem Komfort preisgünstiger reisen als auf diesen neuesten Monstern der Meere.

Diejenigen, die für eine Verengung des North River eintreten und von der Stadt New York die zusätzliche Belastung dieser Dockausbauten erwarten, drängen darauf mit dem Argument, dass diese Schiffe andere Häfen anlaufen, sollte man ihnen in New York nicht die passenden Hafenanlagen zur Verfügung stellen. Die einzig richtige Antwort darauf lautet, dass es gar keine anderen Häfen gibt, in denen sie festmachen könnten. Keine andere Stadt der Welt bietet einem transatlantischen Passagierverkehr genug, damit diese Riesenschiffe sich auszahlen.

Das Eigenartige ist, dass die genannten Reedereien diese riesigen Schiffe bauen ließen, ohne zuvor zu wissen, wo sie sie am Ende ihrer Reise andocken lassen könnten. Wenn solche Gesellschaften sich ganz von selbst in ein derartiges Dilemma begeben, wäre es nur vernünftig, sie auch selbst einen Ausweg suchen zu lassen. Denn wenn tatsächlich die Piers für diese neuen Monster umgebaut werden müssen, können wir keinen Grund erkennen, warum ihre Reedereien oder die Gesellschaften, denen sie gehören, nicht selbst das nötige Geld aufbringen sollten.

TEIL I

Die Akte *Titanic*:
Eine vollständige Chronik des Unglücks

Titanic Haiku

Still ruht Wasser schwarz
wie Glas uralter Eisberg
tiefer neuer Tod.

[lt. Brockhaus Dreizeiler aus 5 + 7 + 5 = 17 Silben;
Eigenversuch, Anm. d. Übers.]

1

Die *Titanic* in Dokumenten

Die folgenden drei Dokumente der *Titanic* – die Abschrift ihres Eintrags ins Schifffahrtsregister, die Auslaufgenehmigung und der Bericht über die Untersuchung eines Immigrationsschiffes – zeichnen den Weg der *Titanic* zu ihrem offiziellen Status als Hochseeschiff nach und bieten gleichzeitig einen faszinierenden Einblick in ihre Veränderung vom »größten, je von Menschenhand erbauten Schiff« zum »größten Schiff, das je die Meere befuhr«.

Es ist faszinierend und traurig zugleich, mit einem Abstand von über achtzig Jahren die einzelnen Punkte dieser Dokumente durchzugehen – wer wäre nicht erschüttert angesichts des sachlichen Kommentars am Ende der Abschrift: »Schiff untergegangen im Atlantischen Ozean, 14. April 1912. Registerbrief mit dem Schiff verloren.«

Zwei Zeilen aus dem Bericht über die Untersuchung eines Immigrationsschiffes bleiben ebenfalls im Gedächtnis. Ein Inspektor berichtet: »Ich habe die Boote und ihre Ausrüstung überprüft und gesehen, wie *sechzehn* ausgeschwenkt und zu Wasser gelassen wurden.« Wenige Zeilen später erklärt er: »Ich befand mich unmittelbar vor dem Auslaufen dieses Schiffes an Bord und sah, wie *zwei* Boote ausgeschwenkt und zu Wasser gelassen wurden.« Dies scheint zu bestätigen, dass die Mannschaft vor Antritt der Jungfernfahrt keine Bootsübung abhielt, sondern nur flüchtig zwei Boote ausschwenkte und zu

Wasser ließ. Der Inspektor erläutert, dass 16 Boote ausgeschwenkt und zu Wasser gelassen wurden; dies muss jedoch vor dem Abfahrtstag stattgefunden haben – vor allem, wenn man seine Aussage berücksichtigt, er habe vor dem Auslaufen nur zwei Boote bei einem solchen Manöver gesehen.

Diese offiziellen Dokumente zeichnen ein genaues Bild, und ihre Lektüre versetzt uns zurück in die Zeiten, da die *Titanic* neu war und als unsinkbar galt.

Der Bericht, mit dem die *Titanic* offiziell registriert wurde:

Auszüge der Abschrift aus dem Liverpooler Schifffahrtsregister zur Mitteilung an den Obersten Urkundsbeamten für Schifffahrtsangelegenheiten, datiert 25. März 1912

Signalbuchstaben (falls vorhanden):	H.V.M.P.
Stammrollennummer:	131.428
Name des Schiffes:	Titanic
Nr., Datum und Heimathafen:	24/1912, Liverpool
Nr., Datum und vorheriger Heimathafen (falls vorhanden):	Neues Schiff
Britischer oder ausländischer Bau:	Britisch
Segel- oder Dampfschiff; und falls Dampfschiff, wie angetrieben:	Dampfschiff, drei Schrauben
Bauort:	Belfast
Baujahr:	1912
Name und Anschrift des Erbauers:	Harland & Wolff Ltd., Belfast
Anzahl der Decks:	Fünf und zwei Teildecks

Anzahl der Masten:	Zwei
Takelung:	Schoner
Heck:	elliptisch
Bauart:	Verdränger
Galerien:	–
Vorschiff:	–
Rahmenkonstruktion und Beschreibung	
des Schiffes:	Stahl
Anzahl der Schotten:	Fünfzehn
Anzahl der Wasserballasttanks	Siebzehn
(Kapazität in Tonnen):	(5726 Tonnen)

Länge vom vorderen Teil des Stevens,
unter dem Bugspriet, bis Achterseite
Achtersteven: 852,5 Fuß
                                  [etwa 260 Meter]

Länge auf einem Viertel der Tiefe,
von Oberkante Wetterdeck Außenseite mittschiffs
bis Unterkante Kiel: 849,2 Fuß
                                  [etwa 258,80 Meter]

Größte Breite mittschiffs
bis Außenseite Beplattung: 92,5 Fuß
                                  [etwa 28,20 Meter]

Raumtiefe vom Vermessungsdeck
bis Beplattung mittschiffs: 31,6 Fuß
                                  [etwa 9,60 Meter]
Raumtiefe vom Oberdeck bis Wegerung mittschiffs,
in diesem Falle drei Decks aufwärts: 59,58 Fuß
                                  [etwa 18,16 Meter]
Raumtiefe von Mallkante Außenseite mittschiffs
bis Unterkante Kiel: 64,91 Fuß
                                  [etwa 19,80 Meter]

Raumtiefe von Oberkante Decksbelag Außenseite
mittschiffs bis Unterkante Kiel: 65,33 Fuß
                                         [etwa 19,90 Meter]
Balkenbucht: 0,25 Fuß
                                         [etwa 0,8 Meter]
Länge Maschinenraum,
falls vorhanden: 123 Fuß
                                         [etwa 37,50 Meter]

ANGABEN ZUR VERDRÄNGUNG

Gesamtverdrängung auf einem Viertel der Tiefe,
von Oberkante Wetterdeck Außenseite mittschiffs
bis Unterkante Kiel: 77 780 Tonnen
Tons je Zoll Tiefertauchung
bei obiger Tiefe: 150 Tonnen

ANGABEN ZU DEN SCHIFFSANTRIEBSMASCHINEN

Anzahl und Art der Maschinen: Zwei Kolbenmaschi-
                                     nen und eine Turbine
Anzahl der Wellen: Drei
Beschreibung der Maschinen: Vier Zylinder, Dreifachexpan-
sion, hängende, vertikale, direkt reagierende zylindrische
Multikessel mit Kondensationsfläche
Angaben zu den Kesseln:
  Anzahl: 24 Doppelender
                                     und SSE
  Eisen oder Stahl: Stahl
  Ladedruck: 215 Pfund
                                     je Quadratzoll
Britisches oder ausländisches Fabrikat:
  Maschinen: Britisch
  Kessel: Britisch

Herstellungsjahr:

Maschinen:	1912
Kessel:	1912

Name und Anschrift des Herstellers:

Maschinen:	Harland & Wolff Ltd.
Kessel:	Belfast

Kolbenmaschinen:

Anzahl und Durchmesser der Zylinder pro Aggregat:	1–54"; 1–84"; 2–97"
Kolbenweg:	75"

Umlaufmotoren:

Anzahl Zylinder pro Aggregat:	Einer
N.H.P. (Nominelle PS):	6906
I.H.P. (Indizierte PS):	50.000
Geschwindigkeit des Schiffes:	21 Knoten

ANGABEN ZUR TONNAGE

Brutto-Raumgehalt:

- Unterdecktonnage: 14 840,66 Tonnen
- Raum oder Räume Zwischen-, Salon-,
  Ober- & Mitteldeck: 14 142,81 Tonnen
- Gefechtstürme: 0
- Back: 240,39 Tonnen
- Brücke: 3633,45 Tonnen
- Poop: 294,21 Tonnen
- Seitenhaus: 0
- Deckshäuser: 5902,89 Tonnen
- Kartenhaus: 0
- Räume für Maschinen, Elektrizität
  und Belüftung, nach Handelsschiff-
  fahrtsgesetz, Abschnitt 78 (2),
  1894: 1184,16 Tonnen
- Lukenübermaß: 0

Erlaubte Abzüge:

– Auf Grund der Räume für die Maschinen: 21 689,68
  Tonnen
– Auf Grund der von Matrosen oder Jungmännern
  bewohnten oder für ihren Gebrauch reservierten Räume,
  die frei bleiben von Waren oder Vorräten aller Art und
  kein persönliches Eigentum der Crew darstellen. Zu die-
  sen Räumen zählen: auf Unter-, Mittel-, Ober- und Salon-
  deck sowie Zwischendeck, Poop, Back, Brücke und Decks-
  häuser: 2628,96 Tonnen
– Abzüge nach Handelsschifffahrtsgesetz, Abschnitt 79,
  1894, und Abschnitt 54, 1906:
  Vorpiek-Wasserballasttanks: 44,43 Tonnen
  Achterpiek-Wasserballasttanks: 30,95 Tonnen
  Kapitänsräume: 21,98 Tonnen
  Bootsmannsvorräte: 45,00 Tonnen
  Kartenzimmer: 6,23 Tonnen
  Gesamt: 148,59 Tonnen
– Abzüge gesamt: 24 497,23 Tonnen

	Tonnen	Kubikmeter
Bruttoregistertonnen:	46 328,45	131 109,85
Abzüge:	24 497,23	69 324,16
Nettoregistertonnen:	21 831,22	61 785,69

Anmerkung 1: Die Tonnage der Räume für die Maschinen
  unter dem Oberdeck beträgt 11 209,94 Tonnen, und die
  Tonnage sämtlicher über dem Oberdeck für Antriebsma-
  schinen, Beleuchtung und Belüftung umbauten Räume
  beträgt 1184,16 Tonnen.
Anmerkung 2: Die im Folgenden erwähnten Räume über dem
  Oberdeck sind nicht in den Nettoregistertonneninhalt des
  Schiffes eingerechnet:

– Offener Raum vor Poop, 16 Fuß Länge: 65,24 Tonnen.
Offener Raum achterlich Rauchsalon 2. Klasse, 6 Fuß
Länge [etwa 15,13 Meter]: 15,84 Tonnen. Offener Raum
quer ab Fenster Promenadendeck Backbordseite, 198
Fuß Länge [etwa 60,35 Meter]: 343,24 Tonnen. Offener
Raum quer ab Fenster Promenadendeck Steuerbordseite,
198 Fuß Länge: 344,24 Tonnen.

**Name, Wohnsitz und Beschreibung der Eigner sowie Anzahl
der insgesamt 64 Anteile:**
– Oceanic Steam Navigation Company Limited,
Firmensitz: 30 James Street, Liverpool
– 64 Anteile.

Harold Arthur Sanderson
30 James Street, Liverpool
Direktor
Bericht erhalten am 25. März 1912
Unter dem Siegel der Firmeneigner

Kopie des Anhangs zum Eintrag ins Register

Register geschlossen am 31. Mai 1912.
Schiff untergegangen im Atlantischen Ozean, 14. April
1912. Registerbrief mit dem Schiff verloren. Bericht erhalten vom eingetragenen Direktor.

Korrespondenz erhalten am 3. Juni 1912.

Bericht über die Untersuchung
eines Immigrationsschiffes

Auslaufgenehmigung

Auszüge aus dem am 11. April 1912 in Queenstown ausgestellten Dokument, mit dem die *Titanic* die Genehmigung zum Transport von Passagieren erhielt und ihre Einschiffungen in Southampton, Cherbourg und Queenstown schriftlich belegte

Name des Schiffes und Stammrollennummer:	»Titanic«: 131.428
Heimathafen und Tonnage:	Liverpool
Bruttotonnage:	46 328 Tonnen
Nettotonnage:	21 831 Tonnen
Name des Kapitäns:	E. J. Smith
Abgangshafen:	Southampton
Anlaufhäfen:	Cherbourg und Queenstown
Zielhafen:	New York

KABINENPASSAGIERE

Erwachsene (12 Jahre und älter):

Verheiratet:

Männlich:	52 (Southampton)
	29 (Cherbourg)
Weiblich:	52 (Southampton)
	29 (Cherbourg)

Unverheiratet:

Männlich:	196 (Southampton)
	51 (Cherbourg)
	5 (Queenstown)
Weiblich:	101 (Southampton)
	58 (Cherbourg)
	2 (Queenstown)

Kinder:
Zwischen 1 und 12 Jahren:

Männlich:	10 (Southampton)
	3 (Cherbourg)
Weiblich:	12 (Southampton)
	2 (Cherbourg)

Unter 1 Jahr:

Männlich:	4 (Southampton)
Weiblich:	0

Gesamtzahl Kabinenpassagiere: 427 (Southampton)
172 (Cherbourg)
7 (Queenstown)

Davon Erwachsene, berechnet nach Handelsschifffahrts-
gesetz, Teil III, 1894:   412 (Southampton)
169 $1/2$ (Cherbourg)
7 (Queenstown)

Zwischendeckspassagiere:
Verheiratet:

Männlich:	25 (Southampton)
	4 (Cherbourg)
	2 (Queenstown)

Weiblich: 25 (Southampton)
                     4 (Cherbourg)
                     2 (Queenstown)

Unverheiratet:
Männlich: 315 (Southampton)
                  59 (Cherbourg)
                  50 (Queenstown)
Weiblich: 74 (Southampton)
                  18 (Cherbourg)
                  54 (Queenstown)

Kinder:
Zwischen 1 und 12 Jahren:
Männlich: 22 (Southampton)
                   7 (Cherbourg)
                   5 (Queenstown)
Weiblich: 28 (Southampton)
                   7 (Cherbourg)

Unter 1 Jahr:
Männlich: 3 (Southampton)
                   3 (Cherbourg)
Weiblich: 3 (Southampton)

Gesamtzahl Zwischendeckspassagiere: 495 (Southampton)
                                       102 (Cherbourg)
                                       113 (Queenstown)

Davon Erwachsene, berechnet nach Handelsschifffahrts-
gesetz, Teil III, 1894:   464 (Southampton)
                                       92 (Cherbourg)
                              110 $^{1}/_{2}$ (Queenstown)

CREW

Deckspersonal:	73
Maschinenpersonal:	325
Stewardspersonal:	494

Gesamtzahl Crew: 892
Davon Erwachsene, berechnet nach Handelsschifffahrts-
 gesetz, Teil III, 1894: 892

Gesamtzahl Menschen an Bord,
 einschließlich Crew: 2208
Davon Erwachsene, berechnet nach Handelsschifffahrtsge-
setz, Teil III, 1894: 2147

Gesamtzahl der gesetzlichen Erwachsenen (als
 Zwischendeckspassagiere), ausschließlich Kapitän, Crew
 und Kabinenpassagiere, die das Schiff entsprechend der
 ihm zugeschriebenen Räumlichkeiten rechtsgültig trans-
 portieren darf: 1735
Freier Raum in Quadratfuß: 26 992
Anzahl der Betten: 1134

Hiermit bestätige ich, dass die Angaben im obigen Formular der Wahrheit entsprechen. Darüber hinaus bestätige ich, dass sämtliche Anforderungen des Handelsschifffahrtsgesetzes in Bezug auf Immigrationsschiffe, soweit sie vor dem Auslaufen des Schiffes erfüllt werden können, erfüllt worden sind. Das Schiff ist meiner Ansicht nach seetauglich, in sicherem Trimm und in jeder Hinsicht klar für seine beabsichtigte Reise; es hat keine größere Zahl von Passagieren an Bord als im Verhältnis von einem gesetzlichen Erwachsenen pro

freiem Raum von je fünf Fuß Oberfläche für Decksübungen;
und sowohl Passagiere als auch Crew sind auf die Fahrt vorbereitet.

Datiert zu Queenstown
am elften Tag des April im Jahre 1912
E. J. Sharpe
Immigrationsoffizier,
oder Stellvertretender Immigrationsoffizier

Der Bericht, der die *Titanic* seetauglich und klar zum Auslaufen erklärte

Auszug aus den Akten des Handelsministeriums,
Queenstown: Aus dem Bericht des Bauamtes über die
Untersuchung des Immigrationsschiffs M23780 No. 403,
datiert 12. April 1912

SCHIFF

Name des Schiffes und Stammrollennummer:	»Titanic« 131.428
Heimathafen:	Liverpool
Einzel-, Doppel-, Dreifach- oder Vierfachschraube:	Dreifachschraube
Wo und wann gebaut:	Belfast, 1912
Ablaufdatum des Passagierzertifikats:	2. April 1913
Reiseziel:	Ausland

Kapitän und Offiziere	
Kapitän:	Edward John Smith
Leitender Offizier:	Henry Tingle Wilde
Erster Offizier:	Wm McMaster Murdoch
Chefingenieur:	Joseph Bell
Ingenieur:	William Edward Farquharson

Surveys 27.

M 23780
REPORT OF SURVEY
OF
AN EMIGRANT SHIP

RECEIVED 11 APR 1912
BOARD OF TRADE, SURVEYORS OFFICE No. 403 11 APR 1912 QUEENSTOWN

Nrs.— Cross the portions of this form that do not apply.

Name and official number.	Port of registry.	Tonnage.		Single, twin, triple or quadruple screw. Registered horse-power.	Where and when built.
		Gross.	Net.		
"Titanic" 131,428	Liverpool			Triple Screw	Belfast 1912 — Belfast 6-5-12

Date of expiration of passenger certificate.	Mean draught of water and freeboard.	Name and address of owner or agent.	Intended voyage.
2-4-13	34' 0" 31. 4	Oceanic Steam Navigation Co Ltd 30 James Street Liverpool	Foreign

MASTER AND OFFICERS.

Rank.	Name in full.	Number of certificate.	Grade.
Master ...	Edward John Smith	14102	Ex Master
First Mate ...	Wm McMaster Murdoch	025 450	Ex Master
Second Mate ...	Chas Herbert Lightoller	027 371	Ex Master
First Engineer...	Joseph Bell	1922 A	1st Class
Second Engineer ...	Wm Edward Farquharson	12893	1st Class

LIFE-SAVING APPLIANCES.

Description of boats and rafts.	No.	Cubic contents in feet.	No. of persons they will accommodate	Materials.	Number under davits.	Are they so placed as to be readily got into the water?	Are they provided with the equipments required by the rules?
Boats, Section A.	14	9172	910	Wood	14	Yes	Yes
Boats, ,, B.	✓						
Boats, ,, C.	✓						
Boats, ,, D.	2	647	80	Wood	2	Yes	Yes
Boats, ,, E.	4	—	187	Wood with canvas lowered sides	—	Yes	Yes.
Life Rafts	✓						

Number of life belts.	Number of life buoys.	Is the ship supplied with all the life-saving appliances required by the rules?
3560	48	Yes

(3326) (61865) Wt.27877/G.142. 1000 11-10 W B & L

RETTUNGSAUSRÜSTUNG
BESCHREIBUNG DER BOOTE UND FLÖSSE

Boote, Deck A

Anzahl:	14
Inhalt in Kubikfuß: [1 Fuß = 0,3048 m]	9172
Anzahl der Plätze:	910
Baumaterial:	Holz
Davon unter Davits:	14
Sind sie so platziert, dass man sie leicht zu Wasser lassen kann?	Ja
Sind sie mit der gesetzlich vorgeschriebenen Ausrüstung versehen?	Ja

Boote, Deck D

Anzahl:	2
Inhalt in Kubikfuß	648
Anzahl der Plätze:	80
Baumaterial:	Holz
Davon unter Davits:	2
Sind sie so platziert, dass man sie leicht zu Wasser lassen kann?	Ja
Sind sie mit der gesetzlich vorgeschriebenen Ausrüstung versehen?	Ja

Boote, Englehardt-Faltsystem

Anzahl:	4
Anzahl der Plätze:	188
Baumaterial:	Holz und Segeltuch
Sind sie so platziert, dass man sie leicht zu Wasser lassen kann?	Ja
Sind sie mit der gesetzlich vorgeschriebenen Ausrüstung versehen?	Ja

Anzahl der Schwimmwesten:	3560
Anzahl der Rettungsringe:	48
Ist das Schiff mit der gesetzlich vorgeschriebenen Rettungsausrüstung versehen?	Ja

Ausrüstung

Anzahl Kompasse an Bord:	4
Datum der letzten Justierung:	2. April 1912
Anzahl Chronometer:	2
Anzahl und Typ der Feuerlöschpumpen:	3 Dampfpumpen
Beschreibung und Zustand des Destillierapparats:	Neu und in gutem Zustand
Anzahl Gallonen Trinkwasser, die in 24 Stunden produziert werden können:	14 000
Menge Gallonen Frischwasser im Doppelboden:	1800

Raum für Passagiere
Salondeck:

Gesamtzahl in Quadratfuß:	1732
Gesamtzahl Erwachsene:	115
Anzahl Betten:	50

Oberdeck:

Gesamtzahl in Quadratfuß:	7306
Gesamtzahl Erwachsene:	485
Anzahl Betten:	272

Mitteldeck:

Gesamtzahl in Quadratfuß:	9861
Gesamtzahl Erwachsene:	655
Anzahl Betten:	466

Unterdeck:

Gesamtzahl in Quadratfuß: 8093
Gesamtzahl Erwachsene: 480
Anzahl Betten: 346

Bericht vom Inspektor des Handelsministeriums

Anmerkung: Kein Beamter darf etwas bescheinigen, was er nicht persönlich gesehen und untersucht hat, und dies auch nur, wenn es zu seiner vollsten Zufriedenheit den Vorschriften entspricht. Sämtliche Worte, die dem nicht entsprechen, müssen herausgestrichen werden.

Bericht

1. Für dieses Schiff ist ein Passagierzertifikat in Kraft, seit dessen Bewilligung keine Schäden am Schiffskörper oder an den Maschinen gemeldet worden sind. Schiffskörper, Kessel und Maschinen sind in gutem Zustand und bereit für die Reise.
2. Ich habe den Destillierapparat untersucht, der sich in gutem Zustand befindet und in der Lage ist, im Verlaufe von 24 Stunden **14 000** Gallonen [63 644 Liter] kaltes Wasser herzustellen; die Ingenieure sind fähig, die Apparatur zu bedienen und zu warten.
3. Als Menge Frischwasser an Bord werden **206 800** Gallonen [etwa 940 113 Liter] bescheinigt, verteilt auf **7** Tanks.
4. Als Menge Kohle an Bord werden **5892** Tonnen bescheinigt, was ausreicht, das Schiff zu seinem nächsten Kohlendepot zu bringen.
5. Ich habe die Boote und ihre Ausrüstung überprüft und gesehen, wie **16** ausgeschwenkt und zu Wasser gelassen wurden. Die Schwimmwesten sind in Ordnung und leicht

zu erreichen. Die Seenotraketen und ihre Magazine entsprechen den Vorschriften und meiner Zufriedenheit.

6. Die verschiedenen Zwischendeckräume entsprechen in
   ihren Ausmaßen ebenso den Vorschriften wie Beleuchtung, Luft und Ventilation für die Mengen an Personen,
   für die sie vorgesehen sind. Die Ladung ist so verstaut,
   dass sie die Gesundheit oder den Komfort der Zwischendeckspassagiere nicht beeinträchtigt.

7. Ich habe die Vorräte inspiziert, die für **1150** Erwachsene
   ausreichen; auch die Qualität der Vorräte und des Trink-
   wassers für Passagiere und Crew entspricht meiner vollsten Zufriedenheit.

8. Ich habe die Sanitätsdepots inspiziert, die sowohl in Qualität wie auch in Quantität den Vorschriften entsprechen.

9. Ich habe die Crew und die Zwischendeckpassagiere inspiziert, und niemand erscheint auf Grund einer körperli-
   chen oder geistigen Krankheit unfähig, die Reise fortzusetzen oder die Gesundheit und Sicherheit anderer an
   Bord befindlicher Personen zu gefährden.

10. Ich befand mich unmittelbar vor dem Auslaufen dieses
    Schiffes an Bord und sah, wie **zwei** Boote ausgeschwenkt
    und zu Wasser gelassen wurden. Nach den vorherigen
    Inspektionsberichten und dem, was ich mit eigenen
    Augen sah, bin ich der Meinung, dass das Schiff zu mei-
    ner Zufriedenheit auf die beabsichtigte Reise vorbereitet
    ist und dass den Vorschriften des Handelsschifffahrtsge-
    setzes entsprochen wird.

(Berichte, die erstellt werden müssen,
wenn Passagiere in einem Anlaufhafen an Bord gehen.)

Ich habe die hier an Bord genommenen Zwischendeckpassagiere, Depots, Arzneimittel usw. inspiziert und zu meiner
Zufriedenheit festgestellt, dass den Vorschriften entsprochen wurde. (Queenstown, 11.4.1912)
Ich habe mich persönlich davon überzeugt, dass an Bord
dieses Schiffes alles in Ordnung ist, und habe den diesbe-
züglichen Klarierungsschein ausgestellt.

Übermittelt an das Handelsministerium

Gezeichnet: William Tillar
Datum: 12. April 1912

Stellvertretender Minister,
Handelsministerium, Abteilung Schifffahrt.

Für manche ist die *Titanic* Gegenstand einer Saga des
Hochmuts, der Überzeugung, dass die Technik die
Natur beherrschen könne. Für andere ist sie das Sym-
bol für das Ende der Klassengesellschaft. All diese
Menschen im Zwischendeck waren zu arm, um sich
eine Einzelkabine leisten zu können, und dadurch letztlich auch zu arm, um zu überleben. Sie starben wegen
ihres rührenden Vertrauens in die Schiffsbauer, die
Eigner – in eine Elite, die sie gänzlich im Stich ließ, und
wenn auch nur, indem sie ihnen nicht genügend Rettungsboote zur Verfügung stellte. Und etwa zwei Jahre
später wurde mit dem Beginn des Ersten Weltkriegs ein
weiterer Beweis dafür erbracht, dass die herrschende
Klasse Europas zum größten Teil aus Schwachsinnigen
bestand. Sie trat zum Sturmangriff an und führte eine
ganze Generation in ein tödliches Blutbad.

Richard Cohen,
in: *New York Post*, 24. Dezember 1997

2

Die *Titanic* im Zeitraffer:

Die Tragödie der *Titanic* und ihre Folgen – eine Chronologie (1850–2002)

O Gott, wie qualvoll schien mir's zu ertrinken!
Welch grauser Lärm des Wassers mir im Ohr!
Welch scheußlich Todesschauspiel vor den Augen!
Mich deucht', ich säh den Graus von tausend Wracken,
Säh tausend Menschen, angenagt von Fischen:
Goldklumpen, große Anker, Perlenhaufen,
Stein ohne Preis, unschätzbare Juwelen,
Zerstreuet alles auf dem Grund der See!
In Schädeln lagen ein'ge; in den Höhlen,
Wo Augen sonst gewohnt, war eingenistet,
Als wie zum Spotte, blinkendes Gestein,
Das buhlte mit der Tiefe schlamm'gem Grund
Und höhnte die Gerippe ringsumher! ...

William Shakespeare,
»König Richard der Dritte«,
Erster Akt, Vierte Szene

[Übersetzung von August Wilhelm Schlegel, aus: Shakespeare, Sämtliche Werke in einem Band, Eltville 1988, S. 495, Anm. d. Übers.]

1850

27. Januar Edward John Smith, der todgeweihte Kapitän der R.M.S. *Titanic*, wird auf der Well Street im englischen Hanley, Staffordshire, Stroke-on-Trent geboren.

1867

Der Schiffsmagnat Thomas Ismay (J. Bruce Ismays Vater) erwirbt die White Star Line. J. Bruce Ismay wird geboren.

1869

Edward J. Smith beginnt im Alter von 19 Jahren seine Seemannslaufbahn als Kadett auf einem Klipper.

1874

Thomas Ismay gibt bei dem Schiffsbauunternehmen Harland & Wolff zwei neue 5000-Tonnen-Dampfer in Auftrag. Die *Britannic* und die *Germanic* sollen in der Lage sein, den Atlantik mit einer bislang unerreichten Geschwindigkeit von 19 Knoten zu überqueren.

1880

Im Alter von 30 Jahren kommt Smith als Vierter Offizier der *Celtic* zur White Star Line.

1887

Nachdem er das Kapitänspatent erworben hat, übernimmt Smith das Kommando des White-Star-Dampfers *Republic*.

1898

Morgan Robertsons scheinbar prophetische Novelle »Futility« wird veröffentlicht. In dieser Erzählung rammt das größte Dampfschiff der Welt – die *Titan* – auf ihrer dritten Fahrt einen Eisberg und sinkt. »Futility« wurde 1912, kurz nach dem Untergang der Titanic, unter dem Titel »The Wreck of the Titan« neu aufgelegt [1997 in Deutschland unter dem Titel »Titan – eine Liebesgeschichte auf hoher See« erschienen].

1902

Dezember International Mercantile Marine (IMM – ein Trust im Besitz des amerikanischen Finanziers J. Pierpont Morgan) kauft die White Star Line für eine Gesamtsumme, die zehnmal so hoch ist wie der Gewinn der White Star Line in ihrem erfolgreichsten Geschäftsjahr (1900). Der Vertrag sieht vor, dass Bruce Ismay, der Sohn des verstorbenen Gründers der White Star Line, leitender Direktor und Präsident der Schifffahrtslinie bleibt.

1907

Frühjahr Kapitän Edward Smith führt das Kommando der *Adriatic* auf ihrer Jungfernfahrt. Nach sicherer Ankunft in New York teilt er der versammelten Presse mit: »Wenn mich jemand fragt, wie ich meine Erfahrungen aus fast 40 Jahren Seefahrt beschreiben würde, sage ich nur: ›ereignislos‹. Ich habe niemals irgendeinen nennenswerten Zwischenfall erlebt. Ich habe nie ein Wrack gesehen oder war in einen Schiffbruch verwickelt, noch befand ich mich je in einer misslichen Lage, die mit einer Katastrophe geendet hätte … Ich kann mir keine Situation vorstellen, die ein Schiff zum Sinken bringen würde. Ich weiß nicht, welches lebensgefährliche Unglück diesem Schiff zustoßen sollte. Der moderne Schiffbau ist bereits über diesen Punkt hinaus.«

30. April Bei einer Abendgesellschaft im Downshire House in London vereinbaren J. Bruce Ismay und Lord James Pirrie (einer der Partner des Schiffsbauunternehmens Harland & Wolff), zwei riesige Ozeandampfer zu bauen, die *Olympic* und die *Titanic*. Beide sollen die *Lusitania*, die mit 30 000 Bruttoregistertonnen und einer Länge von 240 Metern zu diesem Zeitpunkt das größte Schiff der Welt ist, um mindestens die Hälfte übertreffen. Die beiden Männer sind sich darüber im Klaren, dass eine spezielle Werft für den Bau der beiden größten Schiffe der Welt eingerichtet werden muss, da eine solche Konstruktion bislang nirgendwo realisiert werden kann. Nach dem Treffen beginnen Pirries Leute sofort mit der Arbeit an dem Entwurf der beiden gigantischen Schiffe, und Harland & Wolff rüsten drei Liegeplätze auf ihrer Belfaster Werft für den Bau der *Olympic* und der *Titanic* zu zwei riesigen Hellingen um. Für dieses beispiellose Unternehmen müssen sie zudem ein 67 Meter hohes Arrol-Krangerüst errichten, das aus drei Reihen von Türmen im Abstand von 37 Metern besteht. Jede Reihe zählt elf Türme, die 24 Meter weit auseinander liegen. Dieses Krangerüst besitzt einen zentralen Drehkran und 16 Laufkräne und lässt sich über vier Aufzüge und schräg abfallende Gänge erreichen. Insgesamt ist die Konstruktion 256 Meter lang, 82 Meter breit, fast 70 Meter hoch und besitzt ein Gewicht von 6000 Tonnen.

1. Juli An Harland & Wolff ergeht der offizielle Auftrag für den Bau der *Olympic* und der *Titanic*. Die *Olympic* erhält die Werftnummer 400, die *Titanic* ist Nummer 401.

1908

16. Dezember In Belfast wird die erste Kielplatte der *Olympic* gelegt.

1909

31. März Die erste Kielplatte der *Titanic* wird gelegt.
20. November Die Spanten der *Olympic* werden gesetzt.

1910

April Innenarbeiten an den Decksbalken, Decks- und Außenhautbeplattung der *Olympic* werden abgeschlossen; bis Ende des Monats sind auch die Spanten der *Titanic* gesetzt.
19. Oktober Die Beplattung der *Titanic* wird fertig gestellt. Durch hydraulische Nietung erhält das Schiff die bestmögliche Beplattung (siehe Kapitel 25 für eine Diskussion darüber, ob die Nieten der *Titanic* fehlerhaft und für das Unglück verantwortlich waren).
20. Oktober In Anwesenheit des Vizekönigs von Irland, Lord Pirrie und J. Bruce Ismay wird die *Olympic* in einer 62 Sekunden dauernden »Reise« zu Wasser gelassen.

1911

1. April Die *Olympic* wird für letzte Ausrüstungsarbeiten in das Trockendock geschleppt.
29. Mai Die *Olympic* läuft zu einer zweitägigen Probefahrt in den Belfast Lough aus. Sie wird von den White-Star-Leichtern *Nomadic* und *Traffic* begleitet und übertrifft angeblich ihre berechnete Geschwindigkeit von 21 Knoten um drei Viertel Knoten. Die Testergebnisse werden nicht öffentlich

bekannt gegeben, aber die Fachpresse berichtet über die Geschwindigkeit des Schiffes.

31. Mai Die *Olympic* läuft zu ihrer Jungfernfahrt aus; ihr Bestimmungshafen ist New York. J. Bruce Ismay nimmt an der Fahrt teil, um sich ein Bild von der Leistung und der Ausstattung des Schiffes zu machen.

31. Mai, 12.13 Uhr Die *Titanic* wird offiziell von Slip Nr. 3 bei Harland & Wolff vom Stapel gelassen. Auch dieser Vorgang dauert 62 Sekunden und wird von 100 000 Zuschauern beobachtet. Für den Stapellauf werden 23 Tonnen Talg, Fischtran und Schmierseife verwendet, und 80 Tonnen Kabel sowie drei Anker auf jeder Seite zügeln ihre Geschwindigkeit. Fünf Schlepper ziehen die *Titanic* zu einem Ausrüstungskai, wo die Innenausstattung vorgenommen wird.

Ein Augenzeuge des Stapellaufs bemerkte, das Steuerruder der *Titanic* sei »so groß wie eine Ulme«, und ihre Schrauben seien »so groß wie Windmühlen«. Derselbe Zeitzeuge beschrieb das Schiff außerdem mit den aufschlussreichen Worten: »Alles war albtraumhaft groß.«

Juni Kapitän Edward Smith, 61, wird zum Kommandanten der *Olympic* auf ihrer Jungfernfahrt ernannt.

2. Juni Nach einem Aufenthalt in Liverpool erreicht die *Olympic* Southampton.

14. Juni Die *Olympic* läuft von Southampton nach New York aus. Auf der Hinfahrt erreicht sie eine Durchschnittsgeschwindigkeit von 21,17 Knoten (etwa 39,2 km/h); auf der Rückfahrt sind es 22,32 Knoten (etwa 41,3 km/h).

20. September Auf ihrer fünften Fahrt und unter dem Kommando von Kapitän Edward Smith (der bekanntermaßen später mit der *Titanic* untergehen sollte) kollidiert die *Olympic* beim Verlassen des Hafens von Southampton mit der H.M.S. *Hawke*. Dabei wird der Bug der *Hawke* schwer beschädigt und der Rumpf der *Olympic* durch einen zwölf Meter langen Riss in Mitleidenschaft gezogen. Die Passagiere der *Olympic* gehen in Cowes von Bord, und das Schiff kehrt zur Inspektion und Reparatur nach Southampton zurück. Eine offizielle Untersuchung gelangt zu dem Ergebnis, dass die Schuld der Kollision bei der *Olympic*, also bei Kapitän Smith liegt. Die *Olympic* kommt am 6. Oktober 1911 ins Trockendock, und zahlreiche Arbeiter des *Titanic*-Projekts werden für die sechswöchigen Ausbesserungsmaßnahmen an der *Olympic* abgestellt. (Siehe Kapitel 24, »War die *Titanic* in Wirklichkeit die *Olympic*?« für Details über die »Doppelgänger«-Legende, die nach dieser Kollision aufkam.)

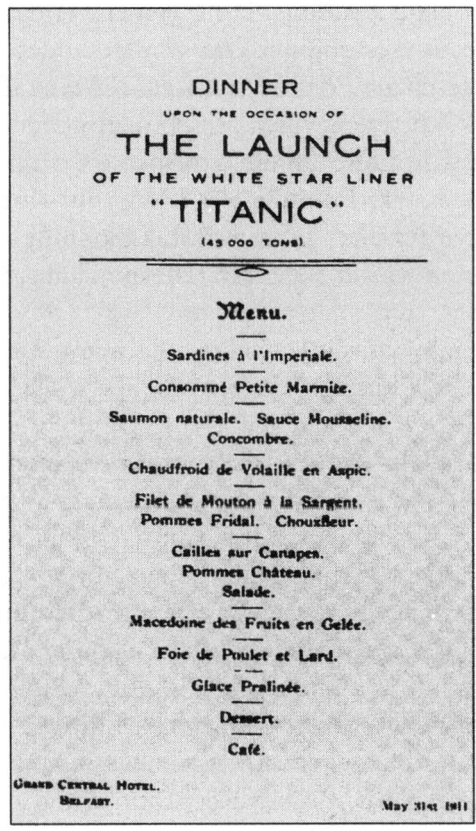

1912

Januar 16 Rettungsboote aus Holz und vier Englehardt-Faltboote werden an Bord der *Titanic* gebracht.

24. Februar Bei der Atlantiküberquerung verliert die *Olympic* einen Schraubenflügel und kehrt sofort zur Reparatur nach Belfast zurück. Die *Titanic*, deren Bau sich dem Ende nähert, muss ihr Trockendock verlassen, da alle anderen Liegeplätze zu klein sind, um die Reparaturarbeiten an der *Olympic* auszuführen.

6. März Der Schraubenflügel der *Olympic* wird ersetzt.

31. März Die Ausrüstung der *Titanic* wird abgeschlossen.

1. April Vorgesehene Probefahrten der *Titanic* müssen wegen des starken Nordwestwinds verschoben werden.

2. April, 6.00 Uhr Fünf Schlepper ziehen die *Titanic* durch den Victoria Channel in den Belfast Lough für eine Probefahrt. Getestet werden die Manövrierfähigkeit des Schiffes bei verschiedenen Geschwindigkeiten sowie die Leistung des Steuerruders, außerdem wird ein Notstopp durchgeführt. Bei einer Geschwindigkeit von 20 Knoten legt die *Titanic* weniger als eine halbe Meile zurück, bevor sie zum Stillstand kommt.

2. April, 19.00 Uhr Die *Titanic* kehrt von ihrer Probefahrt in den Belfast Lough zurück. Die Beobachter von Harland & Wolff gehen von Bord, und die *Titanic* erhält ihr Passagierzertifikat.

2. April, 20.00 Uhr Die *Titanic* verlässt Belfast unter Führung von Kapitän Edward J. Smith mit Ziel Southampton. Als er das Kommando der *Titanic* übernimmt, hat Smith, bekannt als »Kapitän der Millionäre«, zwei Millionen Seemeilen an Bord von Schiffen der White Star Line zurückgelegt.

3. April, Abend Die *Titanic* erreicht Southampton und geht am Liegeplatz 44 vor Anker.

4. April Arbeiter beginnen, die *Titanic* mit Fracht und Vorräten für ihre Jungfernfahrt zu beladen, die in sechs Tagen beginnen soll.

Karfreitag, 5. April Die *Titanic* nimmt weiter Ladung auf und bereitet sich auf die Ankunft der Passagiere vor. Fotografien von der *Titanic* am Kai werden gemacht, und Hunderte von Menschen kommen, um sie zu sehen. Die Öffentlichkeit darf jedoch noch immer nicht an Bord.

Samstag, 6. April Der Streik der britischen Bergarbeiter wird beigelegt. Wegen der Kohleknappheit muss die *Titanic* mit

4427 Tonnen Kohle von anderen IMM-Dampfschiffen – *Oceanic, Majestic, Philadelphia, Saint Louis, Saint Paul* und *New York* –, die zu dieser Zeit im Hafen von Southampton liegen, sowie den restlichen Kohlen der *Olympic* beladen werden. (Die *Titanic* war mit 1880 Tonnen Kohle an Bord in Southampton eingetroffen.) An diesem Samstag wird auch der größte Teil der Mannschaft der *Titanic* angeheuert, und an den Kais trifft weiterhin Fracht ein. Die Mehrheit der Besatzung stammt aus der British Seafarer's Union (Seefahrergewerkschaft) sowie der National Sailors and Firemen's Union (Heizergewerkschaft).

Ostersonntag, 7. April Auf der *Titanic* werden keine Arbeiten verrichtet; sie liegt friedlich am Kai und wartet auf ihr Schicksal.

Montag, 8. April Lebensmittel werden an Bord gebracht. Der Konstrukteur der *Titanic*, Thomas Andrews, beaufsichtigt alle Aktivitäten, bleibt bis 18.30 Uhr an Bord und geht dann wieder in sein Büro. Zuvor hatte Andrews bemerkt, die *Titanic* sei »nahezu so perfekt, wie die menschliche Intelligenz sie machen kann«.

Dienstag, 9. April Der letzte Tag der *Titanic* in Southampton. An diesem Tag macht ein Londoner Fotograf auf der Brücke der *Titanic* eine der wenigen Aufnahmen von Kapitän Smith. Alle Offiziere verbringen die Nacht an Bord und führen regelmäßige Wachgänge durch. Bis jetzt durfte noch keiner der Passagiere an Bord.

Mittwoch, 10. April, TAG DER ABFAHRT, 7.30 Uhr Kapitän Smith geht an Bord und nimmt den Navigationsbericht des Leitenden Offiziers, Henry Wilde, entgegen. Kurz darauf trifft auch J. Bruce Ismay ein und macht einen Rundgang.

Mittwoch, 10. April, 9.30 Uhr bis 11.30 Uhr Drei Züge vom Londoner Bahnhof Waterloo mit Passagieren der 1., 2. und 3. Klasse treffen in Southampton ein.

Mittwoch, 10. April, 10.00 Uhr Lawrence Beesley, Passagier der 2. Klasse und Überlebender (der später ein Buch über den Untergang des Schiffes schreibt), geht an Bord.

Mittwoch, 10. April, 12.00 Uhr Die mächtige Dampfpfeife der *Titanic* ertönt dreimal. Das große Schiff legt ab und wird von den Schleppern *Hector, Hercules, Neptune, Ajax, Albert Edward* und *Vulcan* vom Kai weggezogen. Infolge der von der *Titanic* aufgewühlten Wassermassen reißen die Trossen des Ozeandampfers *New York*, der an Liegeplatz 38 vertäut ist, mit knallenden Geräuschen »wie von einem Revolver«. Die *New York* treibt rasch vom Land weg und mit dem Heck direkt auf die *Titanic* zu. Durch das schnelle Handeln von Kapitän Gale vom Schlepper *Vulcan* und den Befehl »Äußerste Kraft zurück!« des *Titanic*-Lotsen George Bowyer sowie die Anweisung von Kapitän Smith, den Steuerbordanker bis kurz über die Wasserlinie herunterzulassen, kann eine möglicherweise folgenschwere Kollision der beiden großen Schiffe verhindert werden.

Auf Grund dieses Zwischenfalls – den Kapitän Gale später mit den Worten »gerade noch einmal gut gegangen« kommentierte – verzögert sich die Abfahrt der *Titanic* um über eine Stunde, und viele sehen darin einen Hinweis auf kommendes Unheil. Thomas Brown, Passagier der 2. Klasse, sagt zu seiner Tochter Edith: »Das ist ein böses Vorzeichen«, und der Kabinenstewart der *Titanic,* George Beedman, meinte später: »Als wir heute ablegten, machte sich das amerikanische Schiff *New York* von den Tauen los und trieb direkt auf unseren Bug zu, wobei sie die *Oceanic* nur um ein paar Zentimeter verfehlte. Wir mussten alle Maschinen mit äußerster Kraft drosseln, aber einer unserer Schlepper bekam sie unter Kontrolle, bevor etwas passierte.«

Der Sog der *Titanic* war ungeheuer stark. Die Behörden in Southampton stellten später fest, dass eine gesunkene Barkasse fast 800 Meter über den Hafenboden gezerrt worden war, als der Ozeanriese auf die offene See hinausfuhr.

Mittwoch, 10. April, 18.35 Uhr Nach einer Fahrt von 80 Meilen über den Ärmelkanal erreicht die *Titanic* den Hafen von Cherbourg. Während der Überfahrt war in einem Kohlenbunker im Kesselraum Nr. 5 an Steuerbord ein Schwelbrand ausgebrochen. Jeweils acht bis zehn Männer wurden abgestellt, um die brennende Kohle während der Wachen abzulöschen.

Nach der Ankunft in Cherbourg kommen 274 Passagiere (142 der 1., 30 der 2. und 102 der 3. Klasse) an Bord, darunter Colonel und Mrs. John Jacob Astor (im fünften Monat schwanger), der amerikanische Bergbaumagnat Benjamin Guggenheim sowie die »unsinkbare« Molly Brown. Sie werden mit den beiden Tendern *Nomadic* und *Traffic* der White Star Line zur *Titanic* gebracht. Zu den Passagieren der 2. Klasse, die in Cherbourg an Bord kommen, gehört auch der amerikanische Illustrator Samuel Ward Stanton. Die Passagiere der 3. Klasse stammen aus Kroatien, Armenien, Syrien und anderen Ländern des Nahen Ostens. 15 Passagiere der 1. und sieben Passagiere der 2. Klasse verlassen das Schiff in Cherbourg. Sie hatten anderthalb beziehungsweise ein Pfund für die Überfahrt über den Kanal bezahlt.

Mittwoch, 10. April, 20.10 Uhr Die *Titanic* legt in Cherbourg ab und nimmt Kurs auf Queenstown (heute Cobh) in Irland.

Während der kurzen Fahrt überzeugen sich Thomas Andrews und eine neunköpfige Gruppe von Harland & Wolff sowie die Ingenieure der *Titanic* davon, dass alle Systeme des Schiffes ordnungsgemäß arbeiten. Andrews überwacht einen erfolgreich durchgeführten Notfalltest der wasserdichten Schotten (bei dem alle Alarmglocken laut schrillen).

Donnerstag, 11. April, 11.30 **Uhr** Nach einer ereignislosen, vierzehnstündigen Fahrt durch den Ärmelkanal in den Saint-George-Kanal geht die *Titanic* auf der Reede von Queenstown vor Anker. (In Queenstown gab es kein Pier, an dem das größte Schiff der Welt anlegen konnte, sodass die *Titanic* drei Kilometer vor Roche's Point ankern musste.)

Mit den Tendern *America* und *Ireland* werden 113 Passagiere der 3., sieben der 2. Klasse sowie 1385 Postsäcke an Bord gebracht. Sieben Passagiere verlassen das Schiff, darunter auch Francis Browne, 32, Jesuitenpater und leidenschaftlicher Fotograf. Browne machte die letzten erhaltenen Fotos an Bord der *Titanic*, darunter die einzige bekannte Aufnahme des Funkraums. Auf diesem Schwarz-Weiß-Bild sieht man den Funker und Überlebenden Harold Bride von hinten. Er trägt Kopfhörer und sitzt vor dem Funkgerät. Browne ist auch das letzte bekannte Foto von Kapitän Smith zu verdanken, das ihn auf der Steuerbordseite der Brücke zeigt, wie er an der Seite der *Titanic* hinabsieht.

Während die *Titanic* vor Queenstown vor Anker liegt, schmuggelt sich ein Heizer namens John Coffey von Bord. Er versteckt sich unter Postsäcken, die an die Küste gebracht werden. Coffey stammte aus Queenstown und hatte in Southampton eigens für eine kostenlose Fahrt nach Hause auf der *Titanic* angeheuert.

Eine der zahlreichen merkwürdigen Geschichten, die man sich über die *Titanic* erzählte, betraf den vierten Schornstein des Schiffes, der keine Funktion hatte und nur als Abzug für die Küche genutzt wurde. Während die Passagiere auf das Ablegen des Schiffes warteten, sahen viele ein rußgeschwärztes Gesicht, das aus dem vierten Schornstein hinaus auf das Schiff hinunterschaute. Ein Heizer war die Leiter im Inneren des Schornsteins hochgeklettert und schaute sich von oben die Passagiere auf dem Deck an. Viele an Bord erschreckte der Anblick eines schwarzen Gesichts, das aus dem riesigen Schornstein hervorschaute, und manche sahen darin ein unheilvolles Omen.

Vor der Abfahrt in Queenstown hisst die *Titanic* auf dem Oberdeck die amerikanische Flagge und zeigt damit ihren nächsten Anlaufhafen an – New York.

Donnerstag, 11. April, 13.30 Uhr Die *Titanic* holt zum letzten Mal ihren Steuerbordanker ein und beginnt ihre Fahrt nach New York. Der Passagier Eugene Daly, der in Queenstown an Bord kam, spielt auf seinem Dudelsack »Erin's Lament«, während die *Titanic* langsam die irische Küste hinter sich lässt. Von Donnerstag- bis Freitagmittag legt sie 484 Seemeilen zurück (Lawrence Beesley spricht in seinem Buch von 386 Meilen), 26 mehr als die *Olympic* bei ihrer Jungfernfahrt.

Freitag, 12. April, 12.00 Uhr Zwischen Freitag- und Samstagmittag schafft die Titanic 519 Seemeilen, wobei 24 ihrer 29 Heizkessel unter Dampf stehen.

Samstag, 13. April, 10.30 Uhr Kapitän Smith beginnt seine tägliche Inspektion.

Sonntag, 13. April, 12.00 Uhr Von Samstag- bis Sonntagmittag hat die Titanic 546 Seemeilen zurückgelegt.

Samstag, 13. April, 13.00 Uhr Der Chefmaschinist meldet, dass ein in Kohlenbunker Nr.10 ausgebrochenes Feuer gelöscht wurde. (Es herrscht Uneinigkeit darüber, in welchem Bunker das Feuer ausgebrochen ist. Manchen Quellen zufolge war es Bunker Nr. 6).

Sonntag, 14. April, 9.00 Uhr Die *Titanic* erhält eine Nachricht von der *Caronia*: »An den Kapitän der *Titanic*: Westwärts fahrende Schiffe berichten über Eisberge, Growler und Eisfelder auf 42° N und 49° bis 51° W, 12. April 1912. Mit besten Grüßen, Barr.« (*Growler* sind Gletschereisblöcke oder unter Wasser schwimmende Eisbergbruchstücke. Kapitän Smith bestätigt den Erhalt der Nachricht.)

Sonntag, 14. April, 13.42 Uhr Die *Titanic* erhält eine Nachricht von der *Baltic*: »An Kapitän Smith, *Titanic*: Hatten seit der Abfahrt gemäßigten Wind aus verschiedenen Richtungen und klares, schönes Wetter. Griechischer Dampfer *Athinai* meldet vorbeiziehende Eisberge und große Eisfelder, heute auf 41° 51' N und 49° 52' W. Wünscht Weiterleitung nach New York und an andere Schiffe. Wünschen Ihnen und der *Titanic* alles Gute, Commander.« (Kapitän Smith bestätigt den Erhalt der Nachricht.)

Sonntag, 14. April, 13.45 Uhr Das Hydrographic Office in Washington, D.C., erhält eine Nachricht von dem deutschen Dampfer *Amerika*: »*Amerika* passiert zwei große Eisberge auf 41°27' N, 50° 8' W, heute am 14. April. (Diese Nachricht wurde aus Washington an die *Titanic* übermittelt, aber von Harold Bride – dem Funker, der den Untergang überlebte – nicht empfangen. Man nimmt an, dass die Meldung vom Funker Phillips (der umkam) empfangen und vergessen wurde, bis sich die *Titanic* innerhalb des Sendegebiets von Cape Race befand (etwa gegen 20.00–20.30 Uhr am selben Abend) und keiner der Offiziere der *Titanic* die Meldung je zu Gesicht bekam.

Sonntag, 14. April, 19.30 Uhr Harold Bride hört über Funk eine Nachricht der *Californian* an die *Antillian* mit: »An den Kapitän der *Antillian*: 18.30 Uhr Schiffszeit; 42°3' N, 49°9' W. Drei große Eisberge 5 Meilen südwärts. Grüße, Lord. (Harold Bride sagte aus, er habe die Nachricht an die Brücke weitergeleitet, erinnere sich aber nicht daran, welcher Offizier sie entgegengenommen hatte).

Sonntag, 14. April, 21.40 Uhr Die *Titanic* erhält einen Funkspruch von der *Mesaba*: »Von der *Mesaba* an die *Titanic* und alle Schiffe mit östlichem Kurs. Auf 42° N bis 41°25'N und 49° W bis 50°30' W wurden starkes Packeis und zahlreiche große Eisberge gesichtet, ebenso Eisfelder. Wetter gut und klar.« (Offensichtlich wurde diese Nachricht ignoriert, weil Phillips und Bride damit beschäftigt waren, Nachrichten von Passagieren zu übermitteln – meist belanglose Grüße mit der Absicht, Freunde in den USA zu beeindrucken. Schließlich kamen die Telegramme von der berühmten *Titanic*! Die Warnung der *Mesaba* wurde nie an die Brücke weitergeleitet; weder Kapitän Smith noch einer der Offiziere bekam sie je zu Gesicht. Dies ist besonders tragisch, da in der Meldung eindeutig auf gefährliche Eisberge in unmittelbarer Nähe der *Titanic* hingewiesen wird.)

Sonntag, 14. April, 22.00 Uhr Der Erste Offizier William Murdoch löst den Zweiten Offizier Charles Lightoller auf der Brücke ab. Im Krähennest werden Archie Jewell und George Symons von Lee und Fleet abgelöst.

Sonntag, 14. April, 23.05 Uhr Der Funker der *Californian*, Cyril Evans, sendet folgende Nachricht an die *Titanic*: »Hör mal, Alter, wir haben gestoppt und sind vom Eis umschlossen.« Deren Funker Jack Phillips antwortet ihm: »Halten Sie sich da raus! Sie stören mein Signal! Ich stehe in Verbindung mit Cape Race.« (Cape Race in Neufundland war eine Funkstation, die Nachrichten von Schiffen auf hoher See empfing und an andere Stationen weiterleitete.)

Der letzte Akt

Sonntag, 14. April, 23.40 Uhr Vom Krähennest aus sieht Frederick Fleet einen Eisberg nur wenige Meter vor der *Titanic* aufragen. (Fleet und Lee, das zweite Ausguck-Duo in dieser Nacht, beobachteten das Meer ohne Fernglas. Zwar hatte man Ferngläser an Bord, aber da in letzter Minute die Zuständigkeiten der Offiziere geändert worden waren, lagen sie in einem Spind in der Kabine von David Blair, der ursprünglich als Zweiter Offizier auf Fahrt gehen sollte. Blair war durch Lightoller ersetzt worden, und im allgemeinen Durcheinander kurz vor dem Ablegen wurde dieser nicht darüber informiert, wo sich die Ferngläser befanden. Sie liegen vermutlich noch immer in Blairs Spind auf dem Grund des Atlantiks.) Fleet läutet dreimal die Warnglocke aus Messing und greift zum Hörer des mit der Brücke verbundenen Telefons. Als der Sechste Offizier James Moody antwortet, schreit Fleet: »Eisberg rechts voraus!« Moody antwortet: »Danke«, und gibt die Nachricht an den Ersten Offizier Murdoch weiter. Dieser befiehlt: »Hart Steuerbord!«, damit der Bug des Schiffes nach Backbord umschwenkt. Murdoch gibt auch an den Maschinenraum den Befehl: »Stopp. Äußerste Kraft zurück!« Dann läutet er zehn Sekunden Alarm und warnt damit die Besatzung, dass die wasserdichten Schotten unverzüglich geschlossen werden. Anschließend betätigt Murdoch einen Schalter und verschließt die Schotts.

Sonntag, 14. April, 23.40:40 Uhr Die *Titanic* kollidiert mit dem Eisberg.

Montag, 15. April, 00.05 Uhr Kapitän Smith befiehlt, die Rettungsboote klarzumachen, und erteilt Crew und Passagieren die Order, sich an Deck zu versammeln.

Montag, 15. April, 00.10 Uhr Die Position der *Titanic* wird vom Vierten Offizier Boxhall auf 41°46' N, 50°14' W geschätzt.

Montag, 15. April, 00.15 Uhr Die Titanic sendet ihren ersten Funknotruf (C.Q.D. = Come Quick Danger), der von der *La Provence* und der *Mount Temple* empfangen wird.

Montag, 15. April, 00.45 Uhr Die erste Leuchtrakete wird abgeschossen. Das erste Rettungsboot, Nr. 7, wird auf der Steuerbordseite zu Wasser gelassen. (Siehe Kapitel 5, »Die Rettungsboote«, wo im Rahmen der Untersuchung des britischen Handelsministeriums die Reihenfolge der abfahrenden Rettungsboote von der sinkenden *Titanic* aufgelistet ist.)

Montag, 15. April, 1.40 Uhr Die letzte Leuchtrakete der *Titanic* wird abgefeuert.

Montag, 15. April, 2.05 Uhr Das Rettungsboot Englehardt D wird ins Wasser gelassen (Faltboot D ist das letzte Rettungsboot, das abgefiert wird. Faltboot A und B treiben kurz darauf von der *Titanic* weg.)

Montag, 15. April, 2.15 Uhr Der letzte Funknotruf wird gesendet.

Montag, 15. April, 2.18 Uhr Die Lichter der *Titanic* gehen aus. Die Menschen in den Rettungsbooten hören ein enormes Krachen, als sich Gegenstände im Schiff – von Flügeln bis zu Maschinen – losmachen und nach vorne in Richtung des inzwischen vollkommen untergetauchten Bugs stürzen.

Montag, 15. April, 2.20 Uhr Das Heck der *Titanic* ragt aus dem Wasser auf und bleibt für einen Augenblick senkrecht stehen, bevor das Schiff untertaucht, in zwei Hälften zerbricht und zweieinhalb Meilen tief im Meer versinkt. Über 1500 Menschen, die sich noch an Bord oder im Wasser rund um das Schiff befinden, kommen ums Leben. Knapp 800 Überlebende beobachten die albtraumhafte Tragödie von den Rettungsbooten aus.

Montag, 15. April, 3.30 Uhr Die Überlebenden, die in den Rettungsbooten auf dem Ozean treiben, sehen Leuchtraketen der *Carpathia*.

Montag, 15. April, 4.10 Uhr Die *Carpathia* erreicht die Stelle, an der die Titanic untergegangen ist, und nimmt die ersten Überlebenden an Bord – als erste die Insassen von Boot 2. Die Rettungsaktion dauert insgesamt vier Stunden.

Montag, 15. April, 8.10 Uhr Boot 12, das letzte im Wasser, wird von der Crew der *Carpathia* geborgen.

Montag, 15. April, 8.30 Uhr Die *Californian* erreicht den Unglücksort und kommt längsseits der *Carpathia*.

Montag, 15. April, 8.50 Uhr Nachdem er Kapitän Lord von der *Californian* gebeten hat, vor Ort zu bleiben und weiter nach Überlebenden zu suchen, nimmt Kapitän Rostron mit den Überlebenden der R.M.S. *Titanic* Kurs auf New York.

Originaleintrag aus dem Tagebuch
von Lloyd's of London
über den Verlust der *Titanic*

Dienstag, 16. April

Titanic: British Mail
Von Southampton nach New York
am 15. April gegen 2.20 Uhr
bei 41°16' N, 50°14' W
nach Kollision mit Eisberg gesunken.
Gemeldet über Funk von der *Olympic* an die
Funkstation von Cape Race.
Berichten zufolge ist die Zahl der Opfer
sehr hoch.

Dienstag, 16. April Noch immer erscheinen in Zeitungen und Zeitschriften auf der ganzen Welt Anzeigen, die für den Luxus der *Titanic* werben.

Dienstag, 16. April Im *Wall Street Journal* erscheint ein tragischerweise falscher (und recht arroganter) Leitartikel mit folgender Information: »Der Schaden, den die *Titanic* erlitten hat, ist beträchtlich. Aber das Wichtigste ist, sie ist nicht gesunken ... Der Mensch ist gleichzeitig die schwächste und eindrucksvollste Kreatur auf Erden. Sein Gehirn trägt den Geist des Göttlichen in sich, und er überwindet natürliche Hindernisse durch sein Denken – die zweifellos größte Kraft des Universums.«

Mittwoch, 17. April US-Senator William Alden Smith, republikanischer Senator aus Michigan, fordert eine Untersuchung des Untergangs der *Titanic*. Seine Resolution wird vom Senat einstimmig angenommen; man beauftragt einen Ausschuss, »die Gründe zu untersuchen, die zum Sinken des White-Star-Dampfers *Titanic* und dem damit verbundenen Verlust von Menschenleben führten, der die zivilisierte Welt so sehr erschüttert hat.«

Donnerstag, 18. April Die White Star Line verliert keine Zeit und gibt offiziell bekannt, dass der Dampfer *Majestic* den Platz der *Titanic* für die Reise von Southampton nach New York einnehmen wird. Die *Majestic* war einer der ersten modernen Ozeandampfer. Sie wurde 1889 von der White Star Line zusammen mit der ähnlich gebauten *Teutonic* (die natürlich kleiner war als die *Titanic*) in Dienst gestellt. Ironischerweise hatte Kapitän Smith 1901 das Kommando auf der *Majestic* geführt.

Donnerstag, 18. April, 21.25 Uhr Die *Carpathia* trifft mit den Überlebenden der *Titanic* in New York ein und legt im North River am Pier 54 an. Mehr als 10 000 Menschen erwarten ihre Ankunft.

Freitag, 19. April, 22.30 Uhr Die erste Sitzung des Unterausschusses des US-Senats über die Untersuchung des Untergangs der *Titanic* findet im Waldorf-Astoria Hotel in New York statt. Der Direktor der White Star Line, J. Bruce Ismay, ist der erste Zeuge, der vor dem Gremium aussagt, und Senator Smiths erste (recht langatmige) Frage an ihn lautet: »Würden Sie dem Ausschuss bitte die Umstände Ihrer Fahrt mitteilen und so genau wie möglich beschreiben, beginnend ab dem Zeitpunkt, als Sie in Liverpool an Bord gingen, welchen Platz Sie während der Reise auf dem Schiff einnahmen, und dabei alle Umstände berücksichtigen, die Ihrer Meinung nach dieser Untersuchung dienlich sein könnten?«

Samstag, 20. April Eleanor Smith, die Witwe von Kapitän Edward Smith, nimmt an einem Gedenkgottesdienst für die Opfer der *Titanic* in der Saint Mary's Church in Southampton teil.

Samstag, 20. April, 12.00 Uhr Dies war die vorgesehene Abfahrtzeit der *Titanic* von New York zurück nach Southampton und anderen Anlaufhäfen. Die *Titanic* sollte am Mittag vom Pier 59 im North River ablegen und wurde in Anzeigen als das »neueste, größte und schönste Schiff auf den Meeren« gepriesen. Eine Fahrt 3. Klasse nach Plymouth, Southampton, London, Liverpool oder Glasgow kostete 36,25 Dollar; nach Göteborg, Malmö, Oslo, Kopenhagen oder Esbjerg 41,50 Dollar; nach Stockholm, Åbo, Hangö und Helsingfors 44,50 Dollar; nach Hamburg, Bremen, Antwerpen, Amsterdam, Rotterdam, Le Havre oder Cherbourg 45,00 Dollar. Es konnten auch Reisen nach Turin und Neapel (48 beziehungsweise 52,50 Dollar), Piräus (55 Dollar) und Beirut (61 Dollar) gebucht werden.

Sonntag, 20. April, 20.00 Uhr Das Kabelschiff *Mackay-Bennett* trifft am Ort des Untergangs der *Titanic* ein, um mit der Bergung der Leichen zu beginnen, die von der *Californian* nicht aufgenommen werden konnten. Die *Mackay-Bennett* hat 40 Balsamierer und 100 Särge an Bord und birgt am ersten Tag 51 Leichen. 30 bis zur Unkenntlichkeit entstellte Leichen (vermutlich auf Grund des Wasserdrucks und/oder weil sie von vorbeifahrenden Schiffen gestreift wurden) werden sofort auf See bestattet. Insgesamt werden 328 Leichen geborgen; 128 davon können nicht mehr identifiziert werden, 119 erhalten eine Seebestattung. Einer der Toten, die geborgen und an Land gebracht wurden, war der Millionär John Jacob Astor. Kurz nach ihrer Ankunft am Unglücksort auf See sandte die *Mackay-Bennett* folgenden Funkspruch: »Zahlreiche Leichen bei 41°35′ N, 48°37′ W, die sich viele

Meilen sowohl nach Osten als auch nach Westen erstrecken. Postschiffe sollten diesen Bereich weiträumig umfahren. Nach Ansicht der Ärzte ist der Tod in allen Fällen sofort eingetreten, wahrscheinlich auf Grund des Drucks, der entstand, als die Körper in den Strudel hinabgezogen wurden … Wir haben alle Balsamierflüssigkeit aus Halifax mitgenommen, genügend für 70 Leichen. Im Lauf von einer Woche, klares Wetter vorausgesetzt, können wir vermutlich alle Überreste der Katastrophe beseitigen. Meiner Meinung nach wird die Mehrzahl der Toten nie wieder an die Oberfläche kommen.«

Spätere Aussagen von Überlebenden über zahllose Opfer, die im Wasser um Hilfe riefen, nachdem die *Titanic* gesunken war, widerlegten die Theorie des Kapitäns, die Menschen im Wasser seien »sofort« gestorben. Einer dieser Toten war der Kapellmeister der *Titanic*, Wallace Hartley, der mit umgebundener Notenmappe geborgen wurde.

Am selben Tag passiert das norddeutsche Linienschiff *Bremen* die Stelle, an der die *Titanic* gesunken war. Eine Passagierin beschrieb die Szene später folgendermaßen: »Es war ein herrlicher Nachmittag, und ein großer, in der Sonne glitzernder Eisberg bot einen wunderbaren Anblick.« Als sie sich dem Unglücksort näherten, »befiel alle ein Gefühl der Furcht und Trauer, und das Schiff fuhr in absoluter Stille weiter. [Wir] sahen einige Leichen so deutlich, dass wir erkennen konnten, was sie trugen, und ob es Männer oder Frauen waren. Wir sahen eine Frau im Nachthemd, die ihr Baby fest an sich gedrückt hielt, und eine weitere Frau, die ihre Arme um einen zotteligen Hund geschlungen hatte, der aussah wie ein Bernhardiner. Die Leichen von drei Männern, die sich alle zusammen an einem Deckstuhl festgehalten hatten, trieben dicht an uns vorbei, und direkt neben ihnen erkannten wir Dutzende von Männern in Schwimmwesten, die sich aneinander klammerten wie in einem letzten verzweifelten Überlebenskampf ... Wir konnten die weißen Schwimmwesten vieler weiterer Leichen überall auf dem Meer verteilt sehen ... Der Anblick rührte alle an Bord zu Tränen.«

Eintrag aus dem Logbuch von Frederick Hamilton, Leitender Maschinist der *Mackay-Bennett*

Die Glocke rief alle Männer auf das Backdeck, wo dreißig Tote der Tiefe übergeben werden sollten, jeder von ihnen sorgfältig beschwert und in Segeltuch eingenäht. Diese Versammlung war ein unheimliches Schauspiel. Die Sichel des Mondes warf ein schwaches Licht auf uns, während das Schiff auf den großen Wellen stampfte. Die Bestattungszeremonie wurde von Reverend Canon Hind durchgeführt; etwa eine Stunde lang wurden die Worte »Es war Gottes Wille ... so übergeben wir diesen Körper der Tiefe« wiederholt, und jedes Mal machte es platsch!, wenn ein beschwerter Leichnam in die See stürzte, um in eine Tiefe von ungefähr zwei Meilen hinabzusinken. Platsch, platsch, platsch.

Dienstag, 23. April Der britische Lordkanzler benennt laut Handelsschifffahrtgesetz den Vorsitzenden einer Kommission zur Untersuchung des Untergangs der *Titanic*.

Mittwoch, 24. April Das Schwesterschiff der *Titanic*, die *Olympic*, soll planmäßig von Southampton nach New York ablegen. Auf Anweisung des Direktors der White Star Line, J. Bruce Ismay, nimmt die *Olympic* ausreichend Rettungsboote an Bord, um jedem Passagier des Schiffes Platz zu bieten. Aber fast 200 Angehörige der Crew weigern sich, auf der *Olympic* zu fahren, weil sie mit den von der Reederei zur

Verfügung gestellten Faltbooten nicht zufrieden sind. Die Reise wird schließlich storniert; als Grund gibt die White Star Line »meuterisches Verhalten der Mannschaft« an. Als sie auf einem Schlepper an Land zurückkehren, werden die 53 Deserteure verhaftet und wegen ungesetzlicher Missachtung der Befehle des Kapitäns angeklagt.

Mittwoch, 24. April Das norddeutsche Linienschiff *Bremen* berichtet bei seiner Ankunft in New York, man habe sieben Eisberge in der Nähe der Stelle passiert, an der die *Titanic* gesunken war. Offiziere der *Bremen* erzählen auch, sie hätten dort Hunderte von Leichen im Wasser treiben sehen. Alle Toten trugen Schwimmwesten, und einige hielten ihre toten Kinder umklammert. Andere hätten sich an Deckstühlen und anderen Gegenständen festgehalten. Eine Gruppe wurde auf etwa 200 Leichname geschätzt.

Freitag, 26. April Der britische Innenminister benennt fünf Sachverständige für die *Titanic*-Untersuchung.

Freitag, 26. April Die britische Zeitung *Daily Sketch* veröffentlicht auf der Titelseite eine Fotografie des Eisbergs, von dem man annimmt, mit ihm sei die *Titanic* kollidiert. Die Aufnahme wurde am Tag der Katastrophe um sieben Uhr morgens vom Ersten Offizier Nielson des niederländischen Liners *Birma* gemacht. Der Eisberg war über 42 Meter hoch, 60 Meter lang und maß unter der Wasseroberfläche schätzungsweise 320 Meter. Der *Daily Sketch* druckt zudem ein zweites Foto ab, das einen Riss im Eisberg zeigt, der angeblich durch den Zusammenprall mit der *Titanic* entstanden war.

Sonntag, 28. April Einige Überlebende des Unglücks, die nicht mehr für die Anhörung des US-Senats benötigt werden, kehren nach England zurück.

Dienstag, 30. April Das britische Handelsministerium beantragt eine formale Untersuchung des Untergangs der *Titanic*.

Donnerstag, 2. Mai Die Untersuchung des britischen Handelsministeriums zum Untergang der *Titanic* beginnt in Scottish Hall, Buckingham Gate, Westminister, England. (Die amerikanische Untersuchung hatte am 19. April begonnen. Bis zum Abschluss der Anhörung durch den US-Senat am 25. Mai wurden beide Untersuchungen parallel durchgeführt. Die britische Untersuchung dauerte bis zum 3. Juli.)

Montag, 7. Mai Eine Wachsfigur des *Titanic*-Kapitäns Edward Smith wird in Madame Tussauds Wachsfigurenkabinett in London aufgestellt (und zehn Jahre später bei einem Brand zerstört.) In den folgenden Tagen erscheinen in britischen Zeitungen Anzeigen des Museums. Die Anzeige im *Daily Sketch* hat folgenden Text: »MADAME TUSSAUDS AUSSTELLUNG. DER VERLUST DER TITANIC. Lebensechtes Porträt des verstorbenen KAPITÄNS EDWARD J. SMITH. Realistische Darstellung von CHARLES DICKENS in seinem ARBEITSZIMMER in GADS HILL. Kostenlose kinematographische Vorführungen.«

Freitag, 10. Mai J. Bruce Ismay trifft auf der *Adriatic* in Queenstown ein und wird von seiner Frau empfangen. Die Ismays reisen sofort nach Liverpool weiter und werden bei ihrer Ankunft am Samstag, dem 11. Mai, von einer jubelnden Menschenmenge begrüßt.

Montag, 13. Mai Knapp einen Monat nach dem Unglück wird das letzte Rettungsboot der *Titanic* von dem Linienschiff *Oceanic* aus dem Atlantik geborgen. Die drei Toten, die sich in dem Boot befinden, erhalten eine Seebestattung.

Dienstag, 14. Mai J. Bruce Ismay gibt die Einrichtung eines Stiftungsfonds in Höhe von 20 000 Pfund zu Gunsten invalider Seeleute und ihrer Angehörigen bekannt.

Samstag, 18. Mai Über 30 000 Trauergäste nehmen an der Beerdigung von Wallace Hartley, dem Kapellmeister der *Titanic*, in dessen Heimatstadt Colne, Lancashire, England, teil.

Samstag, 25. Mai In New York wird die Anhörung durch den Unterausschuss des US-Senats bezüglich des Untergangs der *Titanic* abgeschlossen.

Dienstag, 28. Mai Der Unterausschuss des Senats legt seinen Abschlussbericht vor. (Siehe Kapitel 9, »Die letzte Reise«, für Details über die Ergebnisse der Anhörung.)

Mittwoch, 3. Juli Die Untersuchung des Untergangs der *Titanic* durch das britische Handelsministerium wird abgeschlossen. (Siehe Kapitel 8, »Fragen an die Vergangenheit«, für Einzelheiten über die Ergebnisse der Untersuchung.)

1913

Frühjahr Nach umfangreichen Maßnahmen zur Erhöhung der Sicherheit geht die *Olympic*, eines der Schwesterschiffe der *Titanic*, wieder als Liniendampfer auf große Fahrt. Der Doppelboden wurde von Harland & Wolff an den Seiten des Schiffes hochgezogen, um es mit einer »doppelten Außenhaut« auszustatten; auch die Schotten im Inneren wurden so weit erhöht, dass kein Wasser in angrenzende Abteilungen eindringen konnte, wie es auf der *Titanic* geschehen war. Zudem werden genügend Rettungsboote für alle Passagiere an Bord angebracht.

April Als direkte Folge des Untergangs der *Titanic* wird die International Ice Patrol (IIP, Internationale Eispatrouille) zur Warnung vor Eisbergen im Nordatlantik eingerichtet. Die IIP steht heute unter der Leitung der amerikanischen Küstenwache und beobachtet Eisberge von Flugzeugen aus.

1914

26. Februar Das zweite Schwesterschiff der *Titanic*, die R.M.S. *Britannic*, wird vom Stapel gelassen. Als Folge der Tragödie der *Titanic* wurden umfangreiche Verbesserungen (ähnlich wie bei der *Olympic*) vorgenommen.

1915

September Die *Olympic* wird zum Truppentransport eingesetzt und bringt in den nächsten fünf Jahren Soldaten an die Front. Sie übersteht vier Torpedoangriffe und bekommt den Spitznamen »Old Reliable« [etwa: »Alte Zuverlässige«].

1916

21. November Im Ersten Weltkrieg läuft die *Britannic* im Kea-Kanal in der Ägäis auf eine Mine [lt. Hess/Hessel, Das Titanic-Handbuch, S. 36, Anm. d. Übers.] und sinkt innerhalb einer Stunde. Von den über 1100 Mann an Bord kommen nur 30 ums Leben. Die *Britannic* wurde 1976 von Jacques Cousteau geortet und untersucht. Sie liegt über 100 Meter tief im Wasser und ist der größte intakte Ozeandampfer auf dem Meeresboden.

1935

März Nach Jahrzehnten treuer Dienste macht die *Olympic* ihre letzte Fahrt nach New York. Sie wird verkauft, abgewrackt und verschrottet.

1955

November Walter Lords Geschichte über die Katastrophe der *Titanic, A Night to Remember* [deutsch: »Die letzte Nacht der Titanic«] wird veröffentlicht. Das Buch wird zur »Bibel« der *Titanic*-Forscher und klettert ab Dezember 1997, als »Titanic« – James Camerons epischer Film über die Tragödie – in die Kinos kommt, erneut an die Spitze der Bestsellerlisten.

1985

1. September, 13.05 Uhr Im Rahmen einer französisch-amerikanischen Wissenschaftsexpedition unter Leitung von Dr. Robert Ballard vom Woods Hole Oceanographic Institute (Massachusetts) wird das Wrack der *Titanic* in zweieinhalb Meilen Tiefe, in der Nähe der Untergangsstelle entdeckt. Die Aufmerksamkeit der Welt richtet sich sofort auf den Nordatlantik, und eine neue Ära des *Titanic*-Fiebers beginnt, das bis heute offenbar noch immer nicht abgeklungen ist. Dr. Ballard sagt, er wolle die genaue Position des Wracks geheim halten, um zu verhindern, dass es von »Aasgeiern« geschändet wird.

1986

September Dr. Ballard kehrt zum Wrack der *Titanic* zurück, um es zu untersuchen und zu fotografieren.

1987

August Ein Konsortium von Investoren aus Connecticut, aus dem später die »RMS Titanic Inc.« entsteht, finanziert eine Expedition des IFREMER (des französischen Instituts für Meeresforschung, das 1985 an der Lokalisierung der *Titanic* beteiligt war) zum Wrack. Dabei werden 1800 Gegenstände von dem gesunkenen Schiff geborgen, das »RMS Titanic« unter Berufung auf das »Besitzrecht des Bergenden« für sich beansprucht. Dieser Rechtsanspruch wird von amerikanischen Gerichten bestätigt, und »RMS Titanic« hat seitdem vier Expedition zum Wrack unternommen, bei denen fast

5000 Objekte geborgen wurden. »RMS Titanic« besitzt das Exklusivrecht, Gegenstände von der *Titanic* zu bergen und diese sowie Fotos beziehungsweise Filmaufnahmen von ihnen auszustellen und zu vermarkten; die Firma hat jedoch nicht das Recht, diese Artefakte zu verkaufen.

1995

Frühjahr James Cameron stellt sein Filmprojekt dem Vorsitzenden der Twentieth Century-Fox, Peter Chernin, und anderen maßgeblichen Persönlichkeiten des Filmstudios vor. Sie zeigen sich wenig begeistert von der Idee, ein dreistündiges Filmepos des Regisseurs von »Terminator 2« oder »True Lies« zu produzieren, bewilligen Cameron aber fast zwei Millionen Dollar zur Finanzierung eines Tauchgangs zum Wrack der *Titanic*.

8. September Cameron und ein russisches Taucherteam unternehmen mit dem Unterseeboot *Mir I* den ersten von insgesamt zwölf Tauchgängen zum Wrack der *Titanic*.

1996

Mai James Cameron erhält von der Twentieth Century-Fox grünes Licht, die Produktion von »*Titanic*« fortzusetzen.

August »RMS Titanic« scheitert bei dem Versuch, ein Stück des Rumpfes der *Titanic* zu bergen. (Siehe Kapitel 27, »›RMS Titanic‹ und das ›Big Piece‹-Debakel«.)

1997

20. Januar Edith Haisman, die älteste Überlebende der *Titanic*-Katastrophe, stirbt im Alter von 100 Jahren in Southampton.

14. Februar Eva Hart, eine Überlebende der *Titanic*, die bei ihrer Rettung sieben Jahre alt war, stirbt im Alter von 91 Jahren.

2. Juli Ursprünglich vorgesehener Uraufführungstermin des Films »Titanic«. (Cameron hielt ihn nicht ein.)

19. Dezember James Camerons Film kommt in den USA in die Kinos und erhält ausgezeichnete Kritiken. »Titanic« entwickelt sich zum erfolgreichsten Film aller Zeiten und erhält elf »Oscars«.

22. Dezember Alexander Lindsay, ein unabhängiger Dokumentarfilmer, strengt vor einem Bundesgericht in Manhattan eine Klage in Höhe von vier Millionen Dollar gegen »RMS Titanic« an. Lindsay behauptet, »RMS Titanic« verhandle über den Verkauf von 4000 Münzen und Geldscheinen, die bei einer von Lindsay gefilmten Bergungsaktion in einem Koffer gefunden wurden.

1998

Montag, 2. März »P. R. Newswire« gibt folgende Pressemitteilung heraus:

Operation *Titanic*:

Im Rahmen des Eröffnungsprogramms der Deep Ocean Expeditions Ltd. können erstmals auch Nichtwissenschaftler an einer Tauchexpedition zur letzten Ruhestätte der *Titanic* teilnehmen.

Zum ersten Mal, seit die R.M.S. *Titanic* in der Nacht des 14. April 1912 vor der Küste Neufundlands gesunken ist, haben Nichtwissenschaftler die Möglichkeit, als Mitglieder einer Arbeitsexpedition mit den Tiefseebooten *MIR I* und *MIR II*, die auch in James

Camerons Kinoerfolg »Titanic« verwendet wurden, zu dem Wrack in über zwei Meilen Tiefe [etwa 3,2 Kilometer] hinabzutauchen. Diese Expedition für maximal 60 Teilnehmer beginnt am 2. August 1998; es gilt die Reihenfolge der Anmeldung. Die Teilnehmer werden auf fünf Gruppen zu je 12 Personen verteilt. Die Tauchgänge der einzelnen Gruppen finden in einem Zeitraum von vier bis sechs Tagen statt, je nach Wetter- und Seeverhältnissen; an jedem Tauchgang nimmt jeweils nur eine Gruppe teil. Das Expeditionsprogramm – einschließlich Transport zur Tauchstelle (368 Meilen [etwa 589 Kilometer] vor der Küste von Neufundland) und zurück, komfortabler Unterbringung und Mahlzeiten an Bord des *MIR*-Mutterschiffes sowie eines garantierten Tauchgangs zur *Titanic* – wird exklusiv von der in England ansässigen Deep Ocean Expeditions Ltd. angeboten.

Der Direktor von Deep Ocean Expeditions ist Mike McDowell, Gründer der führenden Agentur für Abenteuerreisen, Quark Expeditions, in Darien, Connecticut.

Bislang war es nur einer kleinen Gruppe von Wissenschaftlern und Expeditionsmitgliedern vorbehalten, die *Titanic* zu sehen. Jetzt haben erstmals auch Laien Gelegenheit, den Furcht einflößenden Anblick der *Titanic* persönlich und aus nächster Nähe zu erleben.

Mit den *MIR*-Tauchbooten ist es möglich, zum Meeresboden hinabzugelangen, wo die *Titanic* liegt. Sie gehören weltweit zu jenen fünf nichtmilitärischen Tauchbooten, die sicher in eine Tiefe von 12.000 Fuß vordringen können. Sie bieten einem ausgebildeten Piloten und zwei Passagieren Platz. Da der atmosphärische Druck in der *MIR* stets eine Atmosphäre beträgt, ist keinerlei Druckausgleich erforderlich. Bullaugen ermöglichen den Blick nach draußen, sodass die Passagiere die *Titanic* an ihrer letzten Ruhestätte sehen können.

Zur Unterstützung der Tauchgänge der *MIR* setzt Deep Ocean

Expeditions die für wissenschaftliche Zwecke ausgerüstete *Akademik Keldysh* als »Mutterschiff« ein. Die Passagiere sind Teil einer Arbeitsexpedition und sollten keine Vergnügungsfahrt erwarten. Die *Keldysh* ist zwar groß und geräumig, wurde jedoch als wissenschaftliches Forschungsschiff gebaut. Im Vergleich zu den meisten Forschungsschiffen ist die Unterbringung jedoch von hohem Standard.

Die Tauchfahrten hinab zur *Titanic* (12 460 Fuß [etwa 3798 Meter]) finden täglich statt, günstige Wetter- und Seeverhältnisse vorausgesetzt.

Preise:
Die Kosten für die »Operation Titanic« betragen 32 000 bis 33 000 Dollar pro Teilnehmer. Die Kosten für Ehepartner, Familienangehörige oder Freunde, die keinen Tauchgang absolvieren, betragen 1750 Dollar pro Person (sofern ausreichend Platz vorhanden ist).

Weitere Informationen über eine Platzreservierung bei der »Operation Titanic« erhalten Sie über die amerikanische Niederlassung von Deep Ocean Expeditions, Quark Expeditions, gebührenfrei unter 800-356-5699 oder 203-656-0499. Buchungen können auch gebührenfrei über Zegrahms Deep Sea Voyages unter 888-772-2366 oder 206-285-3743 sowie über Ihr Reisebüro vorgenommen werden.

Samstag, 7. März Die *Titanic*-Überlebende Eleanor Johnson Shuman aus Elgin, Illinois, stirbt im Alter von 87 Jahren.

Montag, 6. April Eine schweizerisch-amerikanische Gesellschaft gibt Pläne für den 500 Millionen Dollar teuren Nachbau der *Titanic* in Originalgröße bekannt, der am 90. Jahrestag des Untergangs des Schiffes fertig gestellt sein soll. Der mit Öl betriebene Dampfer soll im April 2002 von Southampton nach New York fahren.

Mittwoch, 8. April Eine Gesellschaft mit Sitz in Südafrika gibt Pläne für den Nachbau der *Titanic* bekannt, der Ende 1999 fertig sein soll, weitaus früher als die von der schweizerisch-amerikanischen Konkurrenz geplante Replik.

Mittwoch, 15. April Der 86. Jahrestag des Untergangs der *Titanic*. Wie in jedem Jahr seit ihrer Gründung 1913 übergibt die International Ice Patrol an der Stelle des Untergangs dem Nordatlantik einen Kranz.

Darüber hinaus wird mit einem Gedenkgottesdienst der »Ulster Titanic Society« in Belfast und einer Kranzniederlegung am Titanic Memorial Lighthouse im South Street Seaport Museum in New York an die Tragödie erinnert.

An der Zeremonie in New York nehmen Familienangehörige von Opfern des Unglücks sowie die Mitwirkenden des Broadway-Musicals »Titanic« teil, die während des Gottesdienstes »Amazing Grace« singen.

Bei der Zeremonie in New York ist auch Jacqueline Astor Drexel anwesend, die Enkelin des Millionärs John Jacob Astor, der mit der *Titanic* unterging. »Ich glaube, man hält meinen Großvater deshalb für einen Helden, weil er einem zwölfjährigen Jungen einen Frauenhut aufsetzte«, erklärt sie einem Reporter der *New York Post*. »Wegen dieses Hutes hielt man ihn für ein Mädchen und brachte ihn in einem Rettungsboot unter.«

Auch Kevin Biddlecombe, Urenkel des Heizers Reginald Charles Biddlecombe, nahm an der Zeremonie teil. »Mein Urgroßvater hatte die Möglichkeit, das Schiff zu verlassen, aber er entschied sich dafür, an Bord zu bleiben«, teilt er der *Post* mit. »Man ist traurig darüber, einen Angehörigen verloren zu haben, aber auch stolz, weil er in die Geschichte eingegangen ist.«

1999

Mittwoch, 29. Dezember Laut den im April 1998 verkündeten Plänen läuft die in Südafrika gebaute Kopie der *Titanic* heute vom Stapel.

2002

Mittwoch, 10. April Für diesen Tag ist der Stapellauf des 500 Millionen Dollar teuren *Titanic*-Nachbaus, erbaut vom schweizerisch-amerikanischen Unternehmen White Star Line Ltd., in Southampton geplant.

Die letzte Mahlzeit:
Dinieren an Bord der *Titanic*

»Am Abend der Kollision boten unsere Speisetische
ein hinreißendes Bild! Die üppigen Weintrauben,
welche die Obstkörbe auf jedem Tisch zierten, waren
wundervoll ... Ich blieb bei Tisch von der Suppe bis
zum Servieren der Nüsse.«

Kate Buss,
Passagierin der 2. Klasse

Wenn Sie mit der *Titanic* gereist wären, welche Klasse hätten
Sie sich wohl leisten können? Hätten Sie die 1. Klasse gebucht,
bei einem Ticketpreis von 4350 Dollar (entspricht einem Wert
von über 100 000 Dollar im Jahr 2000), wären Sie 3. Klasse
gereist zum Preis von 36,25 Dollar (heute 700 Dollar), oder
hätten Sie sich für die 2. Klasse entschieden, mit Reisekosten
zwischen diesen beiden Extremen?

Die Ausstattung der Räumlichkeiten auf der *Titanic* spiegelte
sich im Preis der Seereise wider – und dennoch war alles an dem
Ozeanriesen in gewissem Sinne erstklassig. Die Zwischendeckspassagiere der 3. Klasse zeigten sich Berichten zufolge ange-
nehm überrascht über die komfortablen Unterkünfte und die
exquisiten Speisen, auf die selbst sie Anspruch hatten. Im Film
»Titanic« aus dem Jahr 1997 lässt der Regisseur James Came-

ron Leonardo DiCaprios Filmfigur Jack sich bewundernd über die hervorragende Unterbringung auf dem Schiff äußern. Bei einem Diner im Speisesaal der 1. Klasse – zu dem Jack als »Belohnung« dafür eingeladen worden war, dass er Rose das Leben gerettet hatte – erkundigt sich Roses Mutter im Versuch, Jack in Verlegenheit zu bringen, nach seiner Ansicht über die Unterkünfte der 3. Klasse, wobei kaum verhohlene Abscheu aus ihren Worten spricht. Jack antwortet gewandt: »Die besten, die ich je gesehen habe, Ma'am. Fast keine Ratten.«

Die nächsten Seiten befassen sich mit typischen Speiseplänen aller drei Passagierklassen auf der *Titanic*. Für viele Passagiere stellte eines der folgenden Gerichte zugleich auch die letzte Mahlzeit dar.

FRÜHSTÜCKSMENÜ DER 1. KLASSE, VOM 11. APRIL 1912

BRAT-ÄPFEL	FRISCHES OBST	GEDÄMPFTE BACKPFLAUMEN
HAFERGRÜTZE	MAISGRÜTZE	PUFFREIS

FRISCHER HERING

RÄUCHERSCHELLFISCH   RÄUCHERLACHS

GEGRILLTE HAMMELNIEREN & SPECK

GRILLSCHINKEN   GEGRILLTE WÜRSTCHEN

LAMMSCHEIBEN   GEMÜSETOPF

SPIEGELEIER, GEGARTE EIER,
VERLORENE EIER & GEKOCHTE EIER

EINFACHES OMELETT & TOMATENOMELETT (NACH WUNSCH)

HOCHRIPPENSTEAK & HAMMELKOTELETTS (NACH WUNSCH)

KARTOFFELPÜREE, SCHWENKKARTOFFELN & PELLKARTOFFELN

BRATENAUFSCHNITT

HEFE- & VOLLKORNBRÖTCHEN

BUTTERMILCH- & SULTANINENBRÖTCHEN   MAISBROT

BUCHWEIZENPFANNKUCHEN

SCHWARZE JOHANNISBEER-KONFITÜRE   NARBONNE-HONIG

ORANGENMARMELADE

BRUNNENKRESSE

Mittagsmenü der 1. Klasse, vom 14. April 1912

*

Mittagstisch

KRAFTBRÜHE   SCHOTTISCHE
NACH PÄCHTER-ART   LAUCH-HÜHNERSUPPE
MEERBUTTFILET
EIER À L'ARGENTEUIL
HUHN À LA MARYLAND
CORNED BEEF, GEMÜSE, KLÖSSE

Vom Grill:
GEGRILLTE HAMMELKOTELETTS
KARTOFFELPÜREE, BRATKARTOFFELN & PELLKARTOFFELN
VANILLEPUDDING
APFEL-BAISER   GEBÄCK

Buffet:
LACHSMAYONNAISE   ÜBERBACKENE GARNELEN
GESALZENE SARDELLEN   MARINIERTE HERINGE
FRISCHE & GERÄUCHERTE SARDINEN
ROASTBEEF
KRÄUTERRINDERBRATEN
KALBFLEISCH- & SCHINKENPASTETE
VIRGINIA- & CUMBERLAND-SCHINKEN
BOLOGNA   SCHWEINSKOPFSÜLZE
HUHN-GALANTINE
RINDERPÖKELZUNGE
KOPFSALAT   ROTE BETE   TOMATEN

Käse:
CHESHIRE, STILTON, GORGONZOLA, EDAMER
CAMEMBERT, ROQUEFORT, ST. IVEL,
CHEDDAR

GEKÜHLTES MÜNCHNER BIER VOM FASS,
KLEINER & GROSSER BIERKRUG

*

DINNERMENÜ DER 1. KLASSE, VOM 14. APRIL 1912

✳

VERSCHIEDENE HORSD'ŒUVRE
AUSTERN
KRAFTBRÜHE OLGA   GERSTENCREMESUPPE
LACHS, MOUSSELINESAUCE, GURKE
FILET MIGNONS À LA LILLI
HUHN-SAUTÉ À LA LYONNAISE
MARKKÜRBISFARCE
LAMM, MINZSAUCE
ENTENBRUST, APFELMUS
RINDERLENDE   SCHLOSSKARTOFFELN
JUNGE ERBSEN   SAHNEMÖHRCHEN
REIS
PARMENTIER- & SALZKARTOFFELN
PUNSCH ROMAINE
GEBRATENES TÄUBCHEN & KRESSE
SPARGEL MIT VINAIGRETTE
GÄNSELEBERPASTETE
SELLERIE
WALDORFPUDDING
PFIRSICHE IN CHARTREUSEGELEE
SCHOKOLADEN- & VANILLE-ECLAIRS
EISCREME

✳

Frühstücksmenü der 2. Klasse, vom 11. April 1912

❋

Obst

Haferflocken — Maisgrütze

Frischer Fisch

Räucherhering

Gegrillte Ochsennierchen & Speck

Gratiniertes Haschee

Grillwürstchen, Kartoffelpüree

Gegrillter Schinken & Spiegeleier

Bratkartoffeln

Hefe- & Vollkornbrötchen

Buttermilchbrötchen

Buchweizenpfannkuchen, Ahornsirup

Konfitüre — Marmelade

Tee — Kaffee

Brunnenkresse

❋

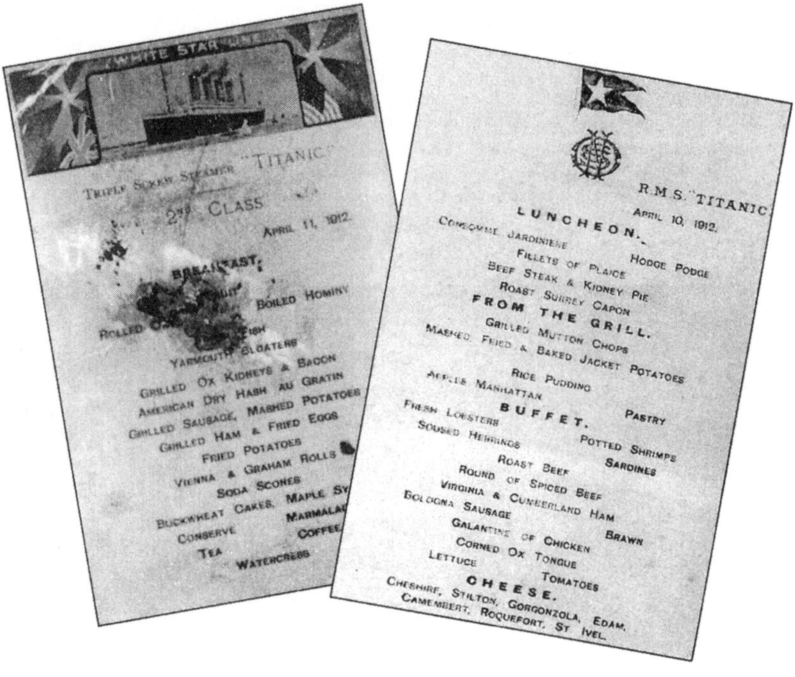
White Star Line
Triple Screw Steamer "Titanic"
2nd Class
April 11, 1912.
Breakfast.
Boiled Hominy
Rolled
Yarmouth Bloaters
Grilled Ox Kidneys & Bacon
American Dry Hash au Gratin
Grilled Sausage, Mashed Potatoes
Grilled Ham & Fried Eggs
Fried Potatoes
Vienna & Graham Rolls
Soda Scones
Buckwheat Cakes, Maple Sy
Conserve Marmala
Tea Coffee
Watercress

R.M.S. "Titanic"
April 10, 1912.
Luncheon.
Consommé Jardiniere Hodge Podge
Fillets of Plaice
Beef Steak & Kidney Pie
Roast Surrey Capon
From the Grill.
Grilled Mutton Chops
Mashed, Fried & Baked Jacket Potatoes
Rice Pudding
Apples Manhattan Pastry
Buffet.
Fresh Lobsters Potted Shrimps
Soused Herrings Sardines
Roast Beef
Round of Spiced Beef
Virginia & Cumberland Ham
Bologna Sausage Brawn
Galantine of Chicken
Corned Ox Tongue
Lettuce Tomatoes
Cheese.
Cheshire, Stilton, Gorgonzola, Edam,
Camembert, Roquefort, St Ivel.

DINNERMENÜ DER 2. KLASSE, VOM 14. APRIL 1912

❋

TANIOCA-KRAFTBRÜHE
GEBACKENER SCHELLFISCH, PIKANTE SAUCE
HÜHNERCURRY & REIS
LAMM, MINZSAUCE
PUTENBRATEN, PREISELBEERSAUCE
JUNGE ERBSEN   STECKRÜBENPÜREE
REIS
SALZ- & OFENKARTOFFELN
PLUMPUDDING
WEINCREME   KOKOSTOAST
EISCREME
VERSCHIEDENE NUSSSORTEN
FRISCHES OBST
KÄSEGEBÄCK
KAFFEE

❋

WHITE STAR LINE
Specimen Third Class Bill of Fare
Subject to Alteration as Circumstances Require

	Sunday	Monday	Tuesday	Wednesday	Thursday	Friday	Saturday
Breakfast	Quaker Oats and Milk Smoked Herrings and Jacket Potatoes Boiled Eggs Fresh Bread and Butter Marmalade, Swedish Bread Tea and Coffee	Oatmeal Porridge and Milk Irish Stew Broiled Sausages Fresh Bread and Butter Marmalade, Swedish Bread Tea and Coffee	Oatmeal Porridge and Milk Ling Fish, Egg Sauce Fried Tripe and Onions Jacket Potatoes Fresh Bread and Butter Marmalade, Swedish Bread Tea and Coffee	Quaker Oats and Milk Smoked Herrings Beefsteak and Onions Jacket Potatoes Fresh Bread and Butter Marmalade, Swedish Bread Tea and Coffee	Oatmeal Porridge and Milk Liver and Bacon Irish Stew Fresh Bread and Butter Bread Tea and Coffee	Quaker Oats and Milk Smoked Herrings Jacket Potatoes Curried Beef and Rice Fresh Bread and Butter Marmalade, Swedish Bread Tea and Coffee	Oatmeal Porridge and Milk Vegetable Stew Fried Tripe and Onions Fresh Bread and Butter Marmalade, Swedish Bread Tea and Coffee
Dinner	Vegetable Soup Roast Pork, Sage and Onions Green Peas Boiled Potatoes Cabin Biscuits, Fresh Bread Plum Pudding, Sweet Sauce Oranges	Barley Broth Beefsteak and Kidney Pie Carrots and Turnips Boiled Potatoes Cabin Biscuits, Fresh Bread Stewed Apples and Rice	Pea Soup Fricassee Rabbit and Bacon Lima Beans, Boiled Potatoes Cabin Biscuits, Fresh Bread Semolina Pudding Apples	Rice Soup Corned Beef and Cabbage Boiled Potatoes Cabin Biscuits, Fresh Bread Peaches and Rice	Vegetable Soup Boiled Mutton and Caper Sauce Green Peas, Boiled Potatoes Cabin Biscuits, Fresh Bread Plum Pudding, Sweet Sauce	Pea Soup Ling Fish, Egg Sauce Cold Beef and Pickles Cabbage, Boiled Potatoes Cabin Biscuits, Bread Cornaline Pudding Oranges	Rabbit Pie Baked Potatoes Fresh Bread and Butter Rhubarb and G Jam Swedish Bread Tea
Tea	Ragout of Beef, Potatoes and Pickles Apricots Fresh Bread and Butter Currant Buns Tea	Curried Mutton and Rice Cheese and Pickles Fresh Bread and Butter Damson Jam Swedish Bread Tea	Haricot Mutton Pickles Prunes and Rice Fresh Bread and Butter Swedish Bread Tea	Brawn Cheese and Pickles Fresh Bread and Butter Rhubarb Jam Currant Buns Tea	Sausage and Mashed Potatoes Dry Hash Apples and Rice Fresh Bread and Butter Swedish Bread Tea	Cod Fish Cakes Cheese and Pickles Fresh Bread and Butter Plum and Apple Jam Swedish Bread Tea	

Fresh Fish served as substitute for Salt Fish as opportunity

SUPPER—Every Day.—Cabin Biscuits and Cheese.   Gruel, Coffee.

Kosher Meat Supplied and Cooked for Jewish Passengers as desired

Eine typische White-Star-Line-Speisekarte der 3. Klasse

Änderungen vorbehalten

	Frühstück	**Abendessen**	**Tee**
Sonntag	Hafergrütze und Milch Räucherhering und Pellkartoffeln Gekochte Eier Frisches Brot und Butter Marmelade, Knäckebrot Tee und Kaffee	Gemüsesuppe Schweinebraten, Salbei und Zwiebeln Junge Erbsen Salzkartoffeln Schiffszwieback, frisches Brot Plumpudding, süße Sauce Orangen	Rindfleisch-Kartoffel-Ragout und Essiggemüse Aprikosen Frisches Brot und Butter Korinthenbrötchen Tee
Montag	Hafergrütze und Milch Irish Stew Bratwürstchen Frisches Brot und Butter Marmelade, Knäckebrot Tee und Kaffee	Gerstensuppe Beefsteak und Nierenpastete Möhren und Steckrüben Salzkartoffeln Schiffszwieback, frisches Brot Apfelkompott und Reis	Hammelcurry und Reis Käse und Essiggemüse Frisches Brot und Butter Pflaumenmarmelade Knäckebrot Tee
Dienstag	Hafergrütze und Milch Seedorsch, Eisauce Gebratene Kutteln und Zwiebeln Pellkartoffeln Frisches Brot und Butter Marmelade, Knäckebrot Tee und Kaffee	Erbsensuppe Kaninchenfrikassee mit Schinken Limabohnen, Salzkartoffeln Schiffszwieback, frisches Brot Grießauflauf Äpfel	Hammelragout Essiggemüse Backpflaumen und Reis Frisches Brot und Butter Knäckebrot Tee

	Frühstück	Abendessen	Tee
Mittwoch	Hafergrütze und Milch Räucherhering Beefsteak und Zwiebeln Pellkartoffeln Frisches Brot und Butter Marmelade, Knäckebrot Tee und Kaffee	Reissuppe Cornedbeef und Kohl Salzkartoffeln Schiffszwieback, frisches Brot Pfirsiche und Reis	Schweinskopf-sülze Käse und Essig-gemüse Frisches Brot und Butter Rhabarber-konfitüre Korinthen-brötchen Tee
Donnerstag	Hafergrütze und Milch Gebackene Leber mit Speck Irish Stew Frisches Brot und Butter Marmelade, Knäckebrot Tee und Kaffee	Gemüsesuppe Hammelfleisch und Kapernsauce Junge Erbsen, Salzkartoffeln Schiffszwieback, frisches Brot Plumpudding, süße Sauce	Würstchen und Kartoffelpüree Haschee Äpfel und Reis Frisches Brot und Butter Knäckebrot Tee
Freitag	Hafergrütze und Milch Räucherhering Pellkartoffeln Rindercurry und Reis Frisches Brot und Butter Marmelade, Knäckebrot Tee und Kaffee	Erbsensuppe Seedorsch, Eiersalat Kalter Braten vom Rind und Essiggemüse Kohl, Salzkartof-feln Schiffszwieback, frisches Brot Getreidepudding Orangen	Kabeljaupaste-chen Käse und Essig-gemüse Frisches Brot und Butter Pflaumen- und Apfelmus Knäckebrot Tee

	Frühstück	Abendessen	Tee
Samstag	Hafergrütze und Milch Gemüseeintopf Gebratene Kutteln und Zwiebeln Frisches Brot und Butter Marmelade, Knäckebrot Tee und Kaffee	Fleischbrühe Roastbeef und braune Sauce Grüne Bohnen, Salzkartoffeln Schiffszwieback, frisches Brot Backpflaumen und Reis	Kaninchenpastete Jägerkartoffeln Frisches Brot und Butter Rhabarber- und Ingwermarme- lade Knäckebrot Tee

Mittagessen
Jeden Tag: Schiffszwieback und Käse; Haferbrei; Kaffee; frischer Fisch als Ersatz für gepökelten Fisch (nach Möglichkeit).
Koscheres Fleisch, vor- und zubereitet für jüdische Passagiere (nach Wunsch).

Vollständige Liste aller Lebensmittel an Bord der *Titanic*

Die Speisen waren exquisit: Kaviar, Hummer, ägyptische Wachteln, Kiebitzeier sowie aus dem Gewächshaus Trauben und frische Pfirsiche. Die Nacht war kalt und klar, die See spiegelglatt.

Mahala Douglas,
Passagierin der 1. Klasse

Die R.M.S *Titanic* hatte Lebensmittel für eine große Menschenmenge an Bord, und die servierten Speisen zählten zu den unvergesslichen Attraktionen dieses Ozeanriesen. In vielen Fällen entsprachen die Mahlzeiten der 2. Klasse den Speisen, die andere Schiffe ihren 1.-Klasse-Passagieren auftischten.

Das folgende Verzeichnis enthält alle Lebensmittel, welche die *Titanic* mit sich führte – eine ziemlich beeindruckende »Einkaufsliste«, die zur Vor- und Zubereitung von täglich etwa 6500 Mahlzeiten erforderlich war.

Fleisch, Geflügel und Fisch

Frisches Fleisch	75000 Pfund
Frischer Fisch	11000 Pfund
Getrockneter Fisch und Stockfisch	4000 Pfund
Schinken und Speck	7500 Pfund
Wild und Geflügel	25000 Pfund
Würstchen	2500 Pfund
Bries	1000 Stück

Molkereiprodukte

Frische Eier	40000 Stück
Eiscreme	1750 Liter
Frische Milch	6800 Liter
Frische Sahne	1200 Liter
Kondensmilch	2750 Liter
Frische Butter	6000 Pfund

Getränke

Kaffee	2200 Pfund
Tee	800 Pfund
Bier	20000 Flaschen
Wein	1500 Flaschen
Spiritousen	850 Flaschen
Mineralwasser	15000 Flaschen

Obst und Gemüse

Orangen	36000 Stück
Zitronen	16000 Stück

Weintrauben	1000 Pfund
Grapefruit	50 Kisten
Salat	7000 Kopf
Tomaten	$2^3/_4$ Tonnen
Frischer Spargel	800 Bund
Frische junge Erbsen	2250 Pfund
Zwiebeln	3500 Pfund
Kartoffeln	40 Tonnen

Trockensubstanzen

Reis, getrocknete Bohnen usw.	10000 Pfund
Zerealien	10000 Pfund
Mehl	200 Barrels

Zucker und Konfitüre

Zucker	10000 Pfund
Marmelade und Konfitüre	1120 Pfund

Vollständiges Geschirr- und Wäscheverzeichnis der *Titanic*

Geschirr und Besteck

Austerngabeln	1000	Fischmesser	1500
Blumenvasen	500	Fleischschüsseln	400
Butterdosen	400	Frühstückstassen	4500
Buttermesser	400	Frühstücksteller	2500
Cocktailgläser	1500	Frühstücksuntertassen	4500
Dessertlöffel	3000	Gabeln	8000
Dessertteller	2000	Gemüseschüsseln	400
Eierlöffel	2000	Kaffeekannen	1200
Eiscremeteller	5500	Kaffeetassen	1500
Fingerschalen	1000	Kaffee-Untertassen	1500
Fischgabeln	1500	Kristallglasschüsseln	1500

Likörgläser	1200	Suppenschüsseln	3000
Löffel	5000	Suppentassen	3000
Messer	8000	Suppenteller	4500
Nussknacker	300	Teekannen	1200
Obstgabeln	1500	Teelöffel	6000
Obstmesser	1500	Teetassen	3000
Obstschalen	400	Tee-Untertassen	3000
Pastetenschüsseln	1200	Teller	12000
Puddingschüsseln	1200	Toastständer	400
Sahnekännchen	1000	Traubenscheren	100
Salatschüsseln	500	Trinkgläser	8000
Salzlöffel	1500	Vorspeisenschüsseln	400
Salzstreuer	2000	Wasserkaraffen	2500
Sektgläser	1500	Weingläser	2000
Selleriegläser	300	Weinkaraffen	300
Senflöffel	1500	Zuckerdosen	400
Souffléschüsseln	1500	Zuckerzangen	400
Spargelzangen	400		

Wäsche

Badetücher	7500	Geschirrtücher	2000
Bekleidung		Handtücher	7500
Küchenpersonal	3500	Kissenbezüge	15000
Bettbezüge	3600	Küchentücher	6500
Bettdecken	7500	Rollhandtücher	3500
Bettlaken (für		Schürzen	4000
Doppelbetten)	3000	Servietten	45000
Bettlaken (für		Tagesdecken	3000
Einzelbetten)	15000	Tischtücher	6000
Daunendecken	800	Toilettentücher	8000
Diverse			
Utensilien	40000		

4

Hilferufe:
Die vollständige Transkription der 70 Funksprüche der *Titanic*, wiedergegeben nach der »Untersuchung über den Verlust der *Titanic*« des britischen Handelsministeriums vom 30. Juli 1912

Dieses Kapitel umfasst die vollständigen Antworten auf die Fragen 18a bis 18g der vom britischen Handelsministerium durchgeführten »Untersuchung über den Verlust der *Titanic*«. Es handelt sich, wie im Rahmen der Untersuchung erklärt, um die vollständige Auflistung der 70 Funksprüche rund um die *Titanic*, die in der Nacht abgegeben wurden, in der das Schiff sank. (Siehe Kapitel 8 zu den Fragen 1 bis 17 und 19 bis 26, wie im Bericht des Lordkanzlers wiedergegeben.)

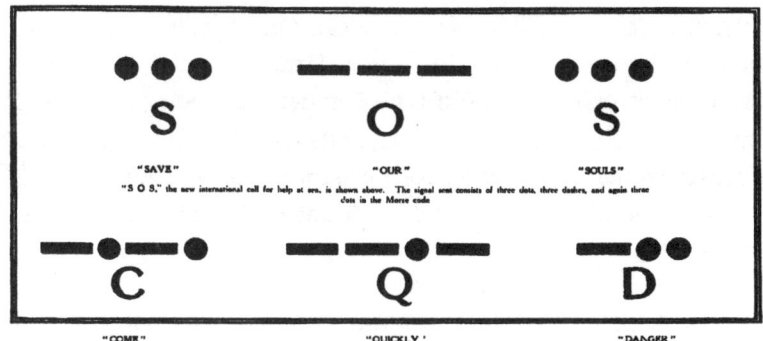

18. (a) Welche Botschaften mit der Bitte um Hilfe wurden von der *Titanic* nach dem Unglück gesendet, und zu welcher Zeit? (b) Welche Botschaften wurden von ihr empfangen, und zu welcher Zeit? (c) Von welchen Schiffen wurden die Botschaften der *Titanic* empfangen, und von welchen Schiffen erhielt sie Antwort? (d) Welche anderen Schiffe außer der *Titanic* sandten oder empfingen Botschaften zur Zeit oder kurz nach dem Unglück, in Verbindung mit dem Unglück? (e) Welches waren die Schiffe, die solche Botschaften sandten oder empfingen? (f) Gab es irgendwelche Schiffe, die auf Grund Botschaften seitens der *Titanic* oder irrtümlicher Botschaften davon abgehalten wurden, der *Titanic* oder ihren Rettungsbooten zu Hilfe zu kommen? (g) So überhaupt vorhanden: Von welchen Schiffen kamen derartige irrtümliche Botschaften, und von welchen Schiffen wurden sie empfangen, und zu welcher Zeit?

(a), (b), (c), (d) und (e) werden zusammen beantwortet.
(f) Manche Schiffe konnten auf Grund der zu großen Entfernung nicht zu Hilfe kommen.
(g) Es gab keine irrtümlichen Botschaften.

New-York-Zeit	Titanic-Zeit (geschätzt)	Funksprüche
22.25 Uhr	0.15 Uhr	La Provence empfängt den Notruf der Titanic.
22.25 Uhr	0.15 Uhr	Mount Temple hört CQD der Titanic. Bittet um Hilfe. Gibt Position an. Kann mich nicht hören. Soll meinem Kapitän ihre Position mitteilen: 41°46'N, 50°24' W.
22.25 Uhr	0.15 Uhr	Cape Race hört CQD der Titanic, Position 41°44' N, 50°24' W.
22.28 Uhr	0.18 Uhr	Ypiranga hört CQD von der Titanic. Titanic sendet CQD, Position 41°44' N, 50°24' W. Bittet um Hilfe (etwa zehn Mal gesendet).
22.35 Uhr	0.25 Uhr	CQD-Ruf der Titanic von Carpathia empfangen. Titanic meldet:»Kommt sofort. Wir sind mit Eisberg kollidiert. Es ist ein CQD, OM. Position 41°46' N, 50°14' W.«
22.35 Uhr	0.25 Uhr	Cape Race empfängt MGY (Funkrufzeichen der Titanic). Gibt korrigierte Position 41°46' N, 50°14' W. Habe zurückgefunkt; keine Antwort.
22.36 Uhr	0.26 Uhr	MGY (Titanic) sendet CQD. Korrigierte Position 41°46' N, 50°14' W. Brauchen sofort Hilfe. Kollision mit einem Eisberg. Wir sinken. Können nichts hören wegen Geräusch des Dampfes. Etwa 15- bis 20-mal an die Ypiranga gesendet.
22.37 Uhr	0.27 Uhr	Titanic sendet wie folgt:»Brauche sofort Hilfe. Mit Eisberg kollidiert auf 41°46' N, 50°14' W.«
22.40 Uhr	0.30 Uhr	Titanic sendet Position an Frankfurt und sagt:»Sagen Sie Ihrem Kapitän, er soll uns zu Hilfe kommen. Wir sind auf Eis gelaufen.«

New-York- Zeit	Titanic- Zeit (geschätzt)	Funksprüche
22.40 Uhr	0.30 Uhr	Caronia sendet CQ-Spruch an MBC (Baltic) und CQD: MGY (Titanic) mit Eisberg kollidiert, braucht sofort Hilfe.
22.40 Uhr	0.30 Uhr	Mount Temple hört MGY (Titanic). Sendet immer noch CQD. Unser Kapitän dreht bei. Sind 50 Meilen entfernt.
22.46 Uhr	0.36 Uhr	DKF (Prinz Friedrich Wilhelm) ruft MGY (Titanic) und gibt Position um 0.00 Uhr mit 39°47' N, 50°10' W. MGY (Titanic) sagt: »Kommen Sie uns zu Hilfe?« DFT (Frankfurt) sagt: »Was ist los?« MGY (Titanic): »Haben Kollision mit Eisberg. Wir sinken. Bitte sagt Kapitän, er soll kommen.« DFT (Frankfurt) sagt: »OK, werden es ausrichten.«
22.48 Uhr	0.38 Uhr	Mount Temple hört, wie Frankfurt Position an MGY (Titanic) durchgibt: 39°47' N, 52°10' W.
22.55 Uhr	0.45 Uhr	Titanic ruft Olympic SOS.
23.00 Uhr	0.50 Uhr	Titanic sendet CQD und sagt: »Brauche sofort Hilfe. Position 41°46' N, 50°14' W.« Empfangen von Celtic.
23.03 Uhr	0.53 Uhr	Caronia an MBC (Baltic): »SOS, MGY (Titanic) CQD in 41°46' N, 50°14' W. Braucht sofort Hilfe.«
23.10 Uhr	1.00 Uhr	MGY sendet Notsignal. DDC (Cincinnati) antwortet. MGYs Position 41°46' N, 50°14' W. Hilfe von DDC nicht nötig, da MKC (Olympic) kurz darauf antwortet.
23.10 Uhr	1.00 Uhr	Titanic antwortet Olympic, gibt Position 41°46' N, 50°14' W an und sagt: »Wir sind mit einem Eisberg kollidiert.«
23.12 Uhr	1.02 Uhr	Titanic ruft Asian und sagt: »Brauchen sofort Hilfe.« Asian antwortet direkt, empfängt Position der Titanic, 41°46' N, 50°14' W, und bringt diese zur Brücke. Kapitän weist Funker an, die Position der Titanic wiederholen zu lassen.

New-York- Zeit	Titanic- Zeit (geschätzt)	Funksprüche
23.12 Uhr	1.02 Uhr	Virginian ruft Titanic, bekommt aber keine Antwort. Erhält Anweisung von Cape Race, den Kapitän über Kollision der Titanic mit Eisberg zu informieren und unverzüglich Hilfe zu leisten.
23.20 Uhr	1.10 Uhr	Titanic an MKC (Olympic):»Wir sind mit Eisberg kollidiert. Sinken über Bug; 41°46' N, 50°14' W. Kommt so schnell wie möglich.«
23.20 Uhr	1.10 Uhr	Titanic an MKC (Olympic), Kapitän sagt:»Macht Boote klar. Wie ist eure Position?«
23.25 Uhr	1.15 Uhr	Baltic an Caronia:»Bitte sagt Titanic, wir sind unterwegs zu ihr.«
23.30 Uhr	1.20 Uhr	Virginian hört MCE (Cape Race) an MGY (Titanic): »Wir kommen euch zu Hilfe. Unsere Position 170 Meilen nördlich der Titanic.«
23.35 Uhr	1.25 Uhr	Caronia an Titanic:»Baltic kommt euch zu Hilfe.«
23.35 Uhr	1.25 Uhr	Olympic sendet Titanic Position 4.24 Uhr MEZ. 40°52' N, 61°18' W.»Steuern Sie nach Süden, um uns zu treffen?« Titanic antwortet:»Wir bringen die Frauen in die Boote.«
23.35 Uhr	1.25 Uhr	Titanic und Olympic stehen in Funkkontakt.
23.37 Uhr	1.27 Uhr	MGY (Titanic) sagt:»Wir bringen die Frauen in die Boote.«
23.40 Uhr	1.30 Uhr	Titanic an Olympic:»Wir bringen Passagiere in die kleinen Boote.«
23.45 Uhr	1.35 Uhr	Olympic fragt Titanic, was sie für Wetter habe. Titanic antwortet:»Ruhig und klar.«
23.45 Uhr	1.35 Uhr	Baltic hört Titanic melden:»Maschinenraum unter Wasser.«
23.45 Uhr	1.35 Uhr	Mount Temple hört DFT (Frankfurt) fragen:»Sind schon Boote zu Wasser?« Keine Antwort.
23.47 Uhr	1.37 Uhr	Baltic an Titanic:»Wir beeilen uns.«

New-York-Zeit	Titanic-Zeit (geschätzt)	Funksprüche
23.50 Uhr	1.40 Uhr	Olympic an Titanic:»Alle Kessel unter Volldampf.«
23.50 Uhr	1.40 Uhr	Cape Race an Virginian:»Bitte richten Sie Ihrem Kapitän aus: Die Olympic ist mit voller Kraft unterwegs zur Titanic, aber ihre (Olympics) Position ist 40°32′ N, 61°18′ W. Sie sind viel näher an der Titanic. Die Titanic bringt schon Frauen in die Boote, sie sagt, das Wetter sei klar und ruhig. Die Olympic ist das einzige Schiff, das gefunkt hat: ›Kommen der Titanic zu Hilfe.‹ Die anderen müssen weit von der Titanic entfernt sein.«
23.55 Uhr	1.45 Uhr	Letzte Signale der Titanic, empfangen von der Carpathia:»Maschinenraum bis zu den Kesseln unter Wasser.«
23.55 Uhr	1.45 Uhr	Mount Temple hört, wie DFT (Frankfurt) MGY (Titanic) ruft. Keine Antwort.
23.57 Uhr	1.47 Uhr	Caronia hört MGY (Titanic), die Signale sind jedoch unverständlich.
23.58 Uhr	1.48 Uhr	Asian hört SOS-Ruf der Titanic. Asian antwortet; keine Reaktion.
0.00 Uhr	1.50 Uhr	Caronia hört, wie Frankfurt Titanic ruft. Frankfurt ist laut Position bei erstem SOS 172 Seemeilen von MGY (Titanic) entfernt.
0.05 Uhr	1.55 Uhr	Cape Race an Virginian:»Wir haben seit einer halben Stunde nichts von der Titanic gehört. Sie hat wohl keinen Strom mehr.«
0.10 Uhr	2.00 Uhr	Virginian hört schwachen Ruf der Titanic, die Stromversorgung ist fast zusammengebrochen.
0.20 Uhr	2.10 Uhr	Virginian hört zwei schwache V's; das Signal ähnelt dem der Titanic, stellen wahrscheinlich Signal um.

New-York- Zeit	Titanic- Zeit (geschätzt)	Funksprüche
0.27 Uhr	2.17 Uhr	Virginian hört CQ-Ruf der Titanic, kann es nicht verstehen. Die Signale der Titanic enden abrupt, als die Stromversorgung plötzlich zusammenbricht. Ihre Signale klingen verschwommen und abgehackt. Ruft MGY (Titanic) und empfiehlt Notfunkgerät, bekommt keine Antwort.
0.30 Uhr	2.20 Uhr	Olympic sendet starkes Signal, fragt, ob er von MGY (Titanic) gehört habe. Er funkt:»Nein, ich halte Wache, aber höre nichts mehr von MGY (Titanic). Keine Antwort.«

New-York- Zeit	Funksprüche
0.52 Uhr	Carpathia sendet Funkspruch an Olympic und teilt den offiziellen Zeitpunkt des Untergangs der Titanic auf 41°46' N, 50°14' W mit – etwa um 2.20 Uhr.
1.15 Uhr	Virginian tauscht Signal mit Baltic aus. Versucht, MSG zu MGY (Titanic) zu senden, aber die Signale sterben sofort ab.
1.25 Uhr	Mount Temple hört MPA (Carpathia) senden:»Wenn ihr da seid, feuern wir Raketen.«
1.35 Uhr	Baltic sendet 1 MSG an Virginian für Titanic.
1.40 Uhr	MPA (Carpathia) ruft MGY (Titanic).
1.58 Uhr	SBA (Birma) glaubt, Titanic zu hören, und sendet:»Fahren mit voller Kraft auf euch zu. Werden gegen 6.00 Uhr eintreffen. Hoffen, ihr seid in Sicherheit. Wir sind nur 50 Seemeilen entfernt.«
2.00 Uhr	MPA (Carpathia) ruft MGY (Titanic).
2.00 Uhr	Habe Titanic seit 23.50 Uhr nicht mehr gehört. Empfangen von Ypiranga.
2.28 Uhr	La Provence an Celtic:»Seit circa zwei Stunden hat niemand die Titanic gehört.«

New-York- Zeit	Funksprüche
3.24 Uhr	SBA (Birma) meldet, sie sei 30 Seemeilen südwestlich von der Titanic.
3.35 Uhr	Celtic sendet Nachricht zur Caronia für die Titanic. Nach zwei Stunden vergeblicher Versuche, die Titanic zu erreichen, meldet die Caronia dies der Celtic. Daraufhin bricht Celtic die Kontaktversuche ab.
3.45 Uhr	Californian tauscht Signale mit MLQ (Mount Temple) aus und erfährt Position der Titanic.
4.10 Uhr	Californian empfängt MSG von MGN (Virginian).
5.05 Uhr	Baltic ruft MPA (Carpathia).
5.40 Uhr	Parisian hört schwache Signale von MPA (Carpathia) oder einer anderen Station, die Titanic sei mit einem Eisberg kollidiert. Carpathia habe Passagiere aus den Rettungsbooten geborgen.
5.40 Uhr	Olympic an Asian (mit deutschem Öltanker im Schlepp für Halifax), fragt nach Neuigkeiten über MGY (Titanic). Teilt später mit, sie habe MGY (Titanic) sehr entfernt gehört, mit Cape Race bis 22.00 Uhr Ortszeit in Verbindung gestanden. SOS-Rufe endeten gegen Mitternacht.
6.05 Uhr	Parisian im Funkkontakt mit Virginian; kein OK. Informierte Kapitän Haines, was ich im Funkverkehr zwischen den Schiffen bezüglich Titanic gehört hatte. Er entschloss sich, nicht beizudrehen, da MPA (Carpathia) in der Nähe und Californian 50 Seemeilen hinter uns waren, und erteilte Order, für alle Fälle am Funk zu bleiben.
6.45 Uhr	Mount Temple hört von MPA (Carpathia), dass 20 Bootsbesatzungen gerettet worden seien.
7.07 Uhr	Baltic an Carpathia: »Können wir Ihnen zu Hilfe kommen und einige Passagiere übernehmen? Werden etwa 16.30 Uhr Ihre Position erreichen. Bitte Positionsänderungen mitteilen.«
7.10 Uhr	Baltic in Kontakt mit MPA (Carpathia), wegen Übernahme von Passagieren. Erhält Order, nach Liverpool weiterzufahren.

New-York-Zeit	Funksprüche
7.15 Uhr	Baltic dreht um, Kurs Liverpool, nachdem sie 134 Seemeilen nach Westen auf die Titanic zugelaufen ist.
7.40 Uhr	Mount Temple hört MPA (Carpathia) CQ senden und sagen:»Kein Grund, länger in der Nähe zu bleiben.« Der Kapitän wird informiert, der bisher ohne Ergebnis durch das Eisfeld gefahren ist. Schiff dreht um.
7.45 Uhr	Olympic meldet via Sable Island MSG an die Eigner in New York :»Seit Mitternacht ist Kontakt mit der Titanic abgebrochen.«
7.55 Uhr	Carpathia an Baltic:»Fahren mit Volldampf nach Halifax oder New York. Nehmt besser Fahrt nach Liverpool wieder auf. Habe etwa 800 Passagiere an Bord.«
8.00 Uhr	Carpathia an Virginian:»Wir verlassen die Position mit etwa 800 Passagieren an Bord. Bitte Nordkurs wieder aufnehmen.«

Anmerkung: CQD war als Notrufsignal allgemein üblich, bis SOS sich als internationaler Hilferuf durchsetzen konnte. CQ stand für »An alle Stationen«, D für »Seenot«. Außerdem ist interessant, um welche Uhrzeit die Funksprüche gesendet wurden und wie viel Zeit zwischen den einzelnen Meldungen verging. Das ständige Senden und Empfangen von Morsesignalen vermittelt einen realistischen Eindruck von der häufig panischen Umgebung eines Funkraums in einem in Seenot geratenen Schiff und lässt etwas von dem Druck erahnen, dem die Funker unablässig ausgesetzt waren.

Liste der 36 Schiffe, die in der Nacht des Untergangs
der *Titanic* im Nordatlantik unterwegs waren

Anmerkung: Die Schiffe, deren Namen *fett und kursiv* gesetzt
sind, gehörten dem Eigner der Titanic, der International Mercantile Marine Co.

Schiff	BRT	Länge (In Fuß)*	Eigner	Registerland
1 *Almerian*	2948	351,5	Leyland	Großbritannien
2 Amerika	22622	669	Hamburg-Amerika	Deutschland
3 *Antillian*	5608	421	Leyland	Großbritannien
4 *Asian*	5614	421	Leyland	Großbritannien
5 Athinia	6742	420	Hellenic Trans-Atlantic Steam Navigation	Griechenland
6 *Baltic*	23876	709	White Star	Großbritannien
7 Birma	4859	390	Rotterdamsche Lloyd	Niederlande
8 Bruce	1553	250,5	Reid Newfoundland	Großbritannien
9 Californian	6223	447,5	Leyland	Großbritannien
10 Campanello	9291	470	H. W. Harding	Großbritannien
11 Caronia	19687	650	Cunard	Großbritannien
12 Carpathia	13603	540	Cunard	Großbritannien
13 *Celtic*	20904	681	White Star	Großbritannien
14 Deutschland	3710	339	Deutsch-Amerika Petroleum	Deutschland
15 Dora [1]	2662	291	H. Schuld	Deutschland
16 Dorothy Baird [2]	241	118,5	James Baird	Großbritannien
17 Etonian	6438	475,5	Wilson and Furness-Leyland	Großbritannien
18 Frankfurt	7341	?	Norddeutscher Lloyd	Deutschland
19 La Provence	13753	602	Compagnie General Transatlantique	Frankreich
20 *Memphian*	6305	400	Leyland	Großbritannien

Schiff	BRT	Länge (In Fuß)*	Eigner	Registerland
21 Mesaba	6833	482	Atlantic Transport	Großbritannien
22 Mount Temple	8790	485	Canadian Pacific Railway	Großbritannien
23 *Olympic*	45323	882,5	White Star	Großbritannien
24 Parisian	5395	441	Allan	Großbritannien
25 Paula	2748	283	Deutsch-Amerika Petroleum	Deutschland
26 Pisa	4959	390	Hamburg-Amerika	Deutschland
27 Premier	374	155	Merritt and Chapman	Großbritannien
28 President LIncoln	18168	599	Hamburg-Amerika	Deutschland
29 Prinz Friedrich Wilhelm	17082	455	Norddeutscher Lloyd	Deutschland
30 Rappahannock	3884	370	Furness Withy	Großbritannien
31 Samson	506	148	Saefaenger Co.	Norwegen
32 Saturnia	8611	456	Saturnia Steam Ship Co.3	Großbritannien
33 Traufenfels	4699	390	Deutsche Dampfschifffahrt	Deutschland
34 Victorian	10635	520	Allan	Großbritannien
35 Virginian	10757	520	Allan	Großbritannien
36 Ypiranga	8103	448	Hamburg-Amerika	Deutschland

* 1 Fuß = 0,3048 Meter

1 Zur Zeit der Jungfernfahrt der *Titanic* gab es mindestens ein Dutzend registrierter kleiner Schiffe mit dem Namen *Dora*. Im Laufe der Jahre setzte sich die Meinung durch, dass die 291 Fuß (etwa 89 Meter) lange *Dora* der Reederei Schuld in der Nacht des Untergangs der *Titanic* auf dem Nordatlantik unterwegs gewesen sein muss.

2 Die *Dorothy Baird* war ein Dreimast-Segelschiff, kein Dampfschiff.

3 Die Saturnia Steam Ship Co. war eine eigenständige Tochtergesellschaft von Donaldson Brothers, Großbritannien.

Am Freitag, dem 3. Mai 1912, berichtete die britische Zeitung *The Daily Sketch*, der Kapitän des britischen Dampfers *Kura* habe bei seiner Ankunft in Algier und der Nachricht vom Untergang der *Titanic* ein Telegramm an die Pariser Zeitung *Le Journal* geschickt, in dem er behauptete, in der Nacht des Untergangs der *Titanic* im dichten Nebel ein großes Passagierschiff kurz gesehen zu haben. Auf Grund der Witterungsbedingungen habe er nicht feststellen können, ob etwas mit dem Schiff nicht in Ordnung gewesen sei. Darüber hinaus wollte er die Stimmen von Passagieren gehört haben. Da ihm alles in Ordnung zu sein schien, habe er sich darauf konzentriert, den Eisbergen weiträumig auszuweichen und seine Fahrt nach Algier fortgesetzt. (Da die Aussage des Kapitäns der *Kura* bezüglich des Nebels in dieser Nacht mit keinem der anderen Berichte übereinstimmt, die alle von einem wolkenlosen Himmel sprechen, und da er behauptete, die Stimmen von Passagieren gehört zu haben, muss seine Geschichte zumindest stark bezweifelt und wahrscheinlich als völlig erfunden betrachtet werden.)

Die Vorbereitungen von Kapitän Rostron, Kapitän der *Carpathia*, zur Bergung der Überlebenden

Als der Tag anbrach, sah ich das Eis, das ich im Laufe der Nacht durchquert hatte. Mich schauderte, und ich konnte nur daran denken, dass statt meiner eine andere Hand in dieser Nacht das Ruder geführt hatte.

Arthur Rostron, Kapitän der *Carpathia*,
zu Kapitän Barr von der *Caronia*,
Jahre nach seiner Rettung der *Titanic*-Passagiere

Zu den Anforderungen an Kapitäne von Seeschiffen gehört ein sehr hoher, selbstloser Verhaltenskodex. Für den Kapitän geht die Sicherheit seiner Passagiere, der Crew und des Schiffes *über alles*, und alle Befehle dienen letztendlich diesem Dogma – *ohne jede Ausnahme*.

Als Harold Cottam, der Funker der *Carpathia*, Kapitän Rostron die Meldung brachte, dass der neue White-Star-Liner *Titanic* einen Eisberg gerammt habe und Hilfe anfordere, gab der Kapitän sofort den Befehl, den Kurs zu ändern. Die gemächliche Kreuzfahrt ins Mittelmeer (die unter anderen auch von Flitterwöchnern gebucht worden war) war vorüber.

Die R.M.S. *Titanic* befand sich 85 Seemeilen nordwestlich der *Carpathia*, die bei voller Fahrt eine Geschwindigkeit von 14 Knoten [etwa 26 km/h] erreichte. Kapitän Rostron schätzte, dass er in etwa vier Stunden an der Unfallstelle sein konnte, schaffte die Strecke schließlich aber in dreieinhalb Stunden, mit erstaunlichen $17^1/_2$ Knoten [etwa 32 km/h] – einer Geschwindigkeit, welche die *Carpathia* nie wieder erreichen sollte.

Im Verlaufe der Anhörung des US-Senats zum Untergang der *Titanic* bat man Kapitän Rostron um eine schriftliche Wiedergabe jener Befehle, die er zur Vorbereitung auf die Aufnahme der Überlebenden erteilt hatte.

Daraufhin legte Kapitän Rostron dem Unterausschuss des Senats die folgende (bis ins Detail durchdachte und erinnerte) Liste vor:

1. Englischer Arzt, mit Assistenten, in den Speisesaal der 1. Klasse.
2. Italienischer Arzt, mit Assistenten, in den Speisesaal der 2. Klasse.
3. Ungarischer Arzt, mit Assistenten, in den Speisesaal der 3. Klasse.
4. Jeder Arzt wird mit einem Vorrat an Stärkungsmitteln, Stimulanzien und allem Weiteren ausgestattet, was nötig ist, um Verwundete oder Kranke sofort versorgen zu können.
5. Oberzahlmeister, Zahlmeister und Chefsteward zum Empfang der Passagiere u.a. an verschiedene Gangways, zur Kontrolle unserer eigenen Stewards, welche die *Titanic*-Passagiere in die verschiedenen Speisesäle usw. geleiten; außerdem müssen so schnell wie möglich die Vor- und Nachnamen aller Überlebenden erfragt werden, um sie per Funk zu übermitteln.
6. Inspektor, Zwischendecksstewards und Stabswachtmeister achten darauf, dass unsere eigenen Zwischendeckspassagiere den Speisesaal der 3. Klasse nicht betreten; das Gleiche gilt auch für die Gänge und Decks, um Verwirrung zu vermeiden.
7. Chefsteward: Alle Mann an Deck, um Kaffee usw. für unsere Crew vorzubereiten.
8. Kaffee, Tee, Suppe usw. in jeden Salon, Decken in jeden Salon, an die Gangways und einige für die Boote.
9. Darauf achten, dass alle Geretteten versorgt und die dringendsten Bedürfnisse erfüllt werden.

10. Meine Kabine und sämtliche Offizierskabinen räumen. Rauchsalons, Bücherei usw. sowie Speisesäle als Unterkünfte für die Überlebenden vorbereiten.

11. Sämtliche freien Kojen im Zwischendeck für die *Titanic*-Passagiere vorbereiten und unsere eigenen Zwischendeckpassagiere zu einer Gruppe zusammenlegen.

12. Stewards in jedem Gang platzieren, um unsere eigenen Passagiere zu beruhigen, falls sie sich nach dem Lärm beim Ausbooten unserer eigenen Boote oder nach den Maschinengeräuschen erkundigen.

13. Allen streng die Notwendigkeit zu Ordnung, Disziplin und Ruhe einschärfen, um jede Verwirrung zu vermeiden.

14. Leitender und Erster Offizier: Alle Mann an Deck, zum Kaffeeholen usw. Alle Boote klarmachen und ausschwingen.

15. Alle Gangwaytüren öffnen.

16. Elektrische Spritzen an jede Gangway und über die Seite.

17. Einen Block mit angeschlagenem Tau an jeder Gangway festmachen.

18. Einen Heißstropp an jede Gangway, um Kranke oder Verwundete an Bord zu hieven.

19. Bootsmannsstühle, Lotsenleitern und Aschesäcke aus Segeltuch an jede Gangway, die Säcke für kleine Kinder.

20. Lastseile mit beiden Enden bereitmachen; Palsteks in die Enden, und die Buchten an der Seite des Schiffs festmachen, als Halteseil für Boote oder um die Passagiere zu stützen.

21. Hievleinen an beiden Seiten des Schiffes verteilen und Beschlagleinen in der Nähe der Gangway bereitlegen, um Menschen in Stühlen festzuzurren usw.

22. Drehkräne bereitmachen; auftoppen, riggen und Dampf auf die Winschen; außerdem Offiziere für die einzelnen Stationen bzw. für Eventualitäten abkommandieren.

23. Befehl gegeben, ab 2.45 Uhr jede Viertelstunde eine Rakete abzufeuern, um die *Titanic* zu beruhigen.

24. Jeder Offizielle hatte mir von der Bereitschaft seiner Station persönlich auf der Brücke Bericht zu erstatten. Zur Überprüfung, ob meine Befehle ausgeführt worden waren und alles bereitstand, mussten die Befehle einzeln aufgezählt werden.

Kapitän Rostron wies seine Crew außerdem an, Öl bereitzuhalten – für den Fall, dass die See rund um die Unglücksstelle rau war. Falls nötig, hätte man es durch die Waschbecken und Toiletten der *Carpathia* abgelassen, um die Wasseroberfläche zu glätten.

Neben den Befehlen zu diesen zwei Dutzend vorbereitenden Maßnahmen war Kapitän Rostron sich auch der Tatsache bewusst, dass der Ausguck seines Schiffes besonders aufmerksam sein musste, da die *Carpathia* sonst das gleiche Schicksal erleiden würde wie die *Titanic*. Auf Grund des vielen Treibeises in diesem Gebiet bestand auch für die *Carpathia* die Gefahr der Kollision mit einem Eisberg. Darum schickte Rostron einen zusätzlichen Mann ins Krähennest, postierte zwei Männer an den Bug seines Schiffes und stellte einen Mann auf jede Brückennock – darunter auch seinen Zweiten Offizier, James Bisset, der auf der Steuerbord-Brückennock Position bezog. Der Kapitän wählte bewusst Männer mit hervorragender Sehkraft und betätigte sich von seinem exponierten Standort auf der Brücke aus ebenfalls als Ausguck.

Berichten zufolge betete Kapitän Rostron still, während die *Carpathia* mit Volldampf auf das Grab der *Titanic* zulief. Sobald die *Carpathia* die Unglücksstelle erreicht hatte, begann ihre Crew damit, die Passagiere der *Titanic* an Bord zu bringen, wo man sie nach Namen und Klasse fragte und sich um sie kümmerte. Kapitän Rostron stellte seine Kabine Mrs. Astor, Mrs. Widener und Mrs. Thayer zur Verfügung. Um 8.30 Uhr wurde der letzte *Titanic*-Passagier an Bord gebracht, und zu dieser Zeit war auch die *Californian* am Ort der Katastrophe eingetroffen.

Bevor er den Befehl zur Rückkehr erteilte, hielt Kapitän Rostron einen Gedenkgottesdienst für die Opfer der *Titanic* ab, während die *Carpathia* die Stelle überfuhr, an der das gewaltige Schiff untergegangen war.

Die *Carpathia* befand sich auf dem Weg nach Europa, als sie unseren Notruf empfing und uns zu Hilfe eilte; daher war sie (teilweise) mit eigenen Passagieren belegt. Aus diesem Grunde blieben den 705 zusätzlichen Überlebenden keine anderen Sitzgelegenheiten als in den Speisesälen und (auf) den Decks. Die Kinder saßen auf dem Boden. Ich erinnere mich, dass wir Kinder Zuckerwürfel vom Tisch des Speisesaals aßen. Nachts schlief unsere Familie in den Offiziersquartieren, die sich im Boden des Schiffes befanden. Dies gefiel mir überhaupt nicht, denn ich hatte Angst, so tief unten sein zu müssen. Es gab überhaupt nichts zu tun. Alle saßen nur herum und redeten, sprachen über ihre Erfahrungen oder weinten. Die Passagiere der *Carpathia* waren großartig. Es gab kaum etwas, was sie nicht für uns getan hätten. Eine Dame schenkte Mutter ein Kleid. Wir trugen unsere Mäntel über unseren Nachtgewändern.

Ruth Becker,
Überlebende der *Titanic*,
zum Zeitpunkt des Untergangs zwölf Jahre alt

Die ganze Angelegenheit war durch die göttliche Vorsehung bestimmt. Ich kann Ihnen sagen, dass der Funker, der sich zu dieser Zeit im Funkraum aufhielt, überhaupt keinen Dienst hatte, sondern einfach nur den Funk abhörte, während er sich auszog. Er schnürte sich gerade seine Schuhe auf und hatte seinen Apparat am Ohr, als die Meldung durchkam. Das war alles. Zehn Minuten später hätte er vielleicht im Bett gelegen, und wir hätten die Nachricht verpasst.

Kapitän Rostron
zum Unterausschuss des US-Senats
während der *Titanic*-Anhörung

5

Die Rettungsboote:
Die Wahrheit wird nie ans Licht kommen

Die Geräusche, die ein Ertrinkender macht, sind etwas, das ich Ihnen nicht beschreiben kann. Niemand ist dazu in der Lage. Sie sind einfach schrecklich – ebenso schrecklich wie die Stille, die ihnen folgt.

Eva Hart,
Überlebende der *Titanic*

Die Überschrift dieses Kapitels bezieht sich vor allem auf die vielen widersprüchlichen Berichte über die Rettungsboote der *Titanic*: Welches Boot wurde wann abgefiert? Wer saß darin? Wie viele Überlebende befanden sich auf welchem Boot? Wann wurden sie geborgen? Was geschah mit ihnen nach der Rettung? Die Reihe der unbeantworteten Fragen ist lang. Die Untersuchungskommission des britischen Handelsministeriums versuchte, einige von ihnen zu beantworten, was zu der unten folgenden Tabelle führte. Aber einige der in dieser Tabelle aufgenommenen Einzelheiten widersprechen den Aussagen bei der Anhörung durch den Unterausschuss des US-Senats sowie Colonel Archibald Gracies Aufstellung der Rettungsboote in seinem Buch »The Truth About the Titanic« (1913 erschienen, auf Deutsch unter »Titanic: Zwei Überlebende berichten« veröffentlicht).

In Wirklichkeit *gibt* es keine eindeutige Wahrheit bezüglich der 20 Rettungsboote der *Titanic,* weil die Verwirrung, die Panik und die vielen verschiedenen Beobachter in dieser Nacht zu einer unvermeidlichen Verzerrung der tatsächlichen Ereignisse in der Zeit zwischen dem Abfieren des ersten Bootes (Boot 7, um 0.45 Uhr) und der Rettung des letzten Bootes (Nr. 12) durch die *Carpathia* um 8.10 Uhr geführt haben.

Man findet Dutzende von Büchern über die *Titanic,* und viele von ihnen enthalten Details über die Rettungsboote. Allerdings sind nur die wenigsten dieser Berichte deckungsgleich – daran ist nichts zu ändern.

Doch *gibt* es einige Dinge, die wir sicher über die Rettungsboote wissen, wie etwa die Tatsache, dass der Fünfte Offizier Lowe den Befehl über Boot 14 führte und als Einziger umdrehte, um nach Überlebenden Ausschau zu halten, die im kalten, dunklen Wasser trieben. Außerdem wissen wir, dass der Funker Harold Bride auf dem umgeschlagenen Faltboot B überlebte, das beim Untergang der *Titanic* vom Schiff fortgespült worden war. Aber diese Geschichten sind vielfach erzählt worden und müssen an dieser Stelle nicht wiederholt werden. Interessierte Leser sollten das bereits zuvor erwähnte Buch von Colonel Cracie oder Don Lynchs maßgebliches Buch »Titanic: An Illustrated History« (1992 erschienen, deutscher Titel »Titanic: Königin der Meere«) zu Rate ziehen.

Als Hintergrundinformation sind auf den nächsten Seiten die abschließenden Erkenntnisse der Untersuchungskommission des britischen Handelsministeriums bezüglich der Rettungsboote aufgeführt, gefolgt von einigen widersprüchlichen Angaben zu Insassen und Überlebenden:

Reihenfolge des Abfierens	Boot Nr.	Back- oder Steuerbord?	Uhrzeit	Anzahl Passagiere
1	7	Steuerbord	0.45	27
2	5	Steuerbord	0.55	41
3	6	Backbord	0.55	28
4	3	Steuerbord	1.00	50
5	1	Steuerbord	1.10	12
6	8	Backbord	1.10	39
7	10	Backbord	1.20	55
8	9	Steuerbord	1.20	56
9	12	Backbord	1.25	42
10	11	Steuerbord	1.25	70
11	14	Backbord	1.30	63
12	16	Backbord	1.35	56
13	13	Steuerbord	1.35	64
14	15	Steuerbord	1.35	70
15	Faltboot C	Steuerbord	1.40	71
16	2	Backbord	1.45	26
17	4	Backbord	1.55	40
18	Faltboot D	Backbord	2.05	44
19	Faltboot B	Backbord (abgetrieben)	2.15	
20	Faltboot A	Steuerbord (abgetrieben)	2.15	

Gesamtzahl der Insassen der Rettungsboote laut Untersuchungs-kommission des britischen Handelsministeriums: **854**

Die Zählung der Überlebenden unterschied sich davon jedoch deutlich. Tatsächlich gab es *mehrere unterschiedliche* Angaben, wie hier gezeigt (in absteigender Reihenfolge):

- Zahl der Insassen der Rettungsboote laut ursprünglicher Untersuchung durch das britische Handelsministerium: 854
- Zahl der Überlebenden auf der offiziell von der White Star Line veröffentlichten Liste vom 20. April 1912: 757
- Abschließende Zahl der Geretteten laut Untersuchungsbericht des britischen Handelsministeriums: 711
- Zahl der Überlebenden laut *Titanic*-Unterausschuss des US-Senats: 706
- Zahl der Überlebenden, die laut Kapitän Rostron von der *Carpathia* an Bord genommen wurden: 705
- Ursprüngliche Zahl der Geretteten laut Untersuchung durch das britischen Handelsministerium: 703

Die folgenden beiden Abschnitte enthalten eine Auflistung der Ausrüstung, mit der die Rettungsboote der *Titanic* bei ihrer Bergung versehen waren, sowie Angaben zu den ursprünglichen Kosten dieser Gegenstände *und* zu ihrem Schrottwert, nachdem sie in eine Schiffskatastrophe verwickelt waren.

Die Ausrüstung der Rettungsboote der *Titanic* nach der Rettung

Für kurze Zeit war ein weiteres Rettungsboot der
Titanic mit unserem vertäut. Meine Schwimmweste
war nass und unbequem, und ich warf sie über Bord.
Glücklicherweise gab es keinen Grund, noch länger
auf sie zurückgreifen zu müssen. Allerdings bedaure
ich, sie nicht als Andenken behalten zu haben.

Colonel *Archibald Gracie,*
»The Truth About the Titanic«

Dieser Abschnitt enthält die vollständige Inventarliste aller
Gegenstände an Bord der 13 *Titanic*-Rettungsboote, nachdem
sie von der *Carpathia* in New York an Land gebracht worden
waren. Diese Aufstellung stammt aus einer ursprünglich vier
Seiten langen Liste, die am 27. November 1912 von Vertretern
der C.M. Lane Lifeboat Co. aus Brooklyn, New York, auf
Briefpapier der White Star Line erstellt wurde.

Auffällig ist, dass für jedes Boot auch eine Inventarisierung
der *vermissten* Gegenstände durchgeführt wurde. Sobald sie in
New York eintrafen, stürzten sich Souvenirjäger auf die Rettungsboote der *Titanic*, und viele Gegenstände verschwanden
ohne die Erlaubnis der White Star Line aus den Booten. Außerdem ist es sehr wahrscheinlich, dass während der Rückfahrt
nach New York sowohl Passagiere der *Titanic* als auch der
Carpathia sich ein oder mehrere Andenken aus den Rettungsbooten aneigneten.

Die Legendenbildung rund um die *Titanic* begann also bereits wenige Tage nach ihrem Untergang …

Boot Nr. 1:

Mast, Segel und Takelage	2 Liverpool-Namensschilder
5 Riemen	2 Fangleinen
1 Fender	
1 Wurfanker	Vermisst:
1 Ruder	2 Ziffern
1 Wasserfass	4 Wimpel
7 Rudernägel	1 Tiefgangsmarke
2 Ziffern	

Boot Nr. 2:

1 Ziffer	Vermisst:
1 Persenning	3 Ziffern
8 Schwimmwesten	4 Wimpel
1 Wurfanker	2 Namensschilder
1 Schöpfbecher	1 Tiefgangsmarke
3 Riemen	2 Liverpool-Namensschilder
1 Fußbrett	Rudernägel
1 Wasserfass	Tiefgangsmarke
2 Fangleinen	

Boot Nr. 3:

Mast, Segel und Takelage	1 Schraubenschlüssel
8 Riemen	1 Vorratsbehälter
1 Bootshaken	2 Fangleinen
1 Ruder	
2 Wasserfässer	Vermisst:
1 Wurfanker	4 Ziffern
4 Fußbretter	4 Wimpel
9 Rojenägel	1 Tiefgangsmarke
21 Schwimmwesten	

Boot Nr. 5:

Mast, Segel und Takelage	5 Fußbretter
1 Tiefgangsmarke	1 Vorratsbehälter
1 Ziffer, 1 Ruder	27 Rojenägel
8 Riemen, 1 Bootshaken	
1 Persenning	Vermisst:
2 Wasserfässer	4 Wimpel
13 Schwimmwesten	3 Ziffern
1 Wurfanker	2 Namensschilder

Boot Nr. 6:

1 Tiefgangsmarke	4 Fußbretter
1 Namensschild	4 Wimpel
2 Liverpool-Namensschilder	4 Ziffern
1 Bootshaken	29 Rudernägel
1 Wurfanker	1 Vorratsbehälter
13 Schwimmwesten	2 Fangleinen
2 Wasserfässer	
5 Riemen	Vermisst:
1 Ruder	1 Namensschild

Boot Nr. 7:

Mast, Segel und Takelage	1 Tiefgangsmarke
1 Ruder, 1 Ölkanne	3 Ziffern, 3 Wimpel
10 Riemen	2 Liverpool-Namensschilder
2 Bootshaken	1 Vorratsbehälter
2 Wasserfässer	1 Fangleine
2 Schöpfbecher	
19 Schwimmwesten	Vermisst:
1 Wurfanker	2 Namensschilder
21 Rudernägel	1 Wimpel
4 Fußbretter	1 Ziffer
1 Schraubenschlüssel	

Boot Nr. 8:

2 Masten	2 Fußbretter
1 Segel und Takelage	21 Rudernägel
2 Liverpool-Namensschilder	1 Lampe
1 Tiefgangsmarke	1 Vorratsbehälter
1 Wimpel, 9 Riemen	1 Fangleine
1 Bootshaken, 1 Ruder	
2 Wasserfässer	Vermisst:
1 Schöpfbecher	4 Ziffern
27 Schwimmwesten	2 Namensschilder
1 Wurfanker	3 Wimpel

Boot Nr. 9:

1 Mast, Segel und Takelage	21 Schwimmwesten
2 Liverpool-Namensschilder	1 Schraubenschlüssel
11 Riemen, 2 Bootshaken	1 Vorratsbehälter
1 Wurfanker	
1 Ruder	Vermisst:
5 Fußbretter	2 Namensschilder
16 Rudernägel	4 Ziffern
2 Schöpfbecher	4 Wimpel
2 Wasserfässer	1 Tiefgangsmarke

Boot Nr. 10:

1 Mast, Segel und Takelage	39 Schwimmwesten
4 Ziffern, 1 Wimpel	6 Fußbretter
1 Liverpool-Namensschild	1 Schöpfbecher
1 Tiefgangsmarke	1 Vorratsbehälter
25 Rudernägel	
2 Wurfanker	Vermisst:
2 Wasserfässer	3 Wimpel
10 Riemen	1 Liverpool-Namensschild
2 Bootshaken, 1 Ruder	2 Namensschilder

Boot Nr. 11:

1 Mast, Segel und Takelage	28 Rudernägel
2 Liverpool-Namensschilder	1 Tiefgangsmarke
4 Ziffern, 4 Riemen	2 Wimpel
1 Schraubenschlüssel	1 Vorratsbehälter
2 Wasserfässer	2 Fangleinen
32 Schwimmwesten	
1 Ölkanne	Vermisst:
1 Wurfanker	2 Namensschilder
4 Fußbretter	2 Wimpel

Boot Nr. 12:

1 Mast, Segel und Takelage	1 Ruder
4 Ziffern, 4 Wimpel	1 Schöpfbecher
2 Liverpool-Namensschilder	1 Schraubenschlüssel
1 Tiefgangsmarke	4 Fußbretter
23 Rudernägel	36 Schwimmwesten
1 Wurfanker	1 Vorratsbehälter
2 Wasserfässer	
2 Bootshaken	Vermisst:
7 Riemen	2 Namensschilder

Boot Nr. 13:

1 Mast, Segel und Takelage	21 Rudernägel
4 Ziffern, 1 Ölkanne	1 Vorratsbehälter
1 Ruder, 2 Bootshaken	1 Fangleine
10 Riemen	
2 Wasserfässer	Vermisst:
5 Fußbretter	2 Namensschilder
12 Schwimmwesten	2 Liverpool-Namensschilder
1 Wurfanker	4 Wimpel
1 Schöpfbecher	1 Tiefgangsmarke

Boot Nr. 16:

3 Ziffern	10 Riemen
1 Mast, Segel und Takelage	2 Bootshaken
1 Liverpool-Namensschild	5 Fußbretter
1 Ruder	1 Schraubenschlüssel
2 Schöpfbecher	27 Schwimmwesten
15 Rudernägel	1 Vorratsbehälter
2 Wasserfässer	

Ein Faltboot:

S.S. OCEANIC [Faltboot A][1]	Keine Ausrüstung

---

[1] Anmerkung: Da die *Carpathia* nur Platz für 14 Rettungsboote der *Titanic* hatte, wurden die Boote 4, 14 und 15 sowie die Faltboote A, B und C auf See zurückgelassen. Am 13. Mai 1912 fand die Crew der S.S. *Oceanic* das treibende Faltboot A mit drei Leichnamen. Es wurde an Bord geholt, nach New York zurückgebracht und den anderen Rettungsbooten der *Titanic* beigefügt.

Taxierung der aus den Rettungsbooten der *Titanic* geborgenen Ausrüstung, erstellt durch die C.M. Lane Lifeboat Co.

Trotz aller Trauer spielten Versicherungsansprüche in der Zeit nach dem Untergang der *Titanic* eine wichtige Rolle, und jeder – von den Überlebenden bis hin zur White Star Line – machte Forderungen geltend, um seine Verluste auszugleichen. Die folgende Tabelle listet den geschätzten Wert der Gegenstände aus den *Titanic*-Rettungsbooten auf – vor und nach der Katastrophe.

18. Dezember 1912

	Neuwert	Aktueller Wert
Riemen	1,33 (Stck.)	0,70 (Stck.)
Fender	0,40 (Stck.)	ohne Wert
Wurfanker	3,25 (Stck.)	1,75 (Stck.)
Schwimmwesten	1,00 (Stck.)	0,50 (Stck.)
Mast	5,00 (Stck.)	2,85 (Stck.)
Segel	6,30 (Stck.)	4,00 (Stck.)
Takelage	2,75 (Stck.)	1,50 (Stck.)
Ruder	2,50 (Stck.)	zum Boot gehörig
Wasserfässer	2,65 (Stck.)	1,50 (Stck.)
Rudernägel	0,34 (Stck.)	zum Boot gehörig
Fangleinen	1,75 (Stck.)	0,80 (Stck.)
Persenning	0,50 (Stck.)	ohne Wert
Schöpfbecher	0,50 (Stck.)	0,15 (Stck.)
Fußbretter	0,40 (Stck.)	zum Boot gehörig
Bootshaken	0,75 (Stck.)	0,50 (Stck.)
Schraubenschlüssel	0,25 (Stck.)	zu Tanks gehörig

	Neuwert	*Aktueller Wert*
Vorratsbehälter	5,00 (Stck.)	2,50 (Stck.)
Ölkannen	0,16 (Stck.)	0,16 (Stck.)
Tiefgangsmarken	1,15 (Stck.)	zum Boot gehörig
Ziffern	0,15 (Stck.)	0,03 (Stck.)
Wimpel	1,50 (Stck.)	0,12 (Stck.)
Liverpool-Namensschilder	1,00 (Stck.)	0,18 (Stck.)

6

Das »Who's Who« der *Titanic:*
Kurzporträts berühmter
und weniger bekannter Persönlichkeiten
im Umfeld der Tragödie

Ist das nicht ein Eisberg, dort am Horizont, Kapitän?«
»Ja, Madam.«
»Was ist, wenn wir mit ihm zusammenstoßen?«
»Der Eisberg wird einfach Platz machen, als sei nichts
passiert, Madam.«
> Aus »The People, Yes« von Carl Sandburg

Die Unbekannten, die Berühmten, die Armen und die Reichen –
sie alle waren bei der *Jungfernfahrt* der *Titanic* dabei. Dieses
Kapitel stellt einige der Menschen vor, die in dem Augenblick,
als sie an Bord des großen Linienschiffs kamen, unbewusst in
die Geschichte eingingen. Es erwähnt aber auch diejenigen, welche die Legende der *Titanic* zu einem Teil ihres persönlichen
und/oder beruflichen Lebens gemacht haben.

Abbott, Rosa Die einzige Passagierin der *Titanic*, die mit dem
   Schiff unterging und überlebte. Die Passagierin der 3. Klasse
   befand sich am Heck, als das Schiff unterging. Sie wurde
   von Bord geschleudert und konnte sich, als sie wieder zur
   Wasseroberfläche gelangte, zum Faltboot A retten. Rosa
   Abbott heiratete 1914 zum zweiten Mal und zog nach Flo-

rida, aber es ist nicht bekannt, wo sie sich nach 1928 aufhielt. (Siehe **William F. Hoyt**, der auch in die Tiefe gerissen wurde, aber nicht überlebte.)

Andrews, Thomas Der geschäftsführende Direktor von Harland & Wolff und Leiter der Konstruktionsabteilung des Schiffsbauunternehmens zeichnete vielleicht mehr als jeder andere für die endgültige Konstruktion der *Titanic* verantwortlich.

Andrews war der Neffe von Lord Pirrie und ein unermüdlicher Arbeiter, der häufig bereits um vier Uhr morgens auf der Werft erschien. Er nahm an der Jungfernfahrt der *Titanic* teil (in der Kabine A 36, zwischen Rauchsalon und Lounge der 1. Klasse), um die abschließende Inspektion durchzuführen und notwendige Veränderungen zu vermerken. Bereits kurz nach der Abfahrt aus Southampton entschied Andrews, einen Teil des Lese- und Schreibsaals von Deck A in weitere Kabinen der 1. Klasse umzuwandeln.

Andrews' Sekretärin schrieb einmal über ihren Vorgesetzten: »Er [machte viel Aufhebens um die Anordnung] von Regalen, Tischen, Stühlen, Kajütenleitern [und] elektrischen Ventilatoren und sagte, er sei erst dann zufrieden, wenn er sich davon überzeugt habe, dass alles in Ordnung sei. Er war ständig beschäftigt, führte die Eigner auf dem Schiff herum, sprach mit Maschinisten, Beamten, Managern, Agenten, Subunternehmern, diskutierte mit Auftraggebern die Pläne für neue Schiffe und beaufsichtigte den gesamten Ablauf der Fertigstellung.«

Am Vorabend des Abreisetages schrieb Andrews in einem Brief an seine Frau: »Die *Titanic* ist jetzt fast fertig gestellt, und ich denke, sie wird bei der morgigen Abfahrt der alten Firma alle Ehre machen.«

Am Abend des 14. April 1912 war Andrews so darin vertieft, die Konstruktionspläne der *Titanic* zu studieren, dass er die Kollision mit dem Eisberg gar nicht bemerkte. Er wurde sofort zur Brücke gerufen und kam nach einem kurzen Rundgang mit Kapitän Smith zu dem Schluss, dass die *Titanic* verloren sei und innerhalb von zwei Stunden sinken werde. Er lag mit seiner Einschätzung fast richtig.

In der Zeit, die bis zum Untergang des Schiffes blieb, bemühte sich Andrews nach Kräften, so viele Menschen wie möglich in den Rettungsbooten unterzubringen. Er ging durch das Schiff, öffnete die Kabinentüren und wies die Menschen an, sich in die Boote zu begeben. »Ladys, Sie müssen sofort einsteigen!«, schrie er eine Gruppe zaudernder Passagierinnen an. »Wir dürfen keine Zeit verlieren! Sie können nicht in Ruhe packen und sich das Boot aussuchen. Zögern Sie nicht. Steigen Sie ein, steigen Sie ein!«

Auch wenn man ihm sein beherztes und heroisches Verhalten fraglos zugute halten muss, gibt es keinen Zweifel daran, dass Andrews im Zustand eines unglaublichen Schocks handelte. Das Unvorstellbare wurde zu Thomas Andrews' letzter Realität.

Der Letzte, der Andrews sah, war der Steward John Stewart. Andrews stand wie gelähmt in der Mitte des Rauchsalons der 1. Klasse, der an seine Kabine grenzte. Er hatte die Arme vor der Brust verschränkt und starrte auf ein Bild, »The Approach to Plymouth Harbor«, das über dem Kamin hing. Seine Schwimmweste lag auf einem Kartentisch. Stewart sagte wiederholt zu Andrews: »Wollen Sie es nicht wenigstens versuchen, Mr. Andrews?« Andrews antwortete nicht, und dies war das Letzte, was man von dem Erbauer der *Titanic* sah. Seine Leiche wurde nie gefunden.

Asplund, Lillian Gertrude Im Frühjahr 1998 gehörte Lillian Asplund zu den letzten sechs noch lebenden Überlebenden der *Titanic*. Lillian wurde am 21. Oktober 1906 geboren und war fünfeinhalb, als sie an Bord ging. Sie war Passagierin der 3. Klasse und wurde in Boot Nr. 4 gerettet. Sie lebt in Massachusetts.

Astor, Colonel John Jacob Der Immobilien-Millionär wollte mit seiner schwangeren, 18 Jahre alten Frau nach New York reisen. Er ging mit der *Titanic* unter, und als man seine Leiche fand, war sie mit Ruß bedeckt. Offensichtlich war er von einem herabfallenden Schornstein erschlagen worden. Seine Frau Madeline überlebte. Bezüglich der Anhäufung von Reichtum hatte Astor einmal bemerkt: »Ein Mann, der eine Million Dollar besitzt, ist fast so wohlhabend, als wäre er reich.« Er wurde als Held gepriesen, weil er auf der *Titanic* sein Leben ließ – nachdem er dafür gesorgt hatte, dass sich seine schwangere Frau in Sicherheit befand.

Astor, Madeline Colonel Astors Witwe erbte nach dem Tod ihres Mannes auf der *Titanic* ein Treuhandvermögen von fünf Millionen Dollar sowie das Wohnrecht auf seinen Besitzungen, unter der Bedingung, dass sie nicht wieder heiratete. Sie verzichtete schließlich auf das Vermögen, um noch zweimal zu heiraten – und sich wieder scheiden zu lassen. Sie starb 1940 in Palm Beach, Florida, im Alter von 47 Jahren. Einige Quellen behaupten, sie habe Selbstmord begangen.

Baclini, Eugenie Die erste Überlebende der *Titanic*, die starb. Eugenie war eine libanesische Immigrantin und bei ihrer Rettung drei Jahre alt. Sie starb im August des darauf folgenden Jahres an Hirnhautentzündung.

Ballard, Dr. Robert D. Der Großneffe des berühmten Bat Masterson und der Mann, der 1985 das Wrack der *Titanic* ortete (siehe Teil IV).

Beesley, Lawrence Passagier der 2. Klasse und Überlebender der *Titanic*, der einen Bestseller-Bericht über den Untergang schrieb, »The Loss of the S.S. Titanic – Its Story and Its Lessons« (deutsch: »Titanic. Wie ich den Untergang überlebte«).

Beesley, der in den Vereinigten Staaten Urlaub machen wollte, begann unmittelbar nach seiner Rettung, noch an Bord der *Carpathia,* seine Erlebnisse in dieser Nacht aufzuschreiben.

Boxhall, Joseph Vierter Offizier der *Titanic,* der die Position des Schiffes in der Nacht der Kollision berechnete, sie an die *Carpathia* durchgab und später behauptete, er habe in der Ferne ein Schiff gesehen, das nicht auf die Hilferufe reagierte.

Aus Boxhalls Aussage wurde geschlossen, dass er die *Californian* gesehen hatte und dass seine Berechnung der jeweiligen Positionen der Schiffe korrekt gewesen war. Bei der Anhörung vor dem US-Unterausschuss erklärte er Senator Smith: »Wenn man sich an den Sternen orientiert, versucht man immer … mehrere Sterne zu nehmen. Man nimmt zwei Sterne für die Breite und zwei für die Länge, einen Stern im Norden, einen im Süden, einen im Osten und einen im Westen. Stellt man eine große Differenz zwischen den östlichen und den westlichen Sternen fest, so muss es irgendwo einen Fehler geben. Aber ich glaube, ich habe damals drei Sterne für die Breite und drei für die Länge genommen, und sie haben alle übereingestimmt.«

Zum Zeitpunkt des Unglücks war Boxhall 28 Jahre alt; er erreichte später eine führende Position bei der British Royal Navy, jedoch nie den Rang des Kapitäns. Er schied 1940 im Alter von 56 Jahren aus dem Marinedienst aus und war 1958, als Vierundsiebzigjähriger, technischer Berater bei der Verfilmung von Walter Lords Bestseller »A Night to Remember« (deutsch: »Die letzte Nacht der Titanic«).

Boxhall starb 1967 im Alter von 83 Jahren. Seine Asche wurde an der Stelle verstreut, an der die *Titanic* sank – 41°46′ N, 50°14′ W – die Position, von der er sicher war, sie in dieser schrecklichen Nacht richtig berechnet zu haben.

Bride, Harold Er war derjenige der beiden Marconi-Funker der *Titanic*, der in ein Rettungsboot gelangte und überlebte. Bride erzählte der *New York Times* die Geschichte seiner Rettung noch an Bord der *Carpathia*. (Siehe Harold Brides Bericht über die Katastrophe in Kapitel 11.)

Brown, Molly Die neureiche Bergbaumillionärin aus Denver übernahm das Kommando in Boot 6 und drohte, Rudergänger Hitchens über Bord zu werfen, falls er sich weigere, sie und die anderen Frauen im Boot zurück zur Stelle des Untergangs zu rudern und nach Überlebenden im Wasser suchen zu lassen. Molly Browns furchtloser Einsatz wurde bald legendär, und im Laufe der Zeit erhielt sie dafür den Beinamen »The Unsinkable« (»die Unsinkbare«). 1932, 20 Jahre nach ihrer Rettung, starb sie in New York im Alter von 56 Jahren an einem Schlaganfall. Nach ihrem Tod wurde sie zum Gegenstand eines erfolgreichen Broadway-Musicals, das natürlich den Titel »The Unsinkable Molly Brown« trug.

Butt, Major Archibald W. Der militärische Berater des amerikanischen Präsidenten William Howard Taft wollte nach einem ausgedehnten diplomatischen Besuch und anschließendem Urlaub in Italien auf der *Titanic* in die Vereinigten Staaten zurückreisen. Butt wurde das letzte Mal gesehen, wie er um zwei Uhr am Morgen des 15. April gefasst auf dem Deck der *Titanic* stand; er starb tapfer und stoisch, wie man es von ihm als Soldaten erwartete. In einem Brief, den er kurz vor der Abfahrt der *Titanic* an seine Schwägerin schickte, schrieb der Major: »Wenn das alte Schiff untergehen sollte, wirst du alle meine Angelegenheiten tadellos geregelt vorfinden.«

Für einige wurde Butt schnell zur legendären Figur – ein beinahe mythischer Held, der starb, um andere zu retten. Eine der Überlebenden, die 1.-Klasse-Passagierin Mrs. Dan Marvin, schilderte in Zeitungsinterviews, sie habe Major Butt an Deck gesehen, wie er »mit einer Eisenstange in der

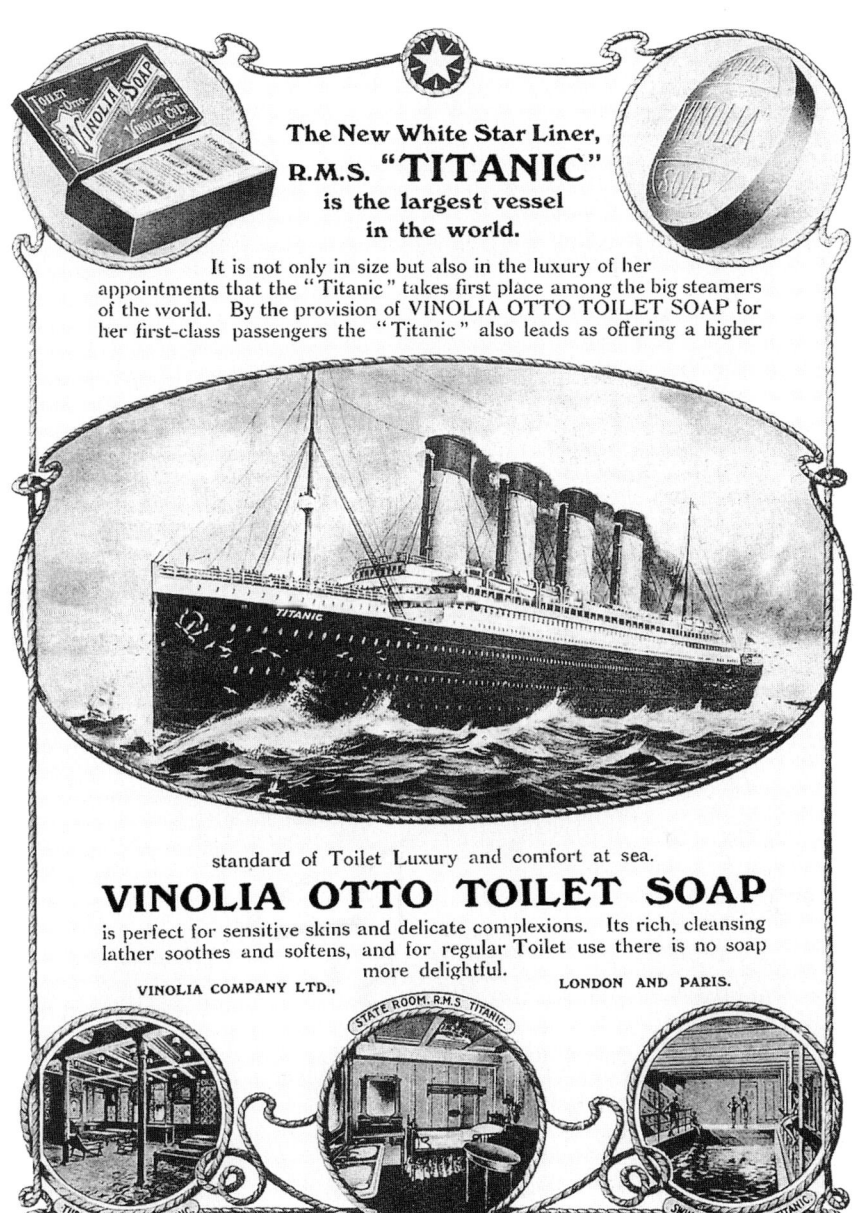

Die Titanic rühmte sich eines »außergewöhnlichen Grades an Luxus«. Selbst die Seife an Bord genügte höchsten Ansprüchen.
Privatbesitz des Autors

FIRST SAILING OF THE LATEST ADDITION TO THE WHITE STAR FLEET

The Queen of the Ocean

TITANIC

LENGTH 882'7 FT.   OVER 45,000 TONS   BEAM 92½ FT.
TRIPLE-SCREWS

This, the Latest, Largest and Finest Steamer Afloat, will sail from
WHITE STAR LINE, PIER 59 (North River), NEW YORK

Saturday, April 20th
At 12 Noon

All passengers berthed in closed rooms
containing 2, 4, or 6 berths, a large number equipped with washstands, etc.

THIRD CLASS FOUR BERTH ROOM
Spacious Dining Saloons
Smoking Room
Ladies' Reading Room
Covered Promenade

THIRD CLASS DINING SALOON

Reservations of Berths may be made direct with this Office or through any of our accredited Agents

THIRD CLASS RATES ARE:

To PLYMOUTH, SOUTHAMPTON,
  LONDON, LIVERPOOL and GLASGOW,   **$36.25**
To GOTHENBURG, MALMÖ, CHRISTIANIA,
  COPENHAGEN, ESBJERG, Etc. .   **41.50**
To STOCKHOLM, ÅBO, HANGÖ. HELSINGFORS   **44.50**
To HAMBURG, BREMEN, ANTWERP, AMSTERDAM,
  ROTTERDAM, HAVRE, CHERBOURG   **45.00**
TURIN, $48.   NAPLES, $52.50.   PIRAEUS, $55.   BEYROUTH, $61., Etc., Etc.

DO NOT DELAY : Secure your tickets through the local Agents or direct from
WHITE STAR LINE, 9 Broadway, New York

TICKETS FOR SALE HERE

*Werbeplakat der White Star
Line, das die nach der Jung-
fernfahrt geplante Reise der
Titanic von New York zurück
nach Europa ankündigt.*
Privatbesitz des Autors

*Glieder der Ankerkette des
Ozeandampfers – zu dieser Zeit
die größten der Welt.*
Privatbesitz des Autors

Letzte Vorbereitungen für den offiziellen Stapellauf.
Privatbesitz des Autors

Die Titanic *am Ausrüstungskai nach ihrem Stapellauf in Belfast.*
Privatbesitz des Autors

Einige der prachtvollen Interieurs der White-Star-Schwesterschiffe Olympic *und* Titanic.
Privatbesitz des Autors

Kapitän Smith (vordere Reihe, Zweiter von rechts) und die Offiziere der unglückseligen Titanic. *Privatbesitz des Autors*

Links: J. Bruce Ismay, Präsident der White Star Line. Privatbesitz des Autors
Mitte: J.P. Morgan, amerikanischer Millionär und Eigner der Titanic,
*wollte ebenfalls an der Jungfernfahrt des hoch gelobten Schiffes teilnehmen,
musste aber auf Grund geschäftlicher Angelegenheiten absagen.*
Privatbesitz des Autors
Rechts: Thomas Andrews überwachte jedes Detail beim Bau der Titanic.
Er ging mit dem Schiff unter. *Privatbesitz des Autors*

Insurance *is wanted by* OCEANIC STEAM NAVIGATION COMPANY LIMITED *for account of*

Whom it may concern.

loss, if any, payable to OCEANIC STEAM NAVIGATION COMPANY, LIMITED.

For $100,000. *on* STR. TITANIC

Valued at $5,000,000.

Per

and to be insured at and from

the 30 day of March 1912 at 7 P. M.

until

the 30 day of March 1913 at 7 P. M.

This policy is subject to total loss or constructive total loss of the vessel only, and to cover General Average and salvage charges if both charges combined amount to $750,000, which amount is deductible.

Premium at the rate of 2-1/10% per annum, predicated on the rate of 7½¢ for each trip, and in the event of the vessel being detained in port for any cause, the premium returned for such detention to be based on the number of trips. But in the event of the total loss of the Steamer during the period covered by this policy, the full annual premium of 2 1/10% to be paid by the Assured.

Auszug aus der Versicherungspolice der White Star Line, die die Titanic *auf 5 000 000 Dollar versichert hatte. Auf Grund des »… total loss of the Steamer …« (völligen Verlusts des Schiffes) erhielt die Gesellschaft die gesamte Summe ausbezahlt.* Privatbesitz des Autors

THE SPHERE

AN ILLUSTRATED NEWSPAPER FOR THE HOME.

Volume XLIX. No. 640.   London, April 20, 1912.   Price 3d/sixpence.

THE GREATEST WRECK IN THE WORLD'S MARITIME HISTORY THE LOSS OF THE "TITANIC"

Der Moment der Kollision, abgebildet auf der Titelseite der britischen Zeitschrift The Sphere, *20. April 1912.*
Privatbesitz des Autors

THE SPHERE

V.—THE LAST PHASE : *The "Titanic" Like a Finger of Fate Above the Water*

"SHE SLOWLY TILTED STRAIGHT ON END"

*Der Augenblick
des Untergangs,
illustriert in* The Sphere,
20. April 1912.
Privatbesitz des Autors

Hand die panische Menge zurückdrängte, welche die bereits übervollen Rettungsboote stürmen wollte«. Diese Version der letzten Augenblicke vor dem Tod des Majors ist jedoch eher zweifelhaft, da niemand außer Mrs. Marvin sich an eine solche Szene erinnerte. Die vielleicht aufrichtigste Beurteilung Butts stammt jedoch von einem älteren Schwarzen, der im Weißen Haus arbeitete und ihm häufig begegnete: »Da geht der Mann«, sagte er einmal, »der unter den Mächtigen der Erhabenste und unter den Bescheidenen der Bescheidenste in dieser Stadt ist.«

Cameron, James Drehbuchautor und Regisseur des 200 Millionen Dollar teuren, 1997 uraufgeführten Films »Titanic«, der weltweit über eine Milliarde Dollar einspielte und zum erfolgreichsten Film aller Zeiten wurde. »Titanic« wurde im März 1998 mit elf »Oscars« ausgezeichnet, darunter auch dem für die beste Regie.

Cussler, Clive Autor von »Raise the Titanic!« (deutsch: »Hebt die Titanic!«), dem 1976 erschienenen Roman über ein fieberhaftes Duell zwischen den Vereinigten Staaten und der UdSSR, den großen Dampfer zu heben und seine geheime Fracht zu bergen. Das Buch lieferte 1980 die Vorlage für einen unsäglichen Film, über den der Filmkritiker der britischen Zeitung *The Guardian* schrieb: »Je länger das Ganze dauert, desto mehr hofft man, dass sie – falls sie die *Titanic* jemals heben – den Film dafür über Bord werfen.«

Dawson, James Ein Kohlentrimmer auf der *Titanic,* der im Maschinenraum des Schiffes arbeitete und starb, als der Ozeanriese unterging. Dawsons Grab befindet sich auf dem Fairview-Friedhof in Halifax; auf dem Grabstein steht nur »J. Dawson«. Nachdem James Camerons Film »Titanic« 1997 in die Kinos gekommen war, wurde Dawsons Grab zu einem geheimen Treffpunkt für Teenager, die irrtümlich annahmen, beim – fiktiven – Jack Dawson im Film (gespielt von Mädchenschwarm Leonardo DiCaprio) habe es sich um das Besatzungsmitglied der *Titanic* gehandelt. Sobald sich herausstellte, dass es tatsächlich einen J. Dawson auf der *Titanic* gegeben hatte, war sein Grab täglich mit Blumen, abgerissenen Kinokarten und anderen Dingen bedeckt, die junge weibliche Wallfahrerinnen zum Gedenken an Jack Dawson dort niederlegten.

Anmerkung: Viele der 328 nach dem Untergang der *Titanic* aus dem Meer geborgenen Leichen wurden nach Halifax in Neuschottland gebracht, wo man sie entweder begrub oder abholte. (on den 328 Geborgenen erhielten 199 eine Seebestattung.) Nachdem 59 der verbliebenen 209 Toten identifiziert und zur Beisetzung an anderen Orten abgeholt worden waren, beerdigte man die übrigen 150 auf drei verschiedenen Friedhöfen in Halifax: Fairview, dem Friedhof für Konfessionslose, Baron de Hirsch, dem jüdischen, und Mount Olivet, dem römisch-katholischen Friedhof. Alle Leichen wurden einbalsamiert und in Kiefernsärge gelegt. Bis zum heutigen Tag sind die *Titanic*-Gräber auf diesen Friedhöfen häufig Ziel von Besuchern Neuschottlands, und viele dieser neugierigen Touristen sind von der ewig gleichen Inschrift auf den 150 Grabsteinen zu Tränen gerührt: »Gestorben am 15. April 1912«.

Dean, Eliza Gladys Millvina Im Frühjahr 1998 gehörte Millvina Dean zu den letzten sechs noch lebenden Überlebenden der *Titanic*. Millvina wurde am 2. Februar 1912 geboren und war zehn Wochen alt, als sie an Bord der *Titanic* kam. Sie reiste in der 3. Klasse und wurde in Faltboot C gerettet. Sie lebt in England und ist ein häufiger und verehrter Gast bei *Titanic*-Treffen.

DiCaprio, Leonardo Der junge männliche Hauptdarsteller aus Camerons Film »Titanic« spielte den fiktiven Zwischendeckpassagier Jack Dawson.

Dodge, Dr. Washington *Titanic*-Überlebender, der eine vielbeachtete Schilderung seiner Rettung lieferte (siehe Kapitel 12 für den vollständigen Text von Dr. Dodges Bericht).

Fleet, Frederick Der 24 Jahre alte Ausguck der *Titanic*, der den tödlichen Eisberg als Erster sah und ausrief: »Eisberg rechts voraus!« Nach seiner Rettung beklagte sich Fleet lautstark darüber, dass er kein Fernglas für seinen Posten im Krähennest bekommen hatte, was einige der anderen überlebenden Offiziere in späteren Jahren dazu veranlasste, ihn mit Verachtung zu strafen. Fleet fuhr bis 1936, als der Seehandel infolge der Weltwirtschaftskrise weitgehend zum Stillstand kam, weiter zur See. Danach arbeitete er bis zu seiner Pensionierung im Jahr 1955 auf der Werft von Harland & Wolff. Anschließend verkaufte er Zeitungen (»zum Zeitvertreib«) an einer Straßenecke in Southampton, bis er sich am 10. Januar 1965 in seinem Garten erhängte. Kurz zuvor war seine Frau Eva gestorben, und deren Bruder hatte Fleet aufgefordert, aus dem Haus auszuziehen, in dem er und Eva wohnten, das aber dem Schwager gehörte.

Futrelle, Jacques Der »amerikanische Arthur Conan Doyle« war ein populärer Autor von Kriminalromanen und unter anderem bekannt für seine »Thinking-Machine«-Erzählungen. Er ging mit der *Titanic* unter.

Gibson, Dorothy Der achtundzwanzigjährige Stummfilmstar überlebte den Untergang der *Titanic* und übernahm eine Rolle in dem Stummfilm »Saved From the Titanic« (auch unter dem Titel »I Survived the Titanic« bekannt), dem ersten Film über die Katastrophe. Er kam am 14. Mai 1912 in die Kinos, genau einen Monat nach ihrer Rettung. In dem Film trug Gibson dieselben Sachen (Kleid, Pullover, Handschuhe und schwarze Schuhe), die sie auch anhatte, als man sie aus Boot 7 holte – dem ersten geborgenen Rettungsboot, wodurch sie zu den ersten Geretteten zählte.

»Saved From the Titanic« wurde an Bord des Schwester-
schiffes der *Titanic*, der *Olympic*, gedreht; sowohl auf dem
Schiff als auch auf seinen Rettungsbooten hatte man den
Namen *Olympic* entfernt. Der Film präsentierte Originalaufnahmen der *Olympic*, die an ihrem Liegeplatz in New
York vertäut wird, als angebliche Aufnahmen der *Titanic*,
die an ihrem Liegeplatz in Southampton die Leinen losmacht.

»Saved From the Titanic« ist verloren gegangen, und auch
vom Drehbuch sind keine Kopien erhalten. Dorothy Gibson
starb 1946 im Alter von 62 Jahren in Paris an einem Herz-
anfall (siehe Dorothy Gibsons Augenzeugenbericht über den
Untergang der *Titanic* in Kapitel 7).

Gracie, Colonel Archibald Passagier der 1. Klasse und Überlebender, der den Bestseller »The Truth About the Titanic«
(deutsch: »Titanic: ein Überlebensbericht«) über den Untergang des Schiffes und seine Rettung schrieb, welcher jedoch
leider erst nach seinem Tod veröffentlicht wurde. Gracie
starb im Dezember 1912. (Er hatte zuvor eine Abhandlung
über die Geschichte des amerikanischen Bürgerkriegs mit
dem Titel »The Truth About Chickamauga« veröffentlicht.)
In seinem Buch über die *Titanic* hielt er die genaue Reihenfolge der zu Wasser gelassenen Rettungsboote und ihre Pas-
sagierkontingente fest. Gracie war der zweite *Titanic*-Über-
lebende, der verstarb. (Siehe **Baclini, Eugenie**, die dreijährige
libanesische Immigrantin, die im August 1912 an Hirnhautentzündung starb.)

Guggenheim, Benjamin »Wir tragen unsere besten Anzüge und
sind bereit, wie Gentlemen unterzugehen«, hatte der reiche
Industrielle und Vater von drei Kindern, angeblich gesagt,
als die *Titanic* immer tiefer in den eisigen Fluten des Atlantiks versank.

Der Legende zufolge rauchten Guggenheim und sein Diener Zigarren und tranken Brandy, während sie auf ihren

Tod warteten. (Offenbar hatte der pflichtbewusste Diener nicht viel zu sagen, als es darum ging, ob *er* überleben wollte oder nicht.)

Guggenheim soll auch geäußert haben: »Ich glaube, es bestehen ernsthafte Zweifel daran, dass die Männer davonkommen. Ich bin bereit zu bleiben und das Spiel der Männer zu spielen, wenn es nicht genügend Boote für andere als Frauen und Kinder gibt. Ich werde hier nicht wie ein Tier sterben. Sagen Sie meiner Frau …, dass ich das Spiel konsequent bis zum Ende gespielt habe. Keine Frau soll an Bord des Schiffes zurückbleiben, nur weil Ben Guggenheim ein Feigling ist.«

Haisman, Edith Brown *Titanic*-Überlebende, die am 23. Januar 1997 im Alter von 100 Jahren starb. Nach dem Tod von **Marjorie Robb** im Jahr 1992 (mit 102 Jahren) war sie die älteste *Titanic*-Überlebende. Sie ging im Alter von 15 Jahren als Passagierin der 2. Klasse an Bord. Zum Zeitpunkt ihres Todes lebte sie in einem Pflegeheim in Southampton.

Hart, Eva *Titanic*-Überlebende, die am 14. Februar 1996 im Alter von 91 Jahren starb. Eva war vehement dagegen, Gegenstände aus dem Wrack der *Titanic* zu bergen, und sprach sich häufig gegen die »RMS Titanic« (die Gesellschaft, welche die alleinigen Bergungsrechte für das Wrack besitzt – siehe Teil IV) und ihre Bergungsaktionen aus.

Hartley, Wallace Ausgebildeter Violinist und Leiter des achtköpfigen Orchesters der *Titanic*. Hartleys selbstloser Einsatz und beispielhafter Mut veranlasste seine Musikerkollegen, weiterzuspielen, um die panischen Passagiere zu beruhigen, als die *Titanic* sank. Der Kapellmeister und sein Orchester überlebten den Untergang nicht. Hartley war verlobt und hatte ursprünglich erwogen, nicht auf der *Titanic* mitzufahren, da er bald heiraten wollte. Er entschloss sich schließlich doch dazu, weil er hoffte, unter den gut betuchten Passagieren Kontakte knüpfen zu können, die ihm Engagements verschaffen würden.

Die Bewohner von Hartleys Heimatstadt Colne im englischen Lancashire stellten ihm zu Ehren ein Denkmal auf, und 40 000 Trauergäste nahmen an seiner Beerdigung am Samstag, dem 18. Mai 1912 teil. Am Freitag, dem 24. Mai 1912, fand in der Royal Albert Hall in London ein Konzert zum Gedenken der Orchestermitglieder statt, bei dem das größte Orchester (über 500 Musiker) spielte, das je in diesem Konzertsaal aufgetreten war. Zum Programm gehörte unter anderem Chopins »Trauermarsch«, und das Programm endete damit, dass die 10 000 Besucher gemeinsam »Näher, mein Gott, zu Dir« sangen, die Hymne, die angeblich als Letztes von der Bordkapelle auf der *Titanic* gespielt wurde, bevor sie unterging. (Siehe Kapitel 22 für Einzelheiten über das ungelöste Rätsel des letzten Liedes und das Repertoire der Bordkapelle.)

Hitchens, Robert Der Rudergänger stand am Steuer, als die *Titanic* mit dem Eisberg kollidierte. Hitchens war der Steuermann, der den Befehl des Ersten Offiziers Murdoch, »Hart Steuerbord«, ausführte (als Reaktion auf Frederick Fleets Warnung: »Eisberg rechts voraus!«) und das Steuer der *Titanic* herumriss, um einen frontalen Aufprall zu verhindern. Es gelang ihm, das Schiff 22,5 Grad (zwei Striche auf dem Kompass) nach Backbord zu bringen, aber der Zusammenstoß ließ sich nicht mehr vermeiden.

Kurze Zeit später übernahm Hitchens auf Befehl des Zweiten Offiziers Lightoller das Kommando über Boot 6 (auf der Backbordseite), aber sein Verhalten im Boot war alles andere als ehrenhaft.

Major Arthur Peuchen aus Kanada befand sich ebenfalls in Boot 6, und Hitchens begann sofort, ihn herumzukommandieren, um seine Autorität gegenüber dem Major herauszustreichen. Im Anschluss daran versuchte Peuchen, das Kommando zu übernehmen; er befahl Hitchens, die Ruderpinne abzugeben und zu rudern, doch dieser weigerte sich.

Einige Minuten darauf rief Kapitän Smith Hitchens über ein Megaphon zurück, um weitere Passagiere aufzunehmen, aber Hitchens widersetzte sich – vielleicht zum ersten Mal in seiner Laufbahn als Seemann – einem direkten Befehl seines Vorgesetzten. »Nein, wir werden nicht zum Schiff umkehren«, sagte er den Insassen des Bootes. »Es ist unser Leben, nicht ihres.«

Nachdem die *Titanic* gesunken war, baten die Frauen in Boot 6 – das für 65 Passagiere vorgesehen war, in dem aber nur 28 Personen saßen – Hitchens inständig darum, zurückzurudern, um vielleicht noch Menschen aus dem Wasser zu retten. Hitchens lehnte dies ab, mit der Begründung, das Boot werde von den verzweifelten Menschen ins eiskalte Wasser hinabgezogen, und sie alle würden sterben, wenn sie zurückruderten. »Es hat keinen Sinn, umzukehren«, schrie er sie an, »weil dort nur Leichen herumschwimmen!« (Bei der Senatsanhörung sagte Senator Smith, Hitchens sei folgendermaßen zitiert worden: »Wir müssen jetzt für uns selber sorgen und dürfen uns nicht um die Leichen kümmern.«)

Aber zu den Frauen in Boot 6 gehörte auch die »unsinkbare« Molly Brown (wie sie nach ihrer Rettung genannt wurde), und die ließ sich nicht beirren. Sie riss Hitchens die Ruderpinne aus der Hand und befahl den Frauen im Boot (von denen viele ihre Ehemänner und Väter unter den Männern im Wasser zu finden hofften), sie sollten rudern. Als Hitchens aufstand und versuchte, Molly die Ruderpinne wegzunehmen, warnte sie ihn, sie werde nicht zögern, ihn über Bord zu werfen. Hitchens setzte sich wieder hin, jammerte jedoch, sie würden alle ertrinken. Als Molly daraufhin erwiderte, er solle den Mund halten, verfluchte er sie und wurde von einem Heizer geohrfeigt, weil er eine Frau beleidigt hatte. Das brachte Hitchens zum Schweigen, und er unterließ es in der Folgezeit, den anderen Insassen Befehle zu erteilen.

Hitchens sagte bei der Anhörung des US-Senats aus, und die White Star Line ernannte ihn später zum Hafenmeister von Kapstadt.

Zwei Jahre danach soll Hitchens einem britischen Seemann erzählt haben, die White Star Line habe ihn ausbezahlt und ihm diesen neuen Posten verschafft, damit er über gewisse Vorfälle schweige, die sich in der Nacht des Untergangs auf der Brücke der *Titanic* zugetragen hätten. Was mit diesen »Vorfällen« gemeint war, wurde nie bekannt, obwohl Hitchens' Aussage vor dem US-Senat sehr freimütig gewirkt hatte.

Don Lynch schrieb in seinem Buch »Titanic: An Illustrated History« (deutsch: »Titanic: Königin der Meere«), es sei wahrscheinlicher, dass man bei der White Star Line nicht gewusst habe, was man mit dem Mann machen solle, der die *Titanic* gegen einen Eisberg gesteuert hatte. Seeleute seien bekanntermaßen sehr abergläubisch, und Hitchens – obwohl er keine Schuld an der Katastrophe getragen hätte – sei vermutlich an Bord anderer Schiffe nicht mehr willkommen.

Hoyt, William F. Er war der erste Mann, der vom Fünften Offizier Lowe in Boot 14 gezogen wurde, als dieser zurückruderte, um nach Überlebenden zu suchen. Hoyt, ein New Yorker Importeur von Spitzen, war ein großer, schwerer Mann, und es bedurfte einiger Anstrengung, ihn in das Boot zu ziehen. Er war unter Wasser gedrückt worden, als die *Titanic* sank, kam aber schließlich frei, als das Schiff auf seinem Weg zum Meeresgrund auseinander brach. Unglücklicherweise war Hoyt zu weit in die Tiefe hinabgezogen worden, um zu überleben. Er erlag bereits im Rettungsboot den inneren Verletzungen, die er durch den hohen Druck unter Wasser erlitten hatte.

Ismay, J. Bruce Der Direktor der White Star Line hatte 1907 im Herrenhaus von Lord Pirrie die ersten Pläne für die *Titanic* auf einer Serviette skizziert. Bis zum heutigen Tag wird verschiedentlich noch die Ansicht vertreten, Ismay – der die *Titanic* in einem der letzten Rettungsboote verließ – habe sich vor seiner Verantwortung als Gentleman und Repräsentant der White Star Line gedrückt, als er von dem Schiff floh, während sich noch Hunderte von Passagieren – darunter viele Frauen und Kinder – an Bord befanden. Ismay schwor, dass keine Passagiere mehr an Deck gewesen seien, als ihm ein Platz in einem Rettungsboot angeboten wurde, und 1998 sagte sein Großneffe Michael Manser dem Magazin *People*, sein Onkel habe auf der *Titanic* ehrenhaft gehandelt. Über die Darstellung seines Großonkels im Film »Titanic« (er wird als eine Art Schurke porträtiert) sagte Manser: »Wahrscheinlich brauchten sie einen Bösen in dem Film.«

Die Überlebende Edith Russell schrieb 1934 in ihr Tagebuch:

»Ich ging hinaus auf das Bootsdeck und stand in einem Lichtstrahl neben Mr. Bruce Ismay ... Er rief: ›Was machen Sie noch auf dem Schiff? Ich dachte, alle Frauen seien bereits von Bord!‹ Und dann rief er: ›Wenn noch irgendwo Frauen an Bord sind, bitte kommen Sie sofort zu dieser Treppe!‹ Ich ging hinüber zu Ismay, der mich hastig die enge Eisentreppe hinunterschob ... Bruce Ismay hat mir das Leben gerettet, und sicherlich auch das Leben vieler anderer.«

(Siehe Auszüge aus Ismays Aussage vor dem US-Senat in Kapitel 9, gefolgt von seiner offiziellen Erklärung an die britische Presse.)

Japanischer Passagier Die dritte Person, die in Boot 14 gezogen wurde, als der Fünfte Offizier Lowe zur Unglücksstelle zurückkehrte, um nach Überlebenden zu suchen. Da dieser Mann mit dem Gesicht nach vorne an eine Tür gefesselt war und das Wasser über ihn schwappte, dachte Lowe zuerst, er sei nicht mehr am Leben. Er sagte: »Es hat keinen Sinn. Er ist wahrscheinlich tot – und wenn nicht, gibt es andere, die es eher verdienen, gerettet zu werden, als ein Japse!« Aber zum Glück änderte Lowe seine Meinung, und nachdem der Mann in das Rettungsboot gezogen worden war, kam er schnell wieder zu sich und ruderte aus Leibeskräften. »Mein Gott, ich schäme mich für das, was ich über den kleinen Kerl gesagt habe!«, rief Lowe daraufhin aus und gab zu, dass er den kleinen Mann noch »sechsmal [retten würde], wenn ich die Gelegenheit hätte!«

Laroche, Louise Im Frühjahr 1998 gehörte Louise Laroche zu den letzten sechs noch lebenden Überlebenden der *Titanic*. Sie wurde am 2. Juli 1910 geboren und kam im Alter von einem Jahr und neun Monaten an Bord. Sie war Passagierin der 2. Klasse und wurde vermutlich in Faltboot C gerettet. Sie lebt in Frankreich.

Lightoller, Charles H. Der Zweite Offizier der *Titanic* und ranghöchste überlebende Offizier leitete die Bemannung der Rettungsboote auf der Backbordseite und achtete streng darauf, dass das Seegesetz »Frauen und Kinder zuerst« befolgt wurde. Als die *Titanic* sank, wurde er hinabgezogen und gegen die Gräting eines der riesigen Schornsteine gedrückt, bis die Wucht austretender heißer Luft ihn vom Schiff wegschleuderte. Lightoller hing an einem Faltboot, als er gerettet wurde, und schrieb später die Autobiografie »Titanic and Other Ships«(1935), in der er seinen Erlebnissen auf der *Titanic* sechs Kapitel widmet.

Lightoller (auch »Lights« genannt) verteidigte Bruce Ismay

bei der Anhörung vor dem US-Senat, woraufhin man ihn beschuldigte, er wolle die tatsächlichen Ereignisse der Nacht beschönigen. Er diente im Ersten Weltkrieg als Kommandant in der Royal Navy.

Nach dem Krieg wurde Lightoller ein erfolgreicher Hühnerfarmer, kehrte aber im Zweiten Weltkrieg zur See zurück, als er mit seiner Privatyacht *Sundowner* bei der Evakuierung von Dünkirchen half. Er gedachte Kapitän Smith mit großer Achtung, war jedoch davon überzeugt, dass Kapitän Lord von der *Californian* sehr große Schuld an dem Verlust von 1500 Menschenleben in jener Nacht traf. Die Anhörung vor dem US-Senat war für ihn »nichts anderes als eine komplette Farce«. Lightoller starb am 8. Dezember 1952 im Alter von 78 Jahren.

In Erinnerung an die Augenblicke kurz nach dem Untergang der *Titanic* schrieb Lightoller in seinem Buch: »Eine Beschreibung dieser herzzerreißenden, unvergesslichen Geräusche würde keinem guten Zweck dienen. Ich habe es meinen Gedanken nie erlaubt, bei ihnen zu verweilen, und es gibt viele, die heute noch am Leben und wohlauf wären, wenn sie einfach beschlossen hätten, alle Erinnerungen an diese schrecklichen Augenblicke aus ihrem Gedächtnis zu löschen, oder zumindest zugelassen hätten, dass die Zeit die Gedanken an diese grausame Tragödie ein wenig abschwächt.«

Lord, Stanley Kapitän der *Californian*, jenes Schiffes, das nach den Worten des Historikers Leslie Reade »stillstand«. Es scheint, als habe Kapitän Lord die bewusste Entscheidung getroffen, nicht in Richtung der *Titanic* zu fahren und damit das Schicksal von 1500 Menschen besiegelt. Bis zum heutigen Tag verteidigen überzeugte »Lord-Anhänger« Kapitän Lords Verhalten, aber die Geschichte beurteilt ihn weitaus härter. (Siehe Kapitän Lords Aussage in der Anhörung vor dem US-Senat im 9. Kapitel.)

Lord, Walter Anerkannter *Titanic*-Experte und Autor der Bestseller »A Night to Remember« (deutsch: »Die letzte Nacht der Titanic«) und »The Night Lives On« (deutsch: »Titanic – wie es wirklich war«).

Lowe, Harold Godfrey Fünfter Offizier der *Titanic*, der wegen zweier dramatischer Aktionen während des Untergangs in Erinnerung blieb.

Lowe war derjenige Offizier, der mit seiner Pistole in die Luft feuerte, um männliche Passagiere daran zu hindern, eines der Rettungsboote zu überladen, als sich noch Frauen an Bord befanden – und er war auch der einzige Kommandant eines Rettungsbootes, der zu der Stelle zurückruderte, an der die *Titanic* gesunken war, um Menschen aus dem Wasser zu retten. Er zog vier Männer aus dem Meer, von denen einer, William Hoyt, noch im Rettungsboot starb. Die anderen drei waren der Steward Jack Stewart, ein japanischer Passagier, dessen Name unbekannt blieb, und der Steward Alfred Phillmore.

Lowe nahm kein Blatt vor den Mund und sagte bei der Anhörung vor dem US-Senat aus, ein italienischer Mann habe sich in Frauenkleidern auf eines der Rettungsboote gemogelt. Für diese Behauptung entschuldigte er sich schließlich bei der italienischen Regierung (siehe Seite 141).

Auch eine Antwort von Lowe an Senator Smith während der Anhörung blieb in Erinnerung. Als Smith ihn fragte, woraus ein Eisberg bestehe, antwortete Lowe lakonisch: »Ich nehme an, aus Eis, Sir.«

Lowes Heldenhaftigkeit nutzte ihm nach dem Untergang der *Titanic* jedoch wenig. Er wurde zum Dritten Offizier der *Medic* ernannt, eine subalterne Position, und diente während des Ersten Weltkriegs als Kommandant in der Royal Navy. Danach setzte er sich in seiner Heimatstadt Deganwy in Wales zur Ruhe, erfüllte jedoch auch im Zweiten Welt-

---

Harold Lowes Entschuldigung an die italienische Regierung

(Dem italienischen Botschafter, Signor Cusani, durch den Sekretär der Rechtsabteilung der italienischen Botschaft, Signor Guido di Vincenzo, vorgelegt.)

Hiermit wird bestätigt, dass ich, Harold Godfrey Lowe, Fünfter Offizier auf dem gesunkenen Dampfer *Titanic*, in meiner Aussage vor dem Senat der Vereinigten Staaten behauptet habe, Schüsse abgegeben zu haben, um italienische Immigranten daran zu hindern, in meine Rettungsboote zu springen.

Hiermit streiche ich die Worte »italienisch« und ersetze sie durch »Immigranten romanischer Abstammung«. Ich wollte damit nicht zum Ausdruck bringen, dass es sich ausdrücklich um Italiener gehandelt hat, da ich allein nach ihrem Aussehen und ihrer Hautfarbe urteilen konnte, sondern nur, dass sie Ähnlichkeit mit Menschen romanischer Abstammung hatten. Keinesfalls war es meine Absicht, eine Bemerkung über die italienische Nation zu machen.

Dies ist die reine Wahrheit, und daher fühle ich mich geehrt, die hier vorliegende Erklärung abzugeben.

H.G. Lowe
Fünfter Offizier der gesunkenen »Titanic«
Washington D. C., 30. April 1912

---

krieg kleinere militärische Aufgaben. Er starb im Mai 1944 im Alter von 61 Jahren.

Auch wenn Lowe selten über seine Taten während der Tragödie auf der *Titanic* sprach, bleibt er ihretwegen in Erinnerung. In einer Rede wurde er als ein Mann gelobt, der »sich daran erinnerte, worin seine Pflicht bestand, und sie erfüllte, ungeachtet persönlicher Konsequenzen«.

Lynch, Don Anerkannter *Titanic*-Experte und Autor des Buches, das von vielen für das definitive illustrierte Werk über den Ozeandampfer gehalten wird: »Titanic: An Illustrated History« (1992 erschienen, deutscher Titel: »Titanic – Königin der Meere«). Lynch ist als Historiker für die »Titanic Historical Society« tätig und hat in mehr als zwei Jahrzehnten der Recherche viele der Überlebenden persönlich kennen gelernt. Lynch schreibt in jeder Ausgabe von *The Titanic Commutator*, der Zeitschrift der Gesellschaft, die Kolumne »Passenger Manifest« und war als Autorität in vielen Talkshows und Fernsehdokumentationen gefragt, als James Camerons Film im Dezember 1997 in die Kinos kam.

Marconi, Guglielmo Legendärer Erfinder der drahtlosen Nachrichtenübermittlung. (Siehe Kapitel 9, Die Aussage von Guglielmo Marconi vor dem Untersuchungsausschuss, bezüglich Einzelheiten seiner Rolle in der Tragödie der *Titanic*.)

Marschall, Ken Marschalls Biografie ist zu entnehmen, dass seine »Gemälde [der *Titanic*] viele Jahre genauer Studien des Schiffes widerspiegeln und sowohl wegen ihrer Detailtreue als auch wegen ihres künstlerischen Werts geschätzt werden«. Mit anderen Worten: Ken Marschall ist der derzeit größte *Titanic*-Künstler. Seine Gemälde des Schiffes und des Wracks sind so realistisch, dass sie den Betrachter in einer Art und Weise auf den Ozeanriesen versetzen, wie es Schwarz-Weiß-Fotos des Schiffes und Bilder des Wracks nicht vermögen. Ken Marschall zeigt uns die *Titanic* in ihrer ganzen Pracht – und so wollen die meisten von uns sie auch in Erinnerung behalten.

Millet, Francis Davis Bekannter amerikanischer Künstler und Historienmaler, der mit der *Titanic* unterging. Eine seiner berühmtesten Arbeiten war »Between Two Fires«. 1998 behauptete der britische Maler Douglas Edward gegenüber der *Washington Post*, er halte sich für die Reinkarnation

Millets. Er habe dies bei einer so genannten Regression unter Hypnose Mitte der Achtzigerjahre erfahren. Während dieser Rückführung hatte er immer wieder gesagt: »Schwarzes Wasser. Keine Chance.« Er verriet der *Post* auch, dass er seit seiner Kindheit Angst vor Wasser habe und dass ihn bereits in jungen Jahren der Name *Titanic* in Aufregung versetzte. »Ich weiß, das muss ziemlich absurd klingen«, meinte er im Interview. »Doch schließlich kann man Luft ja auch nicht sehen, oder? Aber sie existiert.«

Morgan, J.P. Der amerikanische Transport-Millionär und Besitzer der White Star Line – damit auch der *Titanic* – hatte seine eigene Suite und sein eigenes Promenadendeck auf der *Titanic*. Er war für die Jungfernfahrt avisiert, sagte aber in letzter Minute wieder ab. Dies führte eine Zeit lang zu Verdächtigungen, und Personen, die eine Verschwörungstheorie aufgestellt hatten, sahen in Morgans Stornierung eine Erhärtung des Gerüchts, die *Titanic* sei gegen die *Olympic* ausgetauscht worden, um die Versicherungssumme für das beschädigte Schwesterschiff der *Titanic* zu kassieren (siehe Kapitel 24).

Morgan hielt sich in der Zeit nach dem Untergang der *Titanic* auf seinem Schloss in Frankreich auf. Als ihn ein Reporter ausfindig machte und nach dem finanziellen Verlust durch den Untergang des Schiffes fragte, sagte er: »Oh, irgendjemand wird schon bezahlen, aber so etwas wie finanziellen Verlust gibt es nicht. Denken Sie an all die Menschen, die gestorben sind, an ihren schrecklichen Tod.« Morgan starb 1913 im Alter von 76 Jahren und hinterließ ein Vermögen im Wert von schätzungsweise 100 Millionen Dollar – weitaus weniger, als man weltweit angenommen hatte.

Navratil, Michel M. Er gehörte im Frühjahr 1998 zu den letzten sechs noch lebenden Überlebenden der *Titanic*. Navratil wurde am 12. Juni 1908 geboren und kam im Alter von drei Jahren und zehn Monaten an Bord. Er war Passagier der

2. Klasse und wurde in Faltboot D gerettet. 1987 kehrte er zu einem Treffen von Überlebenden der *Titanic* in die Vereinigten Staaten zurück. Dies war das erste Mal, dass er seit seiner Ankunft in New York auf der *Carpathia* 1912 wieder amerikanischen Boden betrat. Er lebt als emeritierter Professor der Psychologie in Frankreich.

Pellegrino, Charles Autor des 1988 erschienenen Buchs »Her Name, Titanic – The Untold Story of the Sinking and Finding of the Unsinkable Ship« (deutsch: »Die letzte Fahrt der Titanic«).

Phillimore, Harold Bademeister auf der *Titanic* und vierte und letzte Person, die in Boot 14 gezogen wurde, als der Fünfte Offizier Lowe zur Unglücksstelle zurückruderte, um nach Überlebenden zu suchen.

Robb, Marjorie *Titanic*-Überlebende, die am 11. Juni 1992 im Alter von 103 Jahren starb. Zum Zeitpunkt ihres Todes war sie die älteste noch verbliebene Überlebende der Katastrophe.

Robertson, Morgan Autor von »Futility« oder »The Wreck of the Titan« (deutsch: »Titan. Eine Liebesgeschichte auf hoher See«), eines 1898 erschienenen Romans über den Dampfer Titan, der die Tragödie der *Titanic* vorwegzunehmen scheint. Robertson schrieb auch eine Geschichte über den japanischen Luftangriff auf einen amerikanischen Stützpunkt auf Hawaii, der einen Weltkrieg auslöste – Jahrzehnte vor Pearl Harbor.

Rostron, Arthur Kapitän der *Carpathia*, des Schiffes, das alle Überlebenden der *Titanic* aufnahm. (Siehe den Abschnitt in Kapitel 4 über Rostrons Vorbereitungen zur Bergung der Überlebenden.)

Rowe, George Der Quartiermeister der *Titanic* war der letzte Mann der Besatzung, der erfuhr, dass die *Titanic* sank. Er überlebte das Unglück und fuhr bis zu seiner Pensionierung im Jahr 1955 auf Schiffen der britischen Handelsmarine.

Shuman, Eleanor Johnson Diese *Titanic*-Überlebende war noch keine zwei Jahre alt, als das Schiff 1912 sank. Nach einem Besuch bei Verwandten in Europa befand sich Mrs. Shuman mit ihrer Familie auf der Rückkehr in die Vereinigten Staaten. Ihre Mutter und ihr Bruder überlebten ebenfalls. Eleanor starb am 7. März 1998 in Illinois infolge einer plötzlichen Krankheit.

Ende 1997 sah Mrs. Shuman die Premiere des Films »Titanic« und lernte den Regisseur James Cameron kennen. Sie erzählte der Presse, Cameron habe zu ihr gesagt, sie erinnere ihn an die Figur der Rose in seinem Film. »Wenn Sie also Rose sehen«, sagte sie später den Reportern, »denken Sie an mich« (siehe **Beatrice Wood**).

Mrs. Shuman erzählte auch, der Film wurde Erinnerungen an den Untergang wachrufen, obwohl sie noch ein kleines Kind war, als das Schiff sank. »Ich sehe noch immer all die Hände, die sich mir von unten entgegenstreckten«, sagte sie den Medien nach dem Besuch des Films. »Ich wollte nicht fort. Und ich erinnere mich an den Lärm. Alles schrie und weinte und brüllte.« Sie sagte auch, der Film sei so realistisch, dass es ihr schwer gefallen sei, ihn anzusehen. »Ich habe sehr viel geweint«, gestand sie.

Symons, George Einer der Ausgucke der *Titanic* in der Nacht, als sie mit dem Eisberg kollidierte.

Smith, Edward J. Der Kapitän der *Titanic* wurde wegen seiner Popularität unter den wohlhabenden Transatlantik-Passagieren auch »Kapitän der Millionäre« genannt. Smith ging mit seinem Schiff unter, aber noch immer bleiben Fragen über seine Beurteilungen und Entscheidungen während der kurzen Jungfernfahrt der *Titanic* offen – vor allem die, warum er nach mehreren Eiswarnungen von anderen Schiffen mitten in der Nacht mit voller Kraft in ein Eisfeld steuerte. Smith hinterließ Frau und Tochter, und nach

seinem Tod veröffentlichte seine Frau Eleanor folgenden
Brief:

> *An meine armen Leidensgenossen*
> Mein Herz ist voller Trauer um Sie alle und schwer
> vor Kummer, dass Sie unter dieser schrecklichen Last
> leiden, die uns heimgesucht hat. Möge Gott mit uns
> sein und uns allen Trost spenden.
>
> In Mitgefühl,
> Ihre Eleanor Smith

Kapitän Smiths Leiche wurde nie gefunden, und es gibt zahlreiche Berichte über seine letzten Augenblicke (siehe Kapitel
23).

Speers, Jim Der Reporter der *New York Times*, der den überlebenden Funker der *Titanic*, Harold Bride, bei seiner Ankunft
in New York interviewte. (Siehe Kapitel 11, »Die sensatio-
nelle Geschichte des überlebenden Funkers der *Titanic*«,
von Harold Bride.)

Stewart, John Steward auf der *Titanic*, der als zweite Person in
Boot 14 gezogen wurde, als der Fünfte Offizier Lowe zur
Stelle des Untergangs ruderte, um nach Überlebenden zu su-
chen.

Straus, Isidor Passagier der 1. Klasse und Begründer der amerikanischen Kaufhauskette Macy's. Der Millionär Straus blieb
an Bord der *Titanic* und wurde angeblich gesehen, wie er
zusammen mit seiner Frau auf Deckstühlen saß und auf das
Ende wartete.

Straus, Mrs. Ida Die Frau von Isidor Straus beschloss, auf der
Titanic auszuharren und mit ihrem Mann zu sterben, anstatt
ohne ihn in ein Rettungsboot zu steigen. »Wir leben seit vielen Jahren zusammen«, soll sie gesagt haben. »Wo du hin-
gehst, will auch ich hingehen.«

Owing to the death of
Mr. and Mrs. Isidor Straus
this store is
closed to-day, Saturday.

R. H. Macy & Co.

HERALD SQUARE,
Broadway. 34th to 35th St..
NEW YORK.

Thayer, Jack Passagier der 1. Klasse und Überlebender der *Titanic*, der offenbar seine Erinnerungen an das Unglück nicht verarbeiten konnte und 1945 Selbstmord beging.

Tulloch, George Präsident von »RMS Titanic«, der Gesellschaft, welche die alleinigen Bergungsrechte der *Titanic* besitzt und über die Erlaubnis verfügt, Artefakte zu fotografieren und auszustellen, sie jedoch nicht verkaufen darf.

Van Tongerloo, Winnifred Vera Quick Im Frühjahr 1998 gehörte Winnifred Vera Quick van Tongerloo zu den letzten sechs noch lebenden Überlebenden der *Titanic*. Winnifred wurde am 23. Januar 1904 geboren und kam im Alter von acht Jahren und drei Monaten an Bord. Sie war Passagierin der 2. Klasse und wurde in Boot 11 aufgenommen. Heute lebt sie in Michigan.

West, Barbara J. Im Frühjahr 1998 gehörte Barbara West zu den letzten sechs noch lebenden Überlebenden der *Titanic*. Barbara wurde im Mai 1911 geboren und kam als elf Monate alter Säugling an Bord. Sie war Passagierin der 2. Klasse, und es ist nicht bekannt, in welchem Boot sie gerettet wurde. Barbara, eine von nur zwei britischen Überlebenden, lebt in England und hat sich in all den Jahren strikt geweigert, mit irgendjemandem über die *Titanic* zu sprechen.

Winslet, Kate Die junge weibliche Hauptdarstellerin aus James Camerons Erfolgsfilm »Titanic«. Sie spielte die fiktive 1.-Klasse-Passagierin Rose DeWitt Bukater Dawson.

Wood, Beatrice Die exzentrische Töpferin und Künstlerin (bekannt als die »Mama des Dada«), die James Cameron zu der Figur der 102 Jahre alten *Titanic*-Überlebenden Rose inspirierte. (Cameron verriet dies in einem Interview mit dem Journalisten Charlie Rose im März 1998.)

Ms. Wood veröffentlichte 1985 ihre Autobiografie »I Shock Myself«, die Cameron auf die Idee brachte, den fiktiven Teil seiner *Titanic*-Geschichte um das Leben einer alternden Künstlerin anzusiedeln (eine Idee, die ihm zustatten kam, als er die Figur des Jack Dawson schuf, des Künstlers, den Rose im Film auf der *Titanic* kennen lernt).

Beatrice Wood starb im März 1998 im Alter von 105 Jahren. Ein paar Tage vor ihrem Tod traf sie sich mit dem Regisseur Cameron und der Schauspielerin Gloria Stuart, die sich bei ihrer Darstellung der Rose an einer Mischung von Kate Winslets Manieriertheit und Ms. Woods Leben und ihrer Sensibilität orientierte.

7

Überlebende erzählen:
Erinnerungen dreier Frauen
an den Untergang der *Titanic*

Einige Minuten später erfolgte der Befehl,
die Rettungsboote abzufieren, und zum ersten Mal
wurde mir bewusst, dass wir uns in großer Gefahr
befanden.

Dorothy Gibson

Die folgenden Seiten sind den packenden Berichten von drei
Passagierinnen der 1. Klasse (darunter auch des Stummfilm-
stars Dorothy Gibson) gewidmet, die den Untergang der *Titanic* überlebten. Ihre Geschichten versetzen uns in die damalige
Zeit zurück und ermöglichen uns, die letzten schrecklichen
Augenblicke des großen Schiffes auf eine Art und Weise zu erleben, wie es keine kühl analysierende historische Wiedergabe
der Ereignisse jener Nacht zu vermitteln vermag. In diesen Berichten erfährt man, wie es in der Nacht des 15. April 1912 auf
der *Titanic* wirklich war.

Emily Bosie Ryerson

Passagierin der 1. Klasse

(Emily Ryerson, die ihren Sohn und ihren Mann auf der *Titanic* verlor, war im Ersten Weltkrieg Assistentin von Herbert Hoover und arbeitete für den Amerikanischen Fonds für in Frankreich Verwundete. Sie heiratete 1927 wieder und starb 1939 bei einem Urlaub in Uruguay.)

Ich gehörte zu den Passagieren des Dampfschiffes *Titanic* am 14. April 1912. Zum Zeitpunkt der Kollison war ich wach und hörte, wie die Maschinen gestoppt wurden, spürte jedoch keine Erschütterung. Mein Mann schlief, also läutete ich und fragte den Steward, Bishop, was passiert sei. Er antwortete: »Es ist von einem Eisberg die Rede und dass sie angehalten haben, um ihn nicht zu rammen.« Es war bitterkalt, also legte ich einen warmen Schal um, schaute aus dem Fenster (wir hatten eine der großen Kabinen auf Deck B, sehr weit achtern) und sah die Sterne und eine ruhige See, hörte aber kein Geräusch. Es war Mitternacht. Etwa zehn Minuten später trat ich hinaus auf den Gang und sah weiter hinten Menschen, die auf das Deck eilten. Ein Passagier lief vorbei und rief: »Ziehen Sie Ihre Schwimmwesten an und kommen Sie hinauf auf das Bootsdeck.« Ich fragte: »Woher haben Sie diese Befehle?« Er antwortete: »Vom Kapitän.« Ich ging zurück und sagte Miss Bowen und meiner Tochter, die in der Kabine nebenan waren, sie sollten sich sofort anziehen, weckte meinen Mann und die beiden jüngeren Kinder, die in einer Kabine auf der anderen Seite schliefen, und dachte dann an unser Dienstmädchen, das eine Kabine neben der unseren bewohnte. Ihre Tür war abgeschlossen, und ich hatte Mühe, sie zu wecken. Inzwischen war mein Mann vollständig angezogen, und wir konnten das

Geräusch trampelnder Füße auf dem Deck über uns hören. Er wirkte recht ruhig und fröhlich und half mir dabei, den Kindern und dem Mädchen die Schwimmwesten anzuziehen. Ich war wie gelähmt vor Angst, dass wir nicht rechtzeitig alle zusammen an Deck kommen würden, da wir zu siebt waren. Ich sagte meiner Tochter, sie solle sich nicht ankleiden, und sie zog – wie ich – einen Pelzmantel über ihr Nachthemd. Mein Mann mahnte uns, zusammenzubleiben, und wir gingen hinauf auf Deck A, wo bereits eine große Gruppe von Menschen stand, von denen wir viele kannten. Alle hatten Schwimmwesten an, und alle wirkten ruhig und gefasst.

Wir standen recht lange dort – über eine halbe Stunde, würde ich sagen. Ich erinnere mich, dass mein Mädchen hinunter in die Kabine lief und einige meiner Kleider holte. Dann wurden wir auf das Bootsdeck gerufen. Ich erinnere mich nur an den Zweiten Steward am oberen Ende der Treppe, der uns sagte, wohin wir zu gehen hatten. Ich bemühte mich, wie alle anderen, ruhig zu bleiben und zu tun, was man uns sagte. Mein Mann scherzte mit einer der Damen, die er kannte. Er sagte zu ihr: »Hören Sie nicht die Kapelle spielen?« Ich bat ihn, bei ihm bleiben zu dürfen, aber er meinte: »Wir müssen die Anweisungen befolgen. Wenn sie sagen, ›Frauen und Kinder in die Boote‹, musst du gehen, wenn du an der Reihe bist. Ich bleibe bei John Thayer. Uns wird nichts passieren. Du fährst mit einem Schiff nach New York.« Dies sagte er in dem Glauben, draußen warteten mehrere Schiffe. Die *Olympic* und die *Baltic* waren einige der Namen, die genannt wurden. Die ganze Zeit über konnten wir hören, wie man Raketen abfeuerte – Notsignale. Dann wurden wir wieder hinunter auf Deck A geschickt, das teilweise eingezäunt war. Wir sahen, wie die Passagiere in die Boote stiegen, und warteten, bis die Reihe an uns kam. Man hatte eine primitive Treppe gebaut, um hinauf zum Fenster zu kommen. Mein Sohn Jack war bei mir. Ein Offizier beim Fenster sagte: »Dieser Junge kann nicht mitkommen.« Mein Mann trat vor und erwiderte: »Selbstverständlich bleibt dieser Junge bei seiner Mutter, er ist erst 13.« Sie ließen ihn durch, sagten aber auch: »Keine Jungen mehr.« Ich wandte mich meinem Mann zu und küsste ihn, und als wir gingen, standen er und die anderen Männer, die wir kannten – Mr. Thayer, Mr. Widener und andere – alle sehr still beieinander. Die Decks waren beleuchtet, und wenn man durch das Fenster stieg, schien es, als trete man hinaus in die Dunkelheit. Wir wurden in die Boote verfrachtet. Zwei Männer standen dort, um uns zu helfen, ein Offizier drinnen und ein Matrose draußen. Ich fiel auf die Frauen, die bereits im Boot saßen, und kroch mit meiner ältesten Tochter zum Bug. Miss Bowen und mein Junge waren im Heck, und meine zweite Tochter saß mit meinem Mädchen in der Mitte des Bootes. Ansonsten waren Mrs. Thayer, Mrs. Widener, Mrs. Astor und Miss Eustis die einzigen in unserem Boot, die ich kannte.

Kurze Zeit später rief ein Offizier vom Oberdeck: »Wie viele Frauen sind in diesem Boot?« Jemand antworte: »24.« »Das reicht; fier weg.«

Die Taue schienen an einer Seite zu klemmen, und das Boot schaukelte. Jemand verlangte ein Messer, aber es wurde erst gebraucht, als wir auf dem Wasser schwammen, da es nur eine kurze Strecke war. Dann erkannte ich zum ersten Mal, wie tief das Schiff bereits gesunken war. Das Deck befand sich nur noch etwa sechs Meter vom Wasser entfernt. Ich konnte die geöffneten Bullaugen sehen, in die das Wasser eindrang; die Decks waren noch immer erleuchtet. Dann riefen sie: »Wie viele Seeleute sind an Bord?«, worauf die Antwort kam: »Einer«. »Das reicht nicht«, sagte der Offizier. »Ich schicke euch noch einen herunter«, und kurz darauf seilte sich ein Matrose ab. Ihm folgten ein paar Minuten später einige Männer, die keine Seeleute waren, über die Davits die Taue hinab und

fielen in unser Boot. Es wurde Befehl gegeben abzulegen. Dann
ruderten alle –, die Seemänner, die Frauen, alle – kamen aber
kaum von der Stelle. Es ertönte ein Durcheinander von Befehlen; wir ruderten auf das Heck zu, jemand schrie etwas von
einer Gangway, und niemand schien zu wissen, was zu tun
war. Fässer und Stühle wurden über Bord geworfen. Dann
plötzlich, als wir noch sehr nahe waren, sahen wir, wie das
Schiff schnell sank. Ich saß mit meiner Tochter im Bug des
Bootes, und als ich mich umdrehte, bemerkte ich, wie der Bug
des großen Schiffes eintauchte; die beiden vorderen Schornsteine schienen einzuknicken, und dann zerbrach das Schiff in
zwei Hälften, als würde es mit einem Messer durchgeschnit-
ten. Als der Bug versank, erloschen die Lichter; das Heck stand
einige Minuten senkrecht, schwarz vor dem Hintergrund der
Sterne, und tauchte dann ebenfalls unter. Einen Moment lang,
der uns wie Stunden vorkam, herrschte absolute Stille, und
dann begannen die Hilferufe der ertrinkenden Menschen, die
nicht mehr aufzuhören schienen. Jemand schrie: »Rudert um
euer Leben, oder ihr werdet hinuntergezogen!«, und jeder, der
dazu in der Lage war, ruderte wie wahnsinnig. Ich konnte
meine jüngere Tochter und Mrs. Thayer und Mrs. Astor rudern sehen, aber es schien keinen Sog zu geben. Dann drehten
wir um, um einige der Menschen aus dem Wasser zu ziehen.
Ein paar der Frauen protestierten, aber andere bestanden darauf, und wir zogen sechs oder sieben Männer ins Boot. Bei
ihnen handelte es sich hauptsächlich um Heizer, Stewards,
Matrosen usw., die bereits so unterkühlt waren, dass sie sich
kaum bewegen konnten. Zwei von ihnen starben später im
Heck, und die anderen stöhnten und fantasierten wie im Deli-
rium. Wir hatten kein Licht und keinen Kompass. Im Boot
waren mehrere Babys, aber wir hatten weder Wasser noch
Milch. (Ich glaube, all diese Dinge hatte man irgendwo verstaut, aber niemand wusste, wo, und da der Boden mit Wasser

voll gelaufen und das Boot mit sehr vielen Menschen beladen war, war es schwierig, etwas zu finden.)

Nachdem die *Titanic* gesunken war, gab es kein Licht mehr, und niemand schien zu wissen, welche Richtung wir einschlagen mussten. Lowe, der Offizier, der das Kommando über unser Boot führte, hatte zuvor angekündigt, die Boote sollten miteinander vertäut werden. Jetzt hörten wir seine Pfeife; sobald wir die anderen Boote in der Dunkelheit ausmachen konnten, näherten wir uns ihnen, und fünf Boote wurden zusammengebunden. Dann trieben wir ohne zu rudern dahin, da die See ruhig war, und warteten auf die Morgendämmerung. Es herrschte grosse Kälte, und bald kam ein eisiger Wind auf, sodass es schwierig war, den schweren Bug des Bootes unter Kontrolle zu halten. Als die Schreie verstummt waren, konnten wir schwach eine Art Floß erkennen, auf dem 20 Männer Rücken an Rücken standen. Es war ein gekentertes Boot, und als die Seeleute in unserem Boot sagten, wir könnten noch acht bis zehn Passagiere aufnehmen, riefen wir ein anderes Boot zu Hilfe, das sie retten sollte. Wir kappten die Fangleinen und verteilten alle Männer auf die beiden Boote. Sie waren vollkommen erschöpft und hätten nicht mehr lange durchgehalten. Dann, als die Sonne aufging, sahen wir die *Carpathia* in etwa fünf Meilen Entfernung – und zum ersten Mal all die Eisberge, die uns umgaben. Die *Carpathia* erreichte uns bei vollem Tageslicht, stoppte und nahm die Boote auf; wir waren etwa um acht Uhr an Bord. Unmittelbar nachdem wir an Bord gekommen waren, wurde eine vollständige Liste der Namen aller Überlebenden erstellt. Die Freundlichkeit und Effektivität aller Bemühungen um unser Wohl auf der *Carpathia* können nicht hoch genug gelobt werden. (Ihre eidesstattliche Erklärung für die Anhörung durch den Unterausschuss des US-Senats zur *Titanic*-Katastrophe)

Daisy Minahan

Passagierin der 1. Klasse

(Daisy Minahan befand sich nach einem längeren Aufenthalt in Europa auf der Heimfahrt nach Wisconsin, als die *Titanic* den Eisberg rammte. Mrs. Minahans Tochter überlebte den Untergang, ihr Mann jedoch nicht.)

Ich schlief in Kabine C-78 und wurde vom Weinen einer Frau auf dem Gang geweckt. Ich weckte meinen Bruder und dessen Frau, und wir zogen uns sofort an. Niemand kam, um uns zu warnen. Wir brauchten fünf Minuten, um uns anzuziehen, und gingen dann hinauf zum Deck auf der Backbordseite. Die erschreckende Neigung des Decks zum Bug des Schiffes ließ uns zum ersten Mal ahnen, in welcher Gefahr wir uns befanden.

Ein Offizier kam, wies alle Frauen an, ihm zu folgen und führte sie zum Bootsdeck auf der Steuerbordseite. Er sagte uns, es bestünde keine Gefahr, wir sollten nur zur Sicherheit in die Rettungsboote steigen. Nachdem drei Versuche gescheitert waren, in ein Boot zu gelangen, glückte es uns schließlich, Boot 14 zu besteigen. Die vielen Menschen, die sich um die Boote drängten, gerieten langsam in Panik.

Offiziere brüllten die Männer an, zurückzutreten und die Frauen in die Boote zu lassen. Während wir von einem Rettungsboot zum nächsten gingen, stolperten wir über große Mengen von Brot, das überall auf dem Deck lag.

Als das Rettungsboot voll war, fand sich kein Seemann, der es rudern konnte. Der kommandierende Offizier von Boot 14 rief nach Freiwilligen in der Menge, die rudern konnten. Sechs Männer meldeten sich. Als wir herabgelassen wurden, hingen wir zum Teil in einem Winkel von 45 Grad zur Schiffswand und rechneten damit, ins Meer zu fallen. Immer, wenn wir auf Höhe eines der unteren Decks waren, sprangen Männer in das Boot, bis der Offizier drohte, den nächsten Mann zu erschießen. Wir landeten auf dem Wasser und ruderten in sichere Distanz zu dem sinkenden Schiff. Der Offizier zählte die Insassen des Bootes; es waren 48. Er wies uns an, auf dem Boden des Bootes nach Laternen zu suchen. Wir fanden keine; ebenso wenig gab es Brot und Wasser an Bord. Der Offizier, der, wie ich später erfuhr, Lowe hieß, machte ständig Bemerkungen wie: »Eine gute Gelegenheit, das Lied ›Throw Out the Life Line‹ zu singen«, oder: »Meine Damen, ich glaube, es ist das Beste, wenn Sie ein Nickerchen machen.«

Die *Titanic* sank sehr schnell. Nachdem sie untergegangen war, hörte man entsetzliche Schreie. Dies muss, nach der Uhr eines Mannes, der neben mir stand, gegen 2.20 Uhr gewesen sein. Zu dieser Zeit wurden drei andere Boote und unseres miteinander vertäut. Noch immer hallten die Schreie über das Wasser. Einige der Frauen flehten Offizier Lowe von Boot 14 an, die Passagiere auf die drei anderen Boote zu verteilen und zurückzurudern, um Menschen aus dem Wasser zu retten. Seine erste Antwort auf diese Bitten lautete: »Sie sollten verdammt froh sein, dass Sie hier sind und noch leben.« Schließlich konnte er jedoch davon überzeugt werden, das zu tun, worum man ihn bat. Als ich vor ihm stand, um in ein anderes Boot zu steigen, sagte er: »Springen Sie, verdammt, springen Sie.« Dabei hatte ich nicht gezögert und nur gewartet, bis ich an die Reihe kam. Er hatte in den zwei Stunden, die wir im Boot saßen, so oft geflucht, dass alle Frauen auf meiner Seite des Bootes dachten, er sei betrunken. Dann versammelte er sämtliche Männer aus Boot Nr. 14 und den anderen Booten, und sie ruderten zur Stelle des Untergangs zurück. Wir wurden mit einem Steward und einem Heizer zurückgelassen, die unser überfülltes Boot rudern sollten. Der Steward tat sein

Bestes, aber der Heizer weigerte sich zuerst zu rudern, half schließlich jedoch zwei Frauen, die als Einzige auf dieser Seite des Bootes ruderten. Es war gerade vier Uhr, als wir die *Carpathia* sahen, und es dauerte weitere drei Stunden, bis wir sie erreichten. An Bord der *Carpathia* behandelte man uns sehr freundlich und tat alles zu unserem Wohlergehen.

Eine Stewardess, die gerettet worden war, erzählte mir, nach dem Auslaufen der *Titanic* aus Southampton hätten Zimmermänner daran gearbeitet, die Schotten der luftdichten Abteilungen in Bereitschaft zu versetzen. Sie hätten große Schwierigkeiten, sie funktionstüchtig zu machen, und einer von ihnen habe bemerkt, im Falle eines Unglücks würden sie wenig nutzen, da es so lange dauerte, sie zu schließen. (Ihre eidesstattliche Erklärung für die Anhörung des Unterausschusses des US-Senats zur *Titanic*-Katastrophe)

Daisy Minahans persönlicher Brief an Senator William Alden Smith, geschrieben und abgeschickt, nachdem sie ihre eidesstattliche Erklärung vor dem Unterausschuss des Senats abgegeben hatte

Sehr geehrter Senator Smith,

ich habe Ihnen meine Beobachtungen und Erlebnisse nach der Katastrophe mitgeteilt, aber ich möchte Ihnen schildern, was sich in der Nacht des 14. April zutrug.

Mein Bruder, seine Frau und ich gingen etwa gegen 19.15 Uhr (Schiffszeit) ins Restaurant zum Abendessen. Als wir den Raum betraten, fanden wir dort eine Gruppe von Gästen vor, bestehend aus etwa einem Dutzend Männern und drei Frauen, die bereits beim Essen waren. Kapitän Smith war einer von ihnen, ebenso Mr. und Mrs. Widener, Mr. und Mrs. Blair und Major Butt. Kapitän Smith blieb von der Zeit, als wir das Restaurant betraten, bis etwa zwischen 21.25 und 21.45 Uhr bei seiner Tischgesellschaft, bevor er den Damen eine gute Nacht wünschte und ging. Ich weiß deshalb so genau, wie spät es war, weil mein Bruder mir um 21.25 Uhr vorschlug, zu Bett zu gehen. Wir warteten noch ein Stück des Orchesters ab, und es war zwischen 21.25 und 21.45 Uhr (die Zeit, als wir aufbrachen), als Kapitän Smith das Restaurant verließ.

In der Nähe seines Tisches saßen auch Sir Cosmo und Lady Duff-Gordon, eine Mrs. Meyers aus New York und Mrs. Smith aus Virginia. Mr. und Mrs. Harris aßen ebenfalls zur gleichen Zeit zu Abend.

Ich habe von einer Aussage vor Ihrem Ausschuss gehört, derzufolge Kapitän Smith in der Zeit von 20.45 bis 21.25 Uhr mit einem Offizier auf der Brücke sprach. Dies entspricht nicht der Wahrheit, da er zu dieser Zeit mit den anderen an seinem Tisch Kaffee trank. Ich saß so nahe bei ihnen, dass ich Teile ihrer Unterhaltung verstehen konnte.

Dorothy Gibson

Passagierin der 1. Klasse

Aus dem *New York Morning Telegraph* vom 21. April 1912

In der Nacht des Unglücks herrschte große Fröhlichkeit an Bord, denn die Aussicht, bald die amerikanische Küste zu erreichen, stimmte alle vergnügt. Nach einem Spaziergang über das Schiff in Begleitung meiner Mutter wurde ich von ein paar Freunden zu einer Partie Bridge eingeladen, und ich schloss mich ihnen an, nachdem meine Mutter sich in ihre Kabine auf Deck E zurückgezogen hatte. Der Salon, in dem ich meine Freunde traf, befand sich auf Deck A, und wir spielten bis 22 Uhr. Wir blieben die ganze Zeit im Salon. Etwa eine halbe Stunde später nahmen wir eine leichte Erschütterung wahr.

Niemand in der Gruppe dachte sich etwas dabei, und wir lachten und redeten eine ganze Viertelstunde weiter. Dann bemerkte ich große Nervosität unter den Stewards und Offizieren, aber keiner von ihnen sagte etwas oder informierte die Passagiere in irgendeiner Hinsicht über das, was geschehen war.

Das Schiff bekommt Schlagseite

Nachdem man einander eine gute Nacht gewünscht hatte, ging ich an Deck, um vor dem Schlafengehen noch einen kurzen Spaziergang zu machen, als ich bemerkte, dass das große Schiff schwere Schlagseite hatte. Meine Kenntnisse der Seefahrt reichen zwar nicht aus, um sagen zu können, ob es sich nach Backbord oder nach Steuerbord neigte, aber an der Tatsache ließ sich nicht rütteln. Auf meinem Weg nach unten zu Deck E begegnete ich einem Steward und fragte ihn, ob etwas nicht in Ordnung sei. Er versuchte, mich zur Seite zu schieben, aber ich ließ mich nicht abwimmeln, und er sagte barsch: »Alles in Ordnung!«, und verschwand auf das darüber liegende Deck.

Zu diesem Zeitpunkt wurde ich ein wenig nervös und beeilte mich, meine Mutter zu wecken. An Bord des Schiffes herrschte kaum Aufregung, und in vielen der Salons, an denen ich vorbeikam, sah ich Passagiere Karten spielen oder sich anderweitig vergnügen. Die Nacht war kristallklar. Der Mond schien und die Sterne funkelten, ohne von einer einzigen Wolke verdeckt zu werden. Ich konnte mit bloßem Auge Eisberge rings um uns erkennen, und das Wasser schien übersät von großen Stücken Treibeis.

Als meine Mutter und ich zu der Seite des Schiffes gingen, die am höchsten aus dem Wasser ragte, mussten wir einen regelrechten Berg erklimmen. Inzwischen hatten die Offiziere die Passagiere geweckt, und sie belagerten die Bullaugen und stellten mehr Fragen, als irgendjemand in einer Woche beantworten kann. Währenddessen sackte das große Dampfschiff immer weiter ab, und als ich einen der Offiziere fragte, was das Wasser auf einer der Treppen zu bedeuten habe, antwortete er freundlich, es gebe keinen Grund zur Beunruhigung. »Eine der Abteilungen hat ein Leck«, sagte er mit einem schwachen Lächeln, »aber das Schiff ist stabil genug, um mit einer solchen Kleinigkeit fertig zu werden.«

Die Rettungsboote werden herabgelassen

Einige Minuten später erfolgte der Befehl, die Rettungsboote abzufieren, und zum ersten Mal wurde mir bewusst, dass wir uns in großer Gefahr befanden. Ich klammerte mich an meine Mutter und bahnte mir einen Weg zur Reling. Wir wurden heftig gestoßen und geschoben, aber es machte nichts aus, solange ich wusste, dass wir uns den Rettungsbooten näherten. Meine Mutter blieb die ganze Zeit über erstaunlich ruhig, und als die Besatzung sich anschickte, die ersten Boote herabzulassen, waren wir unter den ersten, die einstiegen. Der Konstrukteur des Dampfers, der sich in Begleitung von Mr. Ismay von der White Star Line an Bord befand, rannte mit bleichem Gesicht hin und her und weigerte sich, die Fragen zu beantworten, welche die panischen, dicht gedrängt an der Reling stehenden Passagiere ihm zuriefen.

Als unser Boot ablegte, waren 26 Personen an Bord, vier davon Männer. Kaum hatten wir begonnen, auf das offene Meer hinauszurudern, entdeckten wir zu unserem Schrecken, dass das Rettungsboot keinen Spund hatte. Für Abhilfe wurde gesorgt, indem Frauen ihre Unterkleider und die Männer Teile ihrer Anzüge opferten. Dann verkündete der Dritte Offizier, der das Kommando über das Boot hatte, er habe weder Licht noch einen Kompass. Er bat um Streichhölzer, und glücklicherweise konnte ich ihm welche geben. Während der Bridgepartie hatte ich eine Schachtel französischer Streichhölzer an mich genommen, die einer der Herren benutzt hatte, und sie als Andenken an die Reise in meinen Gürtel gesteckt. Ich weiß nicht, wozu der Dritte Offizier die Streichhölzer brauchte, da der Morgen klar war und wir meilenweit in alle Richtungen sehen konnten.

Schreie der Angst

Plötzlich hörten wir panische Schreie aus Richtung des Schiffes und bemerkten große Aufregung unter den Menschen an der Reling. Dann passierte das Entsetzliche, das ich bis an mein Lebensende nicht vergessen werde.

Die *Titanic* schien sich noch mehr zur Seite und dann nach vorne zu neigen. Eine oder zwei Minuten später tauchte sie mit dem Bug ins Wasser ein, schwankte ein paar Minuten und verschwand dann. Sie hinterließ nur einen Strudel im Wasser, auf und ab tanzende Köpfe und Rettungsboote, die drohten, von dem Sog mitgerissen zu werden. Nachdem das Schiff verschwunden war, wollte der befehlshabende Offizier unseres Bootes zurückkehren. Er sagte, wir hätten noch Platz für weitere Passagiere, und es bestehe die Möglichkeit, einige der Menschen, die im Wasser schwammen, zu retten. Aber direkt hinter uns befand sich ein weiteres Rettungsboot mit 40 Insassen, und da wir niemanden im Wasser sahen, wurden einige der Passagiere des anderen Bootes in unseres verlegt.

Es herrschte ein Gefühl der Trostlosigkeit, das ich niemals vergessen werde. Die Lage verschlimmerte sich noch dadurch, dass eine schneidende Kälte hereinbrach; viele der Frauen im Boot trugen nur dünne Abendkleider, einige sogar noch weniger. Die Männer verhielten sich wie Helden, bis auf einen, der sich im vorderen Teil des Bootes ausstreckte und sofort einschlief, gleichgültig, was passieren mochte. Einem jungen Engländer

war es gelungen, in der ganzen Aufregung sein Monokel anzu-
behalten, aber er erwies sich als ein weitaus besserer Mann, als
sein Äußeres vermuten ließ. Er zog aus, was er an Kleidung
entbehren konnte, um es den Frauen zu geben, und munterte
uns mit seinem gedehnten Dialekt und seinen Worten der
Hoffnung auf.

Die *Carpathia* wird gesichtet

Es war kurz nach fünf Uhr, als die frierenden und benommenen
Insassen unseres Bootes vernahmen, ein Streifen schwarzen
Rauches am Horizont künde von einem sich nähernden Schiff.
Bis zu diesem Zeitpunkt hatten wir uns gefragt, ob es dem Fun-
ker auf der *Titanic* gelungen war, Notsignale zu senden. Dieser
Gedanke beschäftigte uns sehr. Ziellos auf dem offenen Meer
umherzutreiben in der Gewissheit, der Funker habe mit einem
Schiff kommuniziert, wie weit es auch entfernt sein mochte,
wäre ein Trost gewesen, aber auf dem Meer zu treiben in der
Hoffnung, zufällig auf ein Schiff zu stoßen, war etwas ganz an-
deres.

Wir wärmten uns, so gut wir konnten, in dem vollen Rettungsboot und beobachteten, wie der Rauchstreifen immer
größer wurde, bis wir den Rumpf eines Dampfers erkannten,
der sich in unsere Richtung bewegte. Gott sei Dank – die
Rauchfahne wurde größer, und einer der Männer, der sich aus-
zukennen schien, sagte, das Schiff fahre mit voller Kraft. Dies
munterte uns auf, denn wir wussten, dass volle Kraft Eile bedeutete.

Es kam mir vor wie eine Ewigkeit, aber in Wirklichkeit war
es kurz nach sechs, als wir uns längsseits der *Carpathia* befanden, von deren Reling freundliche Gesichter hinabblickten
und wo sich Männer und Frauen versammelt hatten, um Hilfe
zu leisten. Kapitän Rostron von der *Carpathia* hatte veran-

lasst, dass alles bereit war[1], und da die Unterbringungsmöglichkeiten begrenzt waren, stellten die Passagiere ihre Kabinen zur Verfügung und taten alles, um unser Leiden zu lindern. Ich war Gast in der Kabine von Mr. und Mrs. James Russell Lowell, und um meine Mutter kümmerten sich freundliche Menschen, deren Namen ich nicht erfuhr.

Mangel an Disziplin

Als ich an Bord der *Carpathia* war, wurde mir klar, dass auf der *Titanic* ein beklagenswerter Mangel an Disziplin geherrscht hatte. Ein Vergleich der beiden Mannschaften machte mir diese Tatsache bewusst. In den Momenten der Aufregung vor dem Untergang der *Titanic* war kein koordiniertes Vorgehen unter den Offizieren und Mannschaften zu erkennen gewesen. Es herrschten nur Verwirrung und Durcheinander, und es waren die männlichen Passagiere, welche den Befehl von Kapitän Smith durchsetzten, Frauen und Kinder zuerst in die Rettungsboote zu lassen. Kapitän Smith und Mr. Ismay hatten sich von 18.00 bis 22.00 Uhr im Restaurant aufgehalten, und während dieser Zeit, so erfuhren wir, warnten vier Dampfschiffe die *Titanic* vor Eisbergen und großen Mengen Treibeis auf unserem Kurs.

Viele der Faltboote brachen zusammen, als die Passagiere versuchten, sie zu besteigen, und auch die Verteilung der Rettungsringe geschah äußerst schlampig. Ich bin dankbar, dass meine Mutter und ich sowie andere gerettet wurden und wieder in New York sind, aber es ist mein aufrichtiger Wunsch, dass die Offiziellen der White Star Line für die Nachlässigkeit zur Verantwortung gezogen werden, die zu diesem Unglück und zu dem Schmerz und Leid führte, die sie den Überlebenden

---

[1] Siehe den Abschnitt »Die Vorbereitungen von Kapitän Rostron, Kapitän der *Carpathia*, zur Bergung der Überlebenden« (Kapitel 4).

damit zugefügt haben. Die »unsinkbare« *Titanic* könnte noch immer die Königin der Meere sein, wäre die übliche Sorgfalt auf die Berechnung ihres Kurses verwandt worden und hätten genügend Rettungsboote zur Verfügung gestanden.

8

Fragen an die Vergangenheit:

Eine kritische Betrachtung des »Berichts zum Verlust der *Titanic*« des britischen Handelsministeriums

Der unvorstellbare Verlust der *Titanic* brachte für eine sehr große Zahl von Einzelpersonen und Firmen die Möglichkeit weitreichender negativer Konsequenzen mit sich – dies galt insbesondere für die White Star Line und damit für die lukrative britische Handelsschifffahrt im Allgemeinen. Im Mai 1912 führte das britische Handelsministerium als Reaktion auf die kurz zuvor begonnene Anhörung vor dem US-Senat über die Katastrophe ebenfalls eine Untersuchung des Untergangs der *Titanic* durch, aber letztendlich wurden die Menschen auf beiden Seiten des Atlantiks enttäuscht, die etwas über die drängenden Fragen und ungeklärten Rätsel zu erfahren hofften: die Zahl der Rettungsboote, Bruce Ismays Verhalten, die mögliche Diskriminierung der Passagiere der 3. Klasse oder das Auftauchen eines unbekannten Schiffes, das viele Menschen hätte retten können.

Der vom britischen Handelsministerium erstellte »Bericht zum Verlust der *Titanic*« vom 30. Juli 1912 sprach die White Star Line von jeglicher Schuld frei (unter Verweis auf die Erfüllung der Bestimmungen für Rettungsboote und anderer Anforderungen und Vorschriften für Überseeschiffe) und lastete die Verantwortung für die 1522 Opfer der Katastrophe Kapitän Walter Lord von der S.S. *Californian* an. Im Bericht heißt es:

Report on the Loss of the "Titanic" (S.S.)

THE MERCHANT SHIPPING ACTS, 1854 to 1906.

IN THE MATTER OF the Formal Investigation held at the Scottish Hall, Buckingham Gate, Westminster, on the 2nd, 3rd, 7th, 8th, 9th, 10th, 14th, 15th, 16th, 17th, 20th, 21st, 22nd, 23rd and 24th May, the 4th, 5th, 6th, 7th, 10th, 11th, 12th, 13th, 14th, 17th, 18th, 19th, 21st, 24th, 25th, 26th, 27th, 28th and 29th June, at the Caxton Hall, Caxton Street, Westminster, on the 1st and 3rd July, and at the Scottish Hall, Buckingham Gate, Westminster, on the 30th July, 1912, before the Right Honourable Lord Mersey, Wreck Commissioner, assisted by Rear Admiral the Honourable S. A. Gough-Calthorpe, C.V.O., R.N.; Captain A. W. Clarke; Commander F. C. A. Lyon, R.N.R.; Professor J. H. Biles, D.Sc., LL.D., and Mr. E. C. Chaston, R.N.R., as Assessors, into the circumstances attending the loss of the steamship "Titanic," of Liverpool, and the loss of 1,490 lives in the North Atlantic Ocean, in lat. 41° 46′ N., long. 50° 14′ W. on the 15th April last.

REPORT OF THE COURT.

The Court, having carefully enquired into the circumstances of the above mentioned shipping casualty, finds, for the reasons appearing in the Annex hereto, that the loss of the said ship was due to collision with an iceberg, brought about by the excessive speed at which the ship was being navigated.

Dated this 30th day of July, 1912.

Wreck Commissioner.

We concur in the above Report.

Assessors.

A

»[Die *Californian*] hätte die *Titanic* erreichen können, wenn sie den Versuch unternommen hätte, nachdem sie die erste Leuchtrakete sah. Sie unternahm keinen Versuch.«

Abgesehen von solchen Parteilichkeiten enthält der Bericht des Handelsministeriums jedoch äußerst umfangreiche Informationen über die *Titanic* und besteht aus den acht nachfolgenden, faktenreichen Kapiteln:

Der Bericht beginnt mit 26 Fragen zur Kollision und zum Untergang der *Titanic*, die dann durch die Aussagen von Überlebenden und anderen Personen beantwortet wurden.

Kapitel 7, »Erkenntnisse des Gerichts«, enthält die ausführlichen Antworten auf diese 26 Fragen, basierend auf den Aussagen der Zeugen und den Schlussfolgerungen des Gerichts. Dieses Kapitel wird daher hier vollständig wiedergegeben.

Mit dem heutigen Wissen über die *Titanic* und die Umstände ihres Untergangs sind die Fragen 5a-d, 9a-d, 10b, 11a, 14b, 21f und 24b besonders aufschlussreich.

1. Als die *Titanic* am oder um den 11. April aus Queenstown auslief:
   (a) Wie viele Personen waren insgesamt an Bord des Schiffes in irgendeiner Art tätig und wie lautete ihr Dienstgrad?
   (b) Wie viele Passagiere befanden sich an Bord, unterschieden nach Geschlechtern und Klassen sowie Erwachsenen und Kindern?

Antwort:

(a) Die Gesamtzahl der an Bord der *Titanic* Beschäftigten betrug 885.

   Die entsprechende Aufteilung der Dienstgrade war wie folgt:

   Deckspersonal: 66

   Maschinenpersonal: 325

   Stewardspersonal: 494

   N.B.: Die acht Orchestermitglieder sind in dieser Zahl nicht enthalten, da ihre Namen in der Passagierliste der 2. Klasse erscheinen.

(b) Die Gesamtzahl der Passagiere betrug 1316, davon:

	Männlich	Weiblich	Gesamt
1. Klasse	180	145	325
2. Klasse	179	106	285
3. Klasse	510	196	706
			1316

Davon reisten sechs Kinder in der 1. Klasse, 24 in der
2. Klasse und 70 in der 3. Klasse. Insgesamt 109.

2. Entsprach die *Titanic* den Bestimmungen des Handelsschiff-
fahrtsgesetzes (1894–1906) sowie den darin enthaltenen
Anforderungen und Vorschriften über die Sicherheit auf
Passagierschiffen und Immigrationsschiffen, als sie am oder
um den 11. April aus Queenstown auslief?
Antwort:
Ja.

3. Welche speziellen Vorkehrungen wurden bei der Konstruktion der *Titanic* für die Sicherheit des Schiffes und der Menschen an Bord für den Fall einer Kollision oder eines anderen Zwischenfalls getroffen?
Antwort:
Diese Fragen wurden bereits erläutert.[1]

4. (a) War die *Titanic* mit ausreichend Offizieren und Bemannung ausgestattet?
   (b) Fanden die Wachen der Offiziere und der Besatzung regelmäßig und ordnungsgemäß statt?
   (c) Verfügte die *Titanic* über exakte Karten?
   Antwort:
   (a) Ja.
   (b) Ja.
   (c) Ja.

5. (a) Wie viele Boote aller Art befanden sich insgesamt auf der
   Titanic?
   (b) Waren die Vorkehrungen zum Bemannen und Fieren der
   Boote an Bord der *Titanic* für den Ernstfall ausreichend
   und vorschriftsgemäß?

(c) Hatte eine Bootsübung an Bord stattgefunden und wenn ja, wann?

(d) Wie hoch war das Fassungsvermögen der jeweiligen Boote?

Antwort:

(a) 2 Notfallboote.

14 Rettungsboote.

4 Englehardt-Faltboote.

(b) Nein, aber siehe Seite 38.[2]

(c) Nein.

(d) Das Fassungsvermögen der zwei Notfallboote betrug 80 Personen, das der 14 Rettungsboote 910 und das der vier Englehardt-Faltboote 188. Insgesamt 1178 Personen.

6. (a) Welche Vorrichtungen zum Senden und Empfangen von Funksprüchen befanden sich an Bord der *Titanic*?

(b) Wie viele Funker waren angeheuert worden, um diese Geräte zu bedienen?

(c) Waren die Geräte in gutem und funktionstüchtigem Zustand, und gab es genügend Funker, um kontinuierlich bei Tag und bei Nacht Nachrichten senden und empfangen zu können?

Antwort:

(a) In einem Raum auf dem Bootsdeck befanden sich ein Marconi-Generator mit einer Leistung von fünf Kilowatt und zwei vollständige Funkanlagen, betrieben mit den Schiffsdynamos durch eine unabhängige Speicherbatterie und Spulen für den Notfall.

(b) Zwei.

(c) Ja.

7. (a) Hat der Kapitän der *Titanic* vor oder während der Fahrt des Schiffes irgendwelche Anweisungen bezüglich der

Navigation erhalten oder von solchen gewusst, die er während der Fahrt ausgeführt hat?

(b) Waren diese Anweisungen, falls gegeben, hinsichtlich der Jahreszeit und der während der Fahrt zu erwartenden Gefahren sicher, ordnungsgemäß und angemessen?

Antwort:

(a) Es wurden keine besonderen Anweisungen erteilt, aber er besaß allgemeine Instruktionen, enthalten in dem Buch der Vorschriften und Bestimmungen, das ihm von der Gesellschaft zur Verfügung gestellt wurde. (Siehe Seite 24).[3]

(b) Ja, aber im Hinblick auf die nachfolgenden Ereignisse wäre es besser gewesen, einen Hinweis auf eine Kursänderung zu geben für den Fall, dass ein Gebiet mit Eis erreicht wird.

8. (a) Welchen Kurs hat die *Titanic* über den Atlantischen Ozean genommen?

(b) Ist sie dem Kurs gefolgt, dem Schiffe bei der Überfahrt vom Vereinigten Königreich nach New York im Monat April normalerweise folgen?

(c) Ist dieser Kurs zu dieser Jahreszeit sicher?

(d) Hatte der Kapitän irgendwelche, und wenn ja, welche Befugnisse hinsichtlich des zu befolgenden Kurses?

Antwort:

(a) Der südliche Hinreisekurs von Queenstown nach New York, dem große Dampfschiffe normalerweise im April folgen. (Siehe S. 24).[4]

(b) Ja, mit der Ausnahme, dass sie statt einer sofortigen Kursänderung ab der Position 42° N, 47° W, etwa zehn Minuten auf ihrem vorherigen Kurs weiter südwestlich blieb und ihn um 17.50 Uhr auf 86° S, längentreu W änderte.

(c) Die südlichen Hinreise- und Rückreiserouten wurden auf der Grundlage langjähriger Erfahrung mit der normalen Eisbewegung festgelegt. Es waren für diese Jahreszeit sichere Kurse, natürlich vorausgesetzt, dass beim Durchqueren der Eisregion mit großer Wachsamkeit und Vorsicht navigiert wurde.

(d) Ja. Kapitän Smith war nicht durch irgendeinen Befehl daran gebunden, den Kurs beizubehalten, falls Meldungen über Eisvorkommen es seiner Einschätzung nach erforderlich gemacht hätten, davon abzuweichen. Da jedoch zur allgemeinen Sicherheit Fahrrinnen festgelegt worden waren, blieb er notwendigerweise auf (oder sehr nahe bei) dem vereinbarten Kurs, solange keine der oben aufgeführten Umstände ihn dazu veranlassten, nennenswert davon abzuweichen.

9. (a) Sind auf der *Titanic* nach dem Verlassen von Queenstown am oder um den 11. April Funkmeldungen oder Signale über das Vorhandensein von Eis auf bestimmten Breitengraden eingegangen?

(b) Wenn ja, welcher Art waren diese Meldungen oder Signale, wann wurden sie empfangen, bei welcher Position oder welchen Positionen wurde Eis gemeldet und befand sich das Eis auf oder in der Nähe des von der *Titanic* eingehaltenen Kurses?

(c) Wurde ihr Kurs nach dem Empfang dieser Informationen geändert und, wenn ja, in welcher Weise?

(d) Welche Antworten auf solche Meldungen oder Signale hat die *Titanic* gesendet und zu welcher Zeit?

Antwort:

(a) Ja.

(b) Siehe bereits dargelegte Einzelheiten über die Eismeldungen (S. 26–28).[5]

(c) Nein. Sie änderte ihren Kurs wie zuvor beschrieben, aber nicht infolge der erhaltenen Informationen über das Vorhandensein von Eis.

(d) Die maßgeblichen Antworten lauteten:
Um 12.55 Uhr S.S. *Titanic*: »An den Kapitän der *Baltic*. Vielen Dank für Ihre Nachricht und beste Wünsche. Hatten seit der Abfahrt gutes Wetter. Smith.«
Um 13.26 Uhr S.S. *Titanic*: »An Kapitän der *Caronia*. Vielen Dank für Ihre Nachricht und Information. Hatten die ganze Zeit unbeständiges Wetter. Smith.«

10. (a) Wenn die *Titanic* zu den in den beiden vorhergehenden Fragen angegebenen Zeiten vor Eis gewarnt wurde oder Grund zu der Annahme hatte, auf Eis zu stoßen – zu welcher Zeit konnte sie damit rechnen, auf Eis zu stoßen?

(b) Befand sich ein ordnungsgemäßer Ausguck für Eismeldungen an Bord?

(c) Wurden irgendwelche Anweisungen gegeben, die Geschwindigkeit zu verändern, und wenn ja, welche – und wenn ja, wurden diese Anweisungen ausgeführt?

Antwort:

(a) Um oder sogar vor 21.30 Uhr Schiffszeit am Abend der Katastrophe.

(b) Nein. Die Männer im Ausguck erhielten um 21.30 Uhr den Befehl, verstärkt nach Eis Ausschau zu halten; der wachhabende Offizier wusste zu diesem Zeitpunkt, dass die gemeldete Eisregion erreicht worden war, ebenso wie der Offizier, der ihn um 22.00 Uhr ablöste. Ohne zu implizieren, dass die Diensthabenden nicht genau Ausschau hielten, wird in Anbetracht der Tatsache, dass kein Mond schien, kein Wind und vielleicht nur sehr geringe Dünung herrschte, und besonders in

Anbetracht der hohen Geschwindigkeit des Schiffes nicht davon ausgegangen, dass der Ausguck ausreichend besetzt war. Unter den gegebenen Umständen hätte ein zusätzlicher Ausguck am Vordersteven eingesetzt werden müssen, und zu beiden Seiten der Brücke hätte ein Offizier Ausschau halten müssen.

(c) Es wurden keine Anweisungen gegeben, die Geschwindigkeit zu drosseln.

11. (a) Wurden den Männern im Ausguck Ferngläser zur Verfügung gestellt und von ihnen benutzt?

(b) Ist die Benutzung von Ferngläsern unter solchen Umständen notwendig oder üblich?

(c) Verfügte die *Titanic* über Möglichkeiten, Suchscheinwerfer einzuschalten?

(d) Wenn ja, schaltete sie diese ein, um Eis zu erkennen?

(e) Hätten Suchscheinwerfer installiert und benutzt werden sollen?

Antwort:

(a) Nein.

(b) Nein.

(c) Nein.

(d) Nein.

(e) Nein, sie können aber manchmal von Nutzen sein. Die Beweislage erlaubt keine genauere Antwort.

12. (a) Welche weiteren Vorkehrungen wurden von der *Titanic* in Erwartung von Eisbergen getroffen?

(b) Handelte es sich dabei um Vorkehrungen, die normalerweise von Schiffen in Gewässern getroffen werden, in denen mit Eis zu rechnen ist?

Antwort:

(a) Die Männer im Ausguck erhielten die besondere Anweisung, genauestens auf Eis zu achten, vor allem auf Treibeis und Gletschereisblöcke. Die vordere Bunkerluke wurde geschlossen, um den Bereich vor der Brücke dunkel zu halten.

(b) Ja, obwohl es Hinweise darauf gibt, dass einige Kapitäne einen Ausguck am Vordersteven des Schiffes platziert hätten.

13. (a) Wurde von irgendjemandem an Bord der *Titanic* Eis gesichtet oder gemeldet, bevor es zu dem Unglück kam?

(b) Wenn ja, welche Maßnahmen wurden vom wachhabenden Offizier getroffen, um es zu verhindern?

(c) Waren dies geeignete Maßnahmen und wurden sie umgehend ergriffen?

Antwort:

(a) Ja, unmittelbar vor der Kollision.

(b) Das Ruder wurde hart Steuerbord ausgerichtet, und die Maschinen wurden gestoppt und volle Kraft zurückgefahren.

(c) Ja.[6]

14. (a) Wie hoch war die Geschwindigkeit der *Titanic* kurz vor und im Augenblick des Unglücks?

(b) War eine solche Geschwindigkeit unter den gegebenen Umständen überhöht?

Antwort:

(a) Etwa 22 Knoten [circa 41 km/h].

(b) Ja.

15. (a) Welcher Art war das Unglück, das sich am vergangenen 14. April gegen etwa 23.45 Uhr ereignete?

(b) Auf welcher Position kam es zu dem Unglück?

Antwort:

(a) Eine Kollision mit einem Eisberg, welche die Steuerbordseite des Schiffes an mehreren Stellen unter der Wasserlinie zwischen dem Vorpiektank und Kesselraum Nr. 4 aufriss.

(b) Auf 41°46′ N, 50°14′ W.

16. (a) Welche Maßnahmen wurden unmittelbar nach dem Unglück ergriffen?

(b) Wie lange dauerte es, bis das ganze Ausmaß des Unglücks von den Verantwortlichen des Schiffes erkannt wurde?

(c) Welche Maßnahmen wurden eingeleitet?

(d) Was wurde unternommen, um das Leben der Passagiere an Bord zu retten und das Sinken des Schiffes zu verhindern?

Antwort:

(a) Die 12 Wasserschutztüren in den Maschinen- und Kesselräumen wurden von der Brücke aus geschlossen, einige der Heizkessel wurden gelöscht und die Bilgenpumpen hinter Kesselraum Nr. 6 in Gang gesetzt.

(b) Etwa 15 bis 20 Minuten.

(c) und (d) Es wurde Befehl gegeben, die Boote klarzumachen. Die Passagiere wurden geweckt, an Deck befohlen, und es wurden Schwimmwesten verteilt. Einige der wasserdichten Schotten, neben denen in den Maschinen- und Kesselräumen, wurden geschlossen. Über Funk wurden Notrufe gesendet. Notsignale (Raketen) wurden abgefeuert und Versuche unternommen, ein Schiff, dessen Lichter gesichtet worden waren, über Morsesignale zu erreichen. 18 der Boote wurden ausgeschwenkt und abgefiert, die übrigen zwei Boote trieben vom Schiff ab und wurden später als Flöße genutzt.

17. Wurde die Disziplin an Bord ordnungsgemäß aufrechterhalten, nachdem sich das Unglück ereignete?
Antwort:
Ja.

18. (Siehe Kapitel 4, »Hilferufe«.)

19. (a) War die Vorrichtung zum Abfieren der Boote auf der *Titanic* zum Zeitpunkt des Unglücks in funktionstüchtigem Zustand?
   (b) Wurden die Boote ausgeschwenkt, beladen, abgefiert oder auf andere Art zu Wasser gebracht, und legten sie unter ordnungsgemäßer Aufsicht ab?
   (c) Waren die abgefierten Boote seetüchtig sowie vorschriftsmäßig bemannt, ausgestattet und mit Vorräten versehen?
   (d) Erwiesen sich die Boote, sowohl solche an den Davits als auch die anderen, als zweckdienlich für die Aufgabe, Leben zu retten?
Antwort:
   (a) Ja.
   (b) Ja.
   (c) Die 14 Rettungsboote, zwei Notfallboote sowie die Faltboote C und D wurden in seetüchtigem Zustand zu Wasser gebracht, jedoch waren manche von ihnen möglicherweise nicht ausreichend bemannt. Die Beweislage in diesem Punkt war nicht zufrieden stellend. Die Gesamtzahl der Besatzungsmitglieder, die an Bord der *Carpathia* aufgenommen wurde, war höher als die Zahl, die erforderlich gewesen wäre, die Boote zu bemannen. Die Faltboote A und B scheinen vom Schiff abgetrieben zu sein, als es unterging. Die notwendige Ausrüstung und die Vorräte für die Boote befanden

sich auf dem Schiff, dennoch legten einige der Boote mit unvollständiger Ausrüstung ab.

(d) Ja.

20. (a) Wie hoch war die Zahl (a) der Passagiere, (b) der Crew in den einzelnen Booten beim Verlassen des Schiffes?

(b) Wie setzte sich diese Zahl zusammen hinsichtlich:
   1. Geschlecht
   2. Klasse
   3. Rang.

(c) Wie viele Kinder und wie viele Erwachsenen waren es?

(d) War jedes Boot voll besetzt, und wenn nicht, warum nicht?

Antwort:

(a) (b) (c) Es ist unmöglich, genau anzugeben, wie viele Personen sich in den einzelnen Booten befanden und welchem Geschlecht, welcher Klasse und welchem Rang sie angehörten, da die in den Zeugenaussagen genannten Zahlen nicht mit der Zahl derjenigen Personen übereinstimmt, die von der *Carpathia* aufgenommen wurden. In den Booten befanden sich vermutlich insgesamt 712 Personen, die sich wie in der Antwort auf Frage Nr. 21 dargelegt zusammensetzten.

(d) Nein. Mindestens acht Boote waren aus folgenden Gründen nicht voll beladen:

   1. Viele Passagiere erkannten die Gefahr zunächst nicht und wollten das Schiff nicht verlassen.
   2. Einige der Boote wurden herabgelassen mit der Absicht, auf ihrem Weg hinab zum Wasser an den Gangways Passagiere aufzunehmen.
   3. Die Offiziere waren sich nicht in allen Fällen der Stärke und des Fassungsvermögens der Boote sicher (siehe auch S. 39).[7]

21. (a) Wie viele Personen, die sich zum Zeitpunkt des Unglücks an Bord der *Titanic* befanden, wurden insgesamt gerettet und mit welchen Mitteln?

   (b) Wie viele Personen starben vor der Ankunft der SS. *Carpathia* in New York?

   (c) Wie hoch war die Zahl der Passagiere, unterschieden nach Männern, Frauen und Kindern der 1., 2. und 3. Klasse, die gerettet wurden?

   (d) Wie viele Mitglieder der Besatzung, unterschieden nach Rang und Geschlecht, wurden gerettet?

   (e) Welchen Anteil hat jede dieser Zahlen im Verhältnis zur Gesamtzahl der Passagiere an Bord unmittelbar vor dem Unglück?

   (f) Welche Gründe, wenn überhaupt, gibt es für ein eventuell vorhandenes Missverhältnis?

Antwort:

(a) 712, von der *Carpathia* aus den Booten gerettet.

(b) Eine.

(c) (d) und (e) werden zusammen beantwortet.

Liste der Geretteten:

1. Klasse

Erwachsene Männer	57 von 175 oder 32,57 Prozent
Erwachsene Frauen	140 von 144 oder 97,22 Prozent
Männliche Kinder	5, alle gerettet
Weibliche Kinder	1, alle gerettet.
	203 von 325 oder 62,46 Prozent

2. Klasse

Erwachsene Männer	14 von 168 oder 8,33 Prozent
Erwachsene Frauen	80 von 93 oder 86,02 Prozent
Männliche Kinder	11, alle gerettet
Weibliche Kinder	13, alle gerettet
	118 von 285 oder 41,40 Prozent

3. Klasse

Erwachsene Männer	75 von 462 oder 16,23 Prozent
Erwachsene Frauen	76 von 165 oder 46,06 Prozent
Männliche Kinder	13 von 48 oder 27,08 Prozent
Weibliche Kinder	14 von 31 oder 45,16 Prozent
	178 von 706 oder 25,21 Prozent
Gesamtzahl der Passagiere	499 von 1316 oder 37,94 Prozent

Besatzung

Deckspersonal	43 von 66 oder 65,15 Prozent
Maschinenraumpersonal	72 von 325 oder 22,15 Prozent
Stewardspersonal	97 von 494 oder 19,63 Prozent
Davon Frauen	20 von 23 oder 86,95 Prozent
	212 von 885, oder 23,95 Prozent
Gesamtzahl der Geretteten	711 von 2201 oder 32,30 Prozent

(f) Das Missverhältnis zwischen der Zahl der in der 1., 2. und 3. Klasse geretteten Passagiere hat verschiedene Gründe, als wichtigste wahrscheinlich die unterschiedliche Lage ihrer Quartiere und die Tatsache, dass viele Passagiere der 3. Klasse Ausländer waren. Von den irischen Immigranten der 3. Klasse wurde ein sehr hoher Prozentsatz gerettet. Dieses Missverhältnis ist keinesfalls auf ein etwaige Diskriminierung durch Offiziere und Besatzungsmitglieder zurückzuführen, die den Passagieren in die Boote halfen. Die Diskrepanz zwischen der Zahl der geretteten Passagiere und Besatzungsmitglieder begründet sich darin, dass fast die gesamte Crew bis zum Schluss ihren Pflichten nachkam, bis alle Boote zu Wasser gelassen worden waren.

22. Was geschah mit dem Schiff vom Zeitpunkt der Kollision bis zu seinem Untergang?
Antwort:
Dazu liegt bereits eine detaillierte Beschreibung vor (siehe Seiten 32–34).[8]

23. Wo und zu welcher Zeit ging die *Titanic* unter?
Antwort:
Um 2.20 Uhr (Schiffszeit) am 15. April, auf 41°46′ N und 50°14′ W.

24. (a) Was war die Ursache für den Verlust der *Titanic* und den damit einhergehenden Verlust von Menschenleben?
(b) Welche Schiffe hatten die Möglichkeit, der *Titanic* zu Hilfe zu kommen, und wenn es diese Möglichkeiten gegeben hat, warum erhielt die *Titanic* keine Hilfe, bevor die SS. *Carpathia* eintraf?
(c) Waren Konstruktion und Aufteilung des Schiffes von der Art, dass es für Passagiere aller Klassen und sämtliche Besatzungsmitglieder schwierig war, die bestehenden Fluchtwege zu benutzen?
Antwort:
(a) Kollision mit einem Eisberg und anschließendes Sinken des Schiffes.
(b) Die *Californian*. Sie hätte die *Titanic* erreichen können, wenn sie den Versuch unternommen hätte, nachdem von ihr die erste Leuchtrakete bemerkt worden war. Sie unternahm keinen Versuch.
(c) Nein.

25. Als die *Titanic* am oder um den 11. April aus dem Hafen von Queenstown auslief, war sie da als Passagier- und Im-

migrationsschiff für die Fahrt über den Atlantik geeignet konstruiert und angemessen ausgerüstet?

Antwort:

Ja.

26. Das Gericht wird ersucht, über die Bestimmungen und Vorschriften des Handelsschifffahrtsgesetzes von 1894 bis 1906 und deren Anwendung zu berichten, da ihre Berücksichtigung zur Aufklärung des Unglücks wesentlich ist. Des Weiteren möge es Empfehlungen oder Vorschläge aussprechen, die seiner Ansicht nach eingedenk der Umstände des Unglücks der Erhöhung der Sicherheit auf Schiffen und Passagieren auf See dienlich sind.

Antwort:

Ein Bericht des Handelsministeriums ist bereits vorgelegt worden, und es wurden entsprechende Empfehlungen ausgesprochen.

Anmerkungen

1 Siehe Kapitel 4 und 7.

2 In der betreffenden Passage auf Seite 38 des Berichts heißt es: »Ich halte es für bewiesen, dass die Offiziere ihre Arbeit sehr gut getan haben, ohne an sich selbst zu denken.«

3 Auf dieser Seite beginnt ein Teil des Berichts mit dem Titel »Bericht über die Reise des Schiffes über den Atlantik, den Funkverkehr und die Katastrophe«. Der betreffende Abschnitt, »Auslaufbefehle«, enthält folgende Passage:
Die Kapitäne von Schiffen der White Star Line erhalten vor Beginn einer Fahrt keine besonderen »Auslaufbefehle«. Es ist jedoch selbstverständlich, dass die der jeweiligen Jahreszeit angemessenen »Routen« oder »Fahrrinnen«, auf die sich die großen Dampfschifffahrtsgesellschaften geeinigt haben, im Allgemeinen eingehalten werden. Sollte der Kapitän es während einer Fahrt für erforderlich halten, von seinem Kurs abzuweichen, muss er dies nach der Fahrt melden und die Gründe für die Kursänderung darlegen. Sind solche Abweichungen im Interesse der Sicherheit erfolgt und nicht nur, um die Fahrt zu verkürzen, werden sie von der Gesellschaft stets gutgeheißen.
Das von der Gesellschaft herausgegebene Handbuch »General Ship's Rules und Uniform Regulation« enthält keine besonderen Anweisungen hinsicht-

lich des Vorkommens von Eis, jedoch allgemeine Instruktionen, denen zufolge die Sicherheit der Passagiere und des Schiffes absolute Priorität haben muss.

[4] Diese Passage stammt aus einem Abschnitt mit dem Titel »Die Fahrtroute« und enthält die folgenden Einzelheiten über den Kurs der *Titanic*:

Vor der Katastrophe der *Titanic* folgte der allgemein akzeptierte Hinreisekurs von Postschiffen zwischen dem 15. Januar und dem 14. August dem Bogen eines großen Kreises zwischen dem Fastnet-Leuchtturm und einem Punkt bei 42° N und 47° W (manchmal auch »Wendepunkt« genannt); von dort aus nahm man einen geraden Kurs knapp südlich am Nantucket-Shoal-Feuerschiff vorbei, bevor man sich dann nach New York wandte. Dieser Kurs, meist Südlicher Hinreisekurs genannt, wurde auch von der *Titanic* benutzt.

[5] An die *Titanic* ergingen drei Eiswarnungen, die während ihrer Fahrt eigens an sie gesendet wurden. Zudem hörte der Funker der *Titanic* eine Meldung von der *Californian* an die *Antillian* mit und empfing eine Eiswarnung, die erst an das Hydrographic Office in Washington und von dort an die *Titanic* weitergeleitet wurde. (Siehe Kapitel 2, »Die *Titanic* im Zeitraffer«, für den genauen Wortlaut dieser Nachrichten.)

[6] Auszüge aus der Aussage des Zweiten Offiziers Lightoller vor der Untersuchungskommission des britischen Handelsministeriums über das Verhalten der Offiziere der *Titanic* (der Parlamentsabgeordnete Thomas Scanlon vertrat die *National Sailors' and Firemen's Union*, die britische Seemanns- und Heizergewerkschaft):

Thomas Scanlon (TS): Sie haben ausgesagt, in dieser Nacht sei es besonders schwierig gewesen, Eisberge zu sehen. Trifft dies zu?

Zweiter Offizier Charles Lightoller (CL): Ich glaube nicht, dass ich das Wort »schwierig« benutzt habe.

TS: Obwohl es außergewöhnliche Schwierigkeiten gab, trafen Sie keine zusätzlichen Vorsichtsmaßnahmen.

CL: Habe ich das gesagt?

TS: War dies in Anbetracht der außergewöhnlichen Bedingungen und der Tatsache, dass Sie sich um 22.00 Uhr Eis näherten, kein sehr nahe liegender Grund, das Tempo zu drosseln?

CL: Nun, ich kann nur aus meiner Erfahrung der letzten 24 Jahre sprechen, in denen ich den Atlantik überquert habe, dass ich nie erlebt habe, dass die Geschwindigkeit gesenkt wurde.

TS: Wäre es nicht die nächstliegende Möglichkeit, die Geschwindigkeit zu reduzieren, um eine Kollision zu verhindern?

CL: Nicht unbedingt die nächstliegende.

TS: Nun, ist es eine Möglichkeit?

CL: Es ist eine Möglichkeit. Wenn man das Schiff anhält, kann man natürlich mit nichts mehr kollidieren.

TS: Ich möchte Ihnen deutlich machen, dass es ausgesprochen leichtsinnig war, die Fahrt mit 21,5 Knoten [etwa 40 km/h] fortzusetzen unter den Bedingungen, die Sie als außergewöhnlich beschrieben haben, und in Anbetracht der Nachrichten aus verschiedenen Quellen, dass sich unmittelbar in Ihrer Nähe Eis befand.

CL: Dann kann ich daraus nur folgern, dass fast jeder Kapitän und jedes Schiff, das den Atlantik überquert, leichtsinnig ist.

TS: Darüber will ich nicht mit Ihnen diskutieren, aber würden Sie es als etwas anderes als leichtsinnig bezeichnen?

CL: Ja.

TS: Ist es Ihrer Ansicht nach umsichtige Navigation?

CL: Es ist übliche Navigation, die umsichtige Navigation einschließt.

7 Die betreffende Seite findet sich unter Punkt 4, »Bericht über die Rettung der Überlebenden«. Seite 37 dieses Kapitels trägt den Titel »Die Boote« und enthält eine sehr detaillierte Beschreibung des Gebrauchs (und Missbrauchs) der 20 Rettungsboote der *Titanic*. Den hier abgedruckten Aussagen vieler Überlebender ist zu entnehmen, dass die Passagiere zögerten, in die Boote zu steigen, als sie dazu aufgefordert wurden, und dass sie sich darüber einig waren, es sei vermutlich sicherer, an Bord der gewaltigen *Titanic* zu bleiben, als mitten in der Nacht in einem winzigen Rettungsboot auf dem eisigen Atlantik zu treiben. »Viele Leute nahmen an, das Risiko auf dem Schiff sei geringer als das Risiko in den Booten«, heißt es im Bericht. »Weiter wurde ausgesagt, die Offiziere, die den Auftrag hatten, die Passagiere auf die Boote zu verteilen, befürchteten, die Boote könnten absacken, wenn sie beladen würden. Dies erwies sich jedoch als unbegründet, da eines oder mehrere Boote voll beladen wurden und dann ohne Zwischenfall abgefiert werden konnten.«

8 Die Seiten 32 bis 34 enthalten die ersten Abschnitte von Punkt 3 des Berichts.

Punkt 3 trägt den Titel »Beschreibung der Schäden am Schiff und ihrer graduellen und letztendlichen Auswirkungen sowie Beobachtungen dazu«. Er beginnt mit dem einfachen Satz: »Das Schiff erlitt folgende Schäden«, und berichtet dann in fünf Abschnitten über den Untergang der *Titanic*: »Ausmaß der Schäden«; »Zeitlicher Schadensablauf«; »Der Wassereinbruch in den ersten zehn Minuten«; »Graduelle Auswirkungen des Schadens«; »Letztendliche Auswirkungen des Schadens«. Im Abschnitt »Ausmaß der Schäden« heißt es:

»Die Kollision mit dem Eisberg, die sich um 23.40 Uhr ereignete, verursachte einen Schaden an der Steuerbordseite des Schiffes etwa zehn Fuß über dem Kiel, aber darüber war kein Schaden entstanden. Es entstanden Schäden: am Vorpiek, im Laderaum Nr. 1, Laderaum Nr. 2 und Laderaum Nr. 3, im Kesselraum Nr. 5 und Kesselraum Nr. 6. Der Schaden erstreckte sich über eine Länge von 300 Fuß.

Im Abschnitt »Zeitlicher Schadensablauf« heißt es: »Da das Schiff sich mit einer Geschwindigkeit von über 20 Knoten [etwa 37 km/h] fortbewegte, hätte es die Strecke von 300 Fuß [etwa 91 Meter] in weniger als zehn Sekunden zurückgelegt, sodass der Schaden etwa in diesem Zeitraum entstand.«

Der nächste Abschnitt, »Der Wassereinbruch in den ersten zehn Minuten«, berichtet detailliert über die ersten Minuten der Katastrophe und weist darauf hin, dass das Wasser in den ersten zehn Minuten nach der Kollision in Laderaum Nr. 1 und 3 sieben Fuß [etwa 2,13 Meter] hoch stand und sich der Postraum fast augenblicklich mit Wasser füllte.

Im Abschnitt »Graduelle Auswirkungen des Schadens« ist zu lesen: »Daraus wird ersichtlich, dass alle sechs Abteilungen vor Kesselraum Nr. 4 durch den Schaden, der etwa zehn Fuß über dem Kiel entstanden war, zur See hin offen waren. Zehn Minuten nach der Kollision scheint das Wasser, mit Ausnahme von Kesselraum Nr. 5, in all diesen Abteilungen bis auf etwa 14 Fuß [etwa 4,30 Meter] über den Kiel gestiegen zu sein.« Anschließend folgt eine detaillierte Schilderung der Überflutung, bis eine Stunde und 40 Minuten nach der Kollision.

Der fünfte Abschnitt, »Letztendliche Auswirkungen des Schadens«, enthält den Hinweis: »Die späteren Phasen des Untergangs können auf Grund der unter den gegebenen Umständen herrschenden Konfusion nicht genau wiedergegeben werden.« Daraus ergibt sich auch die Ungenauigkeit der folgenden Passagen [kursive Hervorhebungen durch den Autor]:

Als das letzte von den Davits (D) abgefierte Boot das Schiff verließ, stand Deck A unter Wasser, und fast unmittelbar darauf stieg das Wasser die Treppe zum Bootsdeck hinauf. Danach wurde das andere, an Backbord befindliche Faltboot (B), das auf dem Offiziershaus vertäut war, freigelegt. Man kappte die Taue, und das Boot wurde über die Süllkante des Deckhauses auf das Bootsdeck herabgelassen.

Unmittelbar danach schien das Schiff *laut Mr. Lightollers Aussage* einzutauchen, und er wurde von Wasser umspült. Als er wieder an die Oberfläche kam, waren alle Schornsteine noch über Wasser.

Das Heck erhob sich langsam über die Wasseroberfläche, und die Schiffsschrauben ragten hervor. *Das Schiff zerbrach nicht in zwei Teile und stand schließlich senkrecht, als der zweite achterliche Schornstein das Wasser erreichte.* Zu diesem Zeitpunkt brannte kein Licht mehr, obwohl die komplette Beleuchtung praktisch bis zum Schluss anhielt.

Bevor das Schiff die Senkrechte erreichte, war bei einem Neigungswinkel von 50 bis 60 Grad ein Poltern zu hören, das vermutlich von den Heizkesseln verursacht wurde, die aus ihren Verankerungen gerissen und dann durch oder gegen die Schotten stürzten. Das Schiff richtete sich noch weiter auf und stand schließlich in einer vollkommenen Senkrechten, bevor es langsam im Meer versank.

Nachdem es bis zum hinteren Teil des Bootsdecks eingetaucht war, sank das Schiff schneller. Es verschwand um 2.20 Uhr.

Beileidstelegramme

Das Telegramm des britischen Königs an Präsident Taft:

Die Königin und ich möchten Ihnen und der amerikanische Nation unsere tiefe Trauer und Anteilnahme aussprechen, die wir angesichts des schrecklichen Verlusts des Lebens amerikanischer Bürger und unserer eigenen Untertanen durch den Untergang der *Titanic* empfinden. Unsere beiden Länder sind durch Bande der Freundschaft und Bruderschaft so eng miteinander verbunden, dass jedes Unglück, welches das eine Land heimsucht, auch das andere trifft. Wir leiden beide gleichermaßen unter dieser tragischen Katastrophe.

Georg V., König von England
17. April 1912

Die Antwort des amerikanischen Präsidenten:

An Ihre Majestät, König Georg V.
Sandringham (England)
Angesichts der schrecklichen Katastrophe der *Titanic* empfinden die Menschen der beiden Länder eine tiefe Trauer durch ihren gemeinsamen Verlust. Das amerikanische Volk teilt das Leid seiner Verwandten jenseits des Atlantiks. Im Namen meiner Landsleute danke ich Ihnen für Ihre Anteilnahme.

Wm. H. Taft

MESSAGE FROM THE KING.

SYMPATHY WITH THE BEREAVED.

TELEGRAM TO WHITE STAR LINE.

The White Star Line have received the following telegram from the King and Queen :—

Sandringham,
        Tuesday, 6.30 p.m.
The Managing Director,
    White Star Line,
        Liverpool.

The Queen and I are horrified at the appalling disaster which has happened to the Titanic and at the terrible loss of life.

We deeply sympathise with the bereaved relatives, and feel for them in their great sorrow with all our hearts.

                    GEORGE R.I.

König Georg erhielt auch Beileidstelegramme von folgenden Staatschefs und politischen Vertretern:

dem Herzog von Connaught, Generalgouverneur von Kanada; dem russischen Handelsminister; General Botha, Südafrika; Mr. Foster, dem amtierenden Premierminister von Kanada; dem Oberbürgermeister von Sydney, Australien; Lord Islington, Gouverneur von Neuseeland; Signor Nathan, Bürgermeister von Rom; dem dänischen Außenministerium; dem schwedischen Außenministerium; dem belgischen Außenministerium; dem ungarischen Außenminsterium; Kaiser Wilhelm II. von Deutschland.

THE AFTERMATH OF SORROW : How the Tragedy Came Home to Many a Householder in Southampton.

THE SCENE OUTSIDE THE WHITE STAR OFFICES AT SOUTHAMPTON

Die letzte Reise:

Die 28 wichtigsten Untersuchungsergebnisse im Abschlussbericht des vom US-Senat beauftragten Unterausschusses zur *Titanic*-Katastrophe

Kein widriges Ereignis beeinträchtigte die Reise ...

Aus dem Abschnitt
»Wetterbedingungen während der Fahrt«

Die Anhörung des Unterausschusses des US-Senats zur *Titanic* wurde in England wegen des offensichtlichen Mangels an »seemännischen« Kenntnissen belächelt, die der Ausschussvorsitzende, Senator William Alden Smith, an den Tag legte. (Eines der krassesten Beispiele für Smiths Unwissenheit war seine Frage an Harold Lowe, woraus ein Eisberg bestehe. Lowe antwortete: »Aus Eis.«)

Ungeachtet Smiths mangelnden Fachwissens fiel die Anhörung vor dem amerikanischen Untersuchungsausschuss jedoch *nicht annähernd* so beschönigend aus wie die Untersuchung durch das britische Handelsministerium, und ihre Resultate erwiesen sich als wertvoll und aufschlussreich.

In diesem Kapitel sollen die 28 wichtigsten Untersuchungsergebnisse des Senats wiedergegeben werden, um einen allgemeinen Überblick über die Schlussfolgerungen des Unteraus-

'TITANIC" DISASTER

HEARING

BEFORE A

SUBCOMMITTEE OF THE COMMITTEE ON COMMERCE UNITED STATES SENATE

SIXTY-SECOND CONGRESS

SECOND SESSION

PURSUANT TO

S. RES. 283

DIRECTING THE COMMITTEE ON COMMERCE TO INVES-
TIGATE THE CAUSES LEADING TO THE WRECK
OF THE WHITE STAR LINER "TITANIC"

PART 15

DIGEST OF TESTIMONY

Printed for the use of the Committee on Commerce

WASHINGTON
GOVERNMENT PRINTING OFFICE
1912

schusses zu vermitteln. Im Anschluss daran folgen ausführliche Mitschriften von Zeugenaussagen aus der Anhörung, die umfangreiche Informationen über die Katastrophe und die Rolle der einzelnen Beteiligten bieten.

Allgemeine Angaben zum Dampfschiff *Titanic*

Die *Titanic* wurde von Harland & Wolff in Belfast, Irland, gebaut. Den Schiffsbauern wurden keine Kostenbeschränkungen auferlegt. Das Schiff wurde am 31. Mai 1911 vom Stapel gelassen. Es handelte sich um ein Schiff von 46 328 Bruttoregistertonnen, mit einer Länge von 269 Metern und einer Breite von 28 Metern. Das Bootsdeck und die Brücke befanden sich 21 Meter über der Wasserlinie. Nach Aussage des Präsidenten Ismay war das Schiff »eigens dafür konstruiert, schwimmfähig zu bleiben, wenn die beiden größten wasserdichten Abteilungen mit Wasser gefüllt sind«.

Das vollständig ausgestattete Schiff kostete 1 500 000 Pfund oder etwa 7 500 000 Dollar.

Zur Zeit des Unglücks war das Schiff mit 1 000 000 Pfund oder rund 5 000 000 Dollar versichert; das Restrisiko übernahm der Versicherungsfonds der Gesellschaft.

Die *Titanic* war ein Duplikat der *Olympic*, die derselben Gesellschaft gehört. Der einzige Unterschied bestand in den Unterbringungsmöglichkeiten für Passagiere: Die *Titanic* war für 2599 Passagiere gebaut und wies zusätzliche Quartiere für Offiziere und Besatzung auf, insgesamt für 903 Personen.

Nur zwei Rettungsboote abgefiert

Viele Besatzungsmitglieder kamen erst wenige Stunden vor dem Auslaufen an Bord. Die einzige Übung, die durchgeführt wurde, während das Schiff in Southampton lag oder sich auf der Fahrt befand, bestand im Abfieren zweier Rettungsboote auf der Steuerbordseite, die innerhalb von einer halben Stunde wieder auf das Bootsdeck gehievt wurden. Eine Liste der Boote mit den Postierungen der Besatzungsmitglieder wurde erst einige Tage nach der Abfahrt von Southampton angeschlagen, sodass die Bootsführer ihre genauen Stationen erst am folgenden Freitagmorgen erfuhren.

Aufstellung der Passagiere und Überlebenden

Einschließlich der Besatzung fuhr die *Titanic* mit 2223 Personen an Bord, von denen 1517 starben und 706 gerettet wurden. In diesem Zusammenhang ist anzumerken, dass 60 Prozent der Passagiere der 1. Klasse, 42 Prozent der Passagiere der 2. Klasse und 25 Prozent der Passagiere der 3. Klasse sowie 24 Prozent der Besatzung gerettet wurden.

Wetterbedingungen während der Fahrt

Während der gesamten Fahrt war das Wetter klar, bis auf eine Phase von zehn Minuten mit Nebel. Die See war die ganze Zeit über ruhig; jeden Tag schien die Sonne, und die Nächte waren sternenklar. Kein widriges Ereignis beeinträchtigte die Reise. Häufig wurden mittels entsprechender Signale Grüße mit vorbeifahrenden Schiffen ausgetauscht.

Eiswarnungen

Am dritten Tag der Reise empfingen die Funker der *Titanic* Eiswarnungen, und die Beweislage ist schlüssig, dass mindestens drei dieser Warnungen am Tag des Unglücks direkt dem Kapitän zugeleitet wurden, die erste etwa gegen Mittag von der *Baltic* der White Star Line. Es wird darauf hingewiesen, dass sich die Eisberge dieser Meldung zufolge im Umkreis von fünf Meilen des Kurses der *Titanic* und in der Nähe der Stelle befanden, an der es zu dem Unglück kam.

Eis sowohl nördlich als auch südlich des Kurses der *Titanic*

Dies ermöglicht es dem Ausschuss festzustellen, dass sich laut den Eismeldungen, welche auf der *Titanic* vor dem Unglück nachweislich eingingen, zu beiden Seiten ihres Kurses und in ihrer unmittelbaren Umgebung Eis befand. Zwischen den Offizieren fand keine allgemeine Besprechung statt; es wurde keine Konferenz einberufen, um sich mit diesen Warnungen zu beschäftigen; ihnen wurde keine Beachtung geschenkt. Die Geschwindigkeit wurde nicht gedrosselt, der Ausguck wurde nicht verstärkt, und die einzige Vorsichtsmaßnahme durch den wachhabenden Offizier war die Anweisung an den Ausguck, »genauestens auf Eis zu achten«. Jedoch soll angemerkt werden, dass Kapitän Smith laut Zeugenaussagen gegenüber Offizier Lightoller, der bis 22 Uhr Schiffszeit beziehungsweise 20.27 Uhr New Yorker Zeit Dienst habender Offizier auf der Brücke war, bemerkte: »Wenn es nur im Geringsten dunstig wäre, bestünde kein Zweifel, dass wir sehr langsam fahren müssten«, und: »Wenn es nur den geringsten Zweifel gibt, informieren Sie mich.« Es ist erwiesen, dass das Wetter außergewöhnlich klar war. Es herrschte kein Dunst, und die Geschwindigkeit des Schiffes wurde nicht gedrosselt.

Geschwindigkeit

Nach der Abfahrt aus Queenstown wurde die Geschwindigkeit allmählich erhöht. Am ersten Tag legte die *Titanic* 464 Meilen zurück, am zweiten 519 und am dritten 546. Unmittelbar vor der Kollision fuhr das Schiff mit der höchsten Geschwindigkeit der Reise – nicht unter 21 Knoten [etwa 39 km/h] beziehungsweise 24,5 Seemeilen [45,4 Kilometer] pro Stunde.

Die Kollision

Um 23.46 Uhr Schiffszeit beziehungsweise 22.13 Uhr New Yorker Zeit am Sonntagabend, dem 14. April, signalisierte der Ausguck dem wachhabenden Offizier auf der Brücke per Bordtelefon: »Eisberg rechts voraus.« Daraufhin gab der wachhabende Offizier, Mr. Murdoch, dem Rudergänger den Befehl »Hart Steuerbord«; aber während der Sechste Offizier, der hinter dem Rudergänger stand, an Offizier Murdoch meldete: »Hart Steuerbord liegt an«, kollidierte die *Titanic* mit dem Eisberg. Der Aufprall war zwar nicht heftig genug, um die Passagiere oder die Besatzung zu beunruhigen oder das Schiff aufzuhalten, brachte es jedoch leicht ins Schlingern und riss die Stahlbeplattung über der Krümmung der Bilge auf.

Erste Meldung des Schadens

Laut Zeugenaussagen war im Augenblick der Kollision zu hören, dass Luft aus dem Überlaufrohr zum Vorpiektank zischend entwich, was auf ein Entweichen von Luft aus diesem Tank auf Grund des Einströmens von Wasser hinwies. Fast gleichzeitig füllten sich der Vorpiektank, die Laderäume Nr. 1, 2 und 3 sowie der vordere Kesselraum mit Wasser, das auch aus dem Postraum, dem Raquetballraum und dem Kofferraum in Laderaum Nr. 3 sowie aus den Quartieren der Heizer in Laderaum Nr. 1 gemeldet wurde. Der Oberheizer Barret sah das Wasser aus einem Riss zwei Fuß über den Kesselraumflurplatten und etwa 20 Fuß unterhalb der Wasserlinie in den vorderen Kesselraum eindringen; der Riss erstreckte sich zwei Fuß weit in den Kohlenbunker im vorderen Bereich des zweiten Kesselraums.

Schwere des Schadens erkannt

Die Meldungen, die der Kapitän nach verschiedenen Inspektionen des Schiffes erhielt, müssen ihm den bedenklichen Zustand sofort klar gemacht haben, und als er von Präsident Ismay danach befragt wurde, drückte er sich dahingehend aus. Es wird ebenfalls angenommen, dass dieser bedenkliche Zustand auch vom Leitenden Ingenieur des Schiffes und vom Repräsentanten des Schiffbauunternehmens, Mr. Andrews, erkannt wurde, die beide nicht überlebten.

Überflutung des Schiffes

Unter dem zusätzlichen Gewicht des Wassers sank der Bug des Schiffes immer tiefer; durch die geöffneten Lukendeckel des Postraums sowie andere Öffnungen wurde Deck E sofort überflutet, unter dem die ersten, zweiten, dritten, vierten, fünften, sechsten, siebten und achten Querschotten endeten, wodurch die Abteilungen hinter Laderaum Nr. 3 voll Wasser liefen.

Wasserdichte Abteilungen

Die *Titanic* war mit 15 wasserdichten Querschotten ausgestattet; davon reichte nur das erste Schott von vorne bis zum obersten durchlaufenden Deck, nämlich Deck C. Die Schotten Nr. 2, 10, 11, 12, 13, 14 und 15 reichten bis zum zweiten durchlaufenden Deck, nämlich Deck D. Die Schotten Nr. 3, 4, 5, 6, 7, 8 und 9 reichten lediglich bis zum dritten durchlaufenden Deck, nämlich Deck E. Die Öffnungen auf Deck E waren nicht wasserdicht zu verschließen, anhand der Beweise wird ersichtlich, dass die Überflutung von Deck E maßgeblich zum Sinken des Schiffes beitrug. Die oben genannten Schotten unterteilten das Schiff in 16 wasserdichte Abteilungen, und das Schiff war so angelegt, dass zwei dieser Abteilungen geflutet werden konnten, ohne in irgendeiner Weise seine Sicherheit zu gefährden. Wie bereits angemerkt, ergibt sich aus den Aussagen, dass die fünf ganz vorne gelegenen Abteilungen fast sofort überflutet wurden. Unter solchen Umständen waren die angeblich wasserdichten Abteilungen auf Grund der nicht wasserdichten Öffnungen des Decks, an dem die Querschotten endeten, nicht wasserdicht, sodass das Schiff untergehen musste.

Ausgesandte Notrufe

Es wurde kein allgemeiner Alarm ausgelöst, keine Pfeife oder Glocke ertönte, und die Passagiere wurden nicht systematisch gewarnt. Nach 15 bis 20 Minuten kam der Kapitän in den Funkraum und wies den Funker an, mit dem üblichen Notruf C.Q.D. Hilfe anzufordern.

Lichter eines Dampfers von der *Titanic* gesichtet

16 Zeugen von der *Titanic*, darunter Offiziere und erfahrene Seeleute sowie Passagiere von gesundem Urteilsvermögen, haben versichert, die Lichter eines Schiffes in der Ferne gesichtet zu haben, und einige der Rettungsboote wurden angewiesen, in Richtung dieser Lichter zu rudern, um die Insassen dort abzuliefern und zur *Titanic* zurückzukehren. Die *Titanic* feuerte Leuchtraketen ab und versuchte dem anderen Schiff Lichtsignale und Morsezeichen zu senden. Offiziere der *Californian* geben zu, etwa zur gleichen Zeit Raketen in der ungefähren Richtung der *Titanic* gesehen zu haben, und sagen aus, dass sie sofort eine leistungsstarke Morselampe eingesetzt hätten, die im Umkreis von zehn Meilen leicht gesehen werden konnte. Einige Besatzungs-

mitglieder der *Californian* sagen aus, um 22.30 Uhr Schiffszeit, kurz vor dem Unglück, seien die Seitenlichter eines großen Schiffes, das mit voller Kraft fuhr, vom Unterdeck der *Californian* aus deutlich zu sehen gewesen. Es gibt keinen Hinweis darauf, dass von irgendeinem Schiff zwischen der *Titanic* und der *Californian* Raketen abgefeuert wurden, obwohl alle Augen auf der *Titanic* den Horizont nach möglicher Hilfe absuchten.

Die Verantwortung des Dampfers *Californian*

Der Ausschuss sieht sich zu der unumgänglichen Schlussfolgerung gezwungen, dass die *Californian*, ein Schiff derselben Gesellschaft, sich näher an der *Titanic* befand als die von ihrem Kapitän angegebenen 19 Meilen, und dass ihre Offiziere und ihre Besatzung die Notsignale der *Titanic* gesehen und es unterlassen haben, darauf entsprechend den Erfordernissen der Menschlichkeit, den internationalen Gepflogenheiten und den Vorschriften des Gesetzes zu antworten. Die einzige Reaktion auf die Notsignale war ein Gegensignal in Form eines großen weißen Lichts, das etwa zwei Stunden lang vom Mast der *Californian* Signale aussandte. Unserer Ansicht nach ist ein solches Verhalten, sei es aus Gleichgültigkeit oder äußerster Achtlosigkeit, höchst verwerflich und belastet den Kapitän der *Californian* mit einer großen Schuld. Der Funker der *Californian* wurde erst um 3.30 Uhr New Yorker Zeit am Morgen des 15. April gerufen – nachdem es zu heftigen Diskussionen zwischen Offizieren und Mitgliedern der Mannschaft über die Notsignale und Raketen gekommen war – und vom Leitenden Offizier angewiesen, zu überprüfen, ob irgendetwas vorgefallen sei, da ein Schiff in der Nacht Raketen abgefeuert habe. Die daraufhin unternommenen Nachfragen ergaben, dass die *Titanic* gesunken war. Wäre sofort Hilfe zugesagt worden oder hätte der Funker der *Californian* an diesem Sonntagabend ein paar

Minuten länger auf seinem Posten ausgeharrt, könnte das Schiff heute stolz darauf sein, das Leben der Passagiere und der Besatzung der *Titanic* gerettet zu haben.

Vorbereitung der Rettungsboote der *Titanic*

Als Kapitän Smith die Meldung erhielt, dass Wasser in das Schiff eindringe, gab er sofort Befehl, die Rettungsboote klarzumachen; später wurde die Anweisung erteilt, Frauen und Kinder in die Boote zu bringen. Währenddessen wurden in kurzen Abständen Notraketen abgefeuert.

Die fehlende Vorbereitung zu dieser Zeit war besonders auffällig. Es gab kein System zur Beladung der Rettungsboote; es herrschte große Unsicherheit darüber, von welchem Deck aus die Boote beladen werden sollten, und es wurden viele verschiedene Meinungen über die zur Bemannung der Boote notwendige Besatzung geäußert; es gab weder Anweisungen über die geeignete Anzahl der Passagiere pro Boot noch eine einheitliche Vorgehensweise bei ihrer Beladung. Auf der einen Schiffsseite wurden nur Frauen und Kinder in die Boote gesetzt, während Frauen und Männer auf der anderen Seite fast den gleichen Anteil hatten; jedoch überließ man Frauen und Kindern aus allen Klassen den Vortritt. Die Tatsache, dass nicht alle Rettungsboote entsprechend ihrem Fassungsvermögen genutzt wurden, führte fraglos zur unnötigen Opferung des Lebens mehrerer Hundert Menschen, die man andernfalls hätte retten können.

Kapazität der nicht benutzten Rettungsboote

Das Schiff war mit Rettungsbooten ... für 1176 Personen ausgestattet, aber es wurden lediglich 706 gerettet. Nur einige Rettungsboote des Schiffes waren voll besetzt, die meisten lediglich zum Teil beladen. Einige wurden auf dem Bootsdeck beladen, einige auf dem Deck A, und sicher abgefiert. Das zwanzigste Boot wurde über Bord gespült, als der vordere Teil des Schiffes versank, und diente kieloben als Rettungsfloß für etwa 30 Menschen, darunter der Zweite Offizier Lightoller, die Funker Bride und Phillips (der vor der Rettung starb), die Passagiere Colonel Gracie und Mr. Jack Thayer sowie andere Mitglieder der Besatzung, die etwa zu dem Zeitpunkt das Boot erklettert hatten, als das Schiff sank.

Vorrichtungen für Rettungsboote

Es erscheint fraglich, ob die Rettungsboote der *Titanic* bei rauer See die Wasseroberfläche erreicht hätten, ohne beschädigt oder zerstört zu werden. Die Boote wurden aus einer Höhe von etwa 70 Fuß über der Wasserlinie abgefiert. Hätte starke Dünung geherrscht, wären die Rettungsboote beim Abfieren durch die Bewegung des Schiffes gegen die Seiten geprallt und beschädigt worden. Aus den vorliegenden Aussagen wird ersichtlich, dass die Rettungsboote, als die Schlagseite der *Titanic* deutlich wurde, beim Abfieren gegen die Schiffsseiten prallten. In Zukunft sollten alle Anstrengungen unternommen werden, um die Vorrichtungen für Rettungsboote und ihre Steuerungskontrolle beim Abfieren zu verbessern.

Unterschiedliche Berichte aus den Rettungsbooten

In den Berichten der Überlebenden gibt es widersprüchliche Auffassungen über die Zahl der Insassen der jeweiligen Rettungsboote. Ein Insasse von Rettungsboot Nr. 1 berichtet beispielsweise, in diesem Boot seien nur zehn Personen gewesen. Der verantwortliche Seemann spricht indes von sieben Besatzungsmitgliedern und 14 bis 20 Passagieren. Der Offizier, der das Boot beladen hat, schätzt, dass zwischen drei und fünf Frauen und 22 Männer an Bord waren. Geht man von den geringsten Zahlen aus, die sich aus den Aussagen eines jeden Überlebenden aus jedem der Boote ergeben, ist die Gesamtzahl der Insassen der Rettungsboote weit höher als die Zahl der Personen, die von der *Carpathia* an Bord genommen wurden.

Kein Unterschied zwischen den Passagieren

Aus den Zeugenaussagen geht eindeutig hervor, dass bis auf einige Einzelfälle keine Panik herrschte. Bei der Beladung der Boote wurde kein Unterschied zwischen Passagieren der 1., 2. oder 3. Klasse gemacht, obwohl die Verluste unter den Passagieren der 3. Klasse höher sind als in den beiden anderen Klassen. Frauen und Kinder erhielten ohne Unterschied den Vortritt.

Der Ausschuss ist davon überzeugt, dass die Überlebenden bei angemessener Disziplin auf weniger Rettungsboote hätten verteilt werden können, nachdem sie das Wasser erreicht hatten. Des Weiteren vertritt er die Ansicht, dass die Möglichkeit bestanden hätte, viele Menschenleben zu retten, wären die Kommandierenden der abgefierten Boote sofort zum Ort des Unglücks zurückgekehrt.

Verhalten der Boote

Nachdem sie herabgelassen worden waren, ruderten einige Boote stundenlang in Richtung der Leuchtsignale, die angeblich von der *Californian* abgefeuert worden waren. Andere Boote blieben mit angelegten Riemen in der Nähe des sinkenden Schiffes liegen, wobei einige Überlebende aus dem Wasser gerettet werden konnten. Nachdem er seine Passagiere auf vier andere Boote verteilt hatte, die er miteinander vertäuen ließ, und nachdem die Hilferufe verhallt waren, ruderte der Fünfte Offizier Lowe mit Boot 14 zum Ort des Untergangs zurück und rettete noch lebende Passagiere aus dem Wasser, von denen einer später im Rettungsboot starb, aber identifiziert werden konnte. Offizier Lowe ließ dann in Rettungsboot Nr. 14 Segel setzen, nahm eines der Faltboote in Schlepp und setzte die Rettung von Passagieren eines weiteren Faltboots fort.

Die Männer, die sich auf ein gekentertes Faltboot gerettet hatten, wurden vor dem Eintreffen der *Carpathia* in die Rettungsboote Nr. 4 und Nr. 12 aufgenommen, darunter Offizier Lightoller, die Passagiere Gracie und Thayer sowie die Funker Bride und Phillips. Das vierte Faltboot wurde längsseits der *Carpathia* gerudert. In ihm befanden sich 28 Frauen und Kinder, überwiegend Passagiere der 3. Klasse, drei Heizer, ein Steward, vier Filipinos, Präsident Ismay und Mr. Carter aus Philadelphia; es stand unter dem Kommando von Quartiermeister Rowe.

Das Schiff sinkt

Das Schiff sank nach und nach über den Bug und nahm eine fast senkrechte Position ein, bevor es um 0.47 New Yorker Zeit am 15. April unterging. Es hat viele widersprüchliche Aussagen darüber gegeben, ob das Schiff in zwei Teile gebrochen ist, aber die Mehrzahl der Beweise legt den Schluss nahe, dass es eine nahezu senkrechte Position einnahm und in einem Stück versank.

Kein Sog

Der Ausschuss hält es für erforderlich, auf die Tatsache hinzuweisen, dass kein Sog oder eine ungewöhnliche Bewegung auf der Wasseroberfläche zu sehen war, als das Schiff unterging. Es gibt zahlreiche Beweise, die darauf schließen lassen, dass kein Sog vorhanden war, der den Menschen im Wasser, auf dem umgedrehten Faltboot, den umhertreibenden Trümmern oder in den Rettungsbooten in der Nähe des Schiffes auffiel. Und nichts hinderte diejenigen im Wasser, ob mit Schwimmwesten ausgestattet oder nicht, daran, von der Stelle fortzuschwimmen, an der das Schiff sank.

Kapitän Rostron

Der Ausschuss möchte auf das Verhalten von Kapitän Rostron, Kommandant der *Carpathia,* aufmerksam machen. Unmittelbar nach dem Empfang des Funknotrufs gab Kapitän Rostron Befehl, umzudrehen und direkt Kurs auf die *Titanic* zu nehmen; er wies den Chefingenieur des Schiffes an, eine weitere Schicht von Heizern einzusetzen und mit höchstmöglicher Geschwindigkeit auf das Schiff zuzuhalten.

Da Kapitän Rostron auf Grund der Kollision das etwaige Vorhandensein von Eis in Betracht ziehen musste, verdoppelte er die Ausgucke, stellte einen zusätzlichen Ausguck am Bug auf und beorderte einen weiteren Offizier auf die Brücke. Der Kapitän wies den Ersten Offizier umgehend an, »alle unsere Rettungsboote klarzumachen und sie zum Abfieren bereitzuhalten«.

Nach Ansicht des Ausschusses verdient das Verhalten von Kapitän Rostron von der *Carpathia* höchstes Lob und besondere Anerkennung.

An der Stelle des Untergangs

Das erste Boot wurde um 4.10 Uhr am Montag aufgenommen, und der Letzte der Überlebenden kam um 8.30 Uhr an Bord. Danach traf Kapitän Rostron Vorkehrungen, »einen Gottesdienst abzuhalten, ein kurzes Dankgebet für die Geretteten zu sprechen und eine kurze Bestattungszeremonie für die Toten durchzuführen«.

Nach Eintreffen der *Californian* an der Unglücksstelle, um etwa 8 Uhr morgens, setzte sich der Kapitän der *Carpathia* mit dem Führer dieses Schiffes in Verbindung und teilte ihm mit, dass alle Passagiere aus den Booten gerettet worden seien, jedoch vermutlich noch eines der Boote fehle. Daraufhin begann die *Californian* in der näheren Umgebung eine intensive Suche nach dem vermissten Boot.

Kapitän Rostron erklärte, die *Carpathia* habe 15 Rettungsboote und zwei Faltboote aufgenommen. Mindestens ein Insasse jedes dieser Boote sagte vor dem Ausschuss aus. Aus diesen Aussagen geht zweifelsfrei hervor, dass die 16 Rettungsboote, mit denen die *Titanic* ausgestattet war, sämtlich vorhanden waren. 13 davon wurden an Bord gehievt und von der *Carpathia* nach New York gebracht.

Nachdem Vorkehrungen für eine gründliche Suche in der Nähe des Bergungsortes durch die *Californian* getroffen worden waren, nahm Kapitän Rostron mit seinem Schiff Kurs auf New York und übermittelte den Verantwortlichen seiner Gesellschaft in New York sofort folgende Nachricht:

»New York, 41°45′ N, 50°20′ W – Falls keine anderen Anweisungen erfolgen, nehmen wir mit etwa 800 Geretteten Kurs auf New York, nachdem Mr. Ismay befragt und die Umstände berücksichtigt wurden. In Anbetracht der großen Eismengen halten wir New York für das Beste. Sehr viele Eisberge und 20 Meilen Eisfelder mit vereinzelten Eisbergen darunter.«

Keine Toten zu sehen

Der Ausschuss weist darauf hin, dass Kapitän Rostron von der *Carpathian*, obwohl er sich vier Stunden in der Nähe des Unglücksorts aufhielt, nur einen Leichnam sah, und dass Kapitän Lord von der *Californian*, der drei Stunden in der Nähe blieb, überhaupt keine Toten entdeckte. Die Tatsache, dass die Kapitäne der *Carpathia*, der *Californian* und der *Mount Temple* in den frühen Morgenstunden des folgenden Tages keine Toten in der Nähe dieser Stelle im Wasser fanden, kann nur durch die Theorie erklärt werden, dass die Menschen, die mit dem Schiff untergingen, entweder nicht wieder an die Oberfläche kamen oder durch den heftigen Eisstrom mitgerissen oder verdeckt wurden, der in der Nacht die Stelle überquerte, an der das Schiff unterging. Jene Leichen, die in einiger Entfernung vom Ort des Untergangs gefunden wurden, sind wahrscheinlich durch die Strömung oder durch die Eisbewegungen abgetrieben worden.

Informationen zurückgehalten

Der Ausschuss ist nicht der Ansicht, dass der Funker der *Carpathia* die angemessene Sorgfaltspflicht bei der Erfüllung der wichtigen Aufgabe gezeigt hat, die ihm nach dem Unglück übertragen wurde. Informationen über einen Unfall auf See waren bereits vor diesem Ereignis von einem Funker zu seinem Vorteil genutzt worden. Die Tatsache, dass ein solches Vorgehen von der Firma Marconi gebilligt wurde, hat möglicherweise diesen Zwischenfall beeinflusst. Die Entscheidung von Offiziellen der Marconi Co., ein solches Verhalten zu gestatten, und die Tatsache, dass die Vertreter dieser Gesellschaft Vorkehrungen treffen, die Erlebnisse der Funker der *Titanic* und der *Carpathia* zu verkaufen, ist äußerst tadelnswert und sollte verboten werden. Der Ausschuss ist erfreut, darauf hinweisen zu können, dass Mr. Marconi ein derartiges Verbot unterstützt.

Empfehlungen

Der Ausschuss kommt zu dem Schluss, dass dieser Unfall eindeutig auf die Notwendigkeit einer ergänzenden Rechtsprechung zur Gewährleistung der Sicherheit auf See hinweist.

Die Vereinigten Staaten akzeptieren die in Zusammenarbeit mit fremden Staaten erstellten Inspektionszertifikate, die über ähnliche Untersuchungsvorschriften wie die Vereinigten Staaten verfügen. Solange es zu keiner baldigen Revision der Untersuchungsvorschriften fremder Staaten im Rahmen der im Folgenden erwähnten Richtlinien kommt, hält der Ausschuss es für angebracht, dass die bisherige gegenseitige Übereinkunft beendet werden soll und kein Schiff die Erlaubnis erhält, Passagiere aus den Häfen der Vereinigten Staaten zu befördern, bis alle Bestimmungen und Vorschriften der Gesetze der Vereinigten Staaten erfüllt sind.

Der Ausschuss empfiehlt, Abschnitt 4481 und 4488 des Revisionsgesetzes dahingehend zu ändern, dass ausdrücklich genügend Rettungsboote vorgeschrieben sind, um jeden Passagier und jedes Besatzungsmitglied aufnehmen zu können. Die Tatsache, dass die Bedeutung dieses Punktes von den Schifffahrtslinien anerkannt wird, zeigt sich darin, dass bei vielen dieser Linien Schritte unternommen werden, um Rettungsboote für alle Personen an Bord, einschließlich der Besatzung, zu installieren; zudem wird in verstärktem Umfang mit einer solchen Ausstattung geworben. Der Präsident der International Mercantile Marine Co., Mr. Ismay, bestätigte vor dem Ausschuss:

»Wir haben Anweisung gegeben, dass keines der Schiffe unserer Linien einen Hafen verlässt, wenn sich mehr Passagiere und Besatzungsmitglieder an Bord befinden, als Platz in Rettungsbooten für sie zur Verfügung steht.«

Mindestens vier im Umgang mit Booten erfahrene Mitglieder der Mannschaft sollten pro Boot abgestellt werden. Alle

Mitglieder der Mannschaft, die Rettungsbooten zugeteilt werden, sollten mindestens zweimal im Monat in einem Manöver das Abfieren und Rudern der Boote üben, und die Durchführung einer solchen Übung sollte im Logbuch des jeweiligen Schiffes vermerkt werden.

Der Ausschuss empfiehlt die Zuteilung von Passagieren und Besatzung auf die Rettungsboote noch vor dem Ablegen; den Bewohnern gewisser Gruppen von Kabinen und den zuständigen Stewards sollten diejenigen Boote zugeteilt werden, die am schnellsten von den jeweiligen Kabinen aus zu erreichen sind; die Zuteilung auf die Boote und der kürzeste Weg von den Kabinen zu den Booten sollten in jeder Kabine aushängen.

Der Ausschuss empfiehlt, dass jeder Ozeandampfer, der 100 oder mehr Passagiere befördert, zwei elektrische Suchscheinwerfer mit sich führt.

Der Ausschuss ist der Ansicht, dass diese Katastrophe die Notwendigkeit einheitlicher Bestimmungen der Radiotelegrafie überaus deutlich macht. Ein Funker muss rund um die Uhr auf Posten sein, um den unmittelbaren Empfang aller Notrufe, Warnungen und anderer wichtiger Nachrichten sicherzustellen. Eine direkte Kommunikation zwischen dem Funkraum und der Brücke per Bordtelefon, Sprechrohr oder Boten muss gewährleistet sein, damit der Funker nicht gezwungen ist, seinen Posten zu verlassen. Strikte Vorschriften müssen erstellt werden, um eine Einmischung durch Amateure zu verhindern und die Geheimhaltung von Radiogrammen und Funksprüchen zu gewährleisten. Es muss eine Notversorgung entweder durch Speicherbatterien oder Ölmotoren sichergestellt werden, damit die Funkgeräte bis zur Überflutung des Funkraums bedient werden können.

Der Ausschuss empfiehlt die umgehende Verabschiedung von Abschnitt 6412, der bereits vom Senat verabschiedet und vom Kongress vorgelegt wurde.

Der Ausschuss empfiehlt, jedes Abfeuern von Raketen auf offener See, das nicht zum Signalisieren eines Notfalls geschieht, als Vergehen zu betrachten.

Der Ausschuss empfiehlt, ab sofort die folgenden zusätzlichen baulichen Anforderungen für Übersee-Passagierdampfer einzuführen:

Alle seefahrenden Ozean- und Küstenschiffe aus Stahl, die 100 oder mehr Passagiere befördern, sollten eine wasserdichte Haut an der Innenseite der Außenbeplattung haben, die mindestens zehn Prozent höher sein muss als die Wasserlinie bei voller Last, entweder in Form eines Innenbodens oder längs verlaufender wasserdichter Schotten. Diese Konstruktion sollte sich vom vorderen Kollisionsschott über mindestens zwei Drittel der Schiffslänge erstrecken.

Alle seefahrenden Ozean- und Küstenschiffe aus Stahl, die 100 oder mehr Passagiere befördern, sollten über Schotten verfügen, die so angeordnet sind, dass jeweils zwei benachbarte Abteilungen des Schiffes geflutet werden können, ohne seine Schwimmfähigkeit und Stabilität zu beeinträchtigen. Wasserdichte Querschotten sollten von Schiffsseite zu Schiffsseite verlaufen und an der Außenhaut befestigt sein. Die Querschotten vor und hinter den Maschinenräumen sollten wasserdicht vertikal bis zum höchsten durchlaufenden Deck fortgesetzt werden. Das höchste Deck sollte wasserdicht verschlossen werden können. Schotten innerhalb der Maschinenräume sollten sich mindestens 25 Prozent höher erstrecken als die Wasserlinie bei voller Last und auf einem wasserdichten Deck enden. Alle wasserdichten Schotten und Decks sollten so dimensioniert sein, dass sie ohne dauerhafte Materialabnutzung einem Wasserdruck standhalten, der fünf Fuß Wasser über der Gesamthöhe des Schotts entspricht. Schotten von neuartigen Dimensionen oder Sparren sollten bei tatsächlichem Wasserdruck getestet werden.

> Auf diesem geborstenen Rumpf wurden Schwüre getan, neue Treue gelobt, alte Liebe erneuert, und jene, die im Leben in Freundschaft und Kameradschaft verbunden waren, gingen stolz und mutig gemeinsam auf ihre letzte Reise. Angesichts eines solchen Erbes müssen wir uns der See stärker verbunden fühlen als je zuvor, und in Zukunft wird sie uns mit ihren Gezeiten die Grüße derer übermitteln, die wir verloren haben.
>
> *Senator William Alden Smith*, 28. Mai 1912

Liste der 86 Zeugen, die vor dem Untersuchungsausschuss zum *Titanic*-Unglück aussagten

An dieser Liste von Zeugen vor dem US-Senat fällt vor allem ihre Vielfalt auf: Der Unterausschuss berief alle möglichen Personen in den Zeugenstand – von Zwischendeckspassagieren bis zu Firmengeschäftsführern, von Schiffskapitänen bis zu Besatzungsmitgliedern der *Titanic*.

1. Abelseth, Olaus (Zwischendeckspassagier)
2. Adams, C.C. (schriftliche Aussage)
3. Andrews, Charles E. (Hilfssteward)
4. Archer, Ernest (Vollmatrose)
5. Balfour, Gilbert William (Inspektor, Marconi Wireless Telegraph Co. of America)
6. Barrett, Frederick (Oberheizer)
7. Binn, John R. (Reporter des *New York American*)
8. Bishop, Dickinson H. (Passagier der 1. Klasse)
9. Bishop, Mrs. Helen W. (Passagierin der 1. Klasse)
10. Bottomley, John (Geschäftsführer der Marconi Wireless Telegraph Co. of America)

11. Boxhall, Joseph G. (Vierter Offizier)
12. Brice, W. (Vollmatrose)
13. Bride, Harold S. (Funker)
14. Bright, Arthur John (Rudergänger)
15. Brooks, B. (schriftliche Aussage)
16. Buckley, Daniel (Zwischendeckspassagier)
17. Buley, Edward John (Vollmatrose)
18. Burke, William (Salonsteward)
19. Campbell, Benjamin (Vizepräsident der New York, New Haven and Hartfort Rail Road Company)
20. Chambers, Norman Campbell (Passagier der 1. Klasse)
21. Clench, Frederick (Vollmatrose)
22. Collins, John (Küchenjunge in der Küche der 1. Klasse)
23. Cone, H.I. (Chefingenieur, United States Navy; Aussage per Memorandum)
24. Cottam, Harold Thomas (Funker auf der *Carpathia*)
25. Crawford, Alfred (Kabinensteward der 1. Klasse)
26. Crosby, Catherine E. (Passagierin der 1. Klasse; Aussage per eidesstattlicher Erklärung)
27. Crowe, George Frederick (Salonsteward)
28. Cunningham, Andrew (Kabinensteward)
29. Dauler, Frederick (Angestellter der Western Union Telegraph Co.)
30. Douglas, Mahala D. (Passagierin der 1. Klasse, Aussage per eidesstattlicher Erklärung)
31. Dunn, Edward J. (Handelsreisender)
32. Etches, Henry Samuel (Kabinensteward)
33. Evans, Cyril Furmstone (Funker auf der *Californian*)
34. Evans, Frank Oliver (Vollmatrose)
35. Farrell, Maurice L. (Chefredakteur des *Wall Street Journal*; Aussage per Erklärung und persönlich)
36. Fleet, Frederick (Vollmatrose und Ausguck)
37. Franklin, Philip A.S. (Amerikanischer Vizepräsident der

International Mercantile Marine Co., der Muttergesell-
schaft der White Star Line)

38. Gill, Ernest (Maschinenassistent auf der *Californian*)
39. Gracie, Colonel Archibald (Passagier der 1. Klasse)
40. Haddock, Herbert James (Kapitän der R.M.S. *Olympic*)
41. Haines, Albert (Bootsmannsmaat)
42. Harder, George A. (Passagier der 1. Klasse)
43. Hardy, John (Chefsteward der 2. Klasse)
44. Hemming, Samuel S. (Vollmatrose)
45. Hitchens, Robert (Rudergänger)
46. Hogg, George Alfred (Ausguck)
47. Hosey, James A. (Aussage per eidesstattlicher Erklärung)
48. Ismay, J. Bruce (Generaldirektor der White Star Line und
    Präsident der International Mercantile Marine Co.)
49. Jones, Thomas (Vollmatrose)
50. Knapp, John J. (Kapitän Hydrograph, United States Navy,
    Bureau of Navigation)
51. Lightoller, Charles Herbert (Zweiter Offizier)
52. Lord, Stanley (Kapitän der *Californian*; Aussage per eides-
    stattlicher Erklärung)
53. Lowe, Harold Godfrey (Fünfter Offizier; eidesstattliche
    Erklärung und Aussage)
54. McGough, James R. (Vollmatrose; Aussage per eidesstatt-
    licher Erklärung)
55. Marconi, Guglielmo (Erfinder des drahtlosen Funks und
    Gründer der Marconi Wireless Telegraph Co. of America)
56. Minahan, Daisy (Passagierin der 1. Klasse; Aussage per
    eidesstattlicher Erklärung)
57. Moore, Ernest James (Funker auf der R.M.S. *Olympic*)
58. Morgan, Charles H. (Stellvertretender US-Marshall)
59. Olliver, Alfred (Rudergänger)
60. Osman, Frank (Vollmatrose)
61. Perkis, Walter John (Rudergänger)

62. Peuchen, Major Arthur C. (Passagier der 1. Klasse)
63. Pickard, Berk (Zwischendeckspassagier)
64. Pitman, Herbert John (Dritter Offizier)
65. Quitzrau, Dr. F.C. (Passagier der 2. Klasse der *Mount Temple*)
66. Ray, Frederick D. (Steward der 1. Klasse)
67. Rostron, Arthur Henry (Kapitän der *Carpathia*)
68. Rowe, George Thomas (Quartiermeister)
69. Ryerson, Mrs. Emily Bosie (Passagierin der 1. Klasse)
70. Sammis, Frederick M. (Chefingenieur der Marconi Wireless Telegraph Co. of America)
71. Shelley, Mrs. Imanita (Passagierin der 2. Klasse; Aussage per eidesstattlicher Erklärung)
72. Shelley, William (schriftliche Aussage)
73. Smith, George Otis (Direktor des United States Geological Survey; Aussage per Brief)
74. Smith, Mrs. Lucian P. (Passagierin der 1. Klasse, Aussage per eidesstattlicher Erklärung)
75. Stängel, C.E. Henry (Passagier der 1. Klasse)
76. Stone, Melville E. (Steward)
77. Symons, George (Vollmatrose)
78. Taylor, William Henry (Heizer)
79. Ward, William (Salonsteward)
80. Weikman, August H. (Barbier; Aussage per eidesstattlicher Erklärung)
81. Wheelton, Edward (Salonsteward)
82. White, Mrs. J. Stuart (Passagierin der 1. Klasse)
83. Widener, Eleanor Elkins (Passagierin der 1. Klasse; Aussage per eidesstattlicher Erklärung)
84. Widgery, James (Steward in der Bäderabteilung)
85. Wolfe, C.H. (Korrespondent der *New York World*; schriftliche Aussage)
86. Woolner, Hugh (Passagier der 1. Klasse)

Die Aussage von Guglielmo Marconi
vor dem Untersuchungsausschuss

Sir:

Es ist eine unzweifelhafte Tatsache, dass ohne die großartige Erfindung Signor Marconis niemand von der dem Untergang geweihten *Titanic* gerettet worden wäre. Ich möchte deshalb den Vorschlag unterbreiten, eines der zukünftigen großen Linienschiffe auf den Namen »Marconi« zu taufen.

Mit freundlichen Grüßen, Lorenzo Salazat
Brief an den Herausgeber des britischen *Daily Sketch*,
veröffentlicht am Mittwoch, 1. Mai 1912

Der Lauf der Zeit hilft uns immer dabei, Menschen und Ereignisse im richtigen Licht und Kontext zu sehen. Ein eindringliches Beispiel hierfür sind die lächerlichen und kurzsichtigen Attacken gegen den Pionier der Kommunikationstechnik, Guglielmo Marconi – eine der prägendsten Figuren in der Geschichte der menschlichen Errungenschaften – während der Anhörungen des US-Senats zum Untergang der *Titanic*.

Wurde der Erfinder des unschätzbaren Funkgeräts etwa über die Rolle seiner wunderbaren Erfindung bei der Rettung der Passagiere der *Titanic* befragt?

Nein.

Wurde das italienische Genie nach seiner Meinung befragt, ob Seereisen durch die effektivere Verwendung seiner bahnbrechenden Erfindung sicherer gemacht werden könnten?

Nein.

Stattdessen wollte man von dem großen Marconi stunden-

lang wissen, ob er dem Verkauf der Geschichte der überlebenden Funker an die Presse seinen Segen erteilt habe oder nicht.

Nichtsdestotrotz beantwortete Marconi die Fragen von Senator Smith mit so viel Höflichkeit und Respekt, wie er aufzu-
bringen in der Lage war. Darüber hinaus muss man Marconi
auch hoch anrechnen, dass er ehrlich eingestand, nichts Fal-
sches darin gesehen zu haben, dass die Funker für die Schilderung ihrer Erlebnisse bezahlt wurden. Senator Smith wollte
darauf hinaus, Marconi habe die Funker gedrängt, mit Einzelheiten der Katastrophe hinter dem Berg zu halten, um diese Informationen später zu verkaufen. Marconi wies diese Anschul-
digungen entschieden zurück und setzte sich erneut vehement
für das Recht der Funker ein, ihre Geschichte zu verkaufen.

Die folgenden Seiten enthalten die Abschrift von Marconis
bewegender Zeugenaussage vor dem Ausschuss. »Bride« ist
Harold Bride, der überlebende Funker der *Titanic*; »Phillips«
ist der Funker der *Titanic*, der ertrank; »Bottomley« ist John
Bottomley, Marconis amerikanischer Geschäftsführer; »Sam-
mis« ist Frederick Sammis, Marconis Chefingenieur in den
USA; »Cottam« ist Harold Cottam, der Funker der *Carpathia*;
»Mr. Ochs« ist Adolph S. Ochs, der Herausgeber der *New
York Times*; »Van Anda« ist Carr Van Anda, der Chef vom
Dienst der *New York Times*.

Senator Smith (SS): Wie hoch ist das Durchschnittseinkommen
eines Funkers hier zu Lande?
Guglielmo Marconi (GM): Ich bin über die genauen Summen,
die in diesem Land gezahlt werden, nicht informiert.
SS: Wie hoch ist es in England?
GM: In England liegt es etwa zwischen 4 und 10 bis 12 Dollar pro
Woche, inklusive Unterkunft und Verpflegung. Sie haben mir
diese Frage zwar nicht gestellt, aber ich möchte hinzufügen,
dass es in England recht einfach ist, Funker zu diesen Bedin-

gungen zu bekommen, da die Bezahlung um einiges höher ist als die der Funker an Land. Und natürlich erscheint die Aussicht, zur See zu fahren, vielen jungen Männern sehr reizvoll.

SS: Die Gefahr scheint sie offensichtlich nicht abzuschrecken.

GM: Nein, das tut sie nicht.

SS: Wurde Mr. Bride, der den Untergang der *Titanic* überlebte, in England oder in Amerika eingestellt?

GM: Er wurde in England eingestellt.

SS: Und gilt das auch für den ertrunkenen Mr. Phillips?

GM: Das gilt auch für Mr. Phillips.

SS: Wo waren Sie am Sonntag, dem 14. April?

GM: Ich war in New York.

SS: Wo waren Sie, als die *Carpathia* mit den Überlebenden der *Titanic* am Cunard-Pier anlegte?

GM: Ich aß mit Mr. Bottomley zu Abend. Eigentlich wollte ich an Bord der *Carpathia* gehen, sobald sie das Pier erreichte, aber sie traf früher ein, als wir erwartet hatten. Daher verließ ich das Haus, in dem ich zu Abend aß, begab mich zum Pier, und wir gingen an Bord.

SS: Zu welcher Zeit?

GM: Ungefähr gegen 21.30 Uhr, gerade als die Überlebenden das Schiff verließen beziehungsweise als die letzten Überlebenden das Schiff verließen.

SS: Sie sind an Bord gegangen?

GM: Ich bin an Bord gegangen.

SS: Was taten Sie, als Sie an Bord waren?

GM: Ich ging zum Funkraum.

SS: Trafen Sie den Funker dort an?

GM: Ich traf den Funker dort an.

SS: Was haben Sie zu ihm gesagt?

GM: Ich sagte, ich sei froh, ihn zu sehen, und gratulierte ihm zu dem, was ich über sein Handeln gehört hatte. Ich erkundigte mich nach seinem Vorgesetzten, Phillips.

SS: Das heißt also, Sie erkundigten sich bei Bride nach seinem Vorgesetzten, Mr. Phillips?

GM: Nach Phillips. Der Funker der *Carpathia*, Cottam, war nicht da.

SS: Wo war er?

GM: Er war sofort nach Ankunft des Schiffes an Land gegangen.

SS: Haben Sie dem Funker auf der *Carpathia* ein Telegramm geschickt, in dem Sie ihn baten, sich mit Ihnen und Sammis am Strand Hotel, 502 West Fourteenth Street, zu treffen, und was hatte »Halt deinen Mund« zu bedeuten?

GM: Nein, Sir, das habe ich nicht.

SS: Wenn also eine solche Nachricht unter Ihrem Namen übermittelt wurde, dann haben Sie sie nicht geschickt?

GM: Ich habe sie nicht geschickt.

SS: Und Sie wissen nichts darüber?

GM: Ich weiß nichts darüber, außer ein paar Behauptungen und Gerüchten in der Presse.

SS: Kennen Sie das Marineschiff *Florida*?

GM: Ja, ich habe von ihm gehört.

SS: Ist es mit einem Funkgerät ausgestattet?

GM: Ja, Sir; ich glaube, das sind sie alle.

SS: Ich werde Ihnen jetzt etwas vorlesen und Sie fragen, ob Sie irgendetwas über den Sachverhalt wissen oder über irgendetwas, was damit zusammenhängt.

Die folgenden Texte wurden dem Marineminister vom Kommandeur der *Florida* übermittelt. Sie sind auf den 22. April datiert und lauten wie folgt:

Am Abend der Ankunft des Dampfschiffes *Carpathia* in New York wurden die folgenden vier Telegramme durch den Cheffunker, J.R. Simpson, Chefelektriker, Angehöriger der US-Marine, aufgefangen. Sie scheinen mir von einiger Bedeutung; daher halte ich es für angebracht, das Ministerium darauf aufmerksam zu machen:

Seagate an *Carpathia*, 20.12 Uhr

Also, alter Junge, Marconi Co. kümmert sich um dich.
Halt deinen Mund und deine Geschichte zurück. Alles ist
vorbereitet, und das große Geld wartet auf dich. Also, sieh
zu, dass du schnell von da wegkommst.

C.

Das war um 20.12 Uhr. Dann folgte dieses Telegramm:

20.30 Uhr

An die Funker der *Carpathia* und *Titanic*
Alles für eure exklusive Geschichte mit Dollars in vierstelliger Summe arrangiert, Mr. Marconi einverstanden. Sagt
nichts, bis ihr mich seht. Wo seid ihr jetzt?

J. M. Sammis

21.00 Uhr

Seagate an Funker der *Carpathia*: Geh zum Strand Hotel,
502 West Fourteenth Street. Treffen mit Mr. Marconi.

C.

21.33 Uhr

Seagate an *Carpathia*: Persönliche Mitteilung an den Funker der *Carpathia*. Triff dich mit Mr. Marconi und Sammis
am Strand Hotel, 502 West Fourteenth Street. Halte deinen Mund.

Mr. Marconi

Was können Sie uns dazu sagen, Mr. Marconi?

GM: Ich weiß nichts von all diesen Nachrichten. Sie entsprechen nicht der Wortwahl, die ich verwendet hätte, wenn ich diese Nachrichten verschickt hätte. Ich sollte allerdings erwähnen, dass ich Mr. Sammis oder Mr. Bottomley – ich weiß nicht mehr, welchem von beiden – gesagt habe, dass ich als Manager der britischen Firma es den Funkern weder untersagen noch zu verhindern versuchen würde, so viel aus ihrer Geschichte des Wracks herauszuholen wie möglich. Mir lag daran, dass sie eventuell einen geringen Betrag für ihre Informationen verdienen könnten.

SS: Ist dies eine Gepflogenheit Ihrer Firma?

GM: Es ist keine Gepflogenheit. Es ist etwas, das geschieht …

SS: Ist es eine Gewohnheit?

GM: Nein, es ist keine Gewohnheit. Es kommt nur bei äußerst ungewöhnlichen Ereignissen vor.

SS: Mr. Marconi, wollen Sie dem Ausschuss damit zu verstehen geben, dass Sie diese Vorgehensweise gutheißen?

GM: Ich stand ihr positiv gegenüber, zumindest habe ich gutgeheißen beziehungsweise zugestimmt, dass er etwas an seiner Geschichte verdient.

SS: Ich weiß, aber lassen Sie mich Ihnen eine Frage stellen. Verstehen Sie unter dem Recht, eine Gegenleistung für eine Exklusivgeschichte zu erhalten, die die Schrecken des größten Seeunglücks in der Geschichte beschreibt, dass ein Funker, der nach Direktiven Ihrer Firma arbeitet, das Recht haben sollte, es zu verhindern, dass die Öffentlichkeit von dieser Katastrophe erfährt …

GM (unterbricht): Nein.

SS: Einen Moment bitte … es zu verhindern, dass die Öffentlichkeit von dieser Katastrophe erfährt, außer durch den Exklusivbericht des Funkers, der darüber Kenntnis besitzt?

GM: Aber ganz und gar nicht. Ich habe niemandem irgendwelche

Anweisungen in Bezug auf das Zurückhalten von Informationen erteilt, und ich habe niemandem irgendwelche Ratschläge oder Anweisungen bezüglich einer Exklusivgeschichte erteilt. Das Einzige, was ich gesagt oder autorisiert habe, ist, dass er, soweit das englische Unternehmen betroffen sei, das für die Geschichte der Katastrophe angebotenes Geld annehmen dürfe.

SS: Sie haben die Gerüchte in diesem Zusammenhang in den Zeitungen gelesen, nicht wahr?

GM: Ja.

SS: Ich habe von diesen Gerüchte nichts gelesen; aber nachdem Sie darüber gelesen haben, haben Sie mit Sammis über die Angelegenheit gesprochen?

GM: Ich habe Mr. Sammis vor einiger Zeit kurz gesehen und sagte zu ihm ... ich sagte:»Sie wissen, dass ich diese Nachricht nicht autorisiert habe.«

SS: Wann haben Sie ihm das gesagt?

GM: Ich habe es zu ihm gesagt, nachdem die Überlebenden an Land gekommen waren. Ich erinnere mich nicht an das genaue Datum.

SS: Zu welcher Zeit etwa?

GM: Ich würde sagen, vor drei oder vier Tagen.

SS: Haben Sie seitdem mit ihm darüber gesprochen?

GM: Nein, Sir. Ich sollte in diesem Zusammenhang auch erklären ...

SS: Tun Sie das, bitte; ich möchte es in Ihren eigenen Worten hören. Ich habe wirklich nicht vor, Sie in Verlegenheit zu bringen. Ich halte es nur für meine Pflicht, die Informationen zu erhalten, nach denen ich gefragt habe.

GM: Was ich meinte, als ich sagte, der Funker könne etwas Geld für eine Geschichte oder einen Bericht der Katastrophe annehmen, war, dass Zeitungen und Reporter im Hinblick auf das tapfere und untadelige Verhalten Brides so an seiner persönlichen Darstellung interessiert sein würden, dass sie sicherlich bereit wären, ihm für seinen Bericht einen gewissen Betrag zu bezahlen.

SS: Sind Sie fertig?

GM: Ja, Sir.

SS: Mr. Marconi, haben Sie erwartet, dass er die Geschichte landesweit anbietet oder dass er sie exklusiv an eine Zeitung verkauft?

GM: Ich habe nicht erwartet, dass er sie exklusiv verkauft.

SS: Haben Sie von ihm erwartet, dass er die Geschichte an den Meistbietenden verkauft?

GM: Nein, Sir.

SS: Wenn ich Sie richtig verstanden habe, haben Sie in keiner Weise zu kontrollieren versucht, was der Funker sagt und wem er es sagt?

GM: Nein; das habe ich nicht.

SS: Wissen Sie, was die Verwendung der Worte: »Alles für eure exklusive Geschichte mit Dollars in vierstelliger Summe arrangiert, Mr. Marconi einverstanden. Sagt nichts, bis ihr mich seht. J. M. Sammis«, bedeuten könnte? Was meinte er mit »vierstellig«?

GM: Ich nehme an, es bedeutet über 1000 Dollar; aber, wenn ich es erneut wiederholen dürfte …

SS: Bitte schön. Ich wünschte, Sie würden alles dazu sagen, was Sie wollen.

GM (fährt fort): Zum vierten oder fünften Mal sage ich nun, dass ich absolut nichts von diesen Nachrichten weiß.

SS: Und Sie verstehen, dass ich nicht behaupte, dass dem so sei.

GM: Danke.

SS: Ich forsche einfach nur nach. Wissen Sie, ob Cottam oder Bride seine Geschichte verkauft hat?

GM: Ich denke, dass sie dafür eine Gegenleistung erhalten haben, und ich nehme an, dass man dies »verkaufen« nennen kann. Ich meine, dass sie dafür bezahlt worden sind.

SS: Wissen Sie, wie viel sie bekommen haben?

GM: Ich weiß nicht, wie viel Cottam bekommen hat.

SS: Wissen Sie, wie viel Bride bekam?

GM: Mir wurde gesagt, dass Bride 500 Dollar erhalten hat.

SS: Von wem?

GM: Von der *New York Times*.

SS: Wer hat Ihnen das gesagt?

GM: Ich glaube, es war Mr. Bottomley.

SS: Der Geschäftsführer Ihrer Firma?

GM: Ja. Ich sollte, glaube ich, auch noch erwähnen, dass einer der Herausgeber der *New York Times*, entweder Mr. Ochs oder Van Anda …

SS: Hält irgendein leitender Angestellter Ihres Unternehmens Anteile an der *New York Times*?

GM: Das ist mir nicht bekannt. Ich glaube aber nicht, denn sonst hätte ich auf die eine oder andere Weise davon gehört.

SS: Hält irgendein Direktor Ihres Unternehmens Anteile an der *New York Times*?

GM: Nein.

SS: Haben Sie aus irgendeiner Quelle eine Aussage bezüglich der Summe gehört, die Cottam für seine Geschichte erhalten hat?

GM: Nein, habe ich nicht.

SS: Haben Sie seine Geschichte gesehen?

GM: Ich habe die Schlagzeilen zu seiner Geschichte gesehen; den Artikel selbst habe ich nicht gelesen.

SS: In der *New York Times*?

GM: In der *Times*.

Die Aussage von Stanley Lord,
Kapitän der *Californian*,
vor dem Untersuchungsausschuss

Wenn es nur einen einzigen Schuldigen bei der *Titanic*-Kata-
strophe gäbe – aber natürlich gibt es *nie* nur einen -, wäre dies
wahrscheinlich Kapitän Stanley Lord vom Dampfschiff *Californian*. Tatsächlich lassen sich die Meinungen über das Verhalten (oder Missverhalten) Kapitän Lords an diesem tragischen Abend in zwei große Lager einteilen, und ihre jeweiligen
Anhänger werden die »Lordites« beziehungsweise »Anti-Lor-
dites« genannt. Aber die Geschichte hat ihre eigenen Mittel
und Wege, Rätsel zu lösen, und heutzutage bricht das angebliche Beweisgebäude, mit dem die »Lordites« Kapitän Lord ent-
lasten wollten, zusammen wie ein Kartenhaus im Wind.

Wir wissen inzwischen, dass Kapitän Lord ein autokrati-
scher, arroganter Despot war und dass seine eigene Besatzung
ihn so sehr fürchtete, dass sie alles tat, um einem Konflikt mit
diesem Mann aus dem Weg zu gehen. Nach Jahrzehnten der
Forschung sind die meisten *Titanic*-Experten heute davon
überzeugt, dass die *Californian* tatsächlich das »geheimnisvolle Schiff« war, welches die Passagiere der *Titanic* in jener
Nacht sahen; dass die Besatzung der *Californian* die acht Notraketen der *Titanic* gesehen hat; dass Kapitän Lord sich bewusst geweigert hat, dem sinkenden Schiff zu Hilfe zu kommen und dass das Logbuch der *Californian* möglicherweise
manipuliert worden ist, um Lords Version der Geschichte zu
untermauern.

Die Debatte um die Rolle Kapitän Lords und seine Mitver-
antwortung am Tod von über 1500 Menschen an Bord der *Titanic* wird wohl niemals enden. Es gibt zu viele Menschen auf

224 DIE AKTE TITANIC: EINE VOLLSTÄNDIGE CHRONIK DES UNGLÜCKS

beiden Seiten des Atlantiks, die nicht glauben wollen, dass Lord zu einem solch kaltherzigen Verhalten in der Lage war.

Kapitän Lord verteidigte sich und sein Tun bei der *Titanic*-Anhörung des US-Senats, und hier folgt die vollständige Transkription seiner Aussage. Mögen die Leserinnen und Leser selbst entscheiden, ob er ihnen glaubwürdig erscheint.

Senator Smith (SS): Haben Sie versucht, am Sonntag mit dem Schiff *Titanic* zu kommunizieren?

Kapitän Lord (KL): Ja, Sir.

SS: Zu welcher Tageszeit?

KL: Zehn vor elf.

SS: Vormittags?

KL: Abends.

SS: Das war Schiffszeit?

KL: Zur Schiffszeit bei 47°25' West.

SS: Das war 47°25' westlicher Länge?

KL: Ja, Sir.

SS: Was war der Inhalt der Kommunikation?

KL: Wir teilten ihnen mit, dass wir gestoppt hatten und von Eis umgeben waren.

SS: Hat die *Titanic* die Nachricht bestätigt?

KL: Ja, Sir. Ich glaube, sie sagte dem Funker, sie habe die Nachricht gelesen und dass er sie in Ruhe lassen und sich bereithalten sollte oder so etwas; sie sei beschäftigt.

SS: Das war die Antwort der *Titanic*?

KL: Ja, Sir.

SS: Hatten Sie weitere Kontakte zur *Titanic*?

KL: Nein, absolut keine, Sir.

SS: Hat die *Titanic* noch einmal Verbindung zu Ihnen aufgenommen?

KL: Nein, Sir.

SS: Kennen Sie die Position der *Titanic*, als sie sank?

KL: Ich kenne die Position, die ich von der *Virginian* als Stelle der Kollision mit dem Eisberg erhielt – 41°56′ und 50°14′.

SS: Ausgehend von der Position der *Titanic* zu dem Zeitpunkt, als sie sank, und Ihrer Position zu der Zeit, als Sie die Warnung an die *Titanic* funkten – wie weit waren diese Schiffe voneinander entfernt?

KL: Von der Position, an der wir trieben, bis zu der Position, an der die *Titanic* den Eisberg gerammt haben soll, $19^{1}/_{2}$ bis $19^{3}/_{4}$ Meilen [etwa 36 Kilometer]; Süd 16 West war der Kurs, Sir.

SS: Wissen Sie, zu welcher Zeit die *Titanic* einen Notruf aussandte?

KL: Nein, Sir; das weiß ich nicht.

SS: Hat die *Californian* diesen Ruf empfangen?

KL: Nein, Sir.

SS: Weder von der *Titanic* noch einem anderen Schiff?

KL: Wir erhielten ihn von der *Virginian*.

SS: Zu welcher Zeit haben Sie ihn empfangen?

KL: Sechs Uhr, Sir.

SS: Morgens?

KL: Morgens am 15.

SS: Als Sie die *Titanic* informierten, dass Sie im Eis steckten – von wie viel Eis waren Sie da umgeben?

KL: Nun, wir waren von sehr viel losem Eis umgeben, und wir befanden uns etwa eine Viertelmeile vom Rand des Eisfelds entfernt.

SS: Waren irgendwelche Eisberge in Sicht?

KL: Nein; ich konnte keine sehen; nicht zu diesem Zeitpunkt.

SS: Das Eis, in dem Sie sich befanden, war eine geschlossene Eisdecke?

KL: Eine geschlossene Eisdecke.

SS: Und wie groß war das Gebiet Ihrer Schätzung nach, das es bedeckte?

KL: Nun, meine Einschätzung beruht auf dem, was ich am nächsten Tag sah; nicht, was ich in dieser Nacht sah.

SS: Genau; aber wie groß war das Gebiet am nächsten Morgen?

KL: Ich nehme an, etwa 25 Meilen [46 Kilometer] lang und eine bis zwei Meilen [1,8 bzw. 3,5 Kilometer] breit.

SS: Wie stark wurden Sie am Sonntagabend durch das Eis behindert?

KL: Wie wir behindert wurden?

SS: Ja.

KL: Wir kamen völlig zum Stillstand.

SS: Warum haben Sie gestoppt?

KL: Damit wir nicht darüber fuhren.

SS: Sie stoppten Ihr Schiff, um dem Eis auszuweichen?

KL: Um dem Eis auszuweichen.

SS: Und sind Sie ihm ausgewichen?

KL: Das bin ich.

SS: Wann haben Sie die *Titanic* über Ihre Lage informiert? Was war Ihre Absicht?

KL: Es war einfach eine Frage der Höflichkeit. Ich dachte, sie sei weit von unserer Position entfernt gewesen. Ich dachte nicht, dass sie sich auch nur in der Nähe des Eises befand. Eigentlich hätte sie sich 18 (33 Kilometer) oder 19 Meilen (35 Kilometer) südlich unserer Position befinden müssen. Ich hätte nie gedacht, dass das Eis so weit nach Süden reichte.

SS: Wissen Sie irgendetwas über die *Titanic*-Katastrophe aus eigener Anschauung? Haben Sie das Schiff am Sonntag gesehen?

KL: Nein, Sir.

SS: Oder irgendwelche Signale von ihr?

KL: Nicht von der *Titanic*.

SS: War die *Titanic* außerhalb Ihrer Sichtweite?

KL: Das nehme ich an; $19^{1}/_{2}$ oder 20 Meilen entfernt.

SS: Wie lange brauchten Sie, um den Unfallort zu erreichen, von dem Zeitpunkt an, als Sie am Montagmorgen Dampf aufmachten und losfuhren?

KL: Von dem Moment an, als wir die Nachricht von der Position der *Titanic* erhielten?

SS: Ja.

KL (liest ab): 6 Uhr, fuhren langsam voraus, schoben das dicke Eis beiseite. Ich lese das aus dem Logbuch vor.

6 Uhr, fuhren langsam voraus, schoben das dicke Eis beiseite. 6.30 Uhr, aus dem dicksten Eis heraus; volle Fahrt, schoben das Eis beiseite. 8.30 Uhr, stoppten nahe dem Dampfschiff *Carpathia*.

SS: Befand sich die *Carpathia* zu diesem Zeitpunkt nahe der Unglücksstelle?

KL: Ja, Sir; sie nahm die letzten Passagiere aus den Booten auf.

SS: Ich möchte Sie bitten, Kapitän Lord, dem Ausschuss zu erzählen, welche Art von Wache Sie am Sonntagabend aufstellten, nachdem die Maschinen zum Stillstand gekommen waren. Haben Sie einen zusätzlichen Ausguck aufgestellt?

KL: Nein, nicht, nachdem wir die Maschinen gestoppt hatten.

SS: Aber bis zu dem Moment, in dem Sie sie stoppten?

KL: Ja.

SS: Erzählen Sie dem Ausschuss, woraus die Wache bestand.

KL: Wir haben den Ausguck verdoppelt, einen Mann aufs Backdeck gestellt – das heißt direkt an den Bug –, und ich stand mit einem Offizier auf der Brücke, was ich unter normalen Umständen nicht getan hätte.

SS: Zu welchem Zeitpunkt haben Sie die Wache verstärkt?

KL: Als es an diesem Abend dunkel wurde.

SS: Sobald es dunkel wurde?

KL: Gegen acht Uhr. Ich ging um acht Uhr auf die Brücke.

SS: Und wie lange blieben Sie auf der Brücke?

KL: Bis 20.30 Uhr.

SS: Und die verstärkte Wache wurde die ganze Zeit aufrechterhalten?

KL: Bis 22.30 Uhr.

SS: Sie hielten das in Ihrer Situation zu dieser Zeit für notwendig?

KL: Nun, wir hatten drei oder vier Tage zuvor eine Meldung über dieses Eis erhalten, also trafen wir zusätzliche Sicherheitsvorkehrungen.

SS: Von woher kamen Sie auf dieser Fahrt?

KL: London.

SS: Auf dem Weg nach Boston?

KL: Boston; ja, Sir.

SS: Wenn Sie am Sonntagabend den Notruf von der *Titanic* empfangen hätten, wie lange hätten Sie in Anbetracht der Situation, in der Sie sich befanden, gebraucht, um den Ort der Katastrophe zu erreichen?

KL: Mindestens zwei Stunden.

SS: Zwei Stunden?

KL: Mindestens, so wie das Eis uns einschloss. Und es war Nacht.

SS: Wissen Sie, wie lange die *Carpathia* brauchte, um den Unfallort zu erreichen, nachdem Kapitän Rostron den Notruf empfangen hatte?

KL: Nur aus dem, was ich in der Zeitung gelesen habe.

SS: Sie haben keine eigene Kenntnis?

KL: Nein, Sir.

SS: Kapitän Rostron hat Ihnen nichts erzählt?

KL: O nein. Ich habe ihn nach den Einzelheiten des Unglücks gefragt, das war alles.

SS: Die *Carpathia* benötigte etwa vier Stunden, nachdem sie die Nachricht erhalten hatte.

KL: Das habe ich auch gehört.

SS: Sie waren etwa 20 Meilen entfernt?

KL: $19^{1}/_{2}$ bis 20 Meilen von der Position, welche die *Titanic* angegeben hat.

SS: Zu der Stunde, als die *Titanic* sank?

KL: Wir waren $19^{1}/_{2}$ bis 20 Meilen entfernt.

SS: Und die *Carpathia* befand sich 53 Meilen entfernt?

KL: Ja, Sir.

SS: Wie lange nach der *Carpathia* haben Sie den Unfallort erreicht?

KL: Nun, ich weiß nicht, zu welcher Zeit wir dort eintrafen.

SS: Waren die Rettungsboote und Passagiere schon von der *Carpathia* aufgenommen worden?

KL: Ich glaube, er nahm gerade das letzte Boot auf, als wir eintrafen.

SS: Haben Sie irgendwelche Wrackteile gesehen, als Sie dort eintrafen?

KL: Ja, Sir.

SS: Erzählen Sie dem Ausschuss bitte, was Sie gesehen haben.

KL: Ich sah mehrere leere Boote, einige auf dem Wasser treibende Planken, ein paar Deckstühle und Kissen; aber in Anbetracht des Umfangs der Katastrophe gab es nur wenig Wrackteile. Es sah eher aus, als sei ein altes Fischerboot gesunken.

SS: Haben Sie Rettungswesten gesehen?

KL: Es trieben einige Schwimmwesten auf dem Wasser.

SS: Haben Sie tote oder lebende Personen gesehen?

KL: Nein, Sir.

SS: Kapitän, haben Sie Ihrem Funker am Sonntag, als Sie sich am Rand des Eisfeldes befanden, irgendwelche besonderen Anweisungen erteilt?

KL: Nein, Sir.

SS: Sie hatten nur einen Funker, nicht wahr?

KL: Nur einen.

SS: Und wie war sein Name?

KL: Mr. Evans.

SS: Ist er mit Ihnen hierher gekommen?

KL: Ja, Sir; da ist er.

SS: Wissen Sie, ob Ihr Funker Sonntagnacht, nachdem Sie diese Warnung an die *Titanic* gesendet haben, auf Wache war?

KL: Ich glaube nicht.

SS: Sie glauben nicht, dass er auf Wache war?

KL: Nein.

SS: Dann können Sie also nicht sagen, ob ein Versuch unternommen wurde, Kontakt mit der *Californian* aufzunehmen?

KL: Nein, darüber weiß ich nichts. Ich kam etwa Viertel vor zwölf an seiner Kabine vorbei, und in dieser brannte kein Licht mehr.

SS: Heißt das, dass er außerhalb seiner Kabine war, oder dass er schlief?

KL: Das würde heißen, dass er schlief. In der Regel brennt immer ein Licht, wenn er nicht schläft.

SS: Gab es besondere, von Ihnen oder einem anderen angeordnete Stunden, in denen er im Dienst zu sein hatte, nachdem Sie sich Ihrer Nähe zum Eis bewusst geworden waren?

KL: Nein.

SS: Am Sonntag?

KL: Nein.

SS: Angenommen, Ihr Funker wäre auf seinem Posten im Funkraum gewesen, als ein Notruf von der *Titanic* eintraf, der von der *Californian* und anderen Schiffen aufgefangen wurde. Wäre Ihr Schiff dann über die Notlage der *Titanic* informiert gewesen? Ich meine, hatten Sie einen solchen Funkapparat an Bord, von dem diese Nachricht aller Wahrscheinlichkeit nach aufgefangen worden wäre?

KL: Wenn der Funker im Dienst gewesen wäre?

SS: Ja.

KL: Mit Sicherheit.

SS: Wie sahen die Gepflogenheiten auf Ihrem Schiff in Bezug auf den Funkdienst aus? Ist Ihr Funker hauptsächlich tags oder nachts im Dienst?

KL: Ich habe mich da nie eingemischt.

SS: In keiner Weise?

KL: Nach dem, was ich von ihm gesehen habe, ist er für gewöhnlich bis nach zehn Uhr morgens im Dienst und macht mir am nächsten Tag regelmäßig Meldung von Dingen, die sich nach Mitternacht ereignet haben.

SS: Wenn Sie bestimmen müssten, wann Ihnen ein Funker am nützlichsten ist, wäre das eher am Tage oder in der Nacht?

KL: So wie die Situation ist, sind so viele Schiffe mit nur einem Funker an Bord unterwegs, dass die meisten dieser Burschen nachts schlafen; und er wäre auch am Tag nützlicher. So wie es aussieht, würde er tagsüber wesentlich mehr Informationen erhalten.

SS: Aber in der Nacht schlafen auch die Passagiere?

KL: Ja, Sir.

SS: Wäre es dann nicht gut, auch nachts einen Funker auf Wache zu haben, wenn alle anderen Augen geschlossen sind, damit ein eventueller Notruf nicht Ihrer Aufmerksamkeit entgeht?

KL: Wir haben den Offizier auf der Brücke, der nachts genauso weit sehen kann wie am Tag.

SS: Aber Sie sagten doch, der Brückenoffizier konnte die *Titanic* in dieser Nacht nicht einmal mit dem Fernglas sehen.

KL: Nein.

SS: Der Funker hätte den Notruf der *Titanic* hören können, wenn er auf seinem Posten gewesen wäre?

KL: Ja; das hätte er gehört.

SS: Ich möchte Sie einfach fragen, Kapitän, ob der Funker geregelte Dienststunden hatte oder nicht. Und wenn, wie waren diese verteilt?

KL: Nein; ich glaube nicht, dass es geregelte Stunden gab. So weit ich weiß, sind die Funker zwischen 7 Uhr morgens und 14.30 Uhr auf Posten, und dann werden sie sich wohl hinlegen, denn ich erhalte eigentlich niemals Nachrichten zwischen 14.30 Uhr und 16 Uhr. Ich nehme an, dass sie dann schlafen.

SS: Halten Sie es für besser, zwei Funker an Bord jedes Schiffes zu haben, um einen lückenlosen Funkdienst zu gewährleisten?

KL: Es wäre sehr viel angenehmer. Dann würden wir keine Meldung mehr verpassen.

SS: Kapitän, haben Sie in der Sonntagnacht irgendwelche Notsignale gesehen, entweder Raketen oder Morsesignale?

KL: Nein, Sir; das habe ich nicht. Der Wachoffizier sah einige Signale, sagte aber, es seien keine Notsignale.

SS: Es seien keine Notsignale?

KL: Keine Notsignale.

SS: Aber er hat sie gemeldet?

KL: Ja, mir. Ich glaube, Sie sollten mich diese Geschichte besser erzählen lassen.

SS: Ich bitte darum.

KL: Als ich gegen 22.30 Uhr von der Brücke kam, sprach ich den Offizier darauf an, dass ich meinte, etwas leuchten gesehen zu haben. Es herrschte ein sehr eigentümliches Licht, und wir hatten schon dauernd die Sterne irrtümlicherweise für Signale gehalten. Wir konnten nicht feststellen, wo der Himmel endete und wo das Meer begann. Es herrschte Flaute, müssen Sie wissen. Er sagte, er hielte es für einen Stern, und ich sagte nichts mehr. Ich ging nach unten. Ich sprach gerade mit dem Ingenieur darüber, die Kessel unter Dampf zu halten, als wir diese Signale sahen, und ich sagte: »Da kommt ein Schiff. Gehen wir in den Funkraum und sehen, wer das ist.« Aber auf dem Weg nach unten traf ich den Funker und fragte: »Wissen Sie irgendetwas?« Er antwortete: »Die *Titanic*.« Also gab ich ihm Anweisung, die *Titanic* zu informieren. Ich sagte: »Das ist nicht die *Titanic*, da gibt es keinen Zweifel.« Sie stoppte und lag von 23.30 Uhr bis etwa 1.15 Uhr in vier Meilen Entfernung längsseits von uns. Wir konnten ihre Konturen recht gut erkennen; wir konnten ihre Lichter sehen. Um 23.30 Uhr signa-

lisierten wir ihr mit unserer Morselampe. Sie hat nicht die geringste Notiz davon genommen. Das war zwischen 23.30 Uhr
und 23.40 Uhr. Wir signalisierten erneut um 0.10 Uhr, um 0.30
Uhr, um 0.45 Uhr und um 1 Uhr. Wir besitzen eine sehr starke
Signallampe. Ich denke, man kann sie noch in zehn Meilen [19
Kilometer] Entfernung sehen, und das Schiff lag nur vier Meilen [7 Kilometer] entfernt und hat nicht die leiseste Notiz
davon genommen. Als der Zweite Offizier um 0.00 Uhr oder
0.10 Uhr auf die Brücke kam, befahl ich ihm, das gestoppte
Schiff zu beobachten, und wies ihn auf das Eis hin. Ich sagte
ihm, wir seien vom Eis umgeben, und er solle das Schiff beobachten, damit wir nicht noch näher herankamen. Um 1.20 Uhr
habe ich durchs Sprechrohr gepfiffen und ihn gefragt, ob sie
näher käme. Er antwortete:»Nein; sie nimmt uns überhaupt
nicht zur Kenntnis.« Daraufhin sagte ich:»Ich werde mich ein
wenig schlafen legen.« Um 1.15 Uhr berichtete er:»Ich glaube,
sie hat eine Rakete abgeschossen.« Er sagte:»Sie hat unsere
Morsesignale nicht beantwortet und entfernt sich jetzt von
uns.« Ich gab den Befehl:»Signalisieren Sie ihr und lassen Sie
mich umgehend wissen, wie ihr Name ist.« Er verschloss das
Sprechrohr wieder und signalisierte offensichtlich. Ich konnte
das Klicken über mir hören. Dann ging ich zu Bett.

SS: Sie haben nichts Weiteres gehört?

KL: Überhaupt nichts mehr bis etwa 4.30 Uhr. Ich meine gehört
zu haben, wie der Schiffsjunge meine Kabinentür öffnete
und wieder schloss. Ich fragte:»Was ist los?« Er antwortete
nicht, und ich schlief wieder ein. Ich denke, der Junge kam
herunter, um mir zu sagen, dass sich das Schiff in Richtung
Südwest entfernte und dass mehrere dieser Blitze oder
weißen Raketen zu sehen seien.

234 DIE AKTE TITANIC: EINE VOLLSTÄNDIGE CHRONIK DES UNGLÜCKS

> Der Kapitän sagte mir, er würde wegen des Eises stoppen, und er fragte mich, ob ich irgendwelche Schiffe erreicht hätte, und ich sagte, die *Titanic*. Darauf meinte er: »Informieren Sie sie lieber, dass wir vom Eis eingeschlossen sind und gestoppt haben.« Ich ging also in meine Kabine und habe sie um 21.05 Uhr New Yorker Zeit angefunkt. Ich sagte: »Hör mal, Alter, wir haben gestoppt und sind vom Eis umschlossen.« Er antwortete und sagte: »Halten Sie sich da raus! Sie stören mein Signal! Ich stehe in Verbindung mit Cape Race.«
>
> Aussage von *Cyril Evans,*
> Funker der *Californian*

Auszüge aus der Aussage von J. Bruce Ismay vor dem Untersuchungsausschuss

War der Präsident der White Star Linie, J. Bruce Ismay, ein Feigling und Schuft oder einfach ein vom Glück begünstigter Passagier, der einen Platz in einem Rettungsboot fand, nachdem er nach zu rettenden Frauen und Kindern gesucht, aber keine mehr gefunden hatte? Hatte J. Bruce Ismay Kapitän Smith gedrängt, rücksichtslos durch Eisfelder zu preschen, um die Rekordzeit für die schnellste Atlantiküberquerung zu unterschreiten, oder sagte er die reine Wahrheit, als er diese Anschuldigung zurückwies (wie seine folgende Aussage nahe legt)? James Cameron stellte Ismay in seinem Film »Titanic« als Schurken dar, und dennoch hat auch Ismay seine Verteidiger.

Für die Entwicklung des größten Schiffs, das je gebaut wurde, verdient J. Bruce Ismay Gehör. Auf den nächsten Seiten sind seine Aussagen bei seinen beiden Auftritten vor dem Senat wiedergegeben, gefolgt von seiner Erklärung an die Presse nach seiner Rückkehr nach England.

Die Geschichte wird letztendlich das Urteil über Ismay sprechen. Es bleibt jedem Leser selbst überlassen, zu entscheiden, ob Ismays eigene Worte überzeugend sind und ob die Beurteilung seines Verhaltens neu überdacht werden sollte.

J. Bruce Ismays erstes Erscheinen vor dem Ausschuss: Erster Tag, Freitag, 19. April 1912

Senator Smith (SS): Würden Sie bitte beschreiben, was Sie nach dem Aufprall oder der Kollision getan haben?

J. Bruce Ismay (JBI): Ich nehme an, der Aufprall hat mich geweckt. Ich blieb noch einen oder zwei Augenblicke im Bett liegen, ohne wohl zu begreifen, was passiert war. Schließlich stand ich auf, trat hinaus auf den Gang, wo ich einen der Stewards traf, und fragte: »Was ist passiert?« Er antwortete: »Ich weiß es nicht, Sir.«

Ich kehrte dann wieder in meine Kabine zurück, zog meinen Mantel an und ging auf die Brücke, wo ich Kapitän Smith antraf. Ich fragte ihn, was passiert sei, und er sagte: »Wir sind auf Eis gelaufen.« Ich fragte: »Glauben Sie, das Schiff ist ernsthaft beschädigt?« Er antwortete: »Ich fürchte, ja.«

SS: Sie sagen, Sie haben die Reise aus freien Stücken unternommen?

JBI: Auf jeden Fall.

SS: Wollten Sie das Schiff in Funktion sehen, oder hatten Sie geschäftlich in New York zu tun?

JBI: Ich hatte keine Geschäfte in New York zu erledigen. Ich war nur an Bord, weil dies bei einem neuen Schiff ganz natürlich ist – um zu sehen, wie es funktioniert, und um herauszufinden, ob wir mit seiner Hilfe Ideen für Verbesserungen beim nächsten Schiff finden könnten, das wir gerade bauen.

SS: Hatten Sie Gelegenheit, mit dem Kapitän über die Fahrt des Schiffs zu sprechen?

JBI: Nein, zu keinem Zeitpunkt.

SS: Hat er Sie darauf angesprochen?

JBI: Nein, nie. Vielleicht ist das nicht ganz richtig gesagt. Ich sollte lieber sagen: Ich weiß nicht, ob es eine Frage war, ob er mich darauf ansprach oder ich ihn, aber wir hatten uns darauf verständigt, dass wir nicht versuchen würden, vor fünf Uhr am Mittwochmorgen am Signalschiff in New York zu sein.

SS: Das war die Vereinbarung?

JBI: Ja. Aber sie wurde schon getroffen, bevor wir Queenstown verließen.

SS: War Ihnen am Samstag Ihre Nähe zu Eisbergen überhaupt bewusst?

JBI: Am Samstag? Nein.

SS: Wissen Sie irgendetwas über eine Funknachricht der *Amerika* an die *Titanic* …

JBI: Nein, Sir.

SS: … des Inhalts, dass die *Amerika* auf diesem Breitengrad auf Eis gestoßen ist?

JBI: Nein, Sir.

SS: Wie viele Männer befanden sich in dem Boot, in dem Sie das Schiff verließen?

JBI: Vier.

SS: Außer Ihnen?

JBI: Ich dachte, Sie meinen die Besatzung.

SS: Ich meinte die Besatzung.

JBI: Es gab vier Besatzungsmitglieder.

SS: Welche Positionen hatten diese Männer inne?

JBI: Ich weiß es nicht, Sir.

SS: Waren Offiziere darunter?

JBI: Nein.

SS: Oder Seeleute?

JBI: Ich glaube, einer war ein Rudergänger.

SS: Einer war ein Rudergänger?

JBI: Ich glaube es, bin mir aber nicht sicher.

SS: Sie haben selbst gesehen, wie drei Boote abgefiert wurden?

JBI: Ja.

SS: Und alle drei voll besetzt?

JBI: Ja.

SS: Als sie beladen wurden, gab es da irgendwelche Anweisungen, wie sie beladen werden sollten?

JBI: Nein.

SS: Wie kam es, dass die Frauen als erste in die Rettungsboote gesetzt wurden?

JBI: Laut der natürlichen Ordnung kommen Frauen und Kinder zuerst an die Reihe.

SS: Wurde diese Ordnung eingehalten?

JBI: Oh, ja.

SS: Das wurde eingehalten?

JBI: So weit möglich.

SS: Soweit Sie es beobachtet haben?

JBI: Soweit ich es beobachtet habe.

SS: Und fanden alle Frauen und Kinder in diesen Rettungsbooten Platz?

JBI: Das kann ich Ihnen nicht sagen, Sir.

SS: Wie viele Passagiere saßen in dem Rettungsboot, mit dem
Sie das Schiff verlassen haben?

JBI: Ich glaube, etwa 45.

SS: 45?

JBI: Soweit ich mich erinnern kann.

SS: War das die volle Kapazität?

JBI: Praktisch ja.

SS: Wie war das mit den anderen beiden Booten?

JBI: Die anderen drei waren, glaube ich, auch recht voll beladen.

SS: Die drei außer dem, in dem Sie sich befanden?

JBI: Ja.

SS: Sie waren recht voll beladen?

JBI: Ja.

SS: Gab es Streit oder Rangeleien?

JBI: Ich habe nichts dergleichen bemerkt.

SS: Oder irgendeinen Versuch von Männern, in das Boot zu gelangen?

JBI: Ich habe keinen gesehen.

SS: Unter welchen Umständen sind Sie von Bord gegangen? Ich
frage einfach …

JBI: Das Boot war da. Es befand sich eine bestimmte Anzahl von
Männern im Boot und der Offizier rief, ob noch irgendwelche
Frauen da seien, und es kam keine Antwort, und es waren
keine Passagiere mehr auf dem Deck.

SS: Es waren keine Passagiere mehr auf dem Deck?

JBI: Nein, Sir; und da das Boot bereits abgefiert wurde, bin ich
eingestiegen.

SS: Die *Titanic* war zu dieser Zeit im Sinken begriffen?

JBI: Sie war im Sinken begriffen.

SS: Mr. Ismay, was können Sie uns über das Sinken und Verschwinden des Schiffes sagen? Können Sie die Art beschreiben, in der es sank?

JBI: Ich habe es nicht sinken gesehen.

SS: Sie haben es nicht sinken gesehen?

JBI: Nein, Sir.

SS: Wie weit waren Sie vom Schiff entfernt?

JBI: Ich weiß nicht, wie weit wir entfernt waren. Ich saß mit dem Rücken zum Schiff. Ich habe die ganze Zeit gerudert. Wir fuhren davon.

SS: Sie haben gerudert?

JBI: Ja; ich wollte sie nicht sinken sehen.

SS: Sie wollten sie nicht sinken sehen?

JBI: Nein. Ich bin froh, dass ich nicht hingesehen habe.

SS: Als Sie sie das letzte Mal gesehen haben, gab es da Anzeichen dafür, dass sie in zwei Stücke gebrochen war?

JBI: Nein, Sir.

SS: Es gab Hinweise von Passagieren, die das Schiff in Rettungsbooten verlassen haben, dass es nach der Kollision zu einer Explosion gekommen sei. Haben Sie irgendeine Kenntnis darüber?

JBI: Absolut keine.

SS: Denken Sie, Sie würden es wissen, wenn es eine Explosion gegeben hätte?

JBI: Ja, das würde ich.

SS: Mr. Ismay, hatten Sie irgendetwas mit der Auswahl der Männer zu tun, die sich mit Ihnen im letzten Boot befanden?
JBI: Nein, Sir.

SS: Wenn sie den Eisberg mit dem Bug voran gerammt hätte, bestünde dann eine Möglichkeit, dass sie noch schwimmen würde?
JBI: Nach allem menschlichen Ermessen würde das Schiff noch heute schwimmen.

SS: Mr. Ismay, haben Sie in irgendeiner Weise versucht, in den Funkverkehr zwischen der *Carpathia* und anderen Funkstationen einzugreifen oder diesen zu beeinflussen?
JBI: Nein, Sir. Ich glaube, der Kapitän der *Carpathia* ist anwesend und wird Ihnen bestätigen, dass ich von dem Zeitpunkt, an dem ich an Bord der *Carpathia* kam, und dem Anlegen hier in der letzten Nacht meine Kabine nicht verlassen habe. Ich habe die Kabine zu keinem Zeitpunkt verlassen.

J. Bruce Ismays zweites Erscheinen vor dem Ausschuss: Zehnter Tag; Dienstag, 30. April 1912

SS: Wer aus Ihrer Firma erteilte der Firma Harland & Wolff den Auftrag zum Bau der *Titanic*?
JBI: Das war ich, Sir.
SS: Was genau haben Sie ihnen mitgeteilt?
JBI: Es fällt mir sehr schwer zu wiederholen, was genau ich gesagt habe. Es geschah während einer Unterhaltung mit Lord Pirrie, bei der wir entschieden, die *Olympic* und die *Titanic* zu bauen.

SS: Wurden beide Schiffe zum gleichen Zeitpunkt in Auftrag gegeben?

JBI: Ja, Sir.

SS: Was haben Sie Ihnen mitgeteilt? Haben Sie gesagt: »Wir wollen das größte und beste Schiff, das Sie sicher zu bauen im Stande sind«?

JBI: Natürlich haben wir versucht, das beste Schiff zu bekommen. Als wir es bauten, wollten wir das beste Schiff, das den Nordatlantik befährt.

SS: Und als Sie es in Auftrag gaben, waren dies auch Ihre Anweisungen.

JBI: Ja, Sir.

SS: Und Sie haben keinerlei Beschränkungen auferlegt, was die Kosten anbelangte?

JBI: Absolut keine.

SS: Sie waren also damit einverstanden, dass das Schiff so gebaut wurde – was auch immer es kosten würde?

JBI: Ja, Sir. Wir wollten das beste Schiff, das sie nur bauen konnten.

SS: Hatten Sie auf Ihrer Reise von Southampton eine Unterredung mit dem Kapitän?

JBI: Ich war zu keinem Zeitpunkt in der Kabine des Kapitäns, und er war zu keinem Zeitpunkt in meiner Kabine. Abgesehen von beiläufigen Unterhaltungen an Deck habe ich nie ein Gespräch mit dem Kapitän geführt.

SS: Waren Sie zu irgendeiner Zeit auf der Brücke?

JBI: Ich war zu keinem Zeitpunkt auf der Brücke, bis kurz nach dem Unglück.

SS: Es gibt einige Verwirrung, was die Kosten für den Bau der *Titanic* betrifft. Ich möchte mir daher die Freiheit nehmen, Sie zu bitten, uns den Betrag zu nennen.

JBI: Die Kosten betrugen 7 500 000 Dollar, Sir.

SS: Und auf welche Summe war sie versichert?

JBI: Soweit ich weiß, auf 5 000 000 Dollar, Sir.

SS: Hatten Sie irgendetwas mit der Versicherung zu tun?

JBI: Nein; sehr wenig. Das wird in New York erledigt; für diese Dinge ist man in New York zuständig.

SS: Ich werde Sie nun fragen, ob Sie Kenntnis davon haben, dass am Montag, dem 14. April, ein Versuch unternommen wurde, einen Teil des Schiffes nochmals zu versichern.

JBI: Absolut nicht, Sir, und ich kann mir auch nicht vorstellen, dass irgendjemand, der mit der Firma International Mercantile Marine in Verbindung steht, solch einen unehrenhaften Versuch unternommen haben soll.

SS: Ich will Ihnen damit nicht zu verstehen geben, dass Sie bestätigen sollen, es habe einen solchen Versuch gegeben.

JBI: Ich weiß, Sir, aber es ist eine solch fürchterliche Anschuldigung.

SS: Sie würden einen solchen Versuch als sehr unehrenhaft betrachten?

JBI: Das hätte bedeutet, aus meinem persönlichem Wissen Kapital schlagen zu wollen; ja, Sir. Ja, Sir; ich würde dies für sehr unehrenhaft halten.

SS: Haben Sie je mit dem Kapitän ein Gespräch bezüglich der Geschwindigkeit des Schiffes geführt?

JBI: Zu keinem Zeitpunkt, Sir.

SS: Haben Sie ihn zu irgendeinem Zeitpunkt zu höherer Geschwindigkeit gedrängt?

JBI: Nein, Sir.

SS: Besitzen Sie Kenntnis davon, ob irgendjemand ihn zu einer höheren Geschwindigkeit gedrängt hat, als das Schiff mit 70 Umdrehungen lief?

JBI: Es ist möglich, sich so etwas an Bord eines Schiffes vorzustellen.

SS: Haben Sie in Ihrer Position als Vorstandsvorsitzender Ihrer Firma in der Zeit zwischen dem Auslaufen in Southampton und dem Zeitpunkt des Unglücks in irgendeiner Weise den Versuch unternommen, die Schiffsführung zu beeinflussen oder ihr Anweisungen zu erteilen?

JBI: Nein, Sir, das habe ich nicht. Dies läge vollkommen außerhalb meiner Kompetenzen.

SS: Wenn die *Titanic* die doppelte oder dreifache Menge an Rettungsbooten mit sich geführt hätte, wäre dadurch Ihrer Meinung nach die Zahl der geretteten Passagiere und Besatzungsmitglieder erhöht worden?

JBI: Ich denke, dass das sehr wahrscheinlich ist, Sir.

SS: Ich möchte Sie nicht zu einer bestimmter Vorgehensweise in Ihrer Firma drängen, und ich glaube auch nicht, dass ich das im Rahmen dieser Untersuchung tun kann; aber wären Sie zu der Aussage bereit, dass in Anbetracht all dessen, was geschehen ist, die Zahl der Rettungsboote erhöht werden müsste, um solchen Situationen besser gerecht werden zu können, wie Sie sie gerade erlebt haben?

JBI: Ich glaube, es kann vor dem Hintergrund unserer Erfahrung keine Frage geben, dass dies geschehen muss; aber ich glaube des Weiteren, dass es durchaus möglich sein sollte, auch die Konstruktion des Schiffes zu verbessern.

SS: Auch?

JBI: Ja, Sir.

244 DIE AKTE TITANIC: EINE VOLLSTÄNDIGE CHRONIK DES UNGLÜCKS

SS: Haben Sie Anweisung gegeben, die Zahl der Rettungsboote auf anderen White-Star-Schiffen zu erhöhen?

JBI: Wir haben Anweisung erteilt, dass kein Schiff der IMM Co. einen Hafen verlassen darf, ohne ausreichend Boote für alle Passagiere und die gesamte Besatzung an Bord zu haben.

SS: Wer hat diese Anweisungen erteilt?

JBI: Ich, Sir.

SS: Wann?

JBI: Am Tag, nachdem ich von Bord der *Carpathia* ging.

Senator Burton: [Haben Sie] versucht, ein wie auch immer geartetes Nachrichtenembargo zu verhängen, während Sie sich an Bord der *Carpathia* befanden?

JBI: Keineswegs, Sir; und ich habe auch keine Bevorzugung der von mir übermittelten Nachrichten verlangt. Ich weiß nicht, ob so etwas geschehen ist.

J. Bruce Ismays offizielle Erklärung an die britische Presse nach seiner Aussage vor dem Untersuchungsausschuss

Ich denke nicht, dass die Frage meines persönlichen Verhaltens Gegenstand der Untersuchung war ...

J. Bruce Ismay

Als ich am Freitagmorgen vor dem Senatsausschuss erschien, ging ich davon aus, dass es Gegenstand der Untersuchung sei, die Ursache für den Untergang der *Titanic* zu ermitteln und zu prüfen, ob es einer erweiterten Gesetzgebung bedürfe, um die Wiederholung einer derart schrecklichen Katastrophe zu verhindern.

Ich habe eine solche Untersuchung begrüßt, bin freiwillig und ohne Vorladung erschienen und habe alle Fragen der Mitglieder des Ausschusses nach bestem Vermögen, mit völliger Offenheit und ohne jedwede Zurückhaltung beantwortet. Ich denke nicht, dass die Frage meines persönlichen Verhaltens Gegenstand der Untersuchung war, auch wenn ich bereit war, alles darzulegen, was ich in der Nacht der Kollision tat. Da ich vorgeladen wurde, morgen vor dem Ausschuss in Washington zu erscheinen, sollte ich aus Respekt vor dem Ausschuss lieber auf öffentliche Aussagen verzichten, aber ich glaube nicht, dass die Höflichkeit es von mir verlangt, angesichts der unwahren Behauptungen in einigen Zeitungen zu schweigen.

Als ich am 10. April in Southampton an Bord der *Titanic* ging, wollte ich auch mit diesem Schiff nach England zurückkehren. Ich hatte zu dieser Zeit nicht die Absicht, in den Vereinigten Staaten zu bleiben. Ich ging nur als Beobachter an Bord des neuen Schiffes, wie ich dies auch schon bei anderen Schiffen unserer Linien getan habe. Während der Reise war ich Passagier und habe keine größeren Rechte oder Privilegien genossen als irgendein anderer Passagier. Ich bin vom Kapitän weder bezüglich des Schiffes, seiner Geschwindigkeit, seines Kurses, der Navigation noch seines Verhaltens auf See zu Rate gezogen worden. Alle diese Dinge unterlagen der ausschließlichen Kontrolle des Kapitäns.

Ich traf Kapitän Smith gelegentlich, wie dies auch andere Passagiere taten. Ich war zu keinem Zeitpunkt in seiner Kabine; ich war vor dem Unglück zu keinem Zeitpunkt auf der Brücke. Ich habe im Speisesalon nicht an seinem Tisch gesessen. Ich habe weder den Maschinenraum aufgesucht noch einen Rundgang durch das Schiff unternommen, und ich bin weder in irgendeinen Teil des Schiffes gegangen, zu dem die anderen Passagiere der 1. Klasse keinen Zutritt hatten, noch habe ich das versucht.

Es ist absolut und unmissverständlich falsch, dass ich jemals gesagt habe, ich wünschte, die *Titanic* solle einen Geschwindigkeitsrekord aufstellen oder die Tagesstrecke erhöhen. Ich bestreite entschieden, irgendeiner Person gegenüber gesagt zu haben, wir sollten die Geschwindigkeit steigern, um aus dem Eisbereich zu gelangen, sowie jedes Wort in dieser Hinsicht. Wie ich bereits ausgesagt habe, hat die *Titanic* zu keinem Zeitpunkt ihrer Fahrt ihre volle Geschwindigkeit erreicht. Es wurde nicht erwartet, dass wir vor Mittwochmorgen New York erreichten. Wäre das Schiff mit äußerster Kraft gefahren, wären wir wahrscheinlich am Dienstagabend eingetroffen.

Die Aussage, dass die White Star Line auf Grund eines Wettgewinns oder bei Erreichen einer bestimmten Geschwindigkeit eine zusätzliche Geldsumme erhalten sollte, ist absolut unwahr. Die White Star Line erhält von der britischen Regierung ein festes Entgelt in Höhe von 70 000 Pfund pro Jahr für den Transport von Postsendungen, ungeachtet der Geschwindigkeit ihrer Schiffe, und es wurde kein weiteres Geld für eine Erhöhung der Geschwindigkeit bezahlt.

Ich bin niemals von Kapitän Smith oder einer anderen Person zu Rate gezogen worden noch habe ich irgendeinem Menschen Vorschläge zum Kurs des Schiffes gemacht. Die *Titanic* befand sich, so weit ich informiert bin, auf der südlichsten Route in Richtung Westen. Die Transatlantikrouten wurden vor vielen Jahren von allen bedeutenden Schifffahrtslinien gemeinsam festgelegt, und alle Kapitäne der White Star Line sind gehalten, ihre Schiffe so dicht wie möglich entlang dieser Routen zu navigieren, entsprechend den folgenden Richtlinien:

»Die Kommandanten sind sich völlig darüber im Klaren, dass diese Bestimmungen sie in keiner Weise der Verantwortung für eine sichere und effiziente Navigation ihrer jeweiligen Schiffe entheben und dass sie außerdem gehalten sind, kein Risiko einzugehen, das möglicherweise zu einem Unfall ihrer

Schiffe führen könnte. Es ist zu hoffen, dass sie immer daran denken, dass die Sicherheit der ihnen anvertrauten Leben und Güter das oberste Prinzip zu sein hat, welches sie bei der Navigation ihrer Schiffe leiten soll, und dass kein vermeintlicher Gewinn an Geschwindigkeit oder Zeit unter Inkaufnahme eines Unfallrisikos angestrebt werden darf. Das Unternehmen ist für seine Schiffe um eine dauerhafte Reputation der Sicherheit bemüht und fordert nur eine solche Geschwindigkeit, die mit einer sicheren und umsichtigen Navigation in Einklang steht.

Die Kommandanten werden darauf hingewiesen, dass die Schiffe zum größten Teil nicht versichert sind und dass ihr eigenes Leben sowie der Erfolg des Unternehmens von der Unfallfreiheit abhängen. Keine wie auch immer geartete Vorsichtsmaßnahme, die eine sichere Navigation garantiert, darf als überflüssig erachtet werden.«

Die einzige Information, die ich jemals über die Sichtung von Eis durch andere Schiffe an Bord erhielt, stammt von einem Funkspruch der *Baltic*, worüber ich bereits ausgesagt habe. Diese Nachricht wurde mir von Kapitän Smith ohne weiteren Kommentar übergeben, als wir uns am Sonntag, dem 14. April, auf dem Passagierdeck begegneten. Ich überflog das Telegramm und steckte es in meine Tasche. Um etwa 19.10 Uhr – ich saß gerade im Rauchsalon – kam Kapitän Smith herein und bat mich, ihm die Nachricht von der *Baltic* auszuhändigen, damit er die Offiziere informieren konnte. Ich gab sie ihm, und wir wechselten keine weiteren Worte. Ich sprach mit keinem der anderen Offiziere über die Angelegenheit.

Hätte mich die Information in irgendeiner Weise beunruhigt – was sie nicht tat –, würde ich es dennoch nie gewagt haben, einem Kommandanten von der Erfahrung und Verantwortung eines Kapitän Smith Ratschläge zu erteilen, da die Führung des Schiffes ausschließlich in seinen Händen lag.

Es wurde behauptet, Kapitän Smith und ich hätten am Sonntagabend zwischen 19.30 Uhr und 22.30 Uhr an einem Abendessen in einem der Salons teilgenommen, und Kapitän Smith habe zur Zeit der Kollision mit mir in einem der Salons gesessen. Beide Aussagen sind absolut falsch. Ich habe weder mit dem Kapitän zu Abend gegessen, noch habe ich ihn im Verlauf des Abends des 14. April gesehen. Der Schiffsarzt aß mit mir um 19.30 Uhr im Salon zu Abend, und ich begab mich etwa gegen 22.30 Uhr auf direktem Weg in meine Kabine und ging zu Bett.

Ich schlief, als es zur Kollision kam. Ich fühlte den Stoß, trat, ohne mich anzuziehen, hinaus auf den Flur, traf einen Steward, fragte ihn, was passiert sei, und er antwortete, dass er es nicht wisse. Ich ging in meine Kabine zurück. Ich merkte, dass das Schiff langsamer wurde. Ich zog einen Mantel über meinen Pyjama und ging hinauf zum Brückendeck, und auf der Brücke erkundigte ich mich bei Kapitän Smith, was geschehen sei. Er antwortete, dass wir auf Eis gelaufen seien. Ich fragte ihn, ob er die Lage für ernst hielte, was er bejahte.

Auf dem Weg zurück zu meiner Kabine traf ich den Chefingenieur und wollte von ihm wissen, ob er den Schaden für schwerwiegend halte, woraufhin er antwortete, dass er dies vermute.

Dann begab ich mich wieder in meine Kabine und zog einen Anzug an. Bis zu diesem Zeitpunkt war ich nur mit Pyjama und Mantel bekleidet. Danach ging ich zurück zum Brückendeck und hörte, wie Kapitän Smith den Befehl erteilte, die Rettungsboote klarzumachen. Ich habe dabei fast zwei Stunden geholfen, so weit ich es abschätzen kann.

Ich war auf der Steuerbordseite beschäftigt, half Frauen und Kindern in die Boote und beim Abfieren der Boote. Mit den Booten auf der Backbordseite hatte ich nichts zu tun. Zu diesem Zeitpunkt waren alle Boote auf der Steuerbordseite zu

Wasser gelassen worden, und ich bemerkte, dass man daran-
gegangen war, das vordere Faltboot auf der Steuerbordseite
herauszuholen. Ich beteiligte mich an diesen Tätigkeiten, und
allen Frauen, die sich auf diesem Deck befanden, wurde in das
Boot geholfen. So weit ich weiß, handelte es sich ausschließlich
um Passagiere der 3. Klasse.

Als das Boot abgefiert wurde, stiegen Mr. Carter, ein Passagier, und ich ein. Zu diesem Zeitpunkt befand sich, soweit ich es
sehen oder hören konnte, weder irgendeine Frau auf dem
Bootsdeck noch irgendein Passagier irgendeiner Klasse. Im Boot
saßen zwischen 35 und 40 Personen; nach meiner Erinnerung
waren es größtenteils Frauen. Es gab vielleicht vier oder fünf
Männer, und später fand man heraus, dass sich vier Chinesen
unter den Ruderbänken versteckt hatten. Die Strecke, welche
die Boote abgefiert werden mussten, betrug meiner Meinung
nach etwa 20 Fuß. Mr. Carter und ich gingen erst an Bord des
Bootes, nachdem man begonnen hatte, es zu Wasser zu lassen.

Nachdem das Boot das Wasser erreicht hatte, half ich beim
Rudern, wobei ich den Riemen in der Position, in der ich saß,
von mir wegdrückte. Dies erklärt auch die Tatsache, dass mein
Rücken dem sinkenden Dampfer zugewandt war.

Wäre noch jemand auf dem Bootsdeck gewesen, so hätte das
Boot bestimmt weitere sechs oder mehr Passagiere aufnehmen
können.

Diese Fakten können von Mr. W. E. Carter aus Philadelphia
bestätigt werden, der zur gleichen Zeit wie ich an Bord des
Bootes ging und dieses gemeinsam mit mir ruderte. Ich hoffe
nicht, betonen zu müssen, dass weder Mr. Carter noch ich
selbst auch nur einen Moment daran gedacht hätten, im Boot
Platz zu nehmen, wenn sich noch weitere Frauen auf dem
Bootsdeck befunden hätten. Ebenso wenig hätte ich dies getan,
wenn ich das Gefühl gehabt hätte, an Bord des Schiffes noch in
irgendeiner Form behilflich sein zu können.

Es ist mir unmöglich, jede falsche Aussage, jedes Gerücht oder alles frei Erfundene richtig zu stellen, das in den Zeitungen erschienen ist. Ich bin bereit, sämtliche Fragen des Senatsausschusses oder jeder anderen offiziell beauftragten Person zu beantworten. Aus diesem Grund werde ich keine weitere Äußerung dieser Art vornehmen, außer zur Erklärung der Mitteilungen, die ich von der *Carpathia* abgeschickt habe.

Diese Nachrichten sind völlig missverstanden worden. Aus ihnen hat man den Schluss gezogen, ich sei darauf bedacht, der Untersuchung des Senatsausschusses aus dem Weg zu gehen, die dieser in New York durchführen wollte. Tatsächlich hatte ich zu dem Zeitpunkt, als ich die Nachrichten übermitteln ließ, nicht die geringste Ahnung, dass man eine Untersuchung plante, und bis zu der Zeit, als ich Donnerstagnacht mit der *Carpathia* am Cunard-Pier in New York ankam und durch die Senatoren Smith und Newland darüber in Kenntnis gesetzt wurde, dass zur Durchführung einer Untersuchung ein Sonderausschuss einberufen werde, lagen mir keinerlei Informationen darüber vor.

Der einzige Zweck, zu dem ich diese Nachrichten abgeschickt habe, war mein Bestreben, die Besatzung zu ihrem eigenen Besten so schnell wie möglich in ihre Heimatorte nach England zurückzubringen. Natürlich war auch ich bestrebt, zu meiner Familie zurückzukehren, habe jedoch diese Angelegenheit gänzlich unseren Vertretern in New York überlassen.

Ich bedauere zutiefst, dass ich gezwungen bin, eine solch persönliche Erklärung abzugeben, wo doch all meine Gedanken den Schrecken des Unglücks gelten. Der Bau der *Titanic* wurde von mir und meinen Partnern in der Hoffnung unternommen, ein Schiff zu konstruieren, dem weder die Gefahren der See noch die Risiken der Schifffahrt etwas anhaben konnten. Das Geschehen hat uns die Fruchtlosigkeit dieser Hoffnung vor Augen geführt. Die gegenwärtigen gesetzlichen Anforderungen haben sich als unzulänglich erwiesen. Sie müssen geändert werden, doch ob dies nun geschieht oder nicht – diese schreckliche Erfahrung hat den Schiffsbetreibern in aller Welt gezeigt, dass man bisher viel zu sehr auf wasserdichte Abteilungen und die drahtlose Nachrichtenübermittlung vertraut hat und dass stattdessen jedes Schiff mit ausreichend Rettungsbooten und -flößen für alle Personen an Bord sowie genügend Personal zu ihrer Bedienung ausgestattet werden muss.

William E. Carters Erklärung gegenüber der Presse

Mr. Ismay und ich sowie einige Offiziere gingen auf dem Deck hin und her und riefen: »Sind noch irgendwelche Frauen an Deck?« Wir riefen einige Minuten lang und bekamen keine Antwort. Einer der Offiziere teilte uns dann mit, wir könnten an Bord des Bootes gehen, wenn wir den Platz von Seeleuten einnähmen. Er gab uns den Vorzug, da wir zu den Passagieren der 1. Klasse gehörten. Mr. Ismay rief noch einmal, doch als keine Antwort erfolgte, stiegen wir in das Rettungsboot. Wir gingen an die Riemen und ruderten gemeinsam mit zwei Seeleuten.

Die offizielle Übersicht des US-Senats zu den Ertrunkenen und Geretteten der *Titanic*

Die Anhörung vor dem Unterausschuss des US-Senats zum Untergang der *Titanic* ergab, dass sich insgesamt 2223 Personen – 1324 Passagiere und 899 Besatzungsmitglieder – an Bord befanden, von denen 1517 ertranken und 706 gerettet wurden. Als Anhang zu seinem Abschlussbericht veröffentlichte der Unterausschuss eine detaillierte Statistik der Geretteten und Ertrunkenen, aufgeschlüsselt nach Passagierklassen und Geschlechtern, sowie dem Prozentsatz derjenigen Passagiere und Besatzungsmitglieder, die gerettet wurden.

Es folgt die Kurzfassung der Ergebnisse des Unterausschusses. (Vergleichen Sie diese Ergebnisse mit denen der Untersuchung durch des britische Handelsministerium weiter vorn in diesem Kapitel, »Eine kritische Betrachtung des ›Berichts zum Verlust der *Titanic*‹ des britischen Handelsministeriums«.)

	Personen an Bord	
Frauen und Kinder der 1. Klasse:	156	
Männer der 1. Klasse:	173	
Passagiere der 1. Klasse insgesamt:	329	
Frauen und Kinder der 2. Klasse:	128	
Männer der 2. Klasse:	157	
Passagiere der 2. Klasse insgesamt:	285	
Frauen und Kinder der 3. Klasse:	224	
Männer der 3. Klasse:	486	
Passagiere der 3. Klasse insgesamt:	710	
Passagiere insgesamt:	1324	1324

	Personen an Bord	
Frauen und Kinder der Besatzung:	23	
Männer der Besatzung:	876	
Besatzung insgesamt:	899	899
Personen an Bord insgesamt:		2223

	Gerettet	
Frauen und Kinder der 1. Klasse:	145	
Männer der 1. Klasse:	54	
Passagiere der 1. Klasse insgesamt:	199	
Frauen und Kinder der 2. Klasse:	104	
Männer der 2. Klasse:	15	
Passagiere der 2. Klasse insgesamt:	119	
Frauen und Kinder der 3. Klasse:	105	
Männer der 3. Klasse:	69	
Passagiere der 3. Klasse insgesamt:	174	
Gerettete Passagiere insgesamt:	492	492
Frauen und Kinder der Besatzung:	20	
Männer der Besatzung:	194	
Besatzung Gesamt:	214	214
Gerettet insgesamt:		706

	Ertrunken	
Frauen und Kinder der 1. Klasse:	11	
Männer der 1. Klasse:	<u>119</u>	
Passagiere der 1. Klasse insgesamt:	130	
Frauen und Kinder der 2. Klasse:	24	
Männer der 2. Klasse:	<u>142</u>	
Passagiere der 2. Klasse insgesamt:	166	
Frauen und Kinder der 3. Klasse:	119	
Männer der 3. Klasse:	<u>417</u>	
Passagiere der 3. Klasse insgesamt:	536	
Ertrunkene Passagiere insgesamt:	832	832
Frauen und Kinder der Besatzung:	3	
Männer der Besatzung:	<u>682</u>	
Besatzung insgesamt:	685	<u>685</u>
Ertrunkene insgesamt:		1517

Anteil der geretteten 1.-Klasse-Passagiere:	60 Prozent
Anteil der geretteten 2.-Klasse-Passagiere:	42 Prozent
Anteil der geretteten 3.-Klasse-Passagiere:	25 Prozent
Anteil der geretteten Besatzungsmitglieder:	24 Prozent

TEIL II

Über die *Titanic*:
Eine Auswahl
von Originaltexten
aus dem Jahr 1912

WHITE STAR LINE.

Rev. J Stuart Holden

YOUR ATTENTION IS SPECIALLY DIRECTED TO THE CONDITIONS OF
TRANSPORTATION IN THE ENCLOSED CONTRACT.

THE COMPANY'S LIABILITY FOR BAGGAGE IS STRICTLY LIMITED, BUT
PASSENGERS CAN PROTECT THEMSELVES BY INSURANCE.

First Class Passenger Ticket per Steamship ....*Titanic*............

SAILING FROM ....

.... *10/4* 191 *2*

10

Der erste Artikel der *New York Times* zur *Titanic*-Tragödie, erschienen auf der Titelseite der Ausgabe vom Montag, 15. April 1912

Der Chef vom Dienst der *New York Times*, Carr Van Anda, stach alle Welt durch eine Erstmeldung aus, weil er sich dazu entschloss, zunächst in der Morgenausgabe vom 15. April 1912 die Nachricht vom Zusammenstoß der *Titanic* mit einem Eisberg zu veröffentlichen, um dann in der Nachmittagsausgabe gesichert bekannt zu geben, dass das Schiff gesunken sei.

Van Andas richtiger »Riecher« folgte einer unbestätigten Nachricht von Associated Press, die auf Grund einer aufgefangenen Funkmeldung herausgegeben worden war. Sein Instinkt hatte ihn nicht getäuscht, und so war die *New York Times* die erste Zeitung des Landes, welche die Nachricht der *Titanic*-Katastrophe brachte. Im Jahr 1912 galt die *New York Times* noch nicht als die prestigeträchtige »Nachrichtenquelle« der heutigen Zeit, sondern sie war lediglich eine von vielen Tageszeitungen, die in New York miteinander konkurrierten.

Van Andas Story brachte der Zeitung einen weltweiten Ruf ein und trug mit dazu bei, sie zu der hoch geschätzten Institution werden zu lassen, als die sie sich heute präsentiert. Diese eine Geschichte verlieh der Zeitung Einfluss und Anerkennung, die sie sich seit mehr als acht Jahrzehnten bewahrt hat.

Hier der vollständige Text von Van Andas bahnbrechender Story.

NEUES DAMPFSCHIFF *TITANIC* PRALLT AUF EISBERG; UM MITTERNACHT ÜBER DEN BUG GESUNKEN; FRAUEN IN RETTUNGSBOOTE AUSGESETZT; LETZTER FUNKSPRUCH UM 0.27 UHR VERSCHWOMMEN AUFGENOMMEN

Allan-Liner *Virginian* hält mit Volldampf auf das Riesenschiff zu

AUCH *BALTIC* AN RETTUNGSAKTION BETEILIGT

Olympic eilt ebenfalls zu Hilfe – Andere Schiffe in Rufweite

CARMANA WICH EISBERGEN AUS

Französisches Dampfschiff *Niagara* angeblich beschädigt, mehrere Schiffe im Eis gefangen

JUNGFERNFAHRT DER GROSSEN *TITANIC*

Hatte viele prominente Amerikaner an Bord und sollte morgen in New York einlaufen

MISSGESCHICK DIREKT ZU BEGINN

Beim Auslaufen aus Hafen Zusammenstoß mit amerikanischem Dampfschiff *New York* nur knapp entgangen

Sonderausgabe der *New York Times*

HALIFAX, N.S. 14. April – Ein heute Abend aufgefangener Funkspruch von Kapitän Gambell des Dampfschiffs *Virginian* meldet, dass der White-Star-Liner *Titanic* vor der Küste von Neufundland mit einem Eisberg kollidiert ist und über Funk um sofortige Hilfe gebeten hat.

Die *Virginian* nahm sofort volle Kraft auf und hielt auf die *Titanic* zu.

Über das Ausmaß der Schäden an der *Titanic* waren keine Einzelheiten in Erfahrung zu bringen.

Die *Virginian* war Samstag gegen Mitternacht in Halifax ausgelaufen und befand sich wahrscheinlich 300 Meilen [etwa 483 Kilometer] vor der Küste, als sie die Notrufe der *Titanic* auffing.

Das Dampfschiff der Allan Line hat lediglich 200 Passagiere an Bord und könnte eine große Zahl Menschen aufnehmen, falls sich ein Umsteigen von der *Titanic* als nötig erweisen sollte. Die *Virginian* ist ein Postdampfer, der die *Titanic* kaum ins Schlepptau nehmen könnte.

MONTREAL, 14. April – Gestern Abend eingegangenen Mitteilungen zufolge ist der White-Star-Liner *Titanic* mit einem Eisberg kollidiert.

Diese Nachricht wurde im Büro der Allan Line über Funk vom Kapitän des Dampfers *Virginian* derselben Schifffahrtsgesellschaft durchgegeben.

Wie es heißt, hat die *Virginian* in Funkkontakt mit der *Titanic* gestanden, und diese habe berichtet, sie sei mit einem Eisberg zusammengeprallt und bitte um Hilfe.

Die *Virginian* teilte mit, sie sei auf dem Weg zur *Titanic*.

Die *Virginian* ist heute Morgen in Halifax ausgelaufen und dürfte zum Zeitpunkt des Funkspruchs etwa querab von Cape Race gewesen sein. Sie hat 200 Passagiere an Bord, könnte jedoch weitere 900 Passagiere der *Titanic* aufnehmen, falls diese das Schiff verlassen müssten.

Die Nachricht vom Kapitän der *Virginian* wurde per Funk nach Cape Race, von hier mittels Kabel weiter nach Halifax geleitet und hier telegrafisch nach Montreal durchgegeben.

Die Verantwortlichen der Allan Line rechnen jeden Moment mit weiteren Nachrichten.

NEUESTE NACHRICHTEN VOM SINKENDEN SCHIFF

CAPE RACE, N.F. Sonntagabend, 14. April – Um 22.25 Uhr am heutigen Abend funkte der White-Star-Liner *Titanic* »C.Q.D.« an die hiesige Marconi-Funkstation und berichtete, er sei mit einem Eisberg kollidiert. Der Dampfer ließ verlauten, er benötige umgehende Hilfe.

Eine halbe Stunde später erfolgte die Meldung, man sinke über Bug voraus, und Frauen und Kinder würden in die Rettungsboote gebracht.

Das Wetter sei ruhig und klar, meldete der Funker der *Titanic*, und gab die Position des Schiffs mit 41°46' nördlicher Breite und 50°14' westlicher Länge an.

Die Marconi-Station in Cape Race benachrichtigte den Allan-Dampfer *Virginian*, dessen Kapitän unverzüglich Kursänderung in Richtung des Unglücksortes anordnete.

Um Mitternacht war die *Virginian* etwa 170 Meilen [etwa 274 Kilometer] von der *Titanic* entfernt und rechnete damit, das Schiff gegen 10 Uhr morgens zu erreichen.

Montag, 2.00 Uhr – Am frühen Montagmorgen befand sich die *Olympic* auf 40°32' nördlicher Breite und 61°18' westlicher Länge. Sie stand in direktem Funkkontakt mit der *Titanic* und eilt zur Stunde auf sie zu.

Der Dampfer *Baltic* befand sich nach eigenen Angaben ebenfalls etwa 200 Meilen östlich der *Titanic* und steuerte mit äußerster Kraft auf sie zu.

Die letzten Funksignale der *Titanic* wurden von der *Virginian* um 0.27 Uhr empfangen.

Nach Angaben des Funkers der *Virginian* waren diese Signale verschwommen und endeten abrupt.

»Die sensationelle Geschichte des überlebenden Funkers der *Titanic*«

von Harold Bride

wie zuerst erschienen in der *New York Times* am Freitag, dem 19. April 1912

(Interview von Jim Speers)

Auf den Decks wimmelte es von aufgeregt
umherlaufenden Männern und Frauen.

Harold Bride, Zweiter Funker

Die Erinnerungen des Zweiten Funkers Harold Sydney Bride
an die letzten Stunden der *Titanic* gehören zu den eindruckvoll-
sten Archivberichten der Katastrophe, die wir kennen. Bride
war erst 22 Jahre alt, als er auf der *Titanic* anheuerte, und eines
der glücklichen Besatzungsmitglieder, die den Untergang überlebten.

Bride diktierte seinen Bericht (für den er 1000 Dollar von
der *New York Times* erhielt, auch wenn Guglielmo Marconi
vor dem US-Senatsausschuss aussagte, seinen Informationen
zufolge sei Bride mit 500 Dollar für seine Geschichte entlohnt
worden) einem Reporter der *Times* am Donnerstagabend des
18. April 1912 im Funkraum der *Carpathia*, unmittelbar nachdem diese um 21 Uhr in New York angelegt hatte. »Die sensa-

tionelle Geschichte des überlebenden Funkers der *Titanic*« erschien erstmals in der Ausgabe des folgenden Tages und wurde in der *Titanic*-Sonderausgabe der *New York Times* am 28. April 1912 erneut abgedruckt und mit »Packende Geschichte des überlebenden Funkers der *Titanic*« überschrieben.

Bride erzählt, wie er und Phillips zusammenarbeiteten und wie er mit einem Heizer verfuhr, der versuchte, Phillips' Schwimmweste zu stehlen – Kapelle der *Titanic* spielte während des Untergangs »Autumn«

Zunächst einmal sollte niemand den Vorwurf erheben, im Zusammenhang mit der Katastrophe der *Titanic* seien nicht genug Funksprüche von der *Carpathia* zum Festland weitergeleitet worden. Ich habe mich ausdrücklich geweigert, Pressemitteilungen zu versenden, weil es eine so gewaltige Menge persönlicher Nachrichten mit bewegenden Worten der Trauer gab. Die Funker an Bord der *Chester* bekamen mehr als genug zu tun. Und es waren erbärmliche Funker.

Sie beherrschten zwar das amerikanische, aber kaum das kontinentaleuropäische Morsealphabet und strapazierten unsere Geduld bis an die Grenze.

Schließlich musste ich sie abwürgen, da sie unerträglich langsam waren, und fuhr mit unseren Trauerbotschaften an Verwandte fort. Wir schickten heute 119 persönliche Nachrichten heraus; gestern sind es 50 gewesen.

Nachdem man mich an Bord der *Carpathia* gezogen hatte, kam ich zunächst auf die Krankenstation. Dort blieb ich zehn Stunden. Dann hieß es, dem Funker der *Carpathia* werde »schummrig« von der vielen Arbeit.

Man fragte mich, ob ich aufstehen und helfen könne. Gehen konnte ich nicht. Beide Füße schienen gebrochen oder sonst wie verletzt. Jemand half mir, auf Krücken gestützt aufzustehen.

Ich griff mir den Schlüssel und habe den Funkraum danach nicht mehr verlassen. Das Essen wurde uns hineingebracht. Wir hielten das Funkgerät die ganze Zeit in Betrieb. Die Funker der Navy waren ein einziges großes Ärgernis. Wenn sie auch nur einen Schuss Pulver wert sein wollen, rate ich ihnen, das kontinentaleuropäische Morsealphabet zu erlernen und darin schneller zu werden. Der Mann auf der *Chester* dachte, dass er es könnte, doch in Wirklichkeit war er eine lahme Ente.

Wir arbeiteten die ganze Zeit, und alles verlief reibungslos. Manchmal sendete der *Carpathia*-Funker, manchmal ich. Im Funkraum gab es ein Bett. Zuweilen setzte ich mich beim Senden darauf und legte die Füße hoch.

Um von Anfang an zu beginnen: Ich bin vor 22 Jahren in Nunhead, England, geboren worden und kam im Juli vergangenen Jahres zu Marconi Co. Zunächst arbeitete ich auf der *Hoverford*, dann auf der *Lusitania*. In Belfast habe ich dann auf der *Titanic* angeheuert.

BEIM ZUSAMMENSTOSS GESCHLAFEN

Ich hatte nicht viel zu tun an Bord der *Titanic*, außer Phillips ab Mitternacht abzulösen bis zum Morgen, wenn er ausgeschlafen hatte. In der Unglücksnacht sendete ich nicht, sondern schlief. Ich sollte früher aufstehen als sonst und Phillips ablösen. Was mich daran erinnert – wir können von Glück sagen, dass wir überhaupt einen Hilferuf zu Stande brachten.

Unser Glück bestand darin, dass das Funkgerät so zeitig vor dem Unglück ausfiel, dass wir es noch früh genug reparieren konnten. Schon am Sonntag hatten wir bemerkt, dass etwas nicht in Ordnung war, und Phillips und ich arbeiteten sieben Stunden daran, die Ursache dafür herauszufinden. Schließlich entdeckten wir, dass ein »Sekretär« ausgebrannt war, und reparierten ihn ein paar Stunden vor der Kollision mit dem Eisberg.

Bei Antritt seiner Nachtschicht sagte Phillips zu mir: »Geh ins Bett, Junge, und schlaf ein bisschen, dann stehst du so früh wie möglich auf und gibst mir auch die Gelegenheit, eine Mütze voll Schlaf zu nehmen. Ich bin ganz geschafft von dieser Reparaturarbeit.«

Im Funkerhaus gab es drei Kabinen: eine Schlafkoje, einen Dynamoraum und einen Funkraum. Ich zog mich aus und legte mich ins Bett. Irgendwann wachte ich auf und hörte, wie Phillips Cape Race anfunkte: Es waren Nachrichten zum Schiffsverkehr.

Ich erinnerte mich daran, wie erschöpft er war, und stieg ohne Kleider aus dem Bett, um ihn abzulösen. Ich bekam noch nicht einmal die Erschütterung mit. Selbst als der Kapitän uns aufsuchte, wurde mir gar nicht recht bewusst, was geschehen war. Es hatte überhaupt keinen richtigen Stoß gegeben.

»Wir sind mit einem Eisberg kollidiert«, sagte der Kapitän, »und ich lasse gerade eine Inspektion durchführen, um den Schaden zu überprüfen. Bereiten Sie sich darauf vor, einen Notruf zu senden. Aber schicken Sie ihn erst heraus, wenn ich es Ihnen sage.«

Der Kapitän verließ uns wieder, um nach schätzungsweise zehn Minuten zurückzukehren. Von draußen hörten wir zwar ein schreckliches Durcheinander, doch gab es nicht das geringste Anzeichen für irgendwelche Schwierigkeiten. Das Funkgerät arbeitete tadellos.

»Senden Sie den Notruf raus«, ordnete der Kapitän an, wobei er kaum den Kopf in die Tür steckte.

»Welchen Ruf soll ich rausschicken?«, fragte Phillips.

»Den vorgeschriebenen internationalen Hilferuf. Nur den.«

Dann war der Kapitän wieder weg. Phillips fing an, C.Q.D. zu senden. Er gab es kurz durch, und wir scherzten dabei. Wir nahmen die Katastrophe auf die leichte Schulter.

BEI NOTRUF GESCHERZT

Während er etwa fünf Minuten lang Notsignale funkte, alberten wir weiter herum. Dann kehrte der Kapitän zurück.

»Was senden Sie?«, fragte er.

»C.Q.D.«, antwortete Phillips.

Das Komische der Situation verfehlte nicht seine Wirkung auf uns. Ich warf eine kleine Bemerkung ein, die uns zum Lachen brachte, den Kapitän mit eingeschlossen.

»Senden Sie S.O.S.«, meinte ich. »Das ist der neue Ruf, und vielleicht ist das unsere letzte Gelegenheit, ihn zu senden.«

Phillips lachte und änderte den Notruf in S.O.S. Der Kapitän erzählte uns, wir seien mittschiffs oder knapp hinter der Mitte des Schiffes gerammt worden. Phillips meinte, erst zehn Minuten nachdem er den Eisberg bemerkt hatte, habe es einen leichten Ruck gegeben, und der sei auch das einzige Anzeichen für einen Zusammenprall geblieben. Wir waren überzeugt davon gewesen, weit genug entfernt zu sein.

Im Verlaufe der nächsten fünf Minuten erzählten wir uns eine Menge Witze. Dann fingen wir einen Funkspruch der *Frankfurt* auf. Wir gaben ihr unsere Position durch und meldeten, wir seien mit einem Eisberg kollidiert und benötigten Hilfe. Der Funker der *Frankfurt* ging zu seinem Kapitän, um Bericht zu erstatten.

Als er wieder zurückkehrte, gaben wir ihm durch, dass wir über Bug sanken. Zu diesem Zeitpunkt konnten wir eine deutliche Schlagseite nach vorn bemerken.

Die *Carpathia* antwortete auf unser Signal. Wir teilten ihr unsere Position mit und meldeten erneut, dass wir über Bug sanken. Der Funker ging zu seinem Kapitän, um es ihm weiterzugeben. Nach fünf Minuten kehrte er zurück und berichtete uns, der Kapitän der *Carpathia* ändere seinen Kurs und halte auf uns zu.

GROSSES GEDRÄNGE AN DECK

Mittlerweile hatte unser Kapitän uns wieder verlassen, und Phillips befahl mir, loszulaufen und ihm zu berichten, was die *Carpathia* geantwortet hatte. Ich machte mich auf den Weg und lief durch eine riesige Menge zu seiner Kabine. Auf den Decks wimmelte es vor aufgeregt umherlaufenden Männern und Frauen. Ich sah zwar keine tätlichen Auseinandersetzungen, hörte aber, dass es solche gab.

Als ich zurückkehrte, hörte ich, wie Phillips der *Carpathia* genauere Angaben durchfunkte. Dann sagte er mir, ich solle mich anziehen. Bis zu diesem Zeitpunkt hatte ich gar nicht bemerkt, dass ich unvollständig angezogen war. Ich brachte Phillips einen Mantel. Es war bitterkalt. Ich zog ihm den Mantel über, während er funkte.

Alle paar Minuten schickte Phillips mich mit kurzen Meldungen zum Kapitän. Dabei ging es lediglich darum, dass die *Carpathia* mit voller Kraft Kurs auf uns genommen hatte.

Auf dem Rückweg von einem dieser Gänge bemerkte ich, dass Frauen und Kinder in die Rettungsboote dirigiert wurden. Außerdem fiel mir auf, dass sich die Schlagseite nach vorn verstärkt hatte.

Phillips teilte mir mit, das Funkgerät werde schwächer. Dann kam der Kapitän und berichtete, die Maschinenräume liefen voll, und die Dynamos würden nicht mehr lange arbeiten. Diese Nachricht gaben wir an die *Carpathia* weiter.

Ich ging an Deck und schaute mich um. Das Wasser stand fast bis an das Bootsdeck. Achtern war ein großes Durcheinander, und wie der arme Phillips bei dem Lärm weiterarbeiten konnte, ist mir jetzt noch ein Rätsel.

Er war ein tapferer Mann. In dieser Nacht wuchs er mir ans Herz, und mit einem Mal empfand ich große Achtung für ihn, als ich sah, wie er bei seiner Arbeit blieb, während alle anderen in Panik gerieten. Nie werde ich Phillips' Leistung während der letzten 15 schrecklichen Minuten vergessen.

Ich fand, es sei Zeit, nach etwas Ausschau zu halten, das auf dem Wasser treiben würde. Mir fiel ein, dass jedes Besatzungsmitglied eine persönliche Schwimmweste hatte und auch wissen sollte, wo sie sich befand. Meine lag, so erinnerte ich mich jetzt, unter meiner Koje. Ich holte sie. Dann dachte ich daran, wie kalt das Wasser sein würde.

Ich erinnerte mich daran, dass ich Stiefel besaß, und zog sie an, dazu noch eine weitere Jacke. Phillips harrte noch immer aus und sendete, wobei er der *Carpathia* Einzelheiten darüber durchgab, in welcher Lage wir uns befanden.

Wir empfingen die *Olympic* und meldeten ihr, dass wir über Bug sanken und so gut wie untergegangen waren. Während Phillips die Meldung übermittelte, befestigte ich ihm seine Schwimmweste am Rücken. Den Mantel hatte ich ihm bereits übergezogen. Ich überlegte, ob ich ihm auch die Stiefel anziehen konnte. Er lachte und schlug vor, ich solle hinausgehen und nachschauen, ob alle bereits mit den Booten abgelegt hätten, ob es noch Boote gebe und wie die allgemeine Lage sei.

In der Nähe eines Schornsteins entdeckte ich ein Faltboot und ging darauf zu. Zwölf Männer versuchten, es auf das Bootsdeck hinabzulassen. Sie taten sich äußerst schwer damit. Es war das letzte noch übrig gebliebene Boot. Sehnsüchtig starrte ich es ein paar Minuten an. Dann half ich ihnen, und es rutschte hinab. Alle rannten wie wild auf das Bootsdeck zu, während ich zu Phillips zurückkehrte. Ich sagte ihm, dass nun auch das letzte Rettungsfloß weg war.

Da ertönte die Stimme des Kapitäns. »Männer, ihr habt eure Pflicht erfüllt. Mehr könnt ihr nicht tun. Verlasst eure Kabine. Nun steht jeder für sich allein. Jeder kümmert sich um sich selbst. Ich entlasse euch aus euren Pflichten. So ist es nun einmal: Rette sich, wer kann.«

Ich schaute hinaus. Das Bootsdeck stand unter Wasser. Phillips funkte ununterbrochen weiter, auch noch zehn oder 15 Minuten, nachdem der Kapitän ihn entlassen hatte. Da drang Wasser in unsere Kabine.

Während er arbeitete, geschah etwas, das ich nur sehr ungerne erzähle. Ich war gerade hinten in meiner Kajüte und holte auf Phillips' Wunsch sein Geld. Als ich zur Tür schaute, sah ich einen Heizer oder jemanden vom Unterdeck, der sich von hinten über Phillips gebeugt hatte. Der war zu beschäftigt, als dass er gemerkt hätte, was der Mann vorhatte. Er löste die Schwimmweste an Phillips' Rücken.

Es war ein großer Mann, während ich, wie man sieht, ziemlich klein bin. Ich weiß nicht mehr, was ich in die Finger bekam. Blitzartig erinnerte ich mich, wie sehr Phillips sich auf seine Arbeit konzentrierte – ich hatte ihm die Schwimmweste anlegen müssen, weil er zu beschäftigt dazu gewesen war.

Ich wusste, dass dieser Mann vom Unterdeck seine eigene Schwimmweste besaß und auch wissen musste, wo sie zu finden war.

Mit einem Mal überkam mich das Verlangen, diesen Mann keinen würdevollen Seemannstod sterben zu lassen. Ich wünschte, man hätte ihn kielholen oder über die Planke gehen lassen. Also tat ich meine Pflicht. Ich hoffe, ich habe ihn erledigt; genau weiß ich es nicht. Wir ließen ihn auf dem Kabinenboden des Funkraums zurück, und er rührte sich nicht mehr.

KAPELLE SPIELT RAGTIME

Von achtern erklang die Musik der Kapelle. Es war ein Ragtime – welcher, weiß ich nicht. Danach folgte »Autumn«. Phillips rannte nach achtern, und das war das letzte Mal, dass ich ihn lebend gesehen habe.

Ich ging dorthin, wo ich das Faltboot auf dem Bootsdeck gesehen hatte, und zu meiner Überraschung waren die Männer noch immer damit beschäftigt, es abzustoßen. Wahrscheinlich war nicht ein einziger Seemann unter ihnen. Sie bekamen es jedenfalls nicht hin. Ich ging zu ihnen und half ihnen, als plötzlich eine große Welle das Deck überspülte.

Sie trug das Boot mit sich fort. Ich bekam eine Riemendolle zu fassen und ging mit über Bord. Das nächste, an das ich mich erinnern kann, ist, dass ich mich im Boot befand.

Das war aber nicht alles. Denn ich befand mich zwar im Boot, aber das Boot trieb kieloben auf dem Wasser, und ich schwamm darunter. Ich weiß noch, wie ich merkte, dass ich völlig durchnässt war und auf keinen Fall Luft holen durfte, weil ich unter Wasser schwamm.

Ich wusste, dass ich würde kämpfen müssen, und das tat ich dann auch. Ich weiß nicht mehr, wie ich unter dem Boot wieder herauskam, aber schließlich spürte ich einen Luftzug.

Überall um mich herum waren Männer – Hunderte von ihnen. Die See war übersät mit ihnen, und alle waren auf ihre Schwimmweste angewiesen. Ich spürte, dass ich von dem Schiff weg musste. Es bot in diesem Augenblick übrigens einen wunderschönen Anblick.

Rauch und Funken schossen aus seinem Schornstein. Es musste eine Explosion gegeben haben, doch wir hatten nichts davon gehört. Wir sahen bloß den mächtigen Funkenflug. Der Bug des Schiffes versank nun allmählich im Wasser – wie bei einer Ente, die gründelt. Ich hatte nur noch eins im Kopf – weg vom Sog. Die Kapelle spielte noch immer. Sie muss komplett untergegangen sein.

Dann spielten sie »Autumn«. Ich schwamm mit aller Kraft davon. Ich glaube, ich war 150 Fuß entfernt, als die *Titanic* sank – ganz langsam, mit dem Bug voraus und dem Achterschiff steil in die Luft ragend.

INS BOOT GEZOGEN WORDEN

Als die Wellen schließlich ihr Ruder überspülten, konnte ich nicht den geringsten Sog bemerken. Sie muss so langsam gesunken sein, wie das nur möglich war.

Ich vergaß zu erwähnen, dass wir neben der *Olympic* und der *Carpathia* auch mit einem deutschen Schiff – mit welchem, weiß ich nicht – Kontakt hatten und ihm unsere Position durchgaben. Außerdem waren wir mit der *Baltic* in Verbindung. Das fiel mir wieder ein, als ich zu überlegen begann, welche Schiffe uns zu Hilfe kommen würden.

Schon nach kurzer Zeit glaubte ich, ertrinken zu müssen. Mir war eiskalt. Dann sah ich ein Boot in meiner Nähe und versuchte aus Leibeskräften, zu ihm herüberzuschwimmen. Es war harte Arbeit. Ich hatte mich völlig verausgabt, als sich mir aus dem Boot eine Hand entgegenstreckte und mich an Bord zog. Es war dasselbe Faltboot mit denselben Menschen darin.

Ich hatte gerade genug Platz, mich über die Seite zu rollen. Ich lag einfach nur da und kümmerte mich nicht darum, was um mich herum geschah. Jemand setzte sich auf meine Beine, die bereits zwischen zwei Stäben eingeklemmt und verdreht waren. Ich brachte es aber nicht über mich, den Mann zu bitten, seine Position zu ändern. Ringsherum bot sich ein schrecklicher Anblick: Männer, die im Wasser trieben und ertranken.

Ich blieb liegen, wo ich war und ließ den Mann meine Füße überdrehen. Andere schwammen auf unser Boot zu. Niemand reichte ihnen eine Hand. Auf dem kieloben treibenden Boot saßen bereits mehr Menschen, als es aufnehmen konnte, und es war im Begriff unterzugehen.

Zuerst klatschten die größeren Wellen nur über meine Kleidung. Dann ergossen sie sich aber auch über meinen Kopf, und ich musste mich beim Luftholen in Acht nehmen.

Während wir auf unserem gekenterten Boot trieben und ich

angestrengt nach den Positionslichtern eines Schiffes Ausschau hielt, meinte jemand: »Findet ihr nicht, dass wir ein Gebet sprechen sollten?« Der Mann, der diesen Vorschlag machte, fragte die anderen nach ihrer Religion. Jeder nannte die seine. Einer war Katholik, ein anderer Methodist, wieder ein anderer Presbyterianer.

Man befand, das angemessenste Gebet für alle sei das Vaterunser. Wir sprachen es im Chor, wobei der Mann, der den Vorschlag gemacht hatte, Vorsprecher war.

Die Menschen, die uns retteten, waren großartig. Sie saßen in einem Boot, das richtig herum lag und dessen Aufnahmekapazität bereits erschöpft war. Trotzdem hielten sie auf uns zu und nahmen uns allesamt auf. Irgendwann konnte ich in der Ferne Lichter erkennen und wusste, dass uns ein Dampfer zu Hilfe kam.

Mir war alles gleich. Ich lag nur da, rang nach Luft und spürte den Schmerz in den Füßen. Schließlich ging die *Carpathia* längsseits, und die Menschen wurden an einer Strickleiter hochgehievt. Unser Boot kam näher heran, und man holte uns einen nach dem anderen an Bord.

EIN TOTER AUF DEM RETTUNGSBOOT

Ein Mann war tot. Obwohl meine Füße entsetzlich schmerzten, ging ich an ihm vorbei und trat an die Leiter. Bei dem Toten handelte es sich um Phillips. Er muss auf dem Boot an Erschöpfung und Unterkühlung gestorben sein. Schon vor dem Untergang war er vor Überarbeitung mit seinen Kräften am Ende; trotzdem blieb er auf seinem Posten, bis alles vorüber war. Dann muss er wohl zusammengebrochen sein.

Zu diesem Zeitpunkt dachte ich allerdings kaum darüber nach. Ich dachte an überhaupt nichts mehr. Ich versuchte mich auf der Strickleiter hochzuhangeln. Meine Füßen taten schrecklich weh, aber ich schaffte es nach oben und merkte, wie sich mir von dort Hände entgegenstreckten. Als Nächstes erinnere ich mich daran, dass sich eine Frau in einer Kabine über mich beugte, mir mit der Hand das Haar zurückstrich und das Gesicht rieb.

Ich bemerkte jemand an meinen Füßen und spürte das plötzliche Brennen von Alkohol. Jemand fasste mich unter den Armen. Dann wurde ich auf die Krankenstation gebracht. Das muss früh am Morgen gewesen sein. Ich blieb dort bis gegen Abend liegen, als mir gesagt wurde, dem Funker der *Carpathia* werde »schummrig«, und ob ich nicht aushelfen könne.

Danach kam ich nicht mehr aus dem Funkraum heraus, sodass ich nicht weiß, was sich unter den Passagieren abgespielt hat. Ich bekam weder Mrs. Astor noch die anderen zu Gesicht. Ich tat lediglich meine Arbeit als Funker. Das Ticken des Morsegeräts wollte nicht enden. Mir war klar, dass es ein Trost für die Trauernden sein würde, und ich kam mir vor wie eine Brücke zu den Freunden und der Welt.

Wie hätte ich da Zeitungsanfragen beantworten sollen? Manchmal ließ ich eine Zeitung eine Frage stellen, bekam dann aber gleich einen ganzen Rattenschwanz von Anfragen zu jeder nur erdenklichen Kleinigkeit vorgelegt. Immer wenn ich dann anfing, darauf zu antworten, musste ich an die armen Leute denken, die sehnlichst darauf warteten, dass ihre Botschaften herausgingen oder einer entsprechenden Antwort entgegenfieberten.

Also schaltete ich die Fragesteller ab und sendete stattdessen die persönlichen Botschaften. Und ich glaube, ich habe damit richtig gehandelt.

Hätte die *Chester* einen anständigen Funker gehabt, hätte ich länger mit ihm zusammenarbeiten können. Doch ging er mir mit seiner unerträglichen Unfähigkeit schrecklich auf die Nerven. Ich war noch immer damit beschäftigt, die mir vorliegenden persönlichen Botschaften zu senden, als Mr. Marconi und der Reporter von *The Times* zu mir kamen und mich baten, diesen Bericht vorzubereiten.

Ich hatte wohl noch an die 100 Botschaften vorliegen. Gerne hätte ich sie alle gesendet, weil mir wohler gewesen wäre zu wissen, dass sämtliche Mitteilungen an die wartenden Freunde hinausgegangen wären. Doch mich erwartet ein Sanitäter mit einer Trage, und ich werde wohl mit ihm gehen müssen. Hoffentlich werden meine Füße bald wieder gesund.

Wie die Kapelle weitergespielt hat, war heldenhaft. Zuerst hörte ich sie beim Senden, als sie einen Ragtime für uns spielte. Als ich mit meiner Schwimmweste im Meer trieb und die Kapelle zuletzt sah, stand sie nach wie vor an Deck und spielte »Autumn«. Wie sie das vollbrachte, entzieht sich meiner Vorstellungskraft.

Dies und die Art und Weise, mit der Phillips weitersendete, nachdem der Kapitän ihn von seinen Pflichten entbunden und ihm aufgetragen hatte, sich ab jetzt um sich selbst zu kümmern, sind zwei Dinge, die meiner Ansicht nach alles andere weit übertreffen.

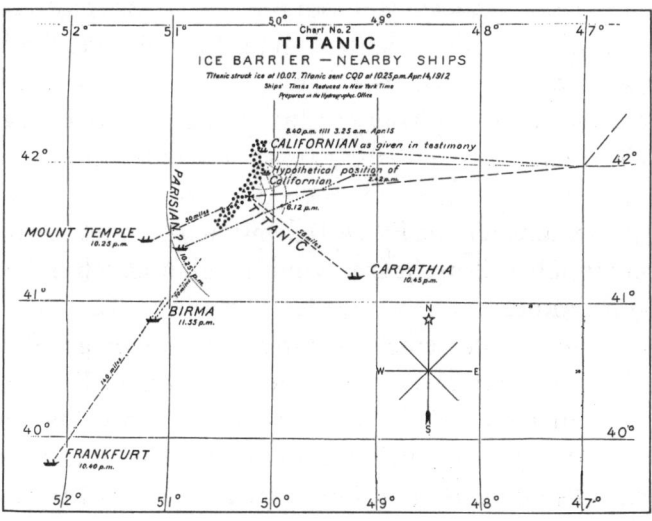

12

»Bericht über die *Titanic*«, von Dr. Washington Dodge und Mrs. Dodge

Original-Artikel aus drei Ausgaben des *San Francisco Bulletin*

vom April 1912

Diese drei in der Ichform gehaltenen Schilderungen des Untergangs der *Titanic* und der anschließenden Rettungsversuche gehören zu den fesselndsten und erschreckendsten unter den zahlreichen Artikeln über diese schreckliche »letzte Nacht der *Titanic*«.

Während die *Titanic* sank, sorgte Dr. Washington Dodge, ein millionenschwerer Finanzier und Taxator der Stadt San Francisco, dafür, dass seine Frau Ruth und sein Sohn Washington sicher in Boot 7 gelangten. Ihm selbst gelang es, sich ins Boot 13 zu retten.

Boot 7 mit einer Kapazität von 65 Passagieren wurde unter dem Kommando von Ausguck George Hogg um 0.45 Uhr von der Steuerbordseite der *Titanic* zu Wasser gelassen. Es war das erste Rettungsboot, welches das Schiff verließ, und hatte gerade mal 27 Personen an Bord – 38 weniger als sein Aufnahmevermögen.

Boot 13, ebenfalls mit einer Kapazität von 65 Passagieren, wurde um 1.40 Uhr unter dem Kommando des Oberheizers Frederick Barrett von der Steuerbordseite der *Titanic* abgefiert. Boot 13 legte als dreizehntes Boot von der *Titanic* ab und hatte lediglich 45 Menschen an Bord, elf weniger als möglich gewesen wäre. Es erreichte die *Carpathia* um 4.45 Uhr am Morgen des 15. April 1912.

Bei ihrer Ankunft in New York stiegen Dr. Dodge und seine Familie im Hotel Wolcott ab. Im Laufe der nächsten Tage sprach er mit Reportern aus der ganzen Welt, und die auf den folgenden Seiten wiedergegebenen zwei Berichte wurden in New York veröffentlicht. Mrs. Dodge diktierte ihre Schilderung bei der Rückkehr der Familie nach San Francisco einem dortigen Reporter in die Feder.

Bestechend an diesen drei Artikeln ist vor allem ihre Ursprünglichkeit: Hier kommt eine Realitätsnähe zum Ausdruck, die nur aus persönlicher Erfahrung rühren kann. (Der Bericht des Funkers Harold Bride über den Untergang und seine Rettung – gleichfalls in diesem Kapitel abgedruckt – legt eine ähnlich starke Aufrichtigkeit an den Tag, offenkundig dadurch geprägt, eine solch entsetzliche Zerreißprobe überlebt zu haben.)

Das Ehepaar Dodge berichtet über einige schreckliche Begebenheiten – beispielsweise sahen die beiden mit eigenen Augen, wie Zwischendeckspassagiere erschossen wurden und ins Meer stürzten. Dr. Dodge erinnert sich außerdem daran, Kapitän Smith habe »Mein Gott!« gerufen, als man ihm meldete, das Schiff habe 18 Grad Schlagseite. Und er schildert den Reportern, wie er den Präsidenten der White Star Line, Bruce Ismay, in einem Rettungsboot vom Schiff habe flüchten sehen.

Mrs. Dodge ihrerseits erzählt von der Fahrt an Bord der *Carpathia* quer durch ein sich über 56 Seemeilen erstreckendes Eisberggebiet, während ihr fünfjähriger Sohn nur einen Schlafanzug und eine Schwimmweste trug. Und sie schildert den Konflikt, der in ihrem Rettungsboot zwischen denjenigen Passagieren herrschte, die zu den im Wasser treibenden Menschen umkehren wollten, und anderen, die drohten, die Besatzung zu überwältigen, falls ein solcher Versuch unternommen werde.

So eindrücklich und fesselnd diese historischen Berichte auch sind, sie unterstreichen nur noch einmal die Tatsache, dass dieser Albtraum – mag man die *Titanic*-Geschichte auch in geradezu mystische Höhen erheben – wirklichen Menschen zustieß, Feiglingen wie Helden. Die Taten der Opfer wie der Überlebenden lassen zwangsläufig in uns die Frage aufkommen, wie wir uns selbst in einer solch surrealen und furchtbaren Situation verhalten hätten.

Taxator von San Francisco erzählt die Geschichte vom Untergang der *Titanic*, den er nach aufregenden Geschehnissen überlebte

NEW YORK, 19. April – Dr. Washington Dodge aus San Francisco gab im New Yorker Hotel Wolcott den folgenden Bericht über den Untergang ab:

»Wir hatten uns in unsere Kabine zurückgezogen, und das Geräusch der Kollision war in keiner Weise Besorgnis erregend. Wir waren gerade eingeschlafen. Meine Frau weckte mich und sagte, mit dem Schiff sei etwas passiert. Wir gingen an Deck, aber alles schien ruhig und in Ordnung.

Das Orchester spielte eine flotte Weise. Nach einiger Zeit fing man damit an, die Rettungsboote abzufieren. Es herrschte wenig Aufregung.«

SCHIFF WAR VERMEINTLICH SICHERER

»Während die Rettungsboote abgefiert wurden, brachten viele Passagiere der 1. Klasse zum Ausdruck, sie zögen es vor, auf dem Schiff zu bleiben. Tatsächlich versicherte man den Passagieren auch fortwährend, es bestehe keinerlei Gefahr, doch als zusätzliche Vorsichtsmaßnahme sollten Frauen und Kinder in den Rettungsbooten Platz nehmen.

Als ich Mrs. Dodge und den Jungen im vierten oder fünften Boot unterbrachte, verlief alles ruhig und gesittet. Ich glaube, insgesamt wurden 20 Boote zu Wasser gelassen. Ich tat, was in meiner Macht stand, um die Ruhe aufrechtzuhalten, doch nach der Wasserung des sechsten oder siebten Boots begann der Aufruhr.

Eine Reihe von Passagieren kämpfte derart verbissen um einen Platz in den Rettungsbooten, dass die Offiziere sie erschossen und ihre Leichen ins Wasser fielen.

Die Kollision ereignete sich um 22.30 Uhr; es war 1.55 Uhr, als das Schiff unterging. Major Archibald Butt stand neben John Jacob Astor, als das Wasser über der *Titanic* zusammenschlug.«

KAPITÄN BEWAHRT RUHE

»Ich sah Colonel Astor, Major Butt und Kapitän Smith gegen 23.30 Uhr beieinander stehen. Zwischen ihnen herrschte keine Spur von Aufregung. Kapitän Smith meinte, es bestünde keine Gefahr.

Die Steuerbordseite der *Titanic* war gegen einen großen Eisberg geprallt, und das Eis türmte sich bis aufs Deck. Keiner von uns begriff jedoch auch nur annähernd, dass das Schiff seinen Todesstoß erhalten hatte.

Mrs. [Isidor] Straus bewies bewundernswerten Heldenmut. Kategorisch weigerte sie sich, ihren Mann zurückzulassen, obwohl sie zweimal eindringlich ersucht wurde, sich in eines der Boote zu begeben. Straus seinerseits lehnte es leidenschaftlich ab, ein Boot zu besteigen, solange noch Frauen an Bord waren.

Lassen Sie mich sagen, dass Colonel Astor, Major Butt, Kapitän Smith und alle Männer in den Kabinen sich in jener schrecklichen Nacht heldenhaft verhielten.

Als der Aufruhr begann, sah ich, wie ein Offizier der *Titanic* zwei Zwischendeckspassagiere erschoss, die versucht hatten, die Rettungsboote zu stürmen. Seitdem habe ich in Erfahrung gebracht, dass insgesamt zwölf Zwischendeckspassagiere erschossen wurden, wobei ein Offizier allein sechs von ihnen niederstreckte. Die Männer und Frauen der 1. Klasse verhielten sich äußerst heldenhaft.«

STEWARD ALS LEBENSRETTER

Einer der Stewards der *Titanic*, mit dem Dr. und Mrs. Dodge bereits auf der *Olympic* einmal den Atlantik überquert hatten, erkannte Dodge, als man gerade das dreizehnte Boot bemannte. Dies war der Moment, in dem die Zwischendeckspassagiere niedergeschossen wurden und eine Reihe von ihnen beim Versuch, in das Boot zu gelangen, körperliche Gewalt anwendete.

Das dreizehnte Boot wurde auf einer Seite ganz mit Kindern besetzt, etwa 20 oder 30, sowie mit einigen Frauen. Alle im Boot waren in Panik geraten und schrien. Der Steward, dem man aufgetragen hatte, das dreizehnte Boot zu übernehmen, packte Dodge und stieß ihn mit den Worten ins Boot, er brauche seine Hilfe bei der Betreuung seiner hilflosen Schützlinge.

Dodge zufolge hörte man beim Ablegen der Boote vom Schiff die Kapelle »Lead, Kindly Light« spielen, und von der *Titanic* stiegen Leuchtraketen hinauf in die wunderschöne, klare Nacht. »Aus der Ferne sahen wir, dass gerade zwei weitere Boote zum Abfieren klargemacht wurden. Auf dem Zwischendeck herrschte Panik, und in diesem Teil des Schiffs wurde der Einsatz von Schusswaffen erforderlich.«

»Nie werde ich den schrecklichen Anblick des großen Dampfers vergessen, als wir uns von ihm entfernten«, berichtete Mrs. Dodge. »Von den oberen Relings winkten helden-

hafte Ehemänner und Väter und warfen ihren Frauen Kuss-
hände in die entschwindenden Rettungsboote zu.«

DR. DODGE BERICHTET VON SEINER RETTUNG
Einige der zu Wasser gelassenen Boote nur halb besetzt – auf Befehl »hineingestolpert«
Von Dr. Washington Dodge

NEW YORK, 20. April – »Am Sonntag gegen 22.00 Uhr, als
meine Frau und ich gerade auf dem Promenadendeck der *Titanic* einen Spaziergang unternahmen, empfanden wir die Luft als
eiskalt – so kalt, dass wir, obwohl dick eingehüllt, wieder hin-
eingetrieben wurden. Zu diesem Temperatursturz war es erst in
den vergangenen zwei Stunden gekommen. Wir gingen zu Bett,
wo wir gegen 23.40 Uhr von einer Erschütterung geweckt wurden, die bei mir den Eindruck erweckte, als ob ein seitlicher Stoß
das ganze Schiff um einen beträchtlichen Winkel verschoben
hätte. Nur in Mantel und Pantoffeln begab ich mich den Niedergang hinauf, begegnete jedoch zu meiner Überraschung niemandem, der sich Sorgen über den Aufprall machte.

Männer in Abendgarderobe standen plaudernd und lachend
herum, und als ein Offizier – seinen Namen kannte ich nicht –
vorbeihastete, fragte ich: ›Gibt es ein Problem?‹ Er gab zurück:
›Etwas stimmt nicht, etwas stimmt mit der Schraube nicht,
nichts Ernstes.‹

Ich kehrte in meine Kabine zurück, wo meine Frau bereits
aufgestanden war, um sich anzukleiden. Ich hielt sie jedoch
davon ab, sich und unseren vierjährigen [sic!] Sohn anzuziehen.

Noch immer nervös, ging ich kurz darauf hoch zum Promenadendeck und sah dort dicht vor der Steuerbordreling eine
große Masse Eis. Auf dem Rückweg in die Kabine begegnete
ich meinem Kabinensteward, mit dem ich schon einmal den

Atlantik überquert hatte. Er raunte mir zu: ›Von unten habe ich gehört, alle sollen die Schwimmwesten anlegen.‹

Ich lief zu meiner Kabine zurück, gab meiner Frau die Nachricht weiter und brachte sie dazu, sich halb angezogen mit dem Kleinen an Deck zu begeben. Die Boote an der Steuerbordseite wurden gerade von ihren Davits abgefiert, aber keiner der Passagiere wollte in sie hinein.«

PLATZ IM BOOT

»Es ging um einen Höhenunterschied von 50 Fuß [etwa 15 Meter] zur Wasseroberfläche, und offenbar rechnete sich jeder aus, auf der ›unsinkbaren *Titanic*‹ sicherer zu sein als in einem kleinen Boot, dessen einzige Antriebskraft aus vier Riemen bestand. Das erste Boot blieb nur halb besetzt, aus dem einfachen Grund, dass niemand an Bord gehen wollte.

Was mich betrifft, so wartete ich ab, dass sich das Rettungsboot füllte. Als ich dann sah, dass mehr als genug Platz darin war, fragte ich den Offizier an der Reling, dessen Namen ich nicht weiß, warum ich nicht auch mitkönne, da noch genügend Platz vorhanden sei. Er erwiderte lediglich: ›Frauen und Kinder zuerst‹, und so scherte das Boot weg.

Bevor man die nächsten Boote abfierte, wurden unruhig gewordene Passagiere durch die Worte der Offiziere besänftigt, der Schaden sei unbedeutend, und für den Fall, dass er sich doch als ernst erweisen sollte, seien mindestens vier Dampfschiffe über Funk herbeigerufen worden und binnen einer Stunde zur Stelle.«

FRAU UND KIND INS BOOT GESETZT

»Ich schaute zu, wie das Boot, in dem sich meine Frau und mein Kind befanden, abgefiert und schließlich sicher auf ebenem Kiel zu Wasser gelassen wurde. Dann ging ich auf die Steuerbordseite des Schiffes, wo man sich daranmachte, die Boote mit ungerader Nummer, von 1 bis 15, abzufieren.

Mir fiel auf, dass nicht genügend Matrosen da waren, um die Boote abzufieren. Als das Schiff letztendlich unterging, hing auch tatsächlich noch ein Boot in den Davits, und eines befand sich an Deck. Der heikle Punkt bei der ganzen Rettungsaktion bestand darin, dass die ersten Boote nicht mehr als 30 Passagiere an Bord hatten, bei vier Seeleuten an den Riemen, während die letzten Boote zwischen 40 und 50 Insassen zählten, doch unter diesen kaum jemanden, der mit den Riemen umzugehen verstand.

Die ganze Zeit über hatte die *Titanic* leichte Schlagseite nach Backbord. Direkt nach der Kollision war Kapitän Smith heraufgeeilt, hatte sich nach der Schräglage erkundigt und bei der Meldung, sie betrage 18 Grad nach Steuerbord, ›Mein Gott!‹ ausgerufen.«

SEEMANN BIETET STRÜMPFE AN

Selbst den grauenhaftesten Geschehnissen wohnt fast stets auch eine Spur Humor inne. So berichtet Mrs. Dodge, einer der Seeleute in dem Boot, das sie an Bord genommen hatte, habe darauf bestanden, sich die Schuhe auszuziehen, und ihr dann seine Strümpfe mit den Worten gegeben: »Ich versichere Ihnen, Madam, dass sie absolut sauber sind. Ich habe sie erst heute Morgen angezogen.«

»Ich wartete, bis ich dachte, das Ende sei gekommen«, fuhr Dr. Dodge fort. »Als man mich aufforderte, in Boot Nummer 13 Platz zu nehmen, sah ich kein Anzeichen mehr von Frauen oder Kindern an Deck. Beim Abfieren gerieten wir fast auf gleiche Höhe mit dem drei Fuß dicken Wasserstrahl, der nach wie vor aus den Kondenswasserpumpen schoss. Wir brüllten los, und der Strahl verebbte. Wie das geschah, entzieht sich meiner Kenntnis.

Eine weitere Gefahr für uns ergab sich aus der Tatsache, dass das Boot, in dem [J. Bruce Ismay] entkam, wegen des Winkels, in dem das Schiff sank, fast unmittelbar über uns schwebte. Hätte es sich nur noch um zehn Fuß angenähert, wären beide Boote gesunken, doch unsere Rufe und Schreie verhinderten auch dieses Unglück.«

»HINEIN INS BOOT«

»Als Boot Nummer 13 von Deck A abgefiert werden sollte, blieb es für mindestens zwei Minuten reglos hängen, während die befehlshabenden Offiziere nach weiteren Frauen und Kindern riefen. Da aber niemand darauf reagierte, sagten die Offiziere (leider kenne ich ihre Namen nicht): ›Ein paar von euch Männern hinein ins Boot‹, und so bin ich ›hinein ins Boot‹.

Als wir mit unserem Boot auf dem Meer schwammen, stellten wir fest, dass die vier Riemen mit geteerten Seilen festgezurrt waren. Keiner von uns hatte ein Taschenmesser bei sich, doch einer brachte mit den Fingern genügend Kraft auf, um eines der Taue aufzuknoten. Das war die einzige Möglichkeit, uns weit genug von der *Titanic* zu entfernen, um aus dem Bereich der Kondenswasserpumpen zu gelangen.

Ich möchte noch einen weiteren Punkt hervorheben: Nur eines der von dieser Schiffsseite abgefierten Boote verfügte über eine Laterne. Wir mussten uns eben jenem Boot, das mit einer ausgestattet war, anschließen, und hätte es diese eine Laterne nicht gegeben, wären viele der anderen Boote möglicherweise abgetrieben und untergegangen.

Wie leicht selbst die leitenden Offiziere auf dem Schiff die Kollision nahmen, beweist die Tatsache, dass der Verantwortliche für das Boot, in dem sich meine Frau befand, seine Män-

ner nicht weiter als eine halbe Meile von der *Titanic* wegru-
dern ließ, da er nach seinen Worten erwartete, bald den Befehl
zum Umkehren zu bekommen.

Dann sahen wir das Schiff untergehen. Sämtliche Lichter
entlang seiner Steuerbordseite waren bis zum Moment des Untergangs nicht erloschen. Danach gab es mehrmals hinterein-
ander einen schrecklichen Knall, entweder durch explodie-
rende Kessel verursacht oder durch nachgebende Schotten.

Danach ruderten wir schlichtweg bis zum Morgengrauen,
bis wir das Backbordlicht der *Carpathia* erblickten und wussten, dass wir uns nun in Sicherheit befanden.«

BOOTE OHNE PASSAGIERE

»Ich empfand es als merkwürdig, dass die ersten beiden abgefierten Boote lediglich ihre Besatzung an Bord hatten. Eine
halbe Stunde später erklärte mir ein Offizier, sie seien in diesem Zustand zu Wasser gelassen worden, um im Falle eines
Unfalls anderer Boote bereitzustehen.

Doch es gab keine Unfälle und damit für diese Boote praktisch nichts zu tun, wodurch viele kostbare Menschenleben
verloren gingen.

Hätte Seegang geherrscht, wüsste ich nicht zu sagen, wie
viele der kleinen Boote ihn überstanden hätten. In meinem
Boot befanden sich weder ein Offizier noch ein Matrose. Die
Männer an den Riemen waren Stewards, die kaum besser ruderten, als ich ein Abendessen servieren kann.

Bis das letzte Rettungsboot abgefiert worden war, herrschten überwiegend Ruhe und Ordnung. Als aber die Offiziere
die Zwischendeckspassagiere mit schussbereiten Revolvern
davon abhielten, das Oberdeck zu betreten, entstand ein heil-
loses Durcheinander.«

ZWISCHENDECKSPASSAGIER ERSCHOSSEN

»Als die Zwischendeckspassagiere nach oben kamen, hatten viele von ihnen Messer, Revolver und Knüppel bei sich und versuchten, sich zu den beiden noch nicht zu Wasser gelassenen Faltbooten durchzukämpfen. Viele von ihnen wurden von den Offizieren erschossen.

Nur eines dieser Faltboote wurde hinabgelassen, doch selbst das landete nicht korrekt auf der Wasseroberfläche. Zwischen 40 und 50 Menschen, die über Bord gesprungen waren, kletterten mühsam hinauf und stellten sich darauf, eng umschlungen, bis es mindestens 40 Zentimeter unter Wasser stand. Sie versuchten alle, sich gegenseitig zu halten, aber als das Boot der *Carpathia* sie erreichte, waren nur noch 16 übrig geblieben.

Der grauenvollste Augenblick in dieser Nacht kam, als die Insassen der Rettungsboote mit ansehen mussten, wie im Moment des Versinkens der *Titanic* ihre vier großen Schornsteine Dutzende der sich auf dem vorderen Oberdeck zusammendrängenden 3.-Klasse-Passagiere in ihre riesigen Schlünde sogen und sie mit in die Tiefe rissen.«

DR. DODGES EHEFRAU BERICHTET VOM UNTERGANG DER *TITANIC*

Nach schrecklichem Erlebnis auf hoher See mit Mann und Sohn nach Hause zurückgekehrt

SAN FRANCISCO, 30. April – In der Bibliothek ihres Hauses an der Washington Street, inmitten eines von Freunden als Willkommensgruß geschickten Blumenmeeres, ließ Mrs. Washington Dodge noch einmal ihre Erlebnisse in jener Nacht Revue passieren, in der die unglückselige *Titanic* unterging.

Dr. und Mrs. Dodge trafen gestern Nachmittag mit ihrem fünfjährigen Sohn, Washington Dodge jr., in der Stadt ein. Die einzige Sorge der Eltern gilt dem Jungen, der schwer erkrankt ist, weil er in der Unglücksnacht der klirrenden Kälte ausgesetzt war.

»Ob es kalt war?«, sagte Mrs. Dodge. »Sie können sich vorstellen, wie kalt es war, wenn ich Ihnen erzähle, dass wir noch 56 Meilen [etwa 104 Kilometer] lang Eisberge passierten, nachdem wir an Bord der *Carpathia* gekommen waren. Der Kleine hatte nur seinen Schlafanzug und eine Schwimmweste an.

Ich glaube, es ist töricht, an dieser Stelle von Heldentum zu sprechen. Ich habe nichts davon bemerkt. Es ging lediglich darum, abzuwarten, bis man bei den Rettungsbooten an der Reihe war. Weil alle Welt solches Vertrauen in dieses verwünschte Schiff setzte, gab es gar kein heftiges Verlangen, in die Boote zu steigen. Die Offiziere berichteten uns, man stehe telegrafisch in Kontakt mit sieben Schiffen, die zu unserer Hilfe unterwegs seien. Also wähnten die Leute sich an Bord so sicher wie in den Booten. Dass die *Titanic* sinken würde, bevor auch nur eines der sieben Schiffe eintraf, schien völlig undenkbar.

Natürlich verließ ich die *Titanic*, bevor sie im Meer versank. Die Zwischendeckspassagiere waren nicht an Deck gekommen. Tatsächlich ließen wir überhaupt nur wenige an Deck zurück, und darunter waren mehr Männer als Frauen.«

ZWEITES BOOT GENOMMEN

»Das Ganze spielte sich folgendermaßen ab: Es scheint einen Befehl gegeben zu haben, demzufolge sich alle Frauen auf der Backbordseite des Schiffes versammeln sollten. Das Schiff war an der Steuerbordseite beschädigt worden, und schon als ich von Bord ging, hatte es leichte Schlagseite nach Steuerbord. Gehört hatten wir diesen Befehl nicht. Ich befand mich in meiner Kabine und hatte mich nach der Kollision wieder zur Ruhe begeben, als Dr. Dodge hereinkam und sagte, er sei dem Steward begegnet und angewiesen worden, sich die Schwimmweste anzulegen. Ich streifte mir meinen Pelzmantel über das Abendkleid, zog mir die Schuhe ohne Strümpfe an und machte mir auch keine Mühe, sie zuzuknöpfen.

Wir hatten es uns zur Gewohnheit gemacht, uns auf die Steuerbordseite des Schiffes zu setzen, wo sich die Turnhalle befand, und als wir nach oben gingen, hielten wir uns infolgedessen nach Steuerbord. Dort wurden die Boote gerade abgefiert. Mit meinem Jungen stieg ich in das zweite Boot. Auf ihm hatte ein Offizier das Kommando, und es gab auch genug Offiziere, um die Riemen zu besetzen. Mit mir stieg noch eine Reihe anderer Frauen ins Boot, und als damit begonnen wurde, das Boot herabzulassen, sprangen auch die Männer dieser Frauen mit hinein. Ich rief dem Doktor zu, er solle mit uns kommen, doch das lehnte er ab, weil noch etliche Frauen an Deck waren. Außer mir hatte jede Frau in diesem Boot ihren Mann bei sich.«

BOOTE NUR HALB BESETZT

»Ich ging davon aus, dass sich alle Frauen auf der Backbordseite versammelt hatten, weil dies die höher gelegene und damit sicherere Seite war und somit als Letzte untergehen würde. Wir wussten nicht, dass es nicht genügend Boote für alle gab. Tatsächlich waren die ersten Boote nur zur Hälfte besetzt.

Es muss widersprüchliche Befehle gegeben haben, denn anders kann ich mir nicht erklären, wieso einige Frauen nicht von Backbord nach Steuerbord geschickt wurden, um in die von dort abgefierten Boote zu steigen. Mein Mann kam in das dreizehnte Boot. Zu diesem Zeitpunkt waren keine Frauen mehr auf der Steuerbordseite. In dem Boot, in dem er untergebracht wurde, befanden sich weder Frauen noch Besatzungsmitglieder.

Bruce Ismay setzte sich in das fünfzehnte Boot auf der Steuerbordseite. Man ließ es zur gleichen Zeit herab, und der Doktor sagt, er erinnert sich noch daran, weil man befürchten musste, die Boote könnten gegeneinander schlagen, während sie seitlich am Schiff abgefiert wurden.«

DAS SCHREIEN DER TODGEWEIHTEN

»Das Schrecklichste waren die entsetzlichen Schreie, nachdem das Schiff untergegangen war. Wir waren zwar schon eine Meile entfernt, konnten es aber hören – oh, und wie wir es hörten. Es schien sich eine Stunde hinzuziehen, doch in Wirklichkeit hielt es wohl nur kurz an, denn man sagt ja, dass ein Mensch in diesem Wasser nicht länger als eine Viertelstunde überleben kann. Schließlich verebbte es.

Unser Offizier und die Besatzungsmitglieder wollten umkehren und auflesen, wen sie konnten, doch die Frauen im Boot ließen das nicht zu. Im Falle einer Umkehr, so drohten sie, würden ihre Männer, die in der Überzahl waren, ihnen die Riemen wegnehmen. Ich sagte, ich verstünde nicht, warum sie es angesichts dieser schrecklichen Schreie ablehnten, umzukehren. Bis zu meinem Tod werde ich sie nicht vergessen. Ich sagte ihnen: ›Ihr habt eure Männer bei euch, aber woher soll ich wissen, ob mein Mann nicht unter denen ist, die schreien?‹

Sie führten an, wenn wir dorthin umkehrten, wo die Menschen um ihr Leben kämpften, würden die vor Angst verrückten Zwischendeckspassagiere das Boot beim Versuch, hineinzuklettern, zum Kentern bringen oder die Offiziere dazu zwingen, es zu überladen, sodass wir alle verloren wären.«

HYSTERISCHE FRAUEN

»Als die Schreie verklungen waren, wurden zwei oder drei Frauen hysterisch – warum, weiß ich nicht, sie vermissten ja niemanden aus ihrer Familie. Ich versuchte, den Kleinen nicht merken zu lassen, was hier geschah, doch als diese Frauen kreischten, fing er an zu weinen und fragte: ›Wo ist Papa?‹

Dann tat ich etwas, was jeder für merkwürdig hält. Mitten auf hoher See wechselte ich das Rettungsboot. Wir überholten das erste Boot, das nur halb besetzt war. Man erbot sich dort, jemanden von uns an Bord zu nehmen, und um der Hysterie der anderen zu entgehen, wechselte ich die Boote.«

AN BORD DER CARPATHIA

»Das Bewegendste war die Szene an Bord der *Carpathia* während der Rettung. Immer, wenn Boote nach oben gehievt wurden, spähten die Überlebenden herüber, angestrengt bemüht, das Gesicht von jemanden zu erblicken, den sie zurückgelassen hatten. Es waren die frisch Vermählten – alle an Bord hatten natürlich gewusst, dass es junge Bräute waren, hatten sie mit ihren Männern lachen und über die Decks schlendern sehen.

Das angstvolle und enttäuschte Stöhnen, wenn ein Boot nach dem anderen nicht die Erhofften heraufgebracht hatte, war schrecklich, und auch die furchtbare Verzweiflung, die alle befiel, als wir wussten, dass es keine Boote mehr aufzunehmen gab.

Und dennoch bewahrte man sich ein Fünkchen Hoffnung.

›Vermissen Sie noch jemanden?‹, fragten sich die Passagiere gegenseitig, aber niemals: ›Haben Sie jemanden verloren?‹«

Der Steuerbordbug des Wracks oberhalb der Stelle, an der das Schiff den Eisberg streifte.
Emory Kristof/National Geographic Image Collection

Der Bug der Titanic, *im unheimlichen Licht zweier russischer Unterseeboote.*
Emory Kristof/National Geographic Image Collection

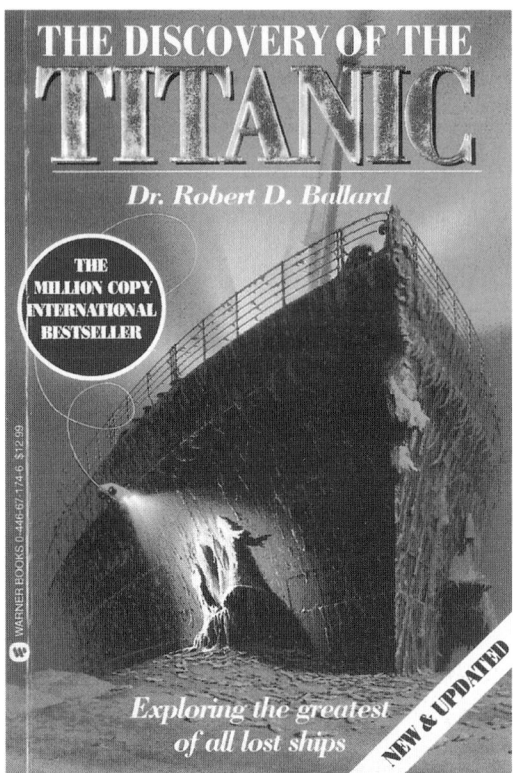

Titelseite von Robert Ballards Aufsehen erregendem Buch über seine Entdeckung des Wracks.
Privatbesitz des Autors

Die Überlebenden Bertram Dean und Eva Hart betrachten Erinnerungsstücke des Schiffes im Merseyside Maritime Museum in Liverpool, darunter auch Kapitän Smiths Paradesäbel (ganz rechts).
Bruce Dale/National Geographic Image Collection

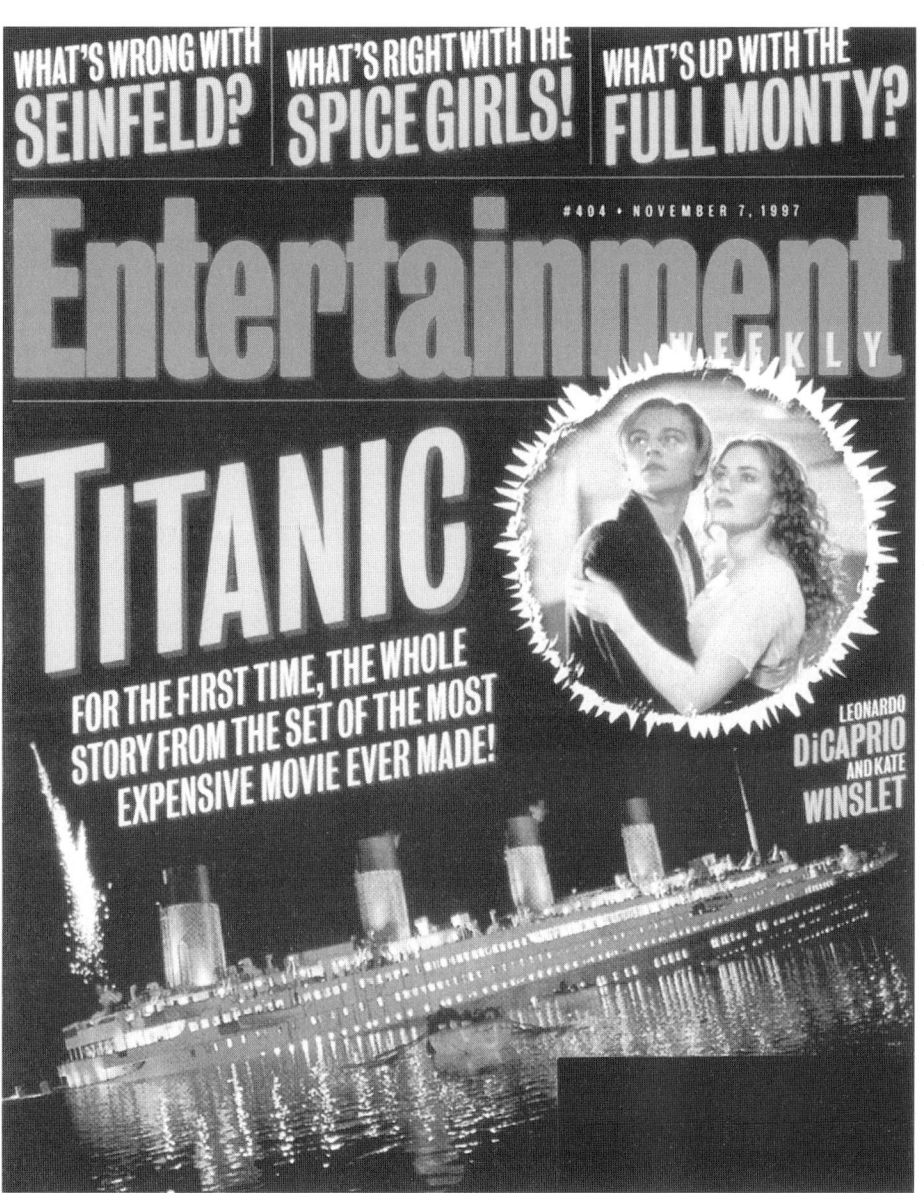

*Ein Beispiel für den Medienrummel, der den erfolgreichsten Film aller
Zeiten umgab.* *Privatbesitz des Autors*

"Heart of the Ocean"™ Necklace.

75 carats.
The Hope Diamond
is only 45.

Exact replica of astonishing he
pendant necklace worn by Rose De
(as portrayed by Kate Winslet), and
movie "Titanic."

Length: 18 inches. Comprised
diamonds linked together in precio
rhodium-plate settings.

Fairly enormous heart-shaped
diamond solitaire, encircled by a si
diamonds, is detachable, enabling necklace to be worn a
solitaire, when mood so dictates.

"Heart of the Ocean" Necklace (N°. HRT10322). Note
replica with a certificate from Twentieth Century Fox. Hing
box. Price: $198. (The original necklace: $3+ million.)

Deferred Billing. No payment 'til June 1, 1998 if you

The J. Peterman Compa
☎ 1-800-231-7341

FREUNDLICHKEIT DER PASSAGIERE

»Die Freundlichkeit der Passagiere der *Carpathia* kann gar nicht lobend genug erwähnt werden.

Sie stellten uns ihre Kabinen zur Verfügung und zogen sich für uns sogar ihre Kleidungsstücke aus. Ich verließ die *Carpathia* in Kleidern, die mir eine Frau gegeben hatte, deren Namen ich nicht kenne und auch nie erfahren werde.«

Daraufhin zeigte Mrs. Dodge die Pumphose, die sie für ihren Kleinen aus einer ihr von einem Seemann überlassenen Decke geschnitten hatte.

»Es tut mir Leid, dass ich nur so wenige Passagiere mit Namen kenne. Insbesondere zwei Männer an Bord hatten jeden Tag das Sonnendeck aufgesucht, um mit dem Kleinen zu spielen, und mit ihnen kamen wir recht häufig ins Gespräch. Diese Männer waren nicht unter den Überlebenden. Ich wünschte, ich hätte sie mit Namen kennen gelernt, damit ich ihren Frauen etwas von den wunderschönen Dingen sagen könnte, die sie gelegentlich in den Unterhaltungen über ihr Leben zu Hause erwähnten.«

DIAGRAM IV.—THE LOWERING OF THE BOATS.

"A" DECK
70 feet above
the water

"B" DECK
From which many
of the women were
taken into the boats

13

Leitartikel des
New York Evening Journal
Dienstag, 16. April 1912

Binnen 24 Stunden war die Wahrheit über den Mangel an Rettungsbooten auf der *Titanic* ans Licht gekommen, und schon wurden die ersten Schuldzuweisungen formuliert. Der nachfolgend wiedergegebene leidenschaftliche und zornige Leitartikel erschien am Tag nach dem Untergang der *Titanic* auf der Titelseite des populären *New York Evening Journal*. In diesem Essay macht die Zeitung nicht nur die White Star Line für den schrecklichen Verlust an Menschenleben verantwortlich, sondern wirft auch allen anderen Reedereien vor, ihre Schiffe ohne angemessene Zahl an Rettungsbooten für sämtliche Passagiere und Besatzungsmitglieder auf hohe See zu schicken.

Dieser Leitartikel markierte den Beginn einer Welle der Entrüstung, die schließlich zu mehr Rettungsbooten und sichereren Schiffen führte. Doch für die 1500 Menschen, die auf der *Titanic* ihr Leben verloren, kamen diese Sicherheitsmaßnahmen zu spät.

Das *Titanic*-Verbrechen

Die Kurzsichtigkeit, die moralische Ignoranz und die kriminelle Sorglosigkeit, mit denen es die White Star Company versäumte, genügend Rettungsboote zur Verfügung zu stellen, um ihre Passagiere von einem sinkenden Schiff zu retten, sollte von aller Welt vernichtend und exemplarisch verurteilt werden.

Ein riesiges Dampfschiff, beladen mit Tausenden von Menschen, geht auf ruhiger See langsam unter. Es bleiben genügend Zeit und Gelegenheit, so viele Menschen von Bord zu bringen, wie die Rettungsboote zu fassen in der Lage sind. ABER DIE RETTUNGSBOOTE KÖNNEN NUR WENIG MEHR ALS EIN VIERTEL ALLER MÄNNER, FRAUEN UND KINDER AUFNEHMEN, DIE SICH IN DIE OBHUT DIESER DAMPFSCHIFFGESELLSCHAFT BEGEBEN HABEN!

Was für eine Verhöhnung der modernen Zivilisation! Welche Ironie des technischen Fortschritts! Aus allen vier Himmelsrichtungen ändern Schiffe mit unterschiedlichstem Ziel ihren Kurs und machen sich auf Grund des Gewispers der wundersamen »drahtlosen« Telegrafie daran, die Menschen auf der angeschlagenen *Titanic* zu retten. Aber es ist gar nicht möglich, sie zu retten. Es wurden keine Maßnahmen getroffen, um die Menschen auch nur eine kostbare Stunde länger über Wasser zu halten.

Die *Titanic* war der letzte Schrei und der tadellose Ausdruck der Wissenschaft und Kunst des Schiffbaus. Sie sollte über jeden Makel erhaben und unvergleichlich sein. Sie war mit allem Luxus und allen Bequemlichkeiten des modernen Reisens ausgestattet. DOCH DAS LEBENSNOTWENDIGSTE FEHLTE. Es wurden keine Maßnahmen eingeplant, wie die 2200 Menschen einen Unfall wie den, der sich nun tatsächlich ereignete, ein paar Stunden lang hätten überleben können – einen Unfall der gewöhnlichsten und am wenigsten vermeidbaren Art.

Berichten zufolge ist der Verbleib sämtlicher Rettungsboote der *Titanic* bekannt, und die bereitgestellten Fluchtmittel seien bis an die Grenze ihrer Kapazität genutzt worden. Es sei mit Erfolg alles getan worden, was die Leitung der Gesellschaft sich für einen derartigen Notfall hätte erhoffen können. Die schreckliche Vergeudung von Menschenleben war Bestandteil des Programms, das als Begleitumstand eines solchen Unglücks in betracht gezogen und vorhergesehen worden sein muss.

Die Gesellschaft nahm das Risiko schlichtweg in Kauf. Sie setzte das Leben der Passagiere und Besatzungsmitglieder aufs Spiel in der Hoffnung, dass sich ein Unglück wie dieses nicht ereignen würde.

Die Dampfschiffsinspektion im hiesigen Hafen besitzt eine Statistik über die Rettungsmittel auf der *Olympic*, dem Schwesterschiff der *Titanic*, das in Kapazität und Ausrüstung beinahe identisch ist. Aus diesen Zahlen geht hervor, dass nach den Vorstellungen der Betreibergesellschaft für jeden dritten Passagier an Bord ein Platz in den Rettungsbooten bereitstehen sollte. Weiter ist daraus zu erkennen, dass man in Wirklichkeit für jeden sechsten Passagier einen Platz in den Rettungsbooten vorsah, der sich an Bord der *Titanic* hätte aufhalten können, und etwa für jeden vierten, der tatsächlich an Bord war.

Die White Star Company mag Trost darin finden, dass andere Reedereien gleichfalls schuldig sind. Es scheint in der Tat feste Regel des rücksichtslosen Geizes im transatlantischen Passagierverkehr zu sein, nur einem kleinen Teil der Menschen Rettungsmittel zur Verfügung zu stellen, die sich der Gnade der Reedereien ausliefern.

Es ist ein Märchen, zu behaupten – wie es zur Beschönigung dieses großen Unrechts oft geschieht –, technisch sei es für ein großes Dampfschiff undurchführbar, für eine rasche Wasserung geeignete Rettungsboote in ausreichender Zahl mit sich zu führen. Die Wahrheit ist natürlich die, dass der Erfindergeist der Schiffskonstrukteure für diese Problematik bisher überhaupt nicht bemüht worden ist. Wären die Reedereien bereit, dafür aufzukommen, könnten mit Leichtigkeit tausenderlei Varianten von tragbaren Booten und Faltbooten entwickelt werden.

Diese ganze Angelegenheit scheint einem gewissen Spieler- geist zu unterliegen. In ihrem Drang nach äußerstem Zuwachs an Dividenden verfallen die Reedereien dem Irrglauben, die un- ausweichliche Katastrophe werde immer einen anderen treffen – und nicht ihre eigene Gier und Torheit.

In der Erwartung, das Glück auf ihrer Seite zu haben, setzen sie das Leben von Reisenden aufs Spiel. Sie investieren bereit- willig Geld in jede Verfeinerung des Essens, jedes Einrichtungs- detail von augenfälliger Eleganz und Bequemlichkeit. DIESE INVESTITIONEN BRINGEN RASCHE DIVIDENDE IN FORM VON ÜBERHÖHTEN FAHRPREISEN. Aber dabei wird vorausgesetzt, dass die Passagiere den Mangel an absoluten LEBENSNOTWEN- DIGKEITEN nicht bemerken.

Von nun an nimmt das *Evening Journal* sich vor, Menschen, die den Atlantik von New York aus überqueren, AUF DIESE MÄNGEL AUFMERKSAM ZU MACHEN.

Es muss in dieser Angelegenheit zu einer Reform kommen, und zwar sofort. Amerikaner sollten sich ab sofort weigern, die Überfahrt auf Schiffen anzutreten, die im Falle einer Kolli- sion mit einem Eisberg nur Einrichtungen für Tod und Zer- störung mit sich führen.

Im Verlauf der vergangenen Jahre hat unsere Zeitung mehr- mals auf diese fortwährende Ungeheuerlichkeit aufmerksam gemacht – nie aber ihren Standpunkt mit einem derart tragi- schem Hintergrund untermauern müssen.

Die Reform sollte per Gesetz zur Durchführung gebracht werden – unter schwerster Strafandrohung.

Wie die Dinge stehen, laufen die Schiffe der großen Gesell-

.

schaften unter britischer Flagge unseren Hafen an und unterliegen, was ihre Rettungsmittel betrifft, lediglich den Vorschriften des britischen Handelsministeriums.

Das schreckliche Ereignis von gestern jedoch beweist, dass das britische Handelsministerium sein Geschäft nicht versteht.

Es wird für die Gesetzgebung der Vereinigten Staaten erforderlich, einzuschreiten – zum Schutz derjenigen Bürger der Vereinigten Staaten, welche die Meere befahren.

Die Bundesbehörden sollten unverzüglich daran gehen, neue Vorschriften für britische und alle anderen in amerikanische Häfen einlaufenden Schiffe zu erlassen – Vorschriften, die dazu führen, dass die Rettungsmittel jeden Schiffes der Anzahl seiner Passagiere und Besatzungsmitglieder entsprechen.

Und dies ist keine Angelegenheit, über die man diskutiert und debattiert – um sie dann wieder zu vergessen. Es handelt sich um etwas, das jetzt sofort zu tun ist, solange der Schatten des schrecklichen Ereignisses noch warnend über dem ganzen Land liegt.

Kein seegehendes Schiff darf die Erlaubnis bekommen, aus einem amerikanischen Hafen auszulaufen, ohne zuvor dergestalt mit Rettungsmitteln ausgestattet worden zu sein, dass die gesamte Schiffsbesatzung hoffen darf, noch Tage auf dem Wasser zu überleben, selbst wenn das Schiff – wie es im Falle der *Titanic* geschah – bei ruhiger See untergeht.

14

Zwei Artikel aus dem *Scientific American*

vom April 1912

Im Folgenden verständlichen und maßgeblichen Beitrag über den Untergang der *Titanic* wird die Katastrophe aus einem fast gänzlich wissenschaftlichen Blickwinkel betrachtet. Er kommt zu gut begründeten Schlussfolgerungen (zu hohe Geschwindigkeit, eine nicht ausreichende Anzahl von Rettungsbooten usw.), die sich in den folgenden Monaten und Jahren, im Verlauf der zahlreichen Untersuchungen zur *Titanic*-Katastrophe, allesamt bewahrheiten sollten. Beeindruckend an diesem Artikel ist, dass er lediglich *zwei Wochen* nach Untergang der *Titanic* erschien.

UNTERGANG DES WHITE-STAR-LINERS *TITANIC*

Wie das größte Dampfschiff der Welt
mit 1600 Seelen an Bord sank

Aus dem *Scientific American*, Samstag, 27. April 1912

In der langen Liste maritimer Katastrophen lässt sich keine mit jener vergleichen, welche am Sonntag, dem 14. April, den neuesten und großartigsten aller Ozeanriesen auf seiner Jungfernfahrt über den westlichen Ozean ereilte. Wie auch immer man das Unglück betrachtet – es ist bisher einmalig in seinem lähmenden Schrecken und seiner vielfältigen Bedeutung.

Titanic – das Allerneueste im Schiffbau

Die *Titanic* war der Inbegriff des »Allerneuesten« im Schiffbau. Sie verkörperte nicht nur mehr als jedes andere Schiff das Versprechen von Sicherheit, das wir mittlerweile mit größeren Ausmaßen verbinden, sondern sie enthielt auch jeden seitens der Schiffbauer erdenklichen Schutz gegen Unfälle. Und in ihrer Konstruktion war nicht nur proportional mehr Stahl verarbeitet als in irgendeinem Schiff – selbst unter den neuesten Ozeandampfern –, sondern sie wurde außerdem noch auf der führenden Werft Großbritanniens erbaut und von einer Linie in Auftrag gegeben, deren Schiffen man bescheinigte, die stärksten und am sorgfältigsten durchdachten zu sein, die auf den Weltmeeren zu finden sind.

Ungewöhnliche Konstruktionsstärke

Zunächst einmal wies der Boden des Schiffes eine außerordentliche Stärke und Steifigkeit auf. Kiel, Binnenkiel, Längsspanten sowie Innen- und Außenboden verfügten über ein Gewicht, ein Ausmaß und Dicke, welche diejenigen jedes anderen Schiffes übertrafen. Der Boden zog sich weit hoch bis in die Schiffsseiten hinein, und über das konventionelle Spantwerk hinaus war der Rumpf durch tiefe Rahmenspanten verstärkt – Träger von gewaltiger Stärke –, die in häufigen und regelmäßigen Abständen über die gesamte Länge des Schiffs angebracht waren. Die Schiffswände hatte man mit 25 Zentimeter starken Decksbalken verbunden, auf denen ununterbrochene Stahldecks ruhten. Zusätzliche Stärke gewährten die massiven Längsschotten der Kohlenbunker, die sich im Gefolge der Kesselräume erstreckten und durch ihre wasserdichte Konstruktion nebenbei dazu dienten (oder wie man im Hinblick auf den Untergang wohl eher sagen sollte, dazu dienen sollten), Wasser abzuhal-

ten, das möglicherweise durch einen Riss im äußeren Schiffsrumpf in die Kesselräume hätte eindringen können.

Wasserdichte Abteilungen
und Pumpen

Als zusätzlichen Schutz vor dem Untergang hatte man die *Titanic* durch 15 Querschotten in 16 wasserdichte Abteilungen
unterteilt; diese waren so bemessen, dass zwei beliebige von
ihnen geflutet werden konnten, ohne die Schwimmfähigkeit
des Schiffes zu gefährden.

Weiterhin waren sämtliche der zahlreichen Kammern des
zellförmigen Doppelbodens sowie alle 16 Hauptabteilungen
des Schiffes mittels eines ausgeklügelten Rohrsystems mit einer
Reihe gewaltiger Pumpen verbunden, deren Gesamtkapazität
ausreichen sollte, um jeden erdenklichen Wasseranstieg in den
Laderäumen, der bei einem Unfall auf See durch einen Riss im
Schiffsrumpf hätte eintreten können, erheblich zu verzögern.

Größe als Fundament der Sicherheit

Schließlich gab es die durch die riesige Größe des Schiffes be-
dingte Sicherheit vor einem Untergang – ein Schutz, der billi-
gerweise als der effektivste von allen angesehen werden darf.
Denn man kann davon ausgehen, dass bei einem Schaden am
Rumpf das Fluten einer Kammer die Stabilität eines Schiffes
umgekehrt proportional zu seiner Größe beeinflusst, und falls
sich die wasserdichten Türen nicht schließen, hält sich das
Schiff für einen Zeitraum über Wasser, der in etwa proportional zu seiner Größe ist.

Aus vielen guten Gründen glaubten daher die Eigner des
größten Schiffes der Welt, das in Southampton zu seiner ersten
und letzten Reise auslief, es sei unsinkbar.

Und es war auch unsinkbar – zumindest, soweit es jeden nur denkbaren Unfall durch Wind und Wetter oder eine Kollision auf hoher See betraf. Die *Titanic* hätte den Aufprall eines am Bug, achtern oder querab mit ihr zusammenstoßenden Schiffes auffangen und sich über Wasser halten oder sogar einen Hafen ansteuern können. Mit dem Bug voraus und bei der *halben Geschwindigkeit, die man von einer verantwortungsvollen Seemannschaft verlangen kann,* hätte sie auch die Zerreißprobe eines Frontalzusammenstoßes mit einem Eisberg überstehen können – wahrscheinlich ohne tödliche Verletzung.

Die einzige Lebensgefahr

Doch es gab eine Gefahr unserer Meere, der gegenüber dieses mächtige Schiff so hilflos war wie die kleinsten Küstendampfer – ein lang gezogenes, durch das vorspringende Riff eines Eisbergs verursachtes Leck unterhalb der Wasserlinie. Und genau dieses schickte die *Titanic* in nur zweieinhalb Stunden auf den Meeresgrund: Ausgerechnet ihre schiere Größe und die verhängnisvolle Geschwindigkeit, die sie vorwärts trieb, gaben den Ausschlag dafür, dass diese Kollision so schrecklich endete.

Der Höhepunkt von 75 Jahren Entwicklung

Gemeinsam mit ihrem Schwesterschiff *Olympic* bedeutete die *Titanic* einen Meilenstein in der Entwicklung moderner Ozeandampfer – hin zu Schiffen von 1000 Fuß Länge. Die *Britannia* von 1840 war 207 Fuß (etwa 63 Meter) lang, die *Scotia* von 1862 379 Fuß (116 Meter) und die *Bothnia* von 1874 maß 420 Fuß (128 Meter). Die 1881 erbaute *Servia* war das erste Schiff, das mit 515 Fuß (157 Meter) die 500-Fuß-Grenze überschritt. 1903 brachte es die *Campania* auf 625 Fuß (etwa 191 Meter) Länge und die *Oceanic*, deren Länge an Deck sich auf

704 Fuß (etwa 215 Meter) belief, war der erste Dampfer, der die 700 Fuß (etwa 213 Meter) übertraf. Der *Mauritania* fehlten 10 Fuß an 800 Fuß (etwa 244 Meter), und mit fast 100 zusätzlichen Fuß schraubten die *Olympic* und die *Titanic* die Gesamtlänge auf 882,5 Fuß (etwa 269 Meter), die Tonnage auf 46 000 und die Verdrängung auf 60 000. Die indizierte Pferdestärke der *Titanic* betrug 50 000 PS, erzeugt mittels zweier Kolbenmaschinen, die jeweils eine Seitenschraube antrieben, sowie einer einzelnen Turbine als Antrieb für die mittlere Schraube. Das Schiff bot Unterbringungsmöglichkeiten für eine ganze Stadt voller Menschen (3356, um genau zu sein), von denen 750 in der 1. Klasse, 550 in der 2. und 1200 in der 3. Klasse Unterkunft fanden. Die Besatzung bestand aus 63 Offizieren und Seeleuten, 322 Maschinisten, Heizern und Schmierern sowie 471 Stewards, Kellnern usw.

Vor Gefahr durch Eisberge gewarnt worden

Als die *Titanic* Southampton auf ihrer Todesfahrt verließ, hatte sie insgesamt 2340 Passagiere und Besatzungsmitglieder an Bord. Die Reise verlief bis zum Sonntag, dem 14. April, ohne Zwischenfall, als der Funker eine Meldung der *Amerika* erhielt, in der vor einem großen Eisfeld gewarnt wurde, und diese bestätigte. Genau dort hinein führte der Kurs der *Titanic* am Ende des Tages.

Mit voller Fahrt durch das Eisfeld

Die *Titanic* war mit einer gleich bleibenden Geschwindigkeit von annähernd 22 Knoten unterwegs und hatte bis zum Mittag des 14. April, jenes Sonntags, eine Strecke von 545 Meilen (etwa 1010 Kilometer) zurückgelegt; trotz der großen Gefahr, die das voraus liegende Eisfeld darstellte, behielt sie auch am

Sonntagabend offenbar ein Tempo von nicht unter 21 Knoten (etwa 39 km/h) bei. Dies wird deutlich durch die Aussage von Mr. Ismay von der White Star Line, der vor dem Untersuchungsausschuss des Senats angab, man sei mit 70 Umdrehungen gelaufen gegenüber 78 bei äußerster Kraft. Bei äußerster Kraft brachte es die *Titanic* auf 22,5 Knoten (knapp 42 km/h), und 70 Umdrehungen entsprechen etwa 21 Knoten.

Der Kapitän lässt es darauf ankommen

Wie ein solch erfahrener Kommandant wie Kapitän Smith sein Schiff nachts und im Wissen um ein dichtes Eisfeld mit voller Geschwindigkeit antreiben lassen konnte, bleibt ein Rätsel, das wohl nie gelöst werden wird. Freilich, die Nacht war sternenklar und die See absolut glatt. Es handelte sich wohl um die für einen guten Ausguck günstigen Bedingungen, gepaart mit dem Wunsch, auf der Jungfernfahrt des Schiffes eine hohe Durchschnittsgeschwindigkeit zu erzielen, die den Kapitän veranlassten, es »darauf ankommen zu lassen«. Ganz gleich warum – sicher scheint, dass die Maschinen nicht gedrosselt wurden, und dieser Tatsache und keiner anderen muss der Untergang der *Titanic* zugeschrieben werden.

Wäre die *Titanic* mit langsamerer Fahrt unterwegs gewesen, würde sie wahrscheinlich noch heute auf dem Wasser schwimmen.

Der Todesstoß

Am Bug und im Krähennest befanden sich wie üblich Ausgucke, und auf der Brücke strengten Offiziere ihre Augen nach Anzeichen des gefürchteten Eises an, als plötzlich vom Krähennest der Ruf »Eisberg rechts voraus!« kam und sich auf dem Kurs des Schiffes, nur etwa eine Viertelmeile entfernt, ein bedrohlicher Eisberg abzeichnete. Der Erste Offizier gab den Befehl: »Ruder hart Steuerbord.« Das große Schiff sprach gut an und schwenkte rasch nach Backbord; doch es war zu spät. Das Schiff empfing an seinem Steuerbordbug, nahe der Brücke, den Stoß eines todbringenden, unter Wasser liegenden Eisvorsprungs, und bevor es wieder freikam, hatte die mächtige Eisramme die Beplankung und das Gerippe bis mittschiffs aufgerissen und dabei Abteilung nach Abteilung für das Meerwasser geöffnet.

Somit wurden sämtliche Sicherheitsvorrichtungen des prachtvollen Schiffes auf einen einzigen Schlag zunichte gemacht! Zu was hätte es nütze sein sollen, wasserdichte Schotten zu schließen oder die starken Pumpen in Betrieb zu nehmen, wenn das Schiff fast auf der halben Länge dem hereinströmenden Wasser ausgeliefert war? Gewiss hat es nur wenige Minuten der Inspektion bedurft, um den Offizieren des Schiffes vor Augen zu führen, dass die *Titanic* dem Untergang geweiht war.

Halbe Geschwindigkeit hätte das Schiff gerettet

Doch selbst dieser Unterwasserstoß, tödlich in seinem Wesen, hätte sich kaum als verhängnisvoll erwiesen, wenn das Schiff – wie es der Fall hätte sein müssen – mit halber Kraft gelaufen wäre. Denn dann *wäre die Wucht des Aufpralls auf ein Viertel verringert worden.* Die Energie einer beweglichen Masse erhöht sich im *Quadrat* zur Geschwindigkeit. Die 60 000 Tonnen schwere *Titanic* verkörperte bei 21 Knoten eine Energie von 1 161 000 Fußtonnen (etwa 3,5 Milliarden Joule). Bei einer Geschwindigkeit von zehn Knoten (etwa 19 km/h) hätte sich ihre Energie auf 290 250 Fußtonnen (etwa 880 Millionen Joule) reduziert. Man bedenke, dass das riesige, durch eisverseuchtes Gewässer jagende Schiff im Stande war, einen Schlag auszuteilen, der der vereinten Breitseite der 20 Zwölf-Inch*-Geschütze der *Delaware* und der *North Dakota* entspricht – Geschütze, die jeweils 50 000 Fußtonnen (etwa 150 Millionen Joule) an der Mündung freilegen!

Eine Million Fußtonnen Energie am Werk

Dass das Aufschlitzen der zerbrechlichen 3/4-Inch- oder 7/8-Inch-Wandbeplattung und des Zehn-Inch-Gerippes der *Titanic* die Vorwärtsbewegung des Schiffes kaum verzögerte, überrascht nur wenig. Im Verhältnis zur enormen Gesamtmasse des Schiffes war die absorbierte Energie beim Aufreißen des Rumpfes und/oder Bodens so gering, dass die Passagiere die Erschütterung kaum bemerkten.

Newtons Grundgesetze der klassischen Mechanik treten in Kraft.

Doch wäre die Geschwindigkeit nur halb und die Energie nur ein Viertel so hoch gewesen, hätte das Schiff vom Eisberg weggesteuert werden können, bevor mehr als zwei oder drei seiner Abteilungen aufgerissen wurden. Und wäre das Wasser auf diese begrenzt geblieben, hätten die starken Pumpen das Schiff noch viele Stunden über Wasser gehalten – mit Sicherheit jedenfalls, bis eine Flotte zu Hilfe kommender Schiffe auch die letzte Menschenseele vom angeschlagenen Dampfer geholt hätte.

Die überlebenden Augenzeugen beschreiben den Charakter des Aufpralls mit bemerkenswerter Einstimmigkeit als gedämpft. Gepaart mit der allgemeinen Zuversicht in die Unsinkbarkeit des Schiffes und der absoluten Stille auf See wie auf dem Schiff trug dies zweifellos zu der erstaunlichen Tatsache bei, dass es unter den Passagieren nicht zu einer Panik kam.

---

* 1 Inch = 54,4 mm – 12 Inches = 65,3 cm – 3/4 Inch = 40,8 mm – 10 Inches = 54,4 cm

Der Hilferuf

Wie schon im Falle der *Republic* stellte die drahtlose Telegrafie erneut ihren unschätzbaren Wert unter Beweis. Die Kollision ereignete sich um 23.40 Uhr am Sonntagabend auf 41°46′ N und 50°14′ W. Der Hilferuf wurde von mehreren Schiffen empfangen, von denen die *Carpathia*, bei der die Meldung um 0.35 Uhr am Montagmorgen einging, sich in der größten Nähe zur Unglücksstelle befand: nämlich 58 Meilen (etwa 107 Kilometer) von der *Titanic* entfernt. Nachdem er eine zusätzliche Wache postieren lassen hatte, ging ihr Kapitän auf volle Kraft voraus und erreichte den Ort der Katastrophe um 4.00 Uhr früh.

Der Hohn mit den Booten

Während das Schiff rasch unter ihnen versank, verblieben der unglücklichen Menge als letzte Hoffnung die Boote. Die Boote! Insgesamt 20, mit einer maximalen Aufnahmekapazität von etwa 1000 Personen – bei 2340 Menschen an Bord!

Ein Schandfleck auf der Weste des britischen Handelsministeriums

Seit Jahren lässt sich das britische Handelsministerium – weltbekannt für die Sorgfalt, mit der es das Leben des Einzelnen schützt – die erstaunliche Unregelmäßigkeit zu Schulden kommen, Passagierschiffen der riesigen britischen Handelsflotte zu gestatten, nur einem Drittel ihrer Menschen an Bord Plätze in den Rettungsbooten zur Verfügung zu stellen. Die Strafe für eine solche unsägliche Torheit – beinahe hätten wir sträfliche, brutale Fahrlässigkeit gesagt – mag lange hinausgeschoben worden sein. Doch diese Nacht mit ihrer massenhaften Vergeudung von Menschenleben hinterließ nun einen Schandfleck auf der Weste dieser Institution, der nie wieder beseitigt werden kann! Wären die für die Plätze in den Rettungsbooten erforderlichen Vorschriften der deutschen oder unserer eigenen Regierung angewandt worden, hätte jede Menschenseele an Bord der *Titanic* einen Platz im Rettungsboot gefunden und wäre von einem der zu Hilfe kommenden Schiffe aufgenommen worden.

Sonnenterrasse kontra Sicherheit

Bei dieser sträflichen Reduzierung der letzten Zuflucht für Schiffbrüchige auf ein derart geringes Maß können wir uns kein anderes Motiv als das des kommerziellen Eigennutzes vorstellen, mit dem Ziel, wertvollen Platz zu gewinnen für Restaurants, Sonnenterassen oder andere überflüssige, aber auffällige Attraktionen, die sich in Werbebroschüren und auf Plakaten hervorheben lassen.

Kein Mann der Praxis in diesem Metier kann behaupten, die Bereitstellung von Plätzen in Rettungsbooten für die gesamte Besatzung eines Schiffes wie der *Titanic* sei undurchführbar. Die Entfernung des Deckshauses vom Bootsdeck des Schiffes und die Verwendung dieses Decks für seine eigentliche Bestimmung würde ausreichend Lagerraum für die etwa 60 dafür benötigten Boote schaffen.

Pläne für eine volle Zahl an Booten

Auf der Titelseite dieser Ausgabe präsentieren wir eine Planstudie, in der die Anzahl der Boote auf der *Titanic* von 20 auf 56 erhöht wird und die Zahl der Plätze in den Booten von etwa 1000 auf annähernd 3100. Dazu werden die Boote über die ganze Länge der Bootsdeckreling verteilt und zwischen jedem Schornsteinpaar zwei Reihen von jeweils vier Booten querschiffs verstaut. Die Klötze, auf denen diese Boote ruhen, sind mit Rotgussrädern versehen, die auf querlaufenden Rotguss-schienen liegen. Sobald das Boot auf der Schiene bemannt und herabgelassen wird, rollt das nächste Boot binnenbords in die Davits, bereit, um aufgenommen und ausgeschwenkt zu werden, sobald die Talje vom gerade abgefierten Boot losgeworfen wurde. Diese Methode hat den großen Vorteil, dass bei starker Schlagseite des Schiffes praktisch alle Boote zur tiefer liegenden Seite des Schiffes hinübergebracht werden können.

Ist ein Mensch mehr wert als ein Schaf?

»Aber das bedeutet zusätzliche Oberlast«, wirft der Expedient ein, »Verlust an wertvollem Raum und erhebliche Kosten für Installation und Wartung«, worauf wir mit den Worten eines gewissen ehrwürdigen Buches erwidern: »Um wie viel also wiegt das Leben eines Menschen mehr als das eines Schafs?«

Ein Licht in der Dunkelheit

Gewiss gab es in allen Annalen menschlichen Heldentums kein quälenderes und zugleich so beflügelndes Kapitel wie jenes, das die Presse aus den Mitleid erregenden Überresten jener Nacht des aufopferungsvollen Schreckens zusammentrug. Ihre herzzerreißende Geschichte erfüllt uns mit einem neuen Gefühl des Göttlichen in uns, mit einem frohlockenden Vertrauen in den ewigen, stetigen Aufschwung der menschlichen Rasse.

Wie das große Schiff unterging

Fügt man die Augenzeugenberichte der Überlebenden in den Booten zu einem Gesamtbild zusammen, vermag man den Verlauf der Ereignisse leicht zu begreifen, die schließlich zum Untergang des Schiffes führten. Die Überflutung der vorderen Abteilungen brachte es, mit dem Bug voraus, allmählich in eine fast vertikale Position. So verharrte die *Titanic* eine Weile, das Heck steil in der Luft wie eine riesige, beschwerte Spierenboje. Als sie die Senkrechte erreichte, lösten sich die schweren Maschinen und Kessel aus ihren Verankerungen und stürzten nach vorn (nach unten), und da der Wasserdruck bei ihrem Untergang zunahm, zerbarsten die bis dahin achterlichen Abteilungen. Es war das gedämpfte Aufstöhnen dieses »Todesseufzers« des sterbenden Schiffes, das eine Reihe von Überlebenden dazu veranlasste, von platzenden Kesseln und einem auseinander geborstenen Rumpf zu sprechen. Der Rumpf des Schiffes sank jedoch intakt auf den Meeresgrund, abgesehen von den Schäden, die er bei der Kollision erlitten hatte. Als die achterlichen Abteilungen schließlich nachgaben, versank das angeschlagene, mit den Überresten von Maschinen und Kesseln am vorderen Ende beschwerte Schiff, um sich mit dem Bug zuerst zwei Meilen tiefer in den weichen Schlamm des atlantischen Meeresgrunds zu graben. In unserer Vorstellung könnte sie in diesem Augenblick dort aufrecht stehen, mehrere Hundert Fuß über den Meeresgrund hinausragend, eine erhabene Säule der Erinnerung an die 1600 unglücklichen Menschenseelen, die bei dieser unsäglichen Tragödie ihr Leben verloren!

Ehrenbezeugung für die Ingenieure der *Titanic*
Aus dem *Scientific American*, 27. April 1912

Aber dieser Einsatz gilt für jeden Ingenieur und ist nicht an eine Person gebunden, er wird »Pflichterfüllung« genannt. Es gibt kein besseres Beispiel dafür als die Ingenieure der *Titanic,* die weiter ihre Pflicht taten, bis das Schiff krängte und sie mit ihren Maschinen der Länge nach durch den Rumpf geschleudert wurden. Die einfache Feststellung, dass das Licht bis zuletzt gebrannt hat, könnte tatsächlich ihre Grabinschrift sein ...

Lawrence Beesley, »The Loss of the S.S. Titanic«
[deutscher Titel: »Titanic – Wie ich den Untergang erlebte« –
Goldmann-TB 15004, S. 121, Anm. d. Übers.]

Wir können uns die wilde Panik nur ausmalen, die entstanden wäre, wenn die Lichter der *Titanic* schon vor ihrem endgültigen Versinken am Montag, dem 15. April 1912, um 2.20 Uhr erloschen wären. Das große Schiff trieb auf einem tiefschwarzen Meer in mondloser, pechschwarzer Dunkelheit und stellte inmitten der Finsternis doch eine Oase des Lichts dar. Noch beinahe drei Stunden nach ihrer Kollision mit dem Eisberg, bis ihr Heck sich aufbäumte und sie in den Fluten des Atlantiks verschwand, strahlten die Lichter der *Titanic*, dank eines engagierten und selbstlosen Maschinenpersonals, das bis zuletzt auf seinem Posten blieb.

Die Herausgeber und die Redaktion des angesehenen Fachblattes *Scientific American* erkannten, dass die Ingenieure der *Titanic* Helden edelster Kategorie waren. Und dennoch wurde keiner dieser Männer von den Überlebenden in den Tagen nach dem Untergang auch nur erwähnt.

Der folgende Leitartikel war der Versuch des *Scientific American*, das Andenken an das tapfere Maschinenpersonal der *Ti-*

tanic zu wahren, und etwas von dem richtig zu stellen, was sie (zu Recht) als großes Unrecht ansahen.

In der Tatsache, dass die Überlebenden in ihren Erzählungen über die letzten Stunden der *Titanic* die 35 Offiziere des Maschinenpersonals in keinster Weise erwähnen, liegt eine grandiose, tragische Bedeutung. Von den Decksoffizieren wird häufig gesprochen, und viele von ihnen zählen zu den Überlebenden. Das ist natürlich und normal, denn sie besetzten die Posten, die ihre Pflicht ihnen vorschrieb. Auch lesen wir von den Abschieden zwischen ihnen und anderen Offizieren, deren Dienst mit dem Wohlergehen der *Titanic*-Passagiere verknüpft war; und doch findet jene Schar von Männern in keiner Schilderung jener letzten, ereignisreichen Stunden Erwähnung, deren Pflicht sie weit nach unten, in das tiefste Innere des Schiffes berief.

In der Liste der Geretteten taucht nicht ein einziger Name eines diplomierten Ingenieurs auf. Warum diese buchstäbliche Grabesstille? Es kann nur eine Antwort geben: Jeder einzelne Mann der Maschinenwache blieb bis zuletzt auf seinem Posten und ging mit dem Schiff unter. Überdies lässt uns dieses Pflichtbewusstsein glauben, dass auch solche Ingenieure, die keine Wache hatten, freiwillig nach unten eilten, um angesichts der plötzlichen und entsetzlichen Notlage jede nur mögliche Hilfe zu leisten.

Diese heldenhafte Hingabe seitens einer wenig anerkannten Berufsgruppe, deren Bedeutung an Bord vom durchschnittlichen Atlantikpassagier übersehen wird, hinterlässt einen noch tieferen Eindruck, wenn man sich daran erinnert, dass diese Männer auf diesem Schiff vor allen anderen gewusst haben müssen, dass es eine tödliche Wunde erlitten hatte und sich sein Untergang vielleicht um einige Stunden verzögern, keinesfalls aber verhindern lassen würde. Während an Deck Menschen eingedenk der gewaltigen Größe der *Titanic* ausriefen: »Sie kann nicht untergehen!«, standen diese Männer auf dem Doppelboden des Schiffs und mussten wahrscheinlich mit ansehen, wie das vorspringende Riff des Eisbergs die Schiffswände aufschlitzte und dabei Kesselraum für Kesselraum dem erbarmungslos hereinströmenden Wasser auslieferte!

Die Bunker, so erfahren wir, waren quer zum Schiff angebracht. Wenn also die Bilgen oder die Wandbeplattung aufgerissen wurden, muss das Wasser unmittelbar vor den Augen der Ingenieure eingedrungen sein – und kein Anblick lässt den Mut eines Seemanns derart rasch sinken wie dieser. Dennoch gibt es allen Grund zur Annahme, dass nicht ein einziger Mann vor seiner Prüfung zurückschreckte. Die nicht vom Wasser überschwemmten Kesselräume wurden unter Dampf gehalten, die starken Bilgenpumpen versahen bis zur letzten Minute ihren Dienst, und offensichtlich wurde die elektrische Lichtanlage mit größtmöglicher Sorgfalt in Betrieb gehalten. Mit Sicherheit haben schon allein die Pumpen den Untergang des Schiffes wesentlich verlangsamt, und der Wert der von den Elektroingenieuren in dieser Stunde entsetzlicher Anspannung verrichteten Arbeit, welche die Beleuchtung aufrechterhielten, bis die letzte Spur des Schiffes verschwunden war, lässt sich gar nicht hoch genug einschätzen.

15

»Alle gerettet«: Titelseite der *New York Evening Sun*, 15. April 1912

Der TWA-Flug 800 wurde wohl nicht von einer Rakete vom Himmel geholt, Prinzessin Diana mit Sicherheit nicht von den Paparazzi ermordet – und dennoch stellte eine Vielzahl von Nachrichtenstationen in den Neunzigerjahren beides als Tatsache hin.

Es handelt sich dabei keineswegs um ein Phänomen unserer Zeit. Ein überstürztes Urteil zu fällen, gehört innerhalb der Medien mittlerweile zum Alltag, und für eine derartige journalistische Rücksichtslosigkeit lässt sich eine Vielzahl von Gründen finden: die Ausbreitung so genannter »unmittelbarer« Medien (CNN, das Internet und andere), der zunehmende Konkurrenzkampf unter den Nachrichtenquellen um die Aufmerksamkeit von Zuschauern, Lesern und Hörern sowie ein allgemeiner Niedergang professioneller Standards. Aber wie der Aufmacher der *New York Evening Sun* vom 15. April 1912 beweist, ist dieses Phänomen nicht wirklich neu.

Die *Titanic* galt als absolut unsinkbar (siehe Kapitän Jamesons Bemerkungen im zweiten Artikel), und so müssen wir uns fragen, ob es diese Überzeugung war, die Journalisten der *Evening Sun* dazu veranlasste, den Falschmeldungen Glauben zu schenken, die sie schließlich auf ihrer Titelseite abdruckten.

CANSO, N.S., 15. April – Nach der Übernahme seiner Passagiere auf die *Parisian* und *Carpathia* wurde der White-Star-

THE TITANIC UNDER WAY.

Liner *Titanic* heute Nachmittag um 14 Uhr von der *Virginian* der Allan Line nach Halifax geschleppt.

Sobald die Passagiere von Bord waren, schickte die *Virginian* ein Schlepptau zur *Titanic*. Letzen Funkmeldungen zufolge könne kein Zweifel daran bestehen, dass der neue White-Star-Dampfer den Hafen erreicht.

Agenten der White Star Line in Halifax wurden angewiesen, Bergungsschlepper loszuschicken, um die *Virginian* bei ihrem Vorhaben zu unterstützen.

OLYMPIC *SENDET ERSTE HILFSZUSAGE*

Die erste gesicherte Nachricht, die von den Offiziellen der White Star Line im Zusammenhang mit dem Unglück der *Titanic* bekannt gegeben wurde, kam um 23.05 Uhr.

Die Mitteilung lautete wie folgt:

>*Parisian* und *Carpathia* in Bereitschaft für die *Titanic*. *Carpathia* hat 20 Bootsladungen Passagiere aufgenommen. *Baltic* nähert sich. *Olympic* 260 entfernt.«

Kapitän Haddock

Später wurde bekannt, dass die *Virginian* den Schauplatz erreichte, die *Titanic* ins Schlepp nahm und mit ihr auf dem Weg nach Halifax sei.

Die New York, New Haven & Hartford Railroad hat einen Sonderzug eingesetzt, der von New York aus nach Halifax fährt, um die Passagiere der *Titanic* aufzunehmen, die bei Ankunft des Zuges dort an Land gehen werden. Die Strecke verläuft über die Eisenbahnlinien der Boston & Maine, Maine Central, Canadian Pacific und Inter-Colonial. Der Zug kann 710 Passagiere befördern und besteht aus Schlafwagen, Speisewagen und normalen Personenwagen.

Die *Baltic* der White Star Line hat berichtet, 20 Bootsladungen Passagiere der *Titanic* geborgen zu haben. Sie werden wahrscheinlich sofort in diesen Hafen gebracht werden.

Das Einwanderungsbüro des kanadischen Handelsministeriums hat Aufsichtsbeamte nach Halifax entsandt, um das Gepäck der dort abgesetzten Passagiere zu inspizieren und deren raschen Weitertransport zu ihren Zielorten zu erleichtern.

Die *Parisian* ist ein Dampfschiff der Allan Line und war von Boston nach Glasgow unterwegs. Die *Carpathia* gehört zur Cunard Line und war auf dem Weg nach New York. Die *Virginian* ist ein Dampfer der Allan Line und von Halifax unterwegs in Richtung Osten. Die *Baltic* gehört ebenfalls der White Star Line. Sie hatte von New York aus Kurs auf Liverpool genommen und befand sich gestern gegen Mitternacht 355 Meilen (658 Kilometer) südlich von Cape Race. Die *Baltic* war das Schiff, das im Januar 1909 die vom sinkenden Dampfer

Republic geretteten Passagiere zurückbrachte. Damals hatte sie, von einem Funknotruf alarmiert, auf die *Republic* zugehalten, die am Morgen des Unglücks, am 23. Januar, von der *Florida* gerammt worden war. Noch am selben Abend erreichte sie die beiden havarierten Schiffe und stellte fest, dass Passagiere und Besatzungsmitglieder der untergehenden *Republic* an Bord der schwer beschädigten *Florida* geholt worden waren. Passagiere und Besatzungsmitglieder der *Republic* sowie die Passagiere der *Florida*, alles in allem 1650 Personen, wurden auf See zur *Baltic* hinübergeschafft und von dieser nach New York gebracht.

Die *Olympic*, ebenfalls ein Schiff der White Star Line, befand sich eigentlich auf der Rückreise.

Der White Star Liner *Titanic*, das größte Schiff der Welt, war von Southampton aus zu seiner Jungfernfahrt gestartet. Es befanden sich über 2200 Menschen an Bord, darunter viele national und international bekannte Persönlichkeiten, als das Schiff am frühen Morgen vor den Grand Banks von Neufundland mit einem Eisberg kollidierte.

Der Zusammenstoß ereignete sich etwa auf 41°46' N und 50°14' W, etwa 1200 Meilen östlich von Sandy Hook und ungefähr 900 Meilen südöstlich von Halifax.

Die *Titanic* sendete ihre Notrufe über den gesamten Ozean, und aus allen Himmelsrichtungen steuerten Dampfschiffe auf sie zu, um ihr zu Hilfe zu kommen.

BESORGTE FRAGESTELLER IM ÖRTLICHEN BÜRO

White Star Line von Freunden der Passagiere umlagert

Den ganzen Morgen über wurden die hiesigen Büros der White Star Line von Freunden der Passagiere des großen Dampfers umlagert, die genaue Informationen einforderten. Die Telefone liefen heiß vor Anfragen. Die Verantwortlichen der White Star

Line versicherten, das Schiff sei wohlauf und die Passagiere nicht in Gefahr.

Die *Titanic* sollte fahrplanmäßig am kommenden Samstag zu ihrer Rückreise von New York aus in See gehen. Die Nachfrage nach Fahrkarten war so groß, dass es schon 600 Buchungen für die 1. Klasse gab. Diese werden nun allesamt auf andere Schiffe übertragen, wahrscheinlich auf die *Cedric*, die am Dienstag in See stechen sollte, ihre Abreise jetzt aber auf den Samstag verschieben wird.

Heute Morgen schickten die Verantwortlichen der White Star Line zwei Mitteilungen heraus. Die erste war für Kapitän Smith und lautete wie folgt: »8.41 Uhr via Cape Sable – Erwarten besorgt Information bezüglich möglichem Transfer der Passagiere. Franklin.«

P.A.S. Franklin ist der New Yorker Repräsentant der White Star Line.

Eine weitere Mitteilung wurde der Marconi-Telegrafenstation in Camperdown, N.S., mit folgendem Text übermittelt: »8.46 Uhr – Erbitte unverzüglich Informationen über Zustand der *Titanic*. Antwort an dieses Büro. Imodram.«

Imodram ist der Funkcode für das hiesige Büro.

Unter den Besuchern im Gebäude der White Star Line, Broadway Nr. 9, war auch J. P. Morgan jr., der einen Termin mit P.A.S. Franklin hatte, dem Vizepräsidenten der White Star Line. Auf die Frage, ob die auf der Passagierliste aufgeführten Morgans mit ihm verwandt seien, erwiderte Mr. Morgan, dem sei nicht so. Nach dem Gespräch mit Mr. Franklin schien er zuversichtlich, dass die Passagiere sicher von Bord gelangen würden. Ebenfalls in der Menschenmenge gesehen wurden J. Bradley Martin, der frühere US-Senator Clark aus Montana, W.H. Force, der Vater von Mrs. John Jacob Astor sowie der Sekretär von Colonel Astor.

Kapitän Jameson vom amerikanischen Dampfschiff *Saint*

Paul teilte den Journalisten mit, ein Untergang der *Titanic* sei so gut wie ausgeschlossen, da ihre 15 Schotten sie unbegrenzt über Wasser hielten.

KURS AUF HALIFAX

Titanic schleppt sich angeblich auf Küste zu

MONTREAL, 15. April – Um 8.30 Uhr traf in Montreal eine unbestätigte Nachricht aus Halifax ein, derzufolge sich die *Titanic* über Wasser halte und langsam Kurs auf Halifax nehme.

Agenten der Allan Line in Halifax haben keine Nachricht von der *Virginian*. Eine Funkmeldung des Dampfschiffs *Parisian* aus Glasgow besagt, dass sie sich gestern Abend um 20.00 Uhr 330 Meilen vor Sable Island befand, erwähnt jedoch die *Virginian* nicht.

Bis 8.00 Uhr am heutigen Morgen gab es keine neue Nachricht über den White-Star-Liner *Titanic*.

Die letzte direkte Nachricht war um 0.27 Uhr von der *Virginian* weitergeleitet worden. In ihr hieß es, dass der in Seenot geratene Dampfer nach wie vor Hilfe anfordere. Diese letzte Nachricht sei äußerst undeutlich gewesen und habe abrupt geendet.

Marineexperten messen dieser Tatsache keine allzu große Bedeutung zu, da es Dutzende von Gründen gebe, die zu einer Unterbrechung des Funkverkehrs führen könnten. Die Zentrale der Allan Line hier in der Stadt ist nicht im Besitz weiterer Informationen, und auch in Halifax heißt es, man habe nichts Neues in Erfahrung gebracht.

Es kann Mittag oder noch später werden, bis das tatsächliche Schicksal des Dampfers deutlich wird.

KÜSTENWACHSCHIFFE ZU WEIT ENTFERNT

Zollkutter nicht in der Lage, der *Titanic* zu helfen

WASHINGTON, 15. April – In den Dienststellen der Steuerbehörde wurde heute der Plan gefasst, dem beschädigten Dampfer *Titanic* Zollkutter zu Hilfe zu schicken. Nachdem eine Funkverbindung mit dem Kutter *Gresham*, dem derzeit schnellsten Boot und momentan in der Nähe von Boston, hergestellt werden konnte, hieß es, das Schiff werde aller Voraussicht nach angewiesen, dem Ozeanriesen mit voller Kraft zu Hilfe zu eilen. Ebenfalls wahrscheinlich schien, dass der Zollkutter *Androscoggin*, zur Zeit vor der Küste von Maine, zur *Titanic* entsandt wird.

Nach einem Austausch von Funkmeldungen zwischen den Zollkuttern vor New England teilte die Dienststelle dann am späten Vormittag mit, sie werde der *Titanic* keine Hilfe senden.

16

Zwei Artikel aus den *Engineering News,* 1912 erschienen

Vollkommen klare Sternennacht, kein Wind, ruhige See.
Aus der offiziellen Verlautbarung
der White Star Line zur *Titanic*-Katastrophe

Die nachfolgend wiedergegebenen Artikel aus den *Engineering News* vermitteln einen Überblick über die *Titanic*-Katastrophe. Sie beschäftigen sich mit den Auswirkungen des Untergangs auf die transatlantischen Schifffahrtsrouten und setzen sich kritisch mit den offiziellen Anhörungen zur Katastrophe auseinander, die auf beiden Seiten des Atlantiks stattfanden.

Im ersten Artikel findet erstmals ein Umstand Erwähnung, der zunächst für eine irrige Anekdote gehalten wurde, von dem wir jedoch heute wissen, dass er der Wahrheit entspricht: dass nämlich die *Titanic* vor ihrem Untergang in zwei Teile zerbrach.

Der zweite Artikel befasst sich mit der Tatsache, dass die Opfer der *Titanic*-Katastrophe mehrheitlich Amerikaner waren, während die Verantwortung für ihr Leben völlig in britischer Hand lag. Zwar analysiert der Autor die beiden Anhörungen scharfsinnig, gelangt dann jedoch zu der recht anklagenden Schlussfolgerung, bei dem einen Ausschuss habe es sich um ein »Rachegremium«, bei dem anderen um ein »Rechtfertigungs-gremium« gehandelt.

25. April 1912

Der Untergang der *Titanic* und die Auswirkung auf die transatlantischen Schifffahrtsrouten

Eine unmittelbare Auswirkung des Untergangs des White-Star-Liners *Titanic* nach seiner Kollision mit einem Eisberg am 14. April ergab sich aus der Einführung neuer Routen für transatlantische Dampfschiffe, etwa 200 Meilen südlich der vorherigen Sommerrouten.

Die offizielle Verlautbarung zur Katastrophe, herausgegeben von der White Star Line am 21. April, lautet wie folgt:

Die *Titanic* folgte strikt der südlichsten Route in Richtung Westen und änderte ihren Kurs erst ab der Position 42° N, 47° W auf 86° S, längentreu W. Freilich kamen alle Wachoffiziere ums Leben, mit Ausnahme des Vierten Offiziers Boxhall, der im Navigationsraum Beobachtungen auswertete und seine Runden machte. Vollkommen klare Sternennacht, kein Wind, ruhige See. Kein Lee zu erkennen. Bei wachsamem Ausguck mit voller Fahrt voraus, jedoch gedrosselter Verbrauch, wahrscheinlich 21 bis 22 Knoten (41 km/h). Maschinisten allesamt verloren. 23.45 Uhr, 14. April, Schiff sichtet tief liegenden Eisberg rechts voraus. Erster Offizier befiehlt, Steuerbordruder volle Kraft zurück, und schließt alle Abteilungen. Auf Eisberg breit Steuerbordbug aufgelaufen. Leichte Erschütterung, aber mahlendes Geräusch, offensichtlich Öffnung mehrerer Abteilungen an Steuerbord. Boote klargemacht, mit Frauen und Kindern besetzt, abgefiert und unter Führung verantwortlicher Personen ablegen lassen. Schiff sank über Bug um 2.20 Uhr. Alle Boote von Bord außer einem Faltboot. *Carpathia* nahm um 4.00 Uhr auf. Disziplin perfekt.

Der Zeitpunkt des Unglücks wurde in unserer Ausgabe vom 18. April mit 22.25 Uhr angegeben. Dies war jedoch die Zeit, zu der in der Funkstation Cape Race die ersten Meldungen vom Schiffbruch eingingen. Der Zeitunterschied zwischen dieser Station und dem Unglücksort ist der Grund für diese Diskrepanz. Allem Anschein nach ist das Schiff zweieinhalb Stunden nach der Kollision gesunken.

Aus den in der Tagespresse veröffentlichten Berichten von Überlebenden geht zweifelsfrei hervor, dass das Schiff über den Bug sank und bis zum letzten Moment langsam unterging. Die Neigung des Decks zum Bug hin vergrößerte sich ständig, bis sich zuletzt das Heck aus dem Wasser erhob. Einige Beobachter, die das Schiff im letzten Moment verließen, bemerkten, dass die Schrauben zu sehen waren. Erst als sich nur noch ein Teil des Rumpfes, das Heck, über Wasser hielt, kam es zu so etwas wie einem steilen Abtauchen. Der »Sog« des sinkenden Schiffes war jedenfalls weitaus geringer als erwartet.

Abermals den Erzählungen der Überlebenden folgend, blieb die Beleuchtung des Schiffs praktisch bis zum Untergang in Betrieb, was sich als entscheidende Hilfe bei der Beladung und Wasserung der Rettungsboote erwies. In den Berichten einer Reihe von Überlebenden ist von einer Explosion beträchtlichen Ausmaßes die Rede, und einige sind sogar davon überzeugt davon, dass die *Titanic* kurz vor dem Untergang in der Mitte in zwei Teile zerbrach.

Die Dampfschiffe *Carpathia, Virginian, Californian, Frankfurt, Birma, Baltic* und *Olympic* wurden per Funk über die Katastrophe informiert und hielten auf die sinkende *Titanic* zu. Als erstes erreichte die *Carpathia* um etwa vier Uhr früh den Unglücksort und nahm die Überlebenden aus den Rettungsbooten der *Titanic* auf. Ein von der Reederei Norddeutscher Lloyd am 21. April herausgegebener Bericht benennt die Ankunftszeit der *Frankfurt* am Schauplatz der Tragödie mit

10.50 Uhr und fährt fort, dass sie dort die Dampfer *Birma*, *Virginian* und *Carpathia* angetroffen habe.

Nach Aussage des Vierten Offiziers Boxhall vor dem Untersuchungsausschuss des Senats hatte die *Titanic* 14 Rettungsboote an Bord. Zusätzlich gab es zwei »Notboote« und vier Faltboote. Die Aufnahmekapazität der Rettungsboote betrug jeweils 60 Passagiere, während die anderen Boote über Platz für 25 bis 30 Insassen verfügten. Die Gesamtkapazität aller Boote belief sich folglich auf etwa 1000 Personen.

Die Zahl der Überlebenden, die allesamt auf der *Carpathia* nach New York gebracht wurden, beläuft sich auf 705. Die Zahl der verlorenen Menschenleben, darunter auch die, die in den Rettungsbooten an Unterkühlung starben, beträgt 1442. Unter den Geretteten befanden sich 210 Besatzungsmitglieder, und 846 der Toten waren Passagiere. Diese Angaben wurden von W. W. Jeffries, dem leitenden Passagieragenten der White Star Line, am 19. und 20. April an die Presse weitergeleitet.

Die neuen Routen

Die Position der *Titanic*, wie sie in ihren Funknotrufen durchgegeben wurde, war 41°46′ N und 50°14′ W. Ein Blick auf die beigelegte Karte lässt erkennen, dass somit der Kurs etwa 14 oder 16 Seemeilen südlich der regulären Sommerroute in Richtung Westen abwich. Erste Berichte, nach denen die *Titanic* die kürzere Route – die nördliche oder Winterroute – gewählt habe, waren offenkundig falsch.

Die ungefähre Lage der Gruppe von Eisbergen, an denen der Dampfer Schiffbruch erlitt, ist ebenfalls auf unserer Karte verzeichnet. Die Eisberg-Symbole auf der Karte bezeichnen Positionen, an denen in den Tagen vor und nach der Katastrophe von verschiedenen Schiffen Eisberge gesichtet wurden. Der Übersichtlichkeit halber sind nur einige der zahlreichen Berichte, die von der New Yorker Zweigstelle des U.S. Hydrographic Bureau veröffentlicht werden, auf der Karte eingearbeitet.

Der unter dem Einfluss der Labradorströmung stehende südwärts gerichtete Kurs der Eisberggruppe kann mittels der vom Hydrographic Office monatlich herausgegebenen Lotsenkarten verfolgt werden. Die Labradorströmung beschreibt einen Bogen um die Küste von Neufundland und soll unter dem Golfstrom hindurch verlaufen. Das von der Strömung aus dem Norden mitgeführte Eis wird vom Golfstrom aufgenommen und allmählich Richtung Osten befördert, wo es für gewöhnlich vom wärmeren Wasser rasch zum Schmelzen gebracht wird. Die Geschwindigkeit des Golfstroms beträgt in dieser Gegend nur etwa 15 oder 20 Seemeilen (28 bzw. 37 km) pro Tag. Kleine Abweichungen im Verlauf der beiden Strömungen oder eine unterschiedliche Beschaffenheit des Eises selbst erklären dessen Vordringen in südlichere Regionen in manchen Jahren.

Die in Richtung Süden gerichtete Drift des Eises lässt sich auch den Eisberichten entnehmen, die das Hydrographic Bureau von Dampfschiffen erhielt, die jenseits der regulären, von Mitte Januar bis Mitte August benutzten Sommerrouten unterwegs waren. Schon am 29. und 30. März wurde Treibeis gesichtet, sodass manche Dampfer es für ratsam hielten, sich auf einen weiter südlich verlaufenden Kurs zu begeben, um diesen Feldern auszuweichen. Ab dem 3. April wurden immer häufiger Eisberge von beträchtlicher Größe gemeldet, und zwischen dem 10. und dem 20. April gingen 30 bis 40 diesbezügliche, verschiedene Meldungen ein. Für diesen Zeitraum typische Meldungen lauteten, es seien »eine große Anzahl«, »200« und »Hunderte von Eisbergen« gesichtet worden.

In diesem Jahr verläuft das Eis weiter südlich, als dies seit vielen Jahren der Fall ist, und am 16. April gaben die transatlantischen Reedereien eine Vereinbarung bekannt, »derzufolge als

Konsequenz zu den das Eis im Atlantik betreffenden Meldungen« die herkömmlichen Routen dermaßen verschoben werden sollen, dass sie 60 oder 70 Meilen (111 bzw. 130 Kilometer) südlich des durch Eisberge gefährdeten Gebiets verlaufen. Drei Tage später, am 19. April, trat eine Übereinkunft zwischen den Reedereien und dem U.S. Hydrographic Office in Kraft, laut der die Routen noch etwa 100 Meilen (185 Kilometer) weiter nach Süden verlegt wurden, als auf der hier wiedergegebenen Karte dargestellt ist. Die Karte zeigt darüber hinaus die früheren, 1898 festgelegten Routen. Die neuen Routen sind etwa 175 Meilen (324 Kilometer) länger als die früheren Sommerrouten.

Wir danken Lieutenant John Grady von der U.S. Navy, dem Leiter des Hydrographic Office, für seine Hilfe bei der Erstellung der Karte [die die Schiffspositionen in jener Nacht anzeigte].

15. August 1912

Die britischen und die amerikanischen *Titanic*-Untersuchungen

Einen anderen Teil dieser Ausgabe widmen wir einem Abriss des Abschlusssberichte der offiziellen britischen Untersuchung zum Untergang des Dampfers *Titanic*, ergänzt durch die Empfehlungen des US-Senatsauschusses, der vor zwei Monaten zum gleichen Thema seinen Abschlussbericht vorlegte. Merkwürdigerweise und entgegen aller Erwartung sind die beiden Berichte inhaltlich im Wesentlichen gleich; allerdings sorgen die verschiedenen Nationalcharaktere dafür, dass die Durchführung der beiden Untersuchungen und auch die Art, in der die Meinungen der jeweiligen Ausschussmitglieder wiedergegeben werden, eine recht unterschiedliche Tönung annehmen.

Die amerikanische Untersuchung lag in der Hand von Politikern – auch wenn »Staatsmänner« die respektvollere Bezeichnung sein mag. Bei den Ermittlern handelte es sich zumeist um

Anwälte, und zumindest nach außen hin ließen sie sich nicht dazu herab, Experten in Schifffahrtsangelegenheiten zu Rate zu ziehen. Die Untersuchung begann, als der Schrecken der Katastrophe allen noch frisch in Erinnerung war, und nahm zuweilen eher den Charakter der viel geschmähten gerichtsmedizinischen Untersuchung der Todesursache als den einer würdevollen, nüchternen Ermittlung an. Von Unwissen zeugende Fragen und spektakuläre Rhetorik spielten in der eigentlichen Untersuchung eine wesentliche Rolle, und die Öffentlichkeit schenkte dem Ausschuss und seinen etwaigen Erkenntnissen schon bald kein Vertrauen mehr, und zwar bevor dieses Gremium überhaupt zu irgendwelchen Resultaten gelangt war.

Im Gegensatz dazu bestand der britische Ausschuss aus einem von der Regierung bevollmächtigten Kommissar, der über lange Erfahrung in Schifffahrtsangelegenheiten verfügte, sowie aus fünf Assistenten, die entweder Mitglieder der Marine, der Marinereserve oder Schiffbauexperten waren. Die Untersuchung fand statt, nachdem die erste Welle des Schreckens infolge des Unfalls verebbt war, und wurde unter absolut würdevollen Rahmenbedingungen durchgeführt. Über den fachkundigen Charakter des eigentlichen Verfahrens hinaus wurden große Anstrengungen unternommen, eine Reihe von Schiffbauern und Seeleuten vorzuladen, allesamt Fachleute im Bau und Betrieb hochseetauglicher Schiffe.

Der große moralische Unterschied zwischen den beiden Ausschüssen schließlich beruhte auf der Tatsache, dass ein größerer Prozentsatz der Getöteten Amerikaner waren, während die für die Katastrophe verantwortlichen Einzelpersonen und Gesetze zum größten Teil britischer Herkunft waren. Obwohl dies kaum einer der an den Ausschüssen beteiligten Gentlemen zugegeben hätte, handelte es sich im einen Fall um ein Rache-, im anderen Fall um ein Rechtfertigungsgremium.

Trotz dieser erheblichen Unterschiede in Zusammenstellung, Vorgehensweise und Zielsetzung waren die abschließenden Empfehlungen der beiden Ausschüsse – und das Wort »Empfehlungen« möchten wir unterstreichen – in etwa gleich. So empfiehlt der Ausschuss von Senator Smith Rettungsboote für die vollzählige Besatzung eines Schiffes, regelmäßige Bootsübungen, ein ständig besetztes Funkgerät, eine Doppelwand für den Schiffsrumpf, längs verlaufende Schotten und wasserdichte Decks. Das Gleiche empfiehlt Lord Merseys Kommission. Der Unterschied liegt darin, dass das amerikanische Gremium, unkundig in allen maritimen Angelegenheiten, jedoch vollkommen überzeugt von seinem Urteil, dafür plädiert, diese Empfehlung in Vorschriften umzuwandeln, während die britische Kommission, obwohl über keine geringen technischen Kenntnisse verfügend, es ablehnt, letztgültige Verantwortung für sein Gutachten zu übernehmen. An Stelle dessen legt es dessen Lektüre dem entsprechend qualifizierten Handelsministerium eindringlich nahe, bevor letztlich gesetzliche Maßnahmen ergriffen werden. Nur in einem unwesentlichen Detail gibt es einen Unterschied: Die amerikanische Kommission empfiehlt den obligatorischen Einsatz von Suchscheinwerfern, vermutlich zum Sichten von Eisbergen, während das britische Gremium sie auf Grund von Expertenaussagen als zu diesem Zwecke wertlos verwirft. Andererseits hebt die englische Kommission das Fehlen ausreichender Ausgucke auf der *Titanic* hervor, was im amerikanischen Bericht nicht zur Sprache kommt.

So viel zu den technischen Einzelheiten dieser Berichte. Was die Konstruktion des Schiffes und die Unglücksumstände angeht, stimmen die beiden Berichte bis ins Detail überein, wobei der britische Bericht in dieser Hinsicht der schlüssigere ist. In der Frage schließlich, wem die Verantwortung für die Katastrophe zuzuschreiben ist, zeigen sich deutliche Unterschiede. Nach einer etwa nach dem Prinzip französischer Gerichte durchgeführten Untersuchung, derzufolge nämlich jeder so lange als schuldig gilt, bis seine Unschuld bewiesen ist, vermied der amerikanische Ausschuss in seinem Bericht jeglichen Bezug zur Frage der Verantwortung und begnügte sich mit einem kurzen Hinweis auf die Fahrlässigkeit des Kapitäns der *Californian* und mit heftigen Verurteilungen der drahtlosen Übermittlung von Nachrichten *im Anschluss* an den Untergang des Schiffes. Darauf bedacht, nicht zum Nestbeschmutzer zu werden, zog die britische Kommission allen am Verlust des Schiffes Beteiligten eine weiße Weste über (außer dem unglückseligen Kommandanten der *Californian*) und tadelte das Handelsministerium nur milde für seine typisch britische Art, seine Richtlinien über 18 Jahre hinweg nicht überarbeitet zu haben. Darüber hinaus rügte es die transatlantische Seefahrt im Allgemeinen für gewisse, vom Zahn der Zeit angenagte Gewohnheiten, die einer Reform zu unterziehen seien. Tatsächlich lässt sich das Ergebnis der vielen Zeugenaussagen beiderseits des Ozeans auf den uralten Spruch zusammenfassen: »Niemand hat Schuld, aber tut das bloß nicht noch einmal.«

Es darf angemerkt werden, dass der Abschlussbericht des amerikanischen Senatsunterausschusses wesentlich moderater ausfällt als die Worte seines Vorsitzenden, Senator Smith – sowohl während der Anhörungen als auch in der im Originalbericht als Anhang abgedruckten Rede. Man darf wohl annehmen, dass diese Mäßigung auf die anderen Ausschussmitglieder zurückgeht.

Es bleibt nun abzuwarten, inwieweit das übereinstimmende Urteil eines Gremiums amerikanischer Anwälte und eines Gremiums englischer Seefahrtsexperten, jeweils basierend auf vergleichsweise kurzen Untersuchungen einer einzelnen Schifffahrtskatastrophe, von den technischen Experten des britischen Handelsministeriums bestätigt und auf die Vielzahl der unter britischer Flagge fahrenden Schiffe angewendet werden wird.

THE SPHERE

THE MECHANISM BY WHICH THE BOATS WERE LOWERED.

A PAIR OF THE WELIN DAVITS ON BOARD THE "TITANIC"

Eine Auswahl von Artikeln aus dem *Boston Daily Globe*, Ausgabe vom 16. April 1912

Wer die Artikel über die Tragödie der *Titanic* liest, fühlt sich in eine Zeit zurückversetzt, in der die Kommunikation noch ein schwieriges Unterfangen war und es an ein Wunder grenzte, sich präzise Nachrichten zu verschaffen. Sehen wir der Sache ins Auge: Wir sind abgestumpft. Wir leben heute in einer Welt augenblicklicher Kommunikation und halten solch unglaubliche Fortschritte wie eine Express-Postzustellung am nächsten Tag über den halben Erdball oder eine E-Mail rund um die Uhr an jeden Ort der Welt für selbstverständlich.

1912 gab es weder Überseegespräche per Satellitenleitung noch Flugzeuge, die Post nach Europa und zurück beförderten. Und das lange Warten auf genaue Nachrichten und die bange Hoffnung auf die offiziellen Listen mit Überlebenden ließen den Albtraum vom Untergang eines großen Liniendampfers wie der *Titanic* noch grausamer werden.

Die folgenden Zeitungsartikel aus dem *Boston Daily Globe* sind absolut faszinierend. Die öffentliche Versicherung des Vizepräsidenten der White Star Line, Franklin, die *Titanic* habe »genug Rettungsboote gehabt, um alle Passagiere von der *Titanic* zu bringen«, wirkt in der Rückschau erbärmlich. Daneben sprechen aus dem Artikel vom 16. April aus London die Arroganz und der unerschütterliche Glaube jener Zeit, der Mensch als Schöpfer könne die Natur übertreffen.

Kapitän Sealbys kluge Bewertung dessen, was der *Titanic* tatsächlich widerfuhr, ist Ausdruck von 25 Jahren seemännischer Erfahrung. Die Artikel über den Verlust von sieben Millionen Poststücken schließlich unterstreichen, welche Bedeutung der Überseeschifffahrt 1912 zukam.

Die Morgenausgabe

Der Dampfer der White Star Line, *Titanic*, das größte Schiff der Welt, ist gestern Morgen um 2.20 Uhr gesunken. Dies ereignete sich fast genau an der Stelle, an welcher das Schiff vier Stunden zuvor mit einem Eisberg zusammengestoßen war.

Nur 675 der etwa 2200 Menschen an Bord des Dampfers konnten gerettet werden. Sie befinden sich telegrafisch übermittelten Angaben zufolge an Bord des Cunard-Liners *Carpathia* auf dem Weg nach New York.

Es besteht praktisch kein Zweifel mehr, dass mehr als 1500 Menschen mit dem Ozeanriesen untergingen.

Die einzige Hoffnung, dass mehr als 675 der 1300 Passagiere und 800 Besatzungsmitglieder überlebt haben könnten, besteht darin, dass die Allan-Liner *Virginian* oder *Parisian*, die nachweislich in der Nähe der *Titanic* unterwegs waren, die Unglücksstelle erreicht haben und Bergungen vornehmen konnten.

Die *Carpathia* wird mit den Schiffbrüchigen voraussichtlich am Freitagmorgen in New York einlaufen.

Die dürftigen Informationen, die derzeit vorliegen, deuten darauf hin, dass die *Titanic* zur Zeit des Eintreffens der *Carpathia* bei der Unglücksstelle bereits gesunken war und die Schiffbrüchigen aus Rettungsbooten und -flößen geborgen wurden, die von der *Titanic* vor ihrem Untergang zu Wasser gebracht werden konnten.

To Get Results
Advertise Your Wants
In the Daily Globe

The Boston

VOL LXXXI—NO 107.   BOSTON. TUESDAY MORN

TITANIC SIN

Carpathia Picks Up 675
York---Survivors Most

POLICE ORDER
DORR'S ARREST

Lynn Chief Accuses Him of the
Murder of George E. Marsh.

Suspect Said to Have Left Boston
Thursday Night--Auto Found Here.

LYNN, April 15—Though facts were added to facts today with dramatic swiftness, the mystery of the murder of George E. Marsh, the soap manufacturer who was found shot through the heart on the West Lynn boulevard ... is even more baffling tonight than it has been at any time.

Mr Marsh's cane and an automo-

bile cap identified as belonging to William A. Dorr, were found on the boulevard within a few yards of where Marsh's body lay, and the man who found them insists that he picked them up not later than 4:30 p m on Thursday.

If he is given credence, the aged man was murdered in broad day-

Continued on the Second Page.

Daily Globe.

RIL 16. 1912—TWENTY PAGES.   COPYRIGHT, 1912, BY
THE GLOBE NEWSPAPER CO   PRICE TWO CENTS.

KS, 1500 DIE

of 2200---Races for New
Women and Children.

CAPT E. J.
SMITH
Photo by
Bach Bros

Giant Steamer Goes Down
Before Help Arrives.

Virginian or Parisian May
Have Some Survivors

White Star Officials Admit
"Horrible Loss of Life".

Greatest Sea Tragedy in History
Off Newfoundland Coast.

GRÖSSTE MARITIME TRAGÖDIE ALLER ZEITEN

NEW YORK, 15. April – Mehr als 1500 Menschen, so wird befürchtet, sind am frühen Morgen ertrunken, als der riesige White-Star-Liner *Titanic*, der sich auf seiner Jungfernfahrt von Liverpool nach New York befand, innerhalb von vier Stunden nach einer Kollision mit einem Eisberg auf den Meeresgrund vor Neufundland sank.

Von den beinahe 2200 Menschen an Bord des Ozeanriesen, darunter weltweit bekannte Persönlichkeiten, konnten offenbar nur 675 gerettet werden.

Geht man davon aus, dass die ersten Schätzungen über die Anzahl der Todesopfer korrekt sind, handelt es sich bei der Katastrophe um die weltweit größte in der Geschichte der neuzeitlichen Seefahrt.

Am nächsten kommt ihr der Untergang des Dampfschiffes *Atlantic* im Jahr 1873, bei dem 573 Menschen ihr Leben verloren, und jener der *La Bourgogne* von 1898, bei dem es 571 Todesopfer gab.

Sollte sich herausstellen, dass andere Dampfschiffe, namentlich die *Parisian* und *Virginian* der Allan Line, von denen man weiß, dass sie gestern früh in der Nähe der *Titanic* unterwegs waren, weitere Passagiere aufnahmen, könnte sich das Ausmaß der Katastrophe glücklicherweise erheblich reduzieren. Diese Hoffnung bleibt bestehen.

Nachrichten zerstören Hoffnung

Die Neuigkeiten vom Untergang des Dampfers und dem damit einhergehenden Verlust an Menschenleben versetzten New York heute Abend einen schweren Schock. Den ganzen Tag über hatte sich die Hoffnung auf Berichte gestützt, nach denen das Dampfschiff zwar schwer beschädigt wurde, jedoch nicht in Gefahr geriet, zu sinken, und nach denen sämtliche Passagiere sicher von Bord gebracht werden konnten.

Allerdings waren diese Berichte zum größten Teil inoffiziell und stammten allesamt nicht direkt von der Reederei, sodass die unterschwellige Furcht vor schlechten Nachrichten sich nicht zerstreute.

Kurz nach 19 Uhr heute Abend trafen Meldungen über die Funkstation von Cape Race ein, nach denen die *Titanic* am Montagmorgen um 2.20 Uhr im Umkreis von 400 Meilen der tückischen Region der Newfoundland Banks gesunken ist. Dies ereignete sich drei Stunden und 55 Minuten, nachdem der Riesendampfer mit dem Eisberg kollidiert war und so einen tödlichen Stoß erhalten hatte.

Carpathia nimmt Überlebende auf

Diese Nachricht stammte vom Dampfschiff *Carpathia* und wurde vom White-Star-Liner *Olympic* weitergegeben. Sie enthüllte, dass das Unglücksschiff bereits gesunken war, als die nach New York unterwegs befindliche und nach einem Notruf der *Titanic* entgegen eilende *Carphatia* an der Unglücksstelle eintraf.

Auf dem Meer waren lediglich Rettungsboote der *Titanic* auszumachen, und wie aus den dürftigen Meldungen hervorzugehen scheint, die zu später Stunde verfügbar waren, gibt es etwa 675 Überlebende der Katastrophe.

Diese wurden den Mitteilungen zufolge von der *Carpathia* aufgenommen, die sie nun nach New York bringt.

Davon abgesehen, bot sich der *Carpathia* bei ihrer Ankunft ein trostloses Bild. Von dem zehn Millionen Dollar teuren schwimmenden Palast, auf dem annähernd 1400 Passagiere eine Luxusreise auf unsere Seite des Atlantiks unternahmen, blieben nur Wrackteile.

Das größte Schiff der Welt ist untergegangen und hat auf seiner Reise in die Tiefe allem Anschein nach Hunderte von Menschenleben ausgelöscht.

Nur Frauen und Kinder?

Die Nachrichten aus Cape Race enthielten die wichtige Meldung, dass es sich bei den von der *Carpathia* Geretteten fast ausnahmslos um Frauen und Kinder handelte.

Sollte kein anderes Schiff weitere Passagiere des gesunkenen Dampfers aufgenommen haben, könnte dies bedeuten, dass nur wenige Männer von Bord gerettet wurden, denn der Anteil von Frauen und Kindern unter den Passagieren war groß.

So gut wie sicher jedoch würde dies den Verlust der 860 Köpfe zählenden starken Besatzung bedeuten.

In den beiden ersten Klassen befanden sich 230 Frauen und Kinder, doch es ist nicht bekannt, wie viele es unter den 740 Passagiere der 3. Klasse gab.

In der 1. Klasse reisten 128 Frauen und 15 Kinder, in der Zweiten 79 Frauen und 8 Kinder.

Bekannte Persönlichkeiten an Bord

Zu den bekannten Persönlichkeiten unter den Reisenden auf der *Titanic*, deren Schicksal angesichts fehlender Mitteilungen über die Identität der Überlebenden noch ungeklärt ist, gehören Mr. und Mrs. John Jacob Astor; Major Archibald Butt, Berater von Präsident Taft; Charles M. Hayes, Präsident der Grand Trunk Pacific of Canada, mit Frau und Tochter; W. T. Stead; Benjamin Guggenheim; der Künstler F. D. Miller; J. C. Widener aus Philadelphia; Mr. und Mrs. Isidor Straus; J. B. Thayer, Vizepräsident von Pennsylvania Railroad; J. Bruce Ismay; der Theaterdirektor Henry B. Harris sowie Mrs. Harris; Colonel Washington Roebling, Konstrukteur der Brooklyn Bridge.

Hoffnungsschimmer aus Sable Island

Heute Abend, kurz vor 23 Uhr, gab es einen Hoffnungsschimmer in Form einer Nachricht, die vom Funker der Marconi-Station auf Sable Island, nicht weit von der Unglücksstelle entfernt, übermittelt wurde.

Auf eine Anfrage hinsichtlich der Übermittlung von Funknachrichten an die Passagiere der *Titanic* erwiderte er, es sei schwierig, diese zu übermitteln, »da die Passagiere offenbar auf verschiedene Schiffe verteilt worden sind«.

Schon diese vage Andeutung, neben der *Carpathia* könnten auch andere Schiffe Überlebende geborgen haben, wurde von den Tausenden von Freunden und Angehörigen der Reisenden begierig aufgenommen.

Liste der Geretteten

Die Verantwortlichen der White Star Line bemühten sich von acht Uhr bis elf Uhr vergeblich, von der *Olympic* weitere Nachrichten über die *Titanic* zu erhalten. Vizepräsident Franklin sprach um elf Uhr davon, dass man nach wie vor noch an diesem Abend auf den Erhalt einer weiteren Mitteilung hoffe.

Die Reederei versuchte darüber hinaus, Funkkontakt mit der *Carpathia* herzustellen, und bat in einer Nachricht darum, nach Möglichkeit eine vollständige Liste mit den Namen der 675 Überlebenden an Bord der *Carpathia* übermittelt zu bekommen.

Nach Ansicht von Vizepräsident Franklin ist eine solche Liste von größter Bedeutung, denn unter den Verantwortlichen der White Star Line schwand heute Abend die Hoffnung,

dass neben den erwähnten 675 Menschen noch andere überlebt haben könnten.

Wenig Hoffnung bei Allan Line

Bei aller Verwirrung in den Büros wurde die Situation so gelassen wie möglich analysiert. Mr. Franklin führte aus, obwohl er
inständig das Gegenteil hoffe, dürften die Dampfer der Allan
Line, *Virginian* und *Parisian*, die Unglücksstelle kaum rechtzeitig erreicht haben.

Als die *Virginian* am späten gestrigen Abend erstmals den
Empfang des Notsignals S.O.S. bestätigte, war sie ihren Angaben zufolge nicht in der Lage, die *Titanic* vor heute zehn Uhr
zu erreichen. Sie dürfte also frühestens acht Stunden nach dem
Untergang der Titanic an der Unglücksstelle eingetroffen sein.

Ebenso wurde bezweifelt, dass die *Parisian* rechtzeitig zur
Stelle gewesen sein könnte.

Olympic noch immer weit entfernt

Die Frage stellte sich, ob sämtliche männlichen Passagiere freiwillig auf die eigene Rettung verzichteten, um Frauen und Kindern den Vortritt bei den Booten zu überlassen.

»Es gibt auf See keine Vorschrift«, erklärte Mr. Franklin,
»die ein derartiges Opfer erforderlich machen würde. Auf dem
Land wie auf See ist es vielmehr ein Gebot der Höflichkeit, das
ritterliche Männer in Unglückszeiten oft befolgt haben.«

Allgemein sei es so, fügte er hinzu, dass auf See ein solches,
über Leben und Tod entscheidendes Opfer den Frauen des
Zwischendecks ebenso gebracht würde wie denen der 1. und
der 2. Klasse.

Aus den ihnen zur Verfügung stehenden Daten entnahmen
die Verantwortlichen der White Star Line, dass die *Olympic*

zum Zeitpunkt der Übermittlung der Nachricht, gegen 19 Uhr, noch knapp 40 Meilen von der Untergangsstelle der *Titanic* entfernt war.

Zur gleichen Zeit befand sich die *Carpathia* etwa 1080 Meilen östlich von Sandy Hook.

Arm und Reich in Tränen aufgelöst

Der vor den Büros der White Star Line gelegene Bowling Green Park entwickelte sich gestern Abend zum Parkplatz für die zahlreichen Automobile prominenter Bürger, die in die Stadt gekommen waren, um sich aus erster Hand zu informieren.

In der Menschenmenge, welche die Vertreter der Reederei bedrängte, spielten Standesunterschiede keine Rolle mehr. Sämtliche Gesellschaftsschichten waren von tiefer Trauer ergriffen.

Als die hoffnungsvollen Berichte des Nachmittags von der Nachricht vernichtet wurden, dass es offenbar nur 675 Überlebende gab, brachen viele modisch gekleidete Frauen in hysterische Panik aus.

Broadway in Trauer

In der vor dem Gebäude versammelten Menge befand sich auch Vincent Astor, einziger Sohn von Colonel John Jacob Astor. Begleitet wurde er von Colonel Astors Sekretär, A.J. Biddle aus Philadelphia. Nach einem viertelstündigen Gespräch mit Vizepräsident Franklin standen ihnen Tränen in den Augen.

Verwandte von Isidor Straus und einer Reihe weiterer prominenter Passagiere führten ähnliche Gespräche mit Mr. Franklin und zeigten sich entsprechend niedergeschlagen.

In verschiedenen Stadtteilen rückte Bereitschaftspolizei aus, um der Menschenansammlungen Herr zu werden, die sich vor

Zeitungsaushängen bezüglich der *Titanic*-Nachrichten gebildet hatten.

Die Katastrophe lähmte das lebenslustige Viertel rund um den Broadway, denn viele Menschen, die aus den Theatern strömten, hatten Freunde auf dem Dampfschiff. Der Zeitungs-Bezirk war noch lange nach Mitternacht bevölkert.

VERLUST VON MENSCHENLEBEN EINGERÄUMT
Vizepräsident Franklin kann nur das Überleben von 675 der 2200 *Titanic*-Passagiere bestätigen

NEW YORK, 15. April – Der Vizepräsident der White Star Line, Franklin, räumte um 20.40 Uhr ein, der Untergang der *Titanic* habe zu einem »entsetzlichen Verlust an Menschenleben« geführt. Er sei außerstande, die Mitteilung von Associated Press aus Cape Race zu dementieren, derzufolge lediglich 675 der 2330 Passagiere und Besatzungsmitglieder gerettet wurden.

Nach seinen Worten lasse sich der finanzielle Verlust heute Abend noch nicht beziffern. Allerdings sprach er die Befürchtung aus, dass er in die Millionen gehe.

»Das Geld können wir ersetzen, die Menschenleben jedoch nicht«, fügte er hinzu.

»Nach unserem Wissensstand heißt es in Halifax, dass drei Dampfer Passagiere an Bord haben«, ergänzte Mr. Franklin. »Dies sind die *Virginian*, die *Carpathia* und die *Parisian*. Von Kapitän Haddock wissen wir, dass die *Titanic* heute Morgen um 2.20 Uhr gesunken ist. Weiter haben wir von ihm erfahren, dass die *Carpathia* 675 Überlebende an Bord hat.

Ob auch die *Virginian* und die *Parisian* Überlebende an Bord haben, lässt sich zur Stunde nicht mit Sicherheit sagen. Wir haben Kapitän Haddock und unseren Agenten in Halifax gebeten, in Erfahrung zu bringen, ob sich auch an Bord dieser beiden Dampfschiffe Passagiere der *Titanic* befinden.

Allerdings müssen wir befürchten, dass viele Passagiere ihr Leben verloren haben, doch weitere Einzelheiten können wir erst mitteilen, wenn wir genauere Nachrichten von der *Parisian* und der *Virginian* erhalten. Bislang liegen uns keinerlei Informationen vor, dass sich an Bord dieser beiden Dampfschiffe Passagiere der *Titanic* befinden.«

Mr. Franklins Angaben zufolge hat es ausreichend Rettungsboote gegeben, um alle Passagiere von Bord der *Titanic* zu bringen. Er selbst sei noch heute Morgen überzeugt davon gewesen, dass die *Titanic* »unsinkbar« sei und es keinen Verlust an Menschenleben geben würde.

Die erste gesicherte Nachricht sei von Kapitän Haddock gekommen und sofort an die Presse weitergeleitet worden.

LONDON IN UNWISSENHEIT
Schriftstücke, laut denen alle *Titanic*-Passagiere in Sicherheit seien, an die Presse weitergeleitet – Große Aufregung bei Lloyd's

LONDON, 16. April – Einige Londoner Zeitungen druckten heute Morgen die Meldung, sämtliche an Bord der *Titanic* befindlichen Passagiere seien in Sicherheit, und das Schiff sei unterwegs nach Halifax. In den entsprechenden Leitartikeln werden alle Beteiligten dazu beglückwünscht, dass der Erfindergeist des Menschen die Gefahren einer Seereise auf ein Minimum reduziert habe.

In den Spätausgaben erschienen jedoch Berichte über den Untergang der *Titanic* und den Verlust an Menschenleben, sodass das ganze Ausmaß der Katastrophe der britischen Öffentlichkeit erst im Verlauf des Abends bekannt werden dürfte.

Alle Nachrichten zu diesem Thema stammen nach wie vor ausschließlich aus New York. Offenbar existiert noch keine telegrafische Verbindung nach Europa. Einer vor kurzem aus Liverpool empfangenen Meldung zufolge wurden die Verantwortlichen der White Star Line von der *Olympic* über den Untergang der *Titanic* und die Rettung zahlreicher Passagiere und Besatzungsmitglieder in Kenntnis gesetzt.

Die Büros der White Star Line waren den ganzen Tag von einer besorgten Menschenmenge umlagert, die sich aus Freunden und Angehörigen der Passagiere zusammensetzte.

Bei Lloyd's spielten sich gestern turbulente Szenen ab. Die Versicherungsverluste des vergangenen halben Jahres bei Dampfschiffen der größten Klasse sind beispiellos in der Geschichte des Unternehmens. Nach dem Zusammenstoß der *Olympic* mit der *Hawke* haben sowohl die *Delhi* als auch die *Oceana* Schiffbruch erlitten.

Bei Geschäftseröffnung war ein Ansturm auf Rückversicherungen zu verzeichnen, die mit 50 Prozent berechnet wurden und rasch auf 60 Prozent stiegen, um dann bei der Nachricht, die *Titanic* werde nach Halifax abgeschleppt, auf 25 Prozent zurückzugehen.

Man nimmt an, dass auf dem Dampfschiff kaum Bargeld mitgeführt wurde; doch waren erhebliche Versicherungen auf Diamanten und andere Wertgegenstände in der Fracht abgeschlossen worden.

PRÄSIDENT TAFT BESORGT
Warten auf Nachricht seines Beraters, Major Archibald W. Butt, USA, Passagier auf der *Titanic*

WASHINGTON, 16. April – Präsident Taft zeigte sich heute Abend tief besorgt in Erwartung von Nachrichten über seinen persönlichen Berater, Major Archibald W. Butt, der zu den vier Washingtoner Bürgern auf der *Titanic* gehörte. Der Präsident hatte bereits eine Reihe von Anfragen an die Zeitungsbüros sowie an die Reederei richten lassen.

EVENING EDITION—7:30 O'CLOCK

ALL DROWNED BUT 868

About 1232 Lost Lives in the Titantic's Plunge, Greatest Sea Disaster for Years.

EXCITING EVENTS BEFORE TITANIC'S FINAL PLUNGE

Virginian and Parisian Found None Alive.

Women and Children Safe But Few Notable Men.

Carpathia Has Survivors— On Way to New York.

Only Partial List of Them Received Owing to Interruption.

Kein Wort war zu später Stunde aus dem Hause von Colonel Archibald Gracie und dem von Clarence Moore zu bekommen, zwei weiteren Washingtoner Bürgern an Bord der *Titanic*.

FÜR FÜNF MILLIONEN DOLLAR VERSICHERT
Verlust der *Titanic* wesentlich höher –
Diamanten an Bord kommen auf den gleichen Wert

NEW YORK, 15. April – Mitteilungen aus London vom heutigen Abend zufolge war die *Titanic* bei Lloyd's für fünf Millionen Dollar versichert. Weiterhin verlautete, die International Mercantile Marine Company unterhielte einen Überschussfonds, der für den Verlust verwendet werden könnte.

Die Kosten für den Bau des großen Dampfschiffs werden

auf zehn Millionen Dollar geschätzt. Allerdings betonte der Vizepräsident der White Star Line, Franklin, heute, der Wert des Schiffes übersteige nicht acht Millionen Dollar.

Der gesamte finanzielle Verlust, den der Untergang der *Titanic* verursacht hat, beläuft sich jedoch auf ein Vielfaches dieser Summe und kann noch nicht einmal annähernd geschätzt werden. Allgemein geht man davon aus, dass das Schiff Diamanten im Wert von etwa fünf Millionen Dollar an Bord hatte, darüber hinaus einen großen Betrag an Wertpapieren.

Die *Titanic* beförderte 3423 Postsäcke von unbekanntem Wert, die schwerlich in Sicherheit gebracht worden sein dürften.

BEHINDERUNG DURCH AMATEURE
Telegrafenstationen kaum in der Lage, Namen der Überlebenden von der *Carpathia* in Erfahrung zu bringen

Die Einmischung von Amateurfunkern erschwerte es den Stationen in Boston, eine von der *Carpathia* durchgegebene Namensliste korrekt zu empfangen.

In einigen Fällen entsprechen die aufgelisteten Namen nicht den von den Verantwortlichen der White Star Line veröffentlichten Passagierlisten, und in anderen konnten die Funker die Nachnamen nicht deutlich empfangen.

ANSICHTEN VON KAPITÄN INMAN SEALBY
Kapitän des Unglücksschiffs *Republic* glaubt, dass die Seite der *Titanic* aufgerissen wurde

ANN ARBOR, MICHIGAN, 16. April – Kapitän Inman Sealby, Kapitän des Unglücksschiffs *Republic* zum Zeitpunkt dessen Untergangs und heute Juraabsolvent an der University of Michigan, zeigte großes Interesse an der Berichterstattung über den Untergang der *Titanic*. Für ihn stellt es keine Überraschung dar, dass eine Kollison mit einem Eisberg ein vermeintlich absolut sicheres Schiff zum Sinken bringt.

Kapitän Sealby blickt auf 25 Jahre Erfahrung auf dem Atlantik zurück und kennt die großen Gefahren durch Eisberge. Er wies darauf hin, dass die *Titanic* am Vorabend des Tages mit dem Eisberg kollidierte, an dem die Transatlantikdampfer wegen der Eisgefahr von der Nordroute auf die Südroute wechseln.

Seiner Meinung nach stieß die *Titanic* nicht frontal gegen den Eisberg, denn dabei wäre nur ihr Bug beschädigt worden, was kaum zu ihrem Untergang geführt haben könnte. Aus seiner Erfahrung schließt er, dass sie den Eisberg streifte und dieser eine Schiffsseite aufschlitzte sowie Löcher in eine große Zahl von Schotten riss. Sowohl die *Republic* als auch die *Titanic* waren Dampfschiffe der White Star Line.

SOG ALS GRUND VERMUTET
Experten in London erörtern Ursachen –
Sir William White glaubt, dass das Dampfschiff schlichtweg gegen einen Eisberg prallte

LONDON, 16. April – Bei den Expertengesprächen im Zusammenhang mit der möglichen Unglücksursache richtete sich die besondere Aufmerksamkeit auf die Frage, ob möglicherweise ein Sog im Spiel war. Man verweist darauf, dass diese Frage auch bei den Untersuchungen der Kollision zwischen der *Olympic* und der *Hawke* aufkam.

Sir Ernest H. Shackleton weist darauf hin, dass der Schauplatz der *Titanic*-Tragödie 14 Meilen (26 Kilometer) südlich der vermutlich größten Ausdehnung von Eisfeldern liegt.

Sir William White, der berühmte Schiffskonstrukteur, ist überzeugt davon, dass man es im Fall der *Titanic* nicht mit einem Sog zu tun hat, da nach seinen Worten ein Sog abhängig von relativer Geschwindigkeit sei, während ein Eisberg so gut wie stillstehe. Er ist der Ansicht, dass die *Titanic* schlichtweg gegen einen Eisberg prallte.

GROSSE MENGEN AN POST
Mit der Titanic versanken 3500 Säcke mit insgesamt über sieben Millionen Poststücken

NEW YORK, 16. April – Postmeister Edward M. Morgan gab heute bekannt, dass der White-Star-Liner *Titanic* 3500 Postsäcke an Bord hatte. Nach seinen Worten ist es ausgeschlossen, dass diese Post in Sicherheit gebracht wurde, da es in den wenigen Stunden, in denen das Schiff noch auf dem Wasser trieb, an Bord des beschädigten Dampfers beim Beladen und Abfieren der Rettungsboote zu einem hektischen Gedränge gekommen sein müsse.

Da ein üblicher Überseepostsack etwa 2000 Briefe enthält, geht man davon aus, dass alles in allem mehr als sieben Millionen Poststücke verloren gingen.

18

Die Schadenersatzforderung
der »unsinkbaren« Molly Brown

Konsulat der Vereinigten Staaten :
Deutsches Reich – nämlich   :
Staat Preußen   :
Stadt Wiesbaden   :

MARGARET BROWN gibt nach ordnungsgemäßer Vereidigung
an: Ich bin die Anspruchsberechtigte im oben betitelten Rechtsanspruch; der oben erwähnte Rechtsanspruch entspricht
nach meinem besten Wissen der Wahrheit, vorbehalten der
Dinge, die ich auf Grund von Informationen und Glauben
geltend mache, und der Dinge, die ich als wahr erachte.

Vor mir beschworen am
31. Tag im Dezember 1912   Margaret Brown

                                John B. Brewer
                                Konsularagent
                                der Vereinigten Staaten
                                von Amerika

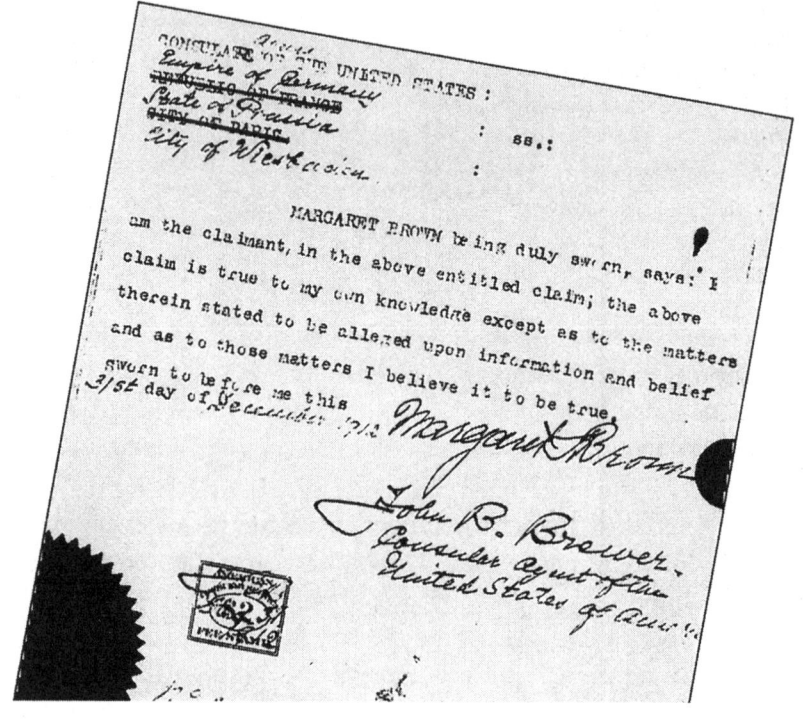

Aufstellung A.

Ausgehpelze	Dollar	300,00
Hermelinkragen		75,00
Hermelin-Operncape		500,00
Kleid aus Brüsseler Spitze		375,00
Persisches Überkleid		175,00
6 Abendkleider (je 75 Dollar)		450,00
Grünes Seidenkleid		175,00
Jacke aus Seehundfell		700,00
4 Kleider (je 200 Dollar)		800,00
1 Halskette	20	000,00
Seltene Spitze		200,00
1 Perlenbrosche		150,00
14 Hüte		225,00
8 Hemdblusen aus Spitze		75,00
6 bestickte Blusen mit Spitze		140,00
Seidenstrumpfwaren		75,00
Lingerie		300,00
Souvenirs (Ägypten)		500,00
3 Kisten antike Modelle für das Museum von Denver		500,00
2 japanische Kimonos		50,00
1 schwarzes Satinkleid		150,00
1 blau-weißes Sergekleid		75,00
3 Abendkleider aus Satin		450,00
1 Kleid aus irischer Spitze		150,00
3 Dutzend Paar Handschuhe		50,00
1 Hut		35,00
6 Paar Schuhe (je 10 Dollar)		60,00
4 maßgefertigte Kleider und 2 Mäntel		500,00
3 Paar Schuhe		36,00
1 Umhängetuch		150,00
4 Paar Abendslippers		16,00
Braunes Samtkleid		200,00
Brauner Samtmantel		100,00
2 schwarze Kleider		150,00
	Dollar 27	887,00

Joseph Conrad
über den Untergang der *Titanic*

Im Jahr 1912 begegneten nicht alle Zeitgenossen der *Titanic*-Katastrophe mit gebührendem Ernst oder betrachteten sie als ein Thema, das keine andere Gefühlsäußerung verdiente als sentimentales, scheinheiliges Bedauern.

Der legendäre britische Schriftsteller Joseph Conrad – Autor solcher Klassiker wie »Lord Jim« (1900, deutsch: »Lord Jim«), »Heart of Darkness« (1902, deutsch: »Herz der Finsternis«), »Nostromo« (1904, deutsch: »Nostromo«) und »The Secret Agent« (1907, deutsch: »Der Geheimagent«) – war 1912, als die *Titanic* unterging, 55 Jahre alt und weltberühmt für seine fesselnden Erzählungen gefährlicher Abenteuer zur See. Er muss die Verpflichtung (zumindest jedoch die Berechtigung) empfunden haben, einen Kommentar zu einer Katastrophe abzugeben, die auf der ganzen Welt für Schlagzeilen sorgte, und er äußerte sich mit dem folgenden Essay.

In »Einige Betrachtungen« nimmt Conrad kein Blatt vor den Mund. (Er warnt schon im Titel seines Essays offen davor, dass er hier schonungslos zur Sache geht, indem er seine »Betrachtungen« als »seemännischer und anderweitiger Natur« bezeichnet.)

Conrad nimmt die Eigner und Erbauer der *Titanic* aufs Korn und lässt auch die feinen Pinkel, die Schlange standen, um eine Fahrkarte für die Jungfernreise zu ergattern, nicht ungeschoren davonkommen. Er knöpft sich das britische Handelsministerium vor, die amerikanischen Eisenbahnen und insbesondere jene Honoratioren, die im Senat der Vereinigten Staaten den Unterausschuss zur Anhörung bezüglich der Katastrophe bildeten.

Ungeachtet seines Standpunkts jedoch ist dieser Essay faszinierend zu lesen und führt uns lebhaft vor Augen, wie leidenschaftlich und lebendig die Debatte über den Untergang der *Titanic* auf beiden Seiten des Atlantiks 1912 geführt wurde.

Wir fühlen uns geehrt, diesen bedeutenden Essay auf den folgenden Seiten wieder abzudrucken. (Er erschien ursprünglich in der Maiausgabe 1912 des *English Review*.)

Einige Betrachtungen, seemännischer und anderweitiger Natur, zum Verlust der *Titanic*

Von Joseph Conrad

Mit gewisser Bitterkeit muss man sich eingestehen, dass die frühere S.S. *Titanic* eine »gute Presse« hatte. Dass die weißen Zwischenräume und die Großbuchstaben der Schlagzeilen, unerfreuliches Resultat der fieberhaften Ausschlachtung eines sensationellen Gottesgeschenks, in meinen Augen unpassend festlich wirkten, mag daran liegen, dass ich nicht regelmäßig die Tageszeitungen studiere (nie zuvor habe ich so viele in meinem Zimmer liegen sehen). Und falls je ein Verlust auf See, in der Sprache eines Ladebriefes, unter die Definition »Höhere Gewalt« fiel, dann ist es dieser – in seinem Ausmaß, seiner Plötzlichkeit, seiner Heftigkeit sowie in dem läuternden Einfluss, den er auf das menschliche Selbstbewusstsein ausüben müsste.

Ich sage dies mit allem Ernst, den die Situation gebietet, obwohl ich weder die Fähigkeiten noch den Wunsch habe, dieses große Unglück, das so viele Menschen der letztgültigen Instanz zuführte, unter theologischem Aspekt zu betrachten. Dies ist nichts als eine natürliche BETRACHTUNG. Um in der Terminologie der Ladebriefe zu bleiben (ein Ladebrief ist ein Schiffsdokument, das in bestimmten Klauseln die Haftbarkeit des Eigners begrenzt), dürften die mehr oder weniger unverhohlenen »Feinde des Königs« nicht allzu traurig darüber sein, dass ein derart verhängnisvolles Unglück das Prestige der größten Handelsmarine der Welt beschädigt. Ich bin überzeugt davon, dass keine tausend Meilen von diesen Gestaden gewisse Presseorgane mit – um es frei heraus zu sagen – eher boshaften Kommentaren in fetten Buchstaben ihre Genugtuung offenbaren.

In welchem Lichte man die Handlungen des amerikanischen Senats zu betrachten hat, ist schwieriger zu beurteilen. Zu sehen, wie die hehren Senatoren einer Großmacht nach New York eilen, um den glücklosen »Yamsi« sozusagen noch am Kai zu piesacken und zu bedrängen, scheint der wahrhaften Tragödie gewissermaßen eine shakespearische komische Note zu verleihen. Einer Tragödie, bei der all jene Menschen törichterweise ertranken, die bis zum letzten Moment ihr Vertrauen in Größe, in leichtfertige Beteuerungen von Geschäftsleuten und Technikern sowie in die verantwortungslosen Zeitungsberichte setzten, in denen diese Schiffe gerühmt wurden! Jawohl, eine bittere komische Note. Man stellt sich die Frage, worauf es diese Männer mit einer solchen absolut provinziellen Zurschaustellung von Autorität anlegen. Meine Freunde in den Vereinigten Staaten bitte ich um Entschuldigung dafür, diese eifernden Senatoren Männer zu nennen. Respektlos will ich freilich nicht sein. Sie mögen die Gestalt von Halbgöttern innehaben, doch aus der weiten Entfernung vom Gestade des geschwächten Europa und im Angesicht so vieler unschuldiger Toter scheint ihre Größe, von hier aus betrachtet, geschwunden. Worauf legen sie es an? Was wollen sie dort herausfinden? Was geschehen ist, wissen wir. Das Schiff schlitzte sich an einem Stück Eis die Flanke auf, sank nach zweieinhalb Stunden des Dahintreibens und nahm eine große Anzahl Menschen mit sich hinab. Was können sie sonst noch herausfinden, indem sie den unglückseligen »Yamsi« ungerecht bedrängen oder grob missbrauchen?

»Yamsi«, sollte ich erläutern, ist nur ein Deckname, und ich benutze ihn hier symbolisch. Ich habe den Handel recht gut kennen gelernt. Ich weiß, was er wert ist, und bringe Großindustriellen keinen nennenswerten Respekt entgegen, doch gegen dieses stümperhafte Vorgehen muss man protestieren. Geht es hier um die Entrüstung über den Verlust derart vieler Menschenleben? Nun, ich darf wohl behaupten, dass die amerikanischen Eisenbahnen im Verlauf eines einzigen Jahres sehr viele Menschen um ihr Leben bringen. Warum also fallen all diese Würdenträger dann nicht über die Präsidenten ihrer Eisenbahnen her, bei denen man nicht weiß, ob sie ein Transportmittel oder eine Art Glücksspiel in der Hand amerikanischer Plutokraten sind? Geht es nur um ein brennendes und alles in allem lobenswertes Bedürfnis nach Information? Die Berichte der Untersuchung jedoch zeigen uns, dass die hehren Senatoren, obwohl sie eine Menge Fragen erhoben haben, mit denen sie ihre völlige Unbedarftheit und Verständnislosigkeit unter Beweis stellten, nicht zu begreifen imstande sind, was der Zweite Offizier ihnen mitteilt. Das entnehmen wir der dortigen Presse. Selbst eine solch schlichte Wendung wie die, dass einer der Ausgucke in den »Klüsen des Schiffes« stationiert war, war für die Senatoren im Lande des plastischen Ausdrucks zu viel. Ich will noch nicht einmal den Versuch unternehmen, darüber nachzudenken, wie es bei den tiefergründigen Angelegenheiten zugegangen sein muss, denn mir ist gegenwärtig alles andere als zum Lachen zumute. Sie zeigten sich tief beunruhigt über das Geräusch von Explosionen, die zu hören waren, als das halbe Schiff bereits unter Wasser lag.

Gab es eine? Gab es zwei? Da haben sie aber wohl Unrat ge-
wittert! Ob ihnen noch nie eine gütige Seele verraten hat, was
sogar Schuljungen wissen, die Seegeschichten lesen: Wenn ein
Schiff mit einem derartigen Leck sinkt, fliegen immer ein oder
zwei Decks in die Luft, und wenn ein Dampfschiff mit dem
Bug voraus sinkt, brechen die Kessel oft mit einem Geräusch
auseinander, das dem einer Explosion ähnelt. Und womöglich
können sie tatsächlich explodieren. In dem einzigen Fall, in
dem ich ein Dampfschiff habe sinken sehen, gab es ein solches
Geräusch, aber ich bin ihm nicht hinterhergetaucht, um es zu
untersuchen. Nun gut, es war nicht 45 000 Tonnen schwer und
auch nicht für unsinkbar erklärt worden, doch sein Anblick
schien mir beeindruckend genug. Nie werde ich die gedämpfte,
rätselhafte Detonation vergessen, die plötzliche Aufruhr des
Meeres um das sich langsam hebende Heck, und bis zum heutigen Tag habe ich das Bild der Schiffsschraube vor Augen, die
sich absolut unbeweglich in ihrer Kontur gegen den klaren
Abendhimmel abhebt.

Vielleicht hat der Zweite Offizier ihnen ja mittlerweile auch
die eine oder andere Kleinigkeit erläutert. Allerdings übersteigt es mein Begriffsvermögen, warum ein Offizier der britischen Handelsmarine überhaupt Fragen irgendeines Königs,
Kaisers, Autokraten oder Senators einer fremden Macht beantworten sollte (und das bezüglich eines Vorfalls, der allein
ein britisches Schiff betraf und sich noch nicht einmal im Ho-
heitsgewässer dieser Macht ereignete). Die einzige Autorität,
der er verpflichtet ist, ist das Handelsministerium. Doch welche Stirn sollte das Handelsministerium zeigen, das die Ver-
ordnungen für 10 000-Tonnen-Schiffe erstellt, nur um danach
seinen guten, alten Kahlkopf zehn Jahre lang in den Sand zu
stecken und erst wieder herauszuziehen, wenn es gilt, einen
wichtigen Bericht zu den Akten zu nehmen, um ihn dann
wieder mit einem gelangweilt hingemurmelten »Unsinkbar«

zurückzustecken in der Hoffnung, weitere zehn Jahre nicht gestört zu werden? Mit welcher Stirn also sollten einem Mann, der seine Pflicht getan hat, Fragen gestellt werden, was die Einzelheiten dieser Katastrophe und seines beruflichen Verhaltens betrifft – nun, ich weiß es nicht! Ich hege größten Respekt gegenüber den bei uns etablierten Autoritäten. Ich bin ein disziplinierter Mensch und bringe der Unvollkommenheit menschlicher Institutionen eine natürliche Nachsicht entgegen, möchte jedoch bekennen, ihre – wie soll ich es ausdrücken? – Unwägbarkeiten gelegentlich bedauert zu haben. Ein Handelsministerium – was ist das? Ein Ministerium von ... Ich glaube, der Sprecher des irischen Parlaments ist Mitglied darin. Ein Gespenst. Weniger noch als das, eine bloße Erinnerung. Ein Büro mit adäquatem, zweifellos komfortablem Mobiliar, in dessen ausgeglichener Atmosphäre sich sanft, wie in Baumwolle gepackt, eine Vielzahl von Gentlemen aufhält, völlig verantwortungslos und ohne eine einzige Sorge. Denn nur ohne persönliche Verantwortung kann es an der Sorgfalt mangeln, wie sie beispielsweise Seeleute aufbringen, Seeleute, denen diese verantwortungslose Institution das Brot vom Teller nehmen kann – als Disziplinarmaßnahme. Ja – darauf läuft es hinaus. Und was noch? Der Name eines Politikers – eines Parteigängers! Weniger noch als nichts, eine schiere Leere, in die noch nicht einmal der Schatten von Verantwortung fällt, ein Schatten des Lichts, in dem sich die Massen der Männer bewegen, die arbeiten, sich mit Dingen befassen und die der Wirklichkeit – nicht den Worten – unseres Lebens ins Auge sehen.

Ich entsinne mich, vor Jahren zwei echten Seebären des alten Schlags gelauscht zu haben, wie sie über einen Schiffsoffizier sprachen, der, wenn auch nicht völlig unfähig, so doch jedenfalls nicht ihrem strengen Urteil eines perfekten Seemannes genügte. Die Unterhaltung in erheiternd richterlichem Ton zusammenfassend und beschließend, meinte einer der beiden:

»Das Handelsministerium muss betrunken gewesen sein, als es ihm sein Patent verliehen hat.«

Ich muss gestehen, dass mich die Vorstellung eines Handelsministeriums als eines Wesens mit einem Gehirn, welches vom Nebel alkoholischer Getränke vereinnahmt werden kann, in ausgesprochenes Entzücken versetzte. Dann nämlich unterschiede es sich von den Aktiengesellschaften, von denen ein aufgebrachter Geist einmal sagte, bei ihnen gebe es weder eine Seele, die man retten, noch einen Körper, den man treten könne, und sie seien daher auf dieser wie der nächsten Welt von allen wirksamen Sanktionen gewissenhaften Verhaltens befreit. Unglücklicherweise jedoch war die von mir mitgehörte bildhafte Äußerung nur der typische Geistesblitz eines verärgerten Seemannes. Das Handelsministerium setzt sich aus blutleeren Abteilungen zusammen. Es besitzt keine Gliedmaßen und keine Physiognomie, sonst hätte es angesichts der bevorstehenden Untersuchung den Opfern der *Titanic*-Katastrophe den kleinen Tribut einer tief empfundenen Scham entgegengebracht. Ich frage mich, ob die Marineabteilung des Handelsministeriums, als sie beschloss, den Bericht über Rettungsmittel eine Zeit lang zu den Akten zu legen, wirklich daran glaubte, dass ein Schiff von 45 000 Tonnen, dass IRGENDEIN Schiff mittels wasserdichter Schotten praktisch unzerstörbar gemacht werden kann. Wer sich je mit den Eigenschaften von Materialien wie zum Beispiel Holz oder Stahl befasst hat, dem erscheint dies geradezu unglaublich. Die Erbauer mögen sagen, was sie wollen, doch man kann ein Schiff dieser Dimensionen proportional nicht so stark machen wie ein wesentlich kleineres. Der Anprall der Wellen, dem unsere alten Walfänger zwischen den schweren Eisschollen in der Baffin Bay standhalten mussten, war von größter Wucht, mochten die Schiffe auch noch so geschickt gehandhabt werden, und dennoch hielten sie viele Jahre lang. Wenn man den jüngsten Berichten Glauben schenken darf, so ist die *Titanic* lediglich an einem Stück Eis entlanggeschrammt, das, so vermute ich, gar kein enorm massiger und vergleichsweise leicht auszumachender Eisberg war, sondern die Unterkante einer Scholle – und ist gesunken. In aller Gemütsruhe, weiß Gott – und hier kommen die Vorteile von Schotten ins Spiel –, denn die Zeit ist ein lieber Freund, ein guter Helfer, doch in diesem bedauernswerten Fall dienten die Schotten nur dazu, den Todeskampf der Passagiere, die nicht gerettet werden konnten, zu verlängern. Sie sank und bewirkte so neben dem Leid und dem Mitgefühl ob all dieser verlorenen Menschenleben eine Art überraschte Bestürzung, dass so etwas überhaupt hatte geschehen können. Warum? Man baut ein 45 000 Tonnen schweres Hotel aus dünnen Stahlplatten, um eine Kundschaft von, sagen wir, ein paar Tausend reichen Leuten in Sicherheit zu wiegen (denn wäre es nur um den Transport von Emigranten gegangen, hätte eine derartige Überbetonung von Größe nie stattgefunden). Dann dekoriert man es im Stil der Pharaonen oder im Stil von Louis Quinze, ich weiß nicht wie, und um jener oben erwähnten, törichten Hand voll Individuen zu gefallen, die vor lauter Geld nicht mehr wissen, was sie damit tun sollen, und um des Applauses zweier Kontinente wegen lässt man diese Masse vom Stapel laufen, mit 2000 Menschen an Bord, bei 21 Knoten [etwa 39 km/h] auf hoher See, eine perfekte Zurschaustellung des modernen, blinden Glaubens an Material und Gerät. Und dann geschieht so etwas. Allgemeiner Aufruhr. Das blinde Vertrauen in Material und Gerät hat einen entsetzlichen Schock erlitten. Ich rede nicht von der Leichtgläubigkeit, die jede Äußerung akzeptiert, welche Experten, Techniker und Büromenschen nur zu gerne von sich geben, sei es aus Streben nach Gewinn, sei es aus dem nach Ruhm. Befremdet und in seinem tiefsten Gefühl verletzt, bleibt man zurück. Aber was wäre sonst unter diesen Umständen zu erwarten gewesen?

Was mich betrifft, vermag ich eher an ein unsinkbares Schiff von 3000 Tonnen als an eines von 40 000 Tonnen zu glauben. Es ist eine jener Überlegungen, die unmittelbar einleuchten. Man kann die Dicke von Sparren und Platten nicht unbegrenzt erweitern. Schon allein das Gewicht eines Schiffes solchen Ausmaßes ist ein zusätzlicher Nachteil. Liest man die Berichte, kommt einem als Erstes der Gedanke, dass das glücklose Schiff der Gefahr wohl hätte entkommen können, wäre es nur einige Hundert Fuß kürzer gewesen. Dann aber hätte es wohl nicht über ein Schwimmbad und ein französisches Café verfügt. Das ist natürlich eine ernsthafte Überlegung. Mir ist bewusst, dass jene, welche verantwortlich für die kurze und todbringende Existenz der *Titanic* sind, uns mit trauriger Stimme darum bitten, zu glauben, dass sie überlebt hätte, wäre sie nur frontal aufgeprallt. Was mir als eine Art stillschweigende Folgerung zu bedeuten scheint, dass es ganz in der Schuld des Wachoffiziers lag (er ist tot), nicht die Bemühung unternommen zu haben, dem Hindernis auszuweichen. Wir haben es gegenwärtig, aus Rücksicht auf den Handel und industrielle Interessen, mit einer neuen Art Seemannschaft zu tun. Einer ganz neuen, »fortschrittlichen« Seemannschaft. Entdeckt man irgendetwas im Weg, heißt es, unter keinen Umständen ausweichen, sondern das Hindernis mit voller Kraft zertrümmern. Und dann, und nur dann erkennt man den Triumph des Materials, der durchdachten Apparate, der ganzen Hutschachtel technischer Tricks. Und man übertüncht ein kommerzielles Interesse vollendeter Natur mit Ruhm, einem großen Konzern, einer großen Werft, die zu Recht berühmt ist für die mehr als vorzügliche Leistung ihres Materials und ihrer Verarbeitungsgüte. Unsinkbar! Sehen Sie? Ich habe Ihnen doch gesagt, dass sie unsinkbar war, hätte man sie nur entsprechend der neuen Seemannschaft gehandhabt. Darin ist alles begründet. Und zweifellos würde sich das Handelsministerium, wenn entsprechend angesprochen, bereit erklären, seinen Prüfern der Kapitäne und Offiziere die erforderlichen Anweisungen zu geben. Schauen wir uns den Prüfungsraum der Zukunft an. Zu dem angegrauten Prüfer tritt ein junger Mann moderner Erscheinung. »Sind Sie gut bewandert in moderner Seemannschaft?« »Ich hoffe, Sir.« »Hmm, mal sehen. Sie sind nachts auf der Brücke verantwortlich für ein 150 000-Tonnen-Schiff mit Motorpiste, Orgelchor usw., usw., einer vollen Ladung Passagiere, einer vollen Besatzung von 1500 Kaffeehaus-Obern, zwei Matrosen und einem Schiffsjungen, drei Faltbooten gemäß den Bestimmungen des Handelsministeriums und fahren mit Dreiviertelkraft voraus, sagen wir 40 Knoten. Plötzlich entdecken Sie genau vor sich und ganz nahe etwas, das wie eine große Eisscholle aussieht. Wie würden Sie sich verhalten?« »Das Ruder mittschiffs halten.« »Ausgezeichnet. Und warum?« »Um darauf aufzulaufen.« »Welche Gründe bringen Sie dazu, darauf aufzulaufen?« »Weil wir von unseren Schiffsbauern und Kapitänen gelernt haben, je wuchtiger der Aufprall, desto kleiner der Schaden, und weil den Materialanforderungen Beachtung geschenkt werden sollte.«

Und so weiter und so fort. Die neue Seemannschaft: Im Zweifelsfalle anständig rammen – ganz gleich, was vor einem liegt. Ganz einfach. Hätte die *Titanic* dieses Stück Eis (das kein monströser Berg war) doch nur anständig gerammt, dann hätte in den Augen der vertrauensseligen Öffentlichkeit jeder aufgeblähte Zeitungsartikel seine Rechtfertigung gehabt. Aber hätte er das wirklich? Ich bezweifle es. Mir ist vollkommen bewusst, dass in den Achtzigerjahren das Dampfschiff *Arizona*, in der Sprache jener Zeit einer der »Windhunde des Atlantiks«, mit dem Bug gegen einen absolut unverkennbaren Eisberg stieß und es mit seinem Kollisionsschott noch in den Hafen schaffte. Doch wenn ich mich recht entsinne, hatte die *Arizona* keine 5000 Registertonnen, geschweige denn 45 000, und sie fuhr auch nicht mit zwanzig Knoten in der Stunde. Bei einem derartigen zeitlichen Abstand kann ich mir dessen nicht mehr vollkommen sicher sein, aber ihre Reisegeschwindigkeit dürfte nicht mehr als allenfalls 14 Knoten betragen haben. Beides trug zu ihrer Sicherheit bei. Und selbst wenn ihre Maschinen auf 20 Knoten angelegt gewesen wären, hätte hinter dieser Geschwindigkeit nicht eine solch enorme, in ihrer Triebkraft derart schwer zu drosselnde Masse gelegen, ein gewaltiges Gewicht, das schon beim geringsten Kontakt sich oder anderen Schaden zufügen muss.

Ich versichere, nicht aus eitlem Vergnügen von meinen eigenen bescheidenen Erfahrungen zu berichten, sondern um meinen Standpunkt zu verdeutlichen, wenn ich hier von einem ganz unspektakulären Zwischenfall berichte, den ich vor etwas mehr als zwanzig Jahren in Sydney mit ansah. Damals wurden die Schiffe Jahr für Jahr größer, auch wenn man, natürlich, noch nicht einmal im Traum an heutige Dimensionen dachte. Ich stand gerade mit einem Lotsen aus Sydney am Circular Quay und sah zu, wie ein großer Postdampfer einer unserer bekanntesten Reedereien längsseits gebracht wurde. Wir bewunderten seine Konturen, seine prächtige Erscheinung, und auch von seiner Größe waren wir beeindruckt, obwohl seine Länge kaum der Hälfte der *Titanic* entsprochen haben dürfte.

Er kam in die Cove (wie dieser Teil des Hafens heißt), ganz langsam natürlich, und verlor einige Hundert Fuß vom Kai entfernt an Fahrt. Dieser Kai war aus Holz, eine elegante Konstruktion aus riesigen Pfählen und Stützbalken, die eine Fahrbahn trug – eine Baulichkeit großer Stärke. Wie schon gesagt stoppte das Schiff, als es noch einige Hundert Fuß entfernt war. Dann wurden seine Maschinen klingelnd auf langsame Fahrt voraus gestellt und sofort klingelnd erneut gestoppt. Die Schiffsschraube machte schätzungsweise nicht mehr als etwa fünf Umdrehungen. Das Schiff nahm wieder Fahrt auf, schlich sich sozusagen heran, ohne Wellen, und kam mit größter Sanftheit längsseits. Äußerst interessiert schaute ich ihm weiter zu, doch der Mann neben mir, der Lotse, murmelte leise: »Zu viel, zu viel.« Sein geübtes Urteilsvermögen hatte ihn vor etwas gewarnt, das ich noch nicht einmal geargwöhnt hätte. Auf das, was nun geschehen sollte, war jedoch wohl keiner von uns beiden vorbereitet. Unter unseren Füßen gab es eine leise Erschütterung, ein Ächzen der Pfähle, ein Reißen von schweren Eisenbolzen, und mit einem Aufbrechen und Aufsplittern, als werde ein Baum vom Wind umgeweht, wurde ein großes Holzstück, ein vierkantiger Spannbalken wie durch Zauberhand mehrere Fuß verschoben. Überrascht schaute ich meinen Begleiter an. »Das hätte ich nie gedacht«, verkündete ich. »Nein«, erwiderte er. »Man sollte meinen, dass sie kein Ei zerbrechen konnte, was?«

Ich war absolut seiner Meinung. Er schüttelte den Kopf und fügte hinzu: »Ach was! Mit diesen großen, mächtigen Dingern, da muss man einfach geschickt hantieren.«

Einige Monate später war ich wieder in Sydney. Derselbe Lotse brachte uns in den Hafen. Und ich sah das gleiche Dampfschiff nicht weit von uns vor Anker liegen, oder doch zumindest eines, das ihm glich wie ein Ei dem anderen. Der Lotse erzählte mir, es sei am Tag zuvor eingelaufen, und er werde es am folgenden Tag längsseits holen. Fröhlich erinnerte ich ihn an den Schaden am Kai. »Oh!«, meinte er, »wir dürfen sie jetzt nicht mehr unter eigenem Dampf einholen. Wir benutzen Schlepper.«

Eine äußerst kluge Vorschrift. Und das ist der springende Punkt: Größe ist zu einem gewissen Grad ein Element von Schwäche. Je größer das Schiff, desto sorgsamer muss damit umgegangen werden. Da kommt es zu einem Kontakt, bei dem man es, nach den Worten des Lotsen, nicht für möglich gehalten hätte, dass dabei auch nur ein Ei zerbricht – und doch hat dieser Kontakt erstaunlicherweise zur Folge, dass ein an die 80 Fuß starker, massiver Holzkai losgerüttelt wird, Eisenbolzen reißen und ein stämmiger Balken zersplittert. Angenommen, der Kai wäre aus Granit gewesen (was er heute gewiss ist), oder statt des Kais hätte sich dort, sagen wir, ein nordatlantischer Nebel befunden, mit einem ausgewachsenen Eisberg darin, der nur auf den leisen Kontakt mit einem Schiff wartet, das sich mit verbunden Augen seinen Weg entlangtastet. Jemand wäre dabei zu Schaden gekommen, und das wäre nicht der Eisberg gewesen.

Offensichtlich gibt es in jeder Entwicklung einen Punkt, an dem es sich nicht länger um wirklichen Fortschritt handelt – im Handel, bei Spielen, bei der wunderschönen menschlichen Handarbeit und sogar bei den Anforderungen, Bedürfnissen und Bestrebungen moralischer und geistiger Natur. Es gibt einen Punkt, an dem der Fortschritt, will er eine echte Verbesserung darstellen, seine Richtung sachte ändern muss. Doch dies ist ein umfassendes Thema. Auf was ich an dieser Stelle hinweisen möchte, ist, dass die alte *Arizona*, ein Wunder ihrer Zeit, im Verhältnis stärker, handlicher und besser ausgerüstet war als dieser Triumph des modernen Schiffbaus, dessen Verlust, schlicht ausgedrückt, die Sensation dieses Jahres bleiben wird. Der Presselärm war der Tonnage angemessen, den vorauseilenden triumphalen Lobgesängen rund um den nun verschwundenen Rumpf, den unbekümmerten Verlautbarungen und vollendeten Beschreibungen seines schmucken Glanzes. Eine großartige Seifenblase an Zeitungsnachrichten (und was für Nachrichten, gütiger Himmel!) und eifrigen Kommentaren ist rund um diese Katastrophe aufgestiegen. Mir scheint, dass ein weniger schriller Ton angemessen gewesen wäre im Angesicht so vieler auf hoher See um ihr Leben kämpfender Opfer, die ihr Leben so elendig und für nichts wegwarfen, oder für weniger als nichts: für falsche Leistungsmaßstäbe, für die Befriedigung der vulgären Forderung weniger vermögender Menschen nach banalem Hotelluxus – dem einzigen, den sie zu begreifen im Stande sind –, und weil sich das große Schiff rechnet, in dieser oder anderer Form: in Geld oder als Werbewert.

Es ist in mehr als nur einer Hinsicht ein äußerst hässliches Geschäft, und ein bloßer Kratzer entlang der Schiffsflanke, so leicht, dass, darf man den Berichten Glauben schenken, noch nicht einmal eine Kartenrunde im üppig (aber stilrein) ausgestatteten Rauchersalon – oder war es im herrlichen französischen Café? – unterbrochen wurde, reicht aus, um dies an den Tag zu bringen. Alle Menschen an Bord lebten in einem Gefühl falscher Sicherheit. Wie falsch, ist hinreichend bewiesen. Und die offenbar unwidersprochene Tatsache, dass einige Männer sich sträubten, die Boote zu besteigen, als ihnen dies befohlen wurde, beweist die Kraft dieser Illusion. Nebenbei beweist sie auch die Art von Disziplin an Bord solcher Schiffe, die Art von Macht, die angesichts der unversöhnlichen See über die Passagiere ausgeübt wird. Diese Menschen schienen es als eine Wahlmöglichkeit zu betrachten: Doch der Befehl, das Schiff zu verlassen, sollte ein Befehl eiserner Natur sein, dem unbedingt und unverzüglich jeder an Bord Folge zu leisten hat und den die Matrosen sofort, überlegt und flink ausführen sollten. Und es ergibt keinen Sinn, zu behaupten, dies könne nicht bewerkstelligt werden, denn das kann es sehr wohl. Es ist schon bewerkstelligt worden. Die einzige Voraussetzung liegt in der Handhabung des Schiffes selbst und der Anzahl an Rettungsbooten, die es mit sich führt. Das ist der wesentliche Punkt, der zur Sicherheit beiträgt. Ein Kapitän sollte sozusagen in der Lage sein, sein Schiff und alles an Bord völlig in seiner Gewalt zu haben. Doch dies ist, bei diesem modernen, närrischen Glauben an das Material und bei diesen schwimmenden Hotels, unmöglich geworden. Ein Mann mag sein Bestes tun, doch kann er eine Aufgabe nicht erfolgreich bewältigen, die aus Gier, oder eher noch aus schierer Dummheit, die Kraft eines jeden übersteigt.

Die Leser des *English Review*, die vor beinahe sechs Jahren einen wohlwollenden Blick auf meine *Reminiscences* warfen und wissen, wie sehr mir Handelsschifffahrt, Schiffe und Matrosen am Herzen liegen, werden meine Entrüstung darüber verstehen, dass jene Matrosen (und dies ist keine sentimentale Wendung, sondern tiefe Empfindung), die ich mir heute nicht anders denn als Brüder vorstellen kann, von ihren auf finanziellen Gewinn abzielenden Arbeitgebern daran gehindert werden, schlicht und einfach ihre Pflicht zu tun. Und dies aus Motiven, die ich hier nicht aufzählen werde, deren innewohnende Unwürdigkeit jedoch von der Größe, der elenden Größe dieser Katastrophe enthüllt wird. Einige von ihnen sind umgekommen. Es ist schlimm genug, wegen des Handels ums Leben zu kommen, doch mit dem Gefühl des Versagens in der höchsten Pflicht seines Berufs im Meer unterzugehen, ist ein wahrhaft bitteres Schicksal. So sind sie gestorben, und bei den Lebenden, die keine Mühe haben werden, sie zu ersetzen, genauso gut, bei gleichem Lohn, verbleibt die Verantwortung. Es war ihr bitteres Schicksal. Doch ich, der ich auf eine Reihe mühsamer Jahre zurückblicken kann, als ihre Pflicht auch die meine war und ihre Gefühle die meinen, kann mich an einige von uns erinnern, die früher einmal mehr Glück hatten.

Von ihnen möchte ich ein wenig berichten, zum Teil zu meinem eigenen Trost, aber auch deshalb, weil ich meinem Thema die ganze Zeit treu bleibe, um meinen Standpunkt zu verdeutlichen, den Standpunkt der Handlichkeit nämlich, den ich vorhin aufgebracht habe. Da die Erinnerung an die glückliche *Arizona* von anderen als mir beschworen und von mir zu meinem eigenen Zwecke benutzt worden ist, möchte ich den Geist eines anderen Schiffs jener Tage wachrufen, dessen weniger glückliches Schicksal eine weitere, meiner These zu Grunde liegende Lektion darstellt. Die *Douro*, ein Schiff der Royal Mail Steam Packet Company, brachte weniger als ein Zehntel der Abmessungen der *Titanic* auf. Und doch, so merkwürdig es den unsäglichen Hotelstutzern erscheinen mag, die den Hauptteil der 1.-Klasse-Transatlantik-Passagiere ausmachen, betrachteten es Menschen von Rang, Wohlstand und Feinsinn nicht als untragbare Entbehrung, auf ihr zu reisen. Sogar die ganze Strecke von Südamerika; auf dieser Verbindung wurde sie eingesetzt. Über ihre Geschwindigkeit vermag ich nichts zu sagen, doch muss sie für jene Zeit durchschnittlich gewesen sein, und die Dekoration ihrer Salons entsprach, wage ich zu behaupten, ganz den Ansprüchen. Allerdings bezweifle ich, dass ihre Jungfernfahrt überall in Presseartikeln prahlerisch verkündet wurde, denn das war nicht der Stil jener Zeit. Sie war auch keine hinreißend eingerichtete und gepolsterte Masse an Material. Sie war ein Schiff. Und außerdem wurde sie nicht, um es mit den treffenden Worten eines Artikels von Commander C. Crutchley auszudrücken, den ich gerade gelesen habe, »von einer Art Hotelsyndikat betrieben, das sich aus dem Chefingenieur, dem Zahlmeister und dem Kapitän zusammensetzt«, wie es bei diesen monströsen Atlantikfähren der Fall ist. Sie wurde befehligt, bemannt und war ausgerüstet wie ein Schiff, das sich auf See behaupten soll: ein Schiff zuallererst in der vollen Bedeutung des Begriffs, wie das Ereignis, über das ich reden werde, beweisen wird.

Sie fuhr vor der spanischen Küste, mit Kurs Richtung Heimat, und recht voll beladen, genau wie die *Titanic*. Auch das Zahlenverhältnis der Mannschaft zu den Passagieren war ein ähnliches. Die genaue Zahl der Menschen an Bord ist mir entfallen. Es können 300 gewesen sein, mehr gewiss nicht. Die Nacht war mondhell, aber dunstig, das Wetter gut, bei schwerem Seegang von Westen her, was bedeutet, dass sie recht heftig geschlingert haben muss; was das betrifft, waren ihre Be-

dingungen also schlechter als die der *Titanic*. Kurz vor oder
kurz nach Mitternacht, soweit ich mich erinnern kann, wurde
sie mittschiffs und im rechten Winkel von einem großen
Dampfer gerammt, der nach dem Zusammenprall zurück-
setzte und, offenbar selbst beschädigt, reglos in einiger Entfernung verharrte.

Nach meiner Erinnerung hielt sich die *Douro* nach der Kollision noch etwa eine Viertelstunde über Wasser. Es mögen
auch zwanzig Minuten gewesen sein, jedenfalls weniger als
eine halbe Stunde. In dieser Zeit wurden die Boote abgefiert,
alle Passagiere fanden in ihnen Platz, und alle Boote legten ab.
Die gesamte Mannschaft der *Douro* ging mit ihr unter, wort-
wörtlich ohne einen Muckser. Sie versank wie ein Stein. Die
einzigen Mitglieder der Besatzung, die überlebten, waren der
Dritte Offizier, der vom Ersten Offizier den Befehl erhalten
hatte, das Kommando über die Boote zu übernehmen, sowie
die Matrosen, denen man aufgetragen hatte, sie zu besetzen,
zwei in jedem. Weiter gab es keine Überlebenden. Ein Rudergänger, einer der bei Ausübung seiner Pflicht Geretteten, mit
dem ich etwa einen Monat später sprach, berichtete mir, sie
hätten auf die Unglücksstelle zugehalten, aber keinen Kopf
entdecken und nicht den leisesten Schrei vernehmen können.

Aber ich habe etwas vergessen. Ein Passagier ertrank. Es
war die Zofe einer Dame, die sich, verrückt vor Angst, geweigert hatte, das Schiff zu verlassen. Eines der Boote wartete in
der Nähe, bis der Erste Offizier, nicht imstande, das Mädchen
von der Reling zu reißen, an die sie sich in ihrer Verzweiflung
klammerte, das Boot aus der Gefahrenzone beorderte. Mein
Rudergänger erzählte mir, der Offizier habe in normalem Ton-
fall mit ihnen gesprochen, und das sei das letzte Geräusch gewesen, bevor das Schiff unterging. Der Rest war Schweigen.
Ich wage zu behaupten, dass es die übliche offizielle Untersuchung gegeben haben muss, aber wen scherte das? Eine solche

Sache spricht klar und deutlich für sich; die Zeitungen allerdings, dessen entsinne ich mich, räumten dem Ereignis keinen großen Platz ein: keine großen Schlagzeilen – überhaupt keine Schlagzeilen. Es war damals einfach nicht in Mode. Ein seemännisches Stück Arbeit, dessen Andenken man zu diesem Zeitpunkt mehr als je zuvor in Ehren halten sollte. Es war ein unter Kommando geführtes, bemanntes, ausgerüstetes Schiff – und kein für unsinkbar erklärtes Meeres-Ritz, das mit zusammengewürfelter Belegschaft auf hohe See geschickt wird, ohne genügend Boote, ohne genügend Matrosen (aber mit einem Pariser Café und 400 armen Teufeln von Obern), um sich Gefahren zu stellen, die in den Wellen immer lauern, mögen die Ingenieure sagen, was sie wollen – losgeschickt im blinden Glauben an das Material, leichten Herzens hinein in eine absolut elendige, absolut törichte Katastrophe.

Und es gibt auch noch die vielen hässlichen Entwicklungen im Zusammenhang mit dieser Tragödie. Die hastige Untersuchung der Senatoren, bevor die armen, den Klauen des Todes entronnenen Schlucker auch nur Zeit gehabt hätten, Luft zu holen, den schmählichen Missbrauch eines Mannes, der in dieser Sache nicht schuldiger ist als andere, und den Verdacht, dass dieser ziellose Wirbel ein politischer Winkelzug ist, um die M. T. Company in die Ecke zu treiben, auf die es die amerikanische Regierung – im Klartext – abgesehen hat; warum, gebe ich nicht vor zu begreifen, bin mir aber wie der Rest der Welt dieser Tatsache bewusst. Vielleicht gibt es ja einen ausgezeichneten und ehrenwerten Grund dafür, doch wage ich die Ansicht zu äußern, dass es sich nicht ziemt, so viele bedauernswerte Tote zu missbrauchen. Und auch die Ausschlachtung der Sensation dort drüben mit einer Fülle herzloser Erfindungen ziemt sich nicht. Gleichfalls nicht die Unzahl von Marconi-Lügen, die nicht ohne Grund zum Schweigen gebracht wurden, denn es wäre widerlich, zu genau zu untersuchen. Und

schließlich die verleumderische, grundlose, unnötige und neben-
sächliche Lüge, die darin besteht, den armen Kapitän Smith zu
beschuldigen, durch Selbstmord seinen Posten verlassen zu
haben – dies ist die feigste und hässlichste Sache überhaupt in
diesem Ausbruch an journalistischem Unternehmertum, ohne
Gefühl, ohne Ehre, ohne Würde.

Doch in allem liegt eine Moral. Und dieser andere Untergang, über den ich hier berichtet habe und dessem Gedenken
sich ein Seemann mit Erleichterung und Dankbarkeit zuwen-
det, hat ebenfalls eine Moral. Jawohl, Material kann versagen,
und auch Männer können zuweilen versagen, doch eher werden sich Männer, erhalten sie die Gelegenheit, härter als Stahl
erweisen, härter als jener wundervoll dünne Stahl, aus dem die
Flanken und Schotten unserer modernen See-Leviathane gebaut sind.

TEIL III

Mysterium *Titanic*:
Ein Jahrhundert voller Geheimnisse

Ob man daran glaubt oder nicht: Wer sich mit der
Tragödie der *Titanic* beschäftigt, wird um die Tatsache
nicht umhinkönnen, dass es rund um den Untergang des
Schiffes eine Reihe von Vorwarnungen und zufälligen
Zusammentreffen übersinnlicher Natur gab ...

Daily Sketch, 16. April 1912

[Das] Horoskop für einen am 31. Mai 1911 (dem Tag
des Stapellaufs der *Titanic*) um 12.15 Uhr auf 54°36' N,
5°56' W (den Koordinaten von Belfast) Geborenen sagt
unter anderem Unfälle auf Reisen sowie Trauer und
Verlust für die Verwandten voraus.

Aus »Titanic: Destination and Disaster«
(deutsch »Titanic: Legende und Wahrheit«)

Vergangene Sonntagnacht träumte Mrs. Shrubsall, die
Frau eines technischen Zeichners, dass die Titanic sinken
würde. Sie weckte ihren Gatten, um ihm von ihrem Traum
zu erzählen, aber er tat es als Hirngespinst ab und meinte,
sie sei nur verängstigt, weil sie Verwandte an Bord habe.
Mrs. Shrubsalls Schwester, ein Besatzungsmitglied des
Schiffes, zählt zu den Ertrunkenen.

Daily Sketch, Montag, 22. April 1912

Gestern Abend, kurz vor 21 Uhr, brach die gesamte Elektri-
zitätsversorgung der Stadt Liverpool plötzlich zusammen.
Die Straßen waren in tiefe Dunkelheit getaucht, elektrische
Straßenbahnen stoppten urplötzlich, und jegliches soziale
Leben erstarb. Es dauerte nicht weniger als eine Dreiviertel-
stunde, bis der Normalzustand wieder hergestellt war.

Aus der Dienstagsausgabe (16. April 1912) der britischen
Zeitung *Daily Sketch*, die regelmäßig Neuigkeiten aus
Liverpool, dem Heimathafen der *Titanic,* brachte.

Sämtliche unvorstellbaren Katastrophen führen zu den unterschiedlichsten Spekulationen darüber, ob die Tragödie vorausgesehen wurde oder nicht oder sie verhindert hätte werden können. Hatte Nostradamus das Attentat auf John F. Kennedy tatsächlich genau prophezeit – und wenn ja, hätte man Vorsichtsmaßnahmen treffen müssen? Und wurde der Untergang der Titanic bereits 14 Jahre vor der Jungfernfahrt des Ozeanriesen vorausgesehen – und wenn ja, hätte sie dann überhaupt erbaut werden dürfen? Wie die oben zitierten Textstellen auf Aufsehen erregende Weise belegen, gab es eine ganze Reihe von Menschen, die hinsichtlich der Titanic einfach »kein gutes Gefühl hatten«, und die Astrologie schien ihre Befürchtungen zu bestätigen.

Aber abgesehen von den angeblichen präkognitiven Warnungen bezüglich der Schiffes und sein letztendliches Schicksal werfen auch die Ereignisse dieser »unvergesslichen Nacht« Fragen auf, die bis zum heutigen Tag nicht eindeutig beantwortet sind (und vielleicht nie eindeutig beantwortet werden können). Wie starb Kapitän Smith? Beging der Erste Offizier William Murdoch Selbstmord, indem er sich eine Kugel durch den Kopf schoss? Welches war das geheimnisvolle Schiff, das die Überlebenden sahen? Welches Stück spielte die Bordkapelle als letztes? Versuchte die White Star Line, aus Versicherungsgründen die *Olympic* als *Titanic* auszugeben? Wiesen die drei Millionen Nieten der Titanic einen verhängnisvollen Mangel auf?

Diese Fragen haben *Titanic*-Interessierte in aller Welt seit Jahrzehnten fasziniert. In den folgenden Kapiteln wollen wir uns genauer mit einigen der vielen Geheimnisse rund um die *Titanic* und ihren Untergang befassen.

20

Fielen Schüsse auf der *Titanic*,
und beging der Erste Offizier
William Murdoch Selbstmord?

Sind beim Untergang der *Titanic* wirklich Schüsse gefallen? Die Antwort muss eindeutig lauten: Ja. Diese Schüsse in der Unglücksnacht werden von zu vielen glaubhaften Zeugen bestätigt, als dass man sie einfach als Gerücht abtun könnte.

Der Mehrzahl dieser Zeugen zufolge soll es Harold Lowe, der Fünfte Offizier der *Titanic*, gewesen sein, der mit den Schüssen eine panische Menschenmenge davon abhalten wollte, ein bereits voll besetztes Rettungsboot zu stürmen. Nach Aussage Jack Thayers hingegen, eines der überlebenden Passagiere, war nicht Lowe der Schütze, sondern Herbert McElroy, der Zahlmeister der *Titanic*. Wenn es aber Harold Lowe war, der die Passagiere am Sturm auf die Boote hinderte (und damit ihr Schicksal endgültig besiegelte), so wurde er nach seiner Rettung trotzdem lobend erwähnt, weil er als einziger Offizier der *Titanic* noch einmal zum Schiff zurückrudern ließ und vier weitere Passagiere aus dem Wasser rettete.

Andere Augenzeugen wiederum wollen gesehen haben, dass nicht Lowe oder McElroy, sondern der Erste Offizier William Murdoch seine Dienstwaffe zog, um zunächst zwei Passagiere zu erschießen und anschließend auch sich selbst zu töten (siehe unten).

Es folgt eine Auswahl von Augenzeugenberichten über die Schüsse, die beim Untergang der *Titanic* fielen:

Abraham Hyman, Passagier der 3. Klasse »Als einige von ihnen [den Zwischendeckspassagieren] aufs Deck hinauf wollten, stellten sie fest, dass das Absperrseil noch dichter als sonst um ihre Quartiere gezogen war. Dies überzeugte einige von ihnen, dass etwas Schlimmes passiert sein musste. Eine oder zwei Frauen begannen zu weinen, und eine Panik drohte auszubrechen. In diesem Moment trat ein Offizier heran, stellte sich an die Absperrung und bedeutete den Leuten, dahinter zu bleiben … Dieser Offizier hatte seine Dienstpistole gezogen und befahl allen, zurückzubleiben. Man hörte eine Frau schreien, und dann noch eine, und dann versuchte ein Mann – ein Italiener, glaube ich –, sich zu einem der Boote vorzudrängen, und der Offizier gab einen Schuss auf ihn ab.«

Jules Sop, Belgier, Passagier der 3. Klasse Sop berichtete, er sei zweimal von bewaffneten Offizieren mit dem Tod bedroht worden – einmal oben auf dem Bootsdeck und das zweite Mal im Wasser, als er versuchte, in eines der Rettungsboote zu klettern.

George Rheims, Passagier der 1. Klasse In einem Brief vom 19. April 1912 an seine Frau berichtete Rheims, er habe selbst beobachtet, wie einer der Offiziere einen Passagier erschoss, der sich mit Gewalt in eines der Boote drängen wollte: »Als das letzte Rettungsboot heruntergelassen wurde, sah ich, wie ein Offizier einen Schuss abgab und damit einen Mann tötete, der in das Boot klettern wollte. Dann blickte der Offizier in die Runde, und als er feststellte, dass nichts mehr zu tun war, rief er uns zu: ›Gentlemen, jetzt muss jeder für sich selbst sorgen. Leben Sie wohl!‹ Dann salutierte er, setzte sich die Pistole an die Schläfe und drückte ab. Das nenne ich einen Mann!«

Eugene Daly, Passagier der 3. Klasse In einem Brief an seine Schwester schilderte Daly, dass er gesehen habe, wie ein Offizier auf zwei Männer schoss, als diese versuchten, in ein Rettungsboot zu springen. Nachdem er aufgewacht sei und mit zwei weiblichen Passagieren gebetet habe, so Daly, sei er mit den beiden Frauen »… zum zweiten Kabinendeck hinaufgestiegen. Dort kletterten wir in ein Rettungsboot. Ein Offizier forderte mich auf, wieder an Bord zu kommen, aber ich blieb einfach sitzen. Da packten sie mich und zerrten mich aus dem Boot heraus.

Während eines der Boote abgefiert wurde, stand ein Offizier mit gezogenem Revolver vor uns und rief, er werde jeden Mann, der versuche, in das Boot zu steigen, sofort erschiessen. Ich sah, wie der Offizier tatsächlich zwei Männer erschoss, weil sie in das Boot wollten. Später hörte ich noch einen Schuss, und als ich mich umwandte, sah ich den Offizier auf dem Deck liegen. Die anderen behaupteten, er habe sich erschossen, aber ich habe es nicht selbst gesehen.

Zu der Zeit stand ich schon bis zu den Knien im Wasser. Alle rannten wie verrückt umher, und es gab keine Boote mehr. Da bin ich über Bord gesprungen und in eines der Boote geklettert.«

Frederick Scott, Schmierer Auch Scott will gesehen haben, wie der Fünfte Offizier Lowe mit seinem Revolver einen Warnschuss abgab und dann den Leuten zurief: »Jeden Mann, der versucht, in dieses Boot zu springen, knalle ich ab wie einen Hund!«

Harold Lowe, Fünfter Offizier Als man ihn anlässlich der britischen Untersuchung des *Titanic*-Unglücks befragte, warum er damals zum Revolver gegriffen habe, gab Lowe zur Antwort: »Weil auf dem Bootsdeck zwei Männer in mein Boot sprangen. Einen konnte ich zurücktreiben, aber damit das nicht noch einmal passierte, habe ich beim Abfieren jedes Mal, wenn wir an einem Deck vorbeikamen, einen Warnschuss abgefeuert. Schließlich saßen an die 64 Menschen in diesem Boot – eine weitere plötzliche Erschütterung hätte es auf keinen Fall ausgehalten.«

Frederick Clench, Vollmatrose Vor dem Untersuchungsausschuss des US-Senats von Senator Bourne befragt, ob er vom Rettungsboot aus Schüsse gehört habe, antwortete Clench: »Ja, Sir. Mr. Lowe war in Nummer 14, und ich hörte, wie er ausrief: ›Jeder, der versucht, in die Boote hier zu springen, während wir sie abfieren, der wird von mir erschossen‹, und dann gab er drei Schüsse ab.« Auf die Frage, ob er gesehen habe, dass Lowe jemanden getötet habe, antwortete Clench: »Er zielte direkt ins Wasser.«

Beging der Erste Offizier Murdoch Selbstmord?

Zu dieser Frage war am 12. Dezember 1997, eine Woche vor dem US-Kinostart des ›Titanic‹-Films, in einer der *Titanic*-Newsgroups im Internet folgender Kommentar zu lesen: »Eins sage ich euch – wenn die in dem neuen »Titanic«-Film behaupten, Murdoch hätte sich umgebracht, schreie ich.« Auf diese Drohung reagierte ein anderer Internet-Teilnehmer nur lakonisch mit den Worten: »Dann fang schon mal an.« Und so ging die Debatte munter weiter.

Noch immer gibt es keine Gewissheit über den angeblichen Selbstmord des Ersten Offiziers, und die Spekulationen darüber nehmen kein Ende. Der folgende Überblick kann vielleicht dabei helfen, aus den verschiedenen Lesarten und widersprüchlichen Einzelheiten dennoch eigene Schlüsse zu ziehen.

Will man zum Beispiel der Darstellung der Ereignisse in Camerons »Titanic«-Film Glauben schenken, so hat Murdoch in seinen letzten Stunden nicht nur Bestechungsgelder für Plätze in den Rettungsbooten entgegengenommen, sondern auch (wie eingangs erwähnt) zwei Passagiere der 3. Klasse erschossen, als diese versuchten, in ein bereits überfülltes Rettungsboot zu springen. Anschließend soll er sich eine Kugel in den Kopf gejagt haben.

Diese Auffassung wird allerdings weder von Murdochs Angehörigen noch von den Bewohnern seiner schottischen Heimatstadt Dalbeattie geteilt. Ihrer Überzeugung nach war Murdochs Verhalten beim Untergang der *Titanic* vollkommen selbstlos und heroisch, und er ging pflichtgemäß mit dem Schiff unter, anstatt sich der ausweglosen Situation feige durch Selbstmord zu entziehen.

Anlässlich eines Festakts zum 86. Jahrestag der *Titanic*-Katastrophe, der am 15. April 1998 in Dalbeattie stattfand, zeigte sich daher auch Scott Neeson, Geschäftsführer der Twentieth Century-Fox und gebürtiger Schotte, äußerst bemüht, das negative Bild von Murdoch im »Titanic«-Film so gut es ging zu korrigieren. Der »Titanic«-Film, so Neeson vor der Presse, habe »zu keiner Zeit die Absicht verfolgt, ihn [Murdoch] als Feigling darzustellen. Auch ich selbst bin vielmehr der Meinung, dass er im Film einen Helden verkörpert. Schließlich hat er sowohl im Film als auch in der Realität einer beträchtlichen Anzahl von Menschen das Leben gerettet.«

Um die Gemüter der gekränkten Murdoch-Anhänger in Dalbeattie zu beruhigen, überreichte Neeson der örtlichen Schule einen Scheck in Höhe von 8000 Dollar und ein mit Gravur versehenes Silbertablett. Außerdem drückte er im Namen der Twentieth Century-Fox sein Bedauern darüber aus, Murdochs Familie und ganz Dalbeattie »so viel Kummer verursacht zu haben«.

Wenn man allerdings bedenkt, wie Murdoch in »Titanic« dargestellt wird und welchen Erfolg der Film weltweit hatte, so muss diese Entschuldigung (und die Höhe des Schecks) doch eher recht halbherzig wirken, zumal Neeson auch noch mehrfach betonte, das Filmstudio habe weder die Absicht, Murdochs Darstellung im wenig später erscheinenden »Titanic«-Video zu revidieren, noch seinen Ruf durch eine Erwähnung im Abspann des Films wieder herzustellen.

Linda Kirkwood, die Leiterin der Dalbeattie High School, äußerte sich zwar erfreut über die Spende des Filmstudios, gab aber gleichzeitig zu verstehen, dies sei keinesfalls ein Ausgleich dafür, dass Murdochs Name »beschmutzt« worden sei. »Die Menschen in Dalbeattie und ganz Großbritannien wissen natürlich, dass Murdoch ein Held war, aber Kinobesucher auf der ganzen Welt werden ihn wegen des ›Titanic‹-Films doch zwangsläufig für einen Feigling halten«, erklärte sie.

Scott Murdoch, der achtzigjährige Neffe William Murdochs, nahm die Sache etwas leichter. Er zeigte sich »sehr zufrieden« mit der Entschuldigung der Twentieth Century-Fox und fügte hinzu: »Es war mir sehr wichtig, den Ruf meines Onkels wieder hergestellt zu sehen. Vergessen werde ich diese Angelegenheit bestimmt nicht so schnell, aber nach dem heutigen Tag kann ich sie zumindest verzeihen.«

Aber was ist nun tatsächlich geschehen? Wie hat sich der Erste Offizier William Murdoch in den letzten Stunden der *Titanic* verhalten?

Mehrere Überlebende des Desasters haben Murdoch dabei gesehen, wie er das Ausschiffen der Passagiere und Abfieren der Rettungsboote überwachte. Auch *Titanic*-Experte Walter Lord schreibt in seinem jüngsten Buch »The Night Lives On« (deutsch: »Titanic – Wie es wirklich war«), dem Nachfolgeband zu »A Night to Remember« (deutsch: »Die letzte Nacht der Titanic«), Murdoch sei zuletzt an Deck gesehen worden, wo er beim Abfieren eines Faltbootes half. Lord hält es im Übrigen für durchaus plausibel, dass Murdoch sich mit Selbstmordgedanken getragen habe. Schließlich sei er zum Zeitpunkt der Kollision mit dem Eisberg wachhabender Offizier auf der Brücke gewesen und mithin auch derjenige, »dessen Maßnahmen zur Rettung des Schiffes erfolglos geblieben waren«. Mehrere der geretteten *Titanic*-Offiziere jedoch, die Murdoch gut kannten, vertraten einhellig die Meinung, dass er nicht der Typ war, der Selbstmord beging.

Dennoch will Thomas Whitely, einer der Salonstewards der *Titanic*, beobachtet haben, wie Murdoch »zuerst einen Mann … und danach sich selbst erschoss«. Die Glaubwürdigkeit dieser Aussage ist allerdings äußerst fraglich, da Whitely direkt im Anschluss einräumte: »Ich habe das nicht selbst gesehen, sondern von drei anderen gehört, die dabei gewesen sind.« Unklar bleibt auch, ob er hier von Murdochs Schüssen auf andere Personen oder von dessen Selbstmord spricht.

Auch Carl Jensen, ein Passagier der 3. Klasse, versicherte nach seiner Rettung, er habe »beim Blick zurück auf die Brücke gesehen, wie der oberste Offizier sich einen Revolver in den Mund steckte und sich erschoss. Dann stürzte sein Körper über Bord.«

Murdochs angeblicher Selbstmord begann schon bald nach der *Titanic*-Katastrophe die Gemüter zu bewegen. So wurde vom britischen *Daily Sketch* bereits am Freitag, dem 19. April 1912, die Frage aufgeworfen, auf welche Weise Murdoch und Kapitän Smith ums Leben gekommen waren:

Die Berichte über den angeblichen Selbstmord von Kapitän Smith haben angesichts der überwältigenden Flut von Zeugenaussagen viel von ihrer Glaubwürdigkeit eingebüßt. Aber auch anders lautende Versionen, denen zufolge nicht Kapitän Smith, sondern sein Erster Offizier, Mr. Murdoch, sich auf der Brücke erschossen haben soll, werden unter anderem von Robert Hitchens, dem Rudergänger der *Titanic*, mit gleicher Vehemenz bestritten. Hitchens erklärte, Mr. Murdoch sei zum Zeitpunkt des Unglücks wachhabender Offizier des Schiffes gewesen und habe in höchst souveräner Weise das unverzügliche Schließen der wasserdichten Schotten und das Abschalten der Maschinen angeordnet.

Zehn Tage später jedoch, am 30. April 1912, zitiert der *Daily Sketch* den geretteten *Titanic*-Passagier Charles Williams mit folgender Aussage: »Er [der Kapitän] fragte uns, was aus dem Ersten Offizier Murdoch geworden sei. Wir antworteten, Murdoch habe sich mit seinem Revolver das Hirn rausgepustet.«

Die Frage, ob der Erste Offizier Murdoch sich das Leben nahm oder nicht, muss letzten Endes also offen bleiben. Dass jemand sich an Deck der *Titanic* erschossen hat, scheint jedoch weitgehend festzustehen. Zumindest in dieser Hinsicht stimmt die Mehrzahl der Zeugenaussagen klar überein. Doch wie die Wahrheit auch lauten mag – Kinobesuchern in aller Welt dürfte sich die Lesart von Camerons »Titanic«-Film, Murdoch habe sich »das Hirn rausgepustet«, längst unauslöschlich eingeprägt haben.

Wie in vielen Aspekten der *Titanic*-Legende gilt auch hier einmal mehr, dass das, was wir glauben, meist das ist, was wir glauben *wollen*. Murdochs Angehörige wollen an seinen Heldentod, Cameron und einige *Titanic*-Experten lieber an seinen Selbstmord glauben. Es gibt in dieser Frage keine letzte Gewissheit, aber vielleicht ist es gerade diese Ungewissheit, welche die Faszination des *Titanic*-Mythos seit so vielen Jahren lebendig erhält.

21

Hätten die wasserdichten Schotten der *Titanic* geöffnet bleiben sollen?

Im April 1998 strahlte der New Yorker Sender WPIX-TV (Channel 11) eine zweistündige *Titanic*-Dokumentation mit dem Titel »Titanic: Secrets Revealed« (deutsch etwa: »Titanic: Geheimnisse enthüllt«) aus. Moderator der Sendung war Bernard Hill, der vielfach ausgezeichnete britische Schauspieler und Darsteller des Kapitän Smith in Camerons »Titanic«-Film. Anhand von Interviews, Computeranimationen und Modellnachbauten sollten in diesem zweistündigen Feature die hartnäckigsten »Geheimnisse« rund um den Untergang der *Titanic* eingehend besprochen und aufgeklärt werden.

Für *Titanic*-Interessenten, selbst für solche mit nur rudimentären Kenntnissen über die Fakten und Gerüchte, die den Lauf der Jahre überdauert haben, konnte diese Dokumentation allerdings kaum von Interesse sein. Vieles von dem, was in diesem Beitrag »enthüllt wurde«, war längst in früheren *Titanic*-Features untersucht – und dort auch meist verständlicher erklärt – worden. (Diese Sendung war wohl, zumindest teilweise, als PR-Aktion für die amerikanische Firma »RMS Titanic« gedacht – immerhin lässt Bernard Hill sich zu dem Ausspruch hinreißen, RMS Titanic bewahre »das Andenken der *Titanic* mit großer Würde und Respekt«.)

Zu einem Thema aber konnte die Sendung tatsächlich neue Erkenntnisse liefern: nämlich bezüglich der wichtigen Frage, ob es ein Fehler war, die 16 Wasserschutztüren im Rumpf der

Titanic nach der Kollision automatisch zu schließen. Hätte Kapitän Smith durch das erneute Öffnen der wasserdichten Abteilungen womöglich den Zeitpunkt des Untergangs so lange hinauszögern können, dass alle Passagiere gerettet worden wären?

Wäre also die *Titanic* bei einer gleichmäßigen Flutung des gesamten Rumpfes so viel länger schwimmfähig geblieben, dass die *Carpathia* und die *Californian* noch rechtzeitig hätten herbeieilen können, um alle Passagiere und Besatzungsmitglieder des sinkenden Schiffes an Bord zu nehmen? Um diese Frage endlich abschließend beantworten zu können, gaben die Produzenten von »Titanic: Secrets Revealed« ein wissenschaftliches Experiment in Auftrag.

Unter Anleitung des Schiffbauingenieurs Arthur Sanderford und des technischen Beraters Bill Sauder wurde ein maßstabsgetreues Modell der *Titanic* mit einem Rumpf aus transparentem Kunststoff gebaut. Nicht nur Größe und Gewicht, sondern auch Auftrieb und natürlich die 16 wasserdichten Abteilungen wurden in verkleinertem Maßstab detailgetreu kopiert. Mit diesem Modell sollte in einem Wassertank der Untergang der *Titanic* simuliert werden, und zwar einmal bei geschlossenen Wasserschutztüren – das heißt unter den gleichen Bedingungen wie beim tatsächlichen Untergang – und noch einmal bei geöffneten Schotten, um beide Vorgänge miteinander zu vergleichen.

Für die erste Versuchsphase flutete das wissenschaftliche Team zunächst die Kesselräume 5 und 6 im Schiffsbauch, exakt wie dies in der Unglücksnacht geschehen war. Die Schotten zu den weiteren Kesselräumen wurden direkt nach der (fiktiven) Kollision mit dem Eisberg geschlossen, sodass sich das Wasser zunächst nur im Bug sammeln konnte. Genau wie in der Unglücksnacht dauerte es jetzt etwas über zwei Stunden, bis das Modell der *Titanic* schließlich unterging.

Jahrelang hatten Experten darüber spekuliert, ob das Schiff womöglich bis zu zwei Stunden länger schwimmfähig geblieben wäre, wenn man die Schotten geöffnet hätte. Jetzt sollte diese Theorie also endlich überprüft werden.

Es wurde nun die zweite Versuchsphase in Angriff genommen. Das Team stellte die Uhr auf Sonntag, 14. April 1912, 23.40 Uhr ein (den Zeitpunkt der Kollision mit dem Eisberg) und flutete das *Titanic*-Modell erneut, diesmal aber bei geöffneten Schotten. Wieder maß die Stoppuhr die Zeit vom Zusammenprall bis zum endgültigen Untergang.

Bei geöffneten Schotten ergab sich also der folgende Unglücksverlauf:

Um 23.50 Uhr füllen sich die sechs wasserdichten Abteilungen, die der Eisberg leckgeschlagen hat, langsam mit Wasser. Durch die geöffneten Schotten kann sich das Wasser über die gesamte Schiffslänge ausbreiten, statt sich nur in den vorderen sechs Abteilungen zu sammeln. Um 0.20 Uhr wird das erste Rettungsboot abgesetzt. Das Wasser strömt weiterhin mit einer steten Geschwindigkeit von 350 Tonnen pro Minute in den Rumpf der *Titanic*. Das Schiff beginnt zu sinken, diesmal aber in waagerechter Position, da sich der Rumpf über die gesamte Länge gleichmäßig mit Wasser füllen kann.

Um 0.40 Uhr empfängt die *Carpathia* den Notruf der *Titanic* und nimmt umgehend Kurs auf das sinkende Schiff. Die Entfernung beträgt etwa 58 Meilen (107 Kilometer). Inzwischen hat die *Titanic* bereits mehr als 20 000 Tonnen Wasser im Bauch – doch immer noch liegt sie fast waagerecht im Wasser.

Gegen 0.50 Uhr wird auch der letzte Dampfkessel der *Titanic* vom Atlantik geflutet, und die Stromversorgung auf dem Schiff bricht zusammen. Volle 90 Minuten früher als in der Unglücksnacht 1912 wird es auf der *Titanic* stockfinster, und mehrere Hundert Menschen, Passagiere wie Besatzung, sind in der Dunkelheit und eisigen Kälte unter Deck gefangen.

Um 1.30 Uhr haben bereits 14 Rettungsboote abgelegt, und immer noch ragt der Bug des Schiffes aus dem Wasser. Aber die *Carpathia* ist auch noch 40 Meilen entfernt. Um 1.40 Uhr neigt sich die *Titanic*, mit inzwischen fast 40 000 Tonnen Wasser im Rumpf, langsam auf eine Seite. Die restlichen Rettungsboote können nicht mehr abgefiert werden, und schon um 1.45 Uhr wird das Schiff äußerst instabil.

Bill Sauder, der technische Berater, erläuterte diesen Versuchsverlauf: »Die starke Schlagseite des Schiffes würde das Abfieren der Rettungsboote erheblich erschweren. Unter diesen Umständen wäre das Unglück sicher nicht annähernd so friedlich verlaufen, wie es 1912 tatsächlich der Fall war. Eine Panik wäre unausweichlich gewesen, angesichts eines Schiffes, das mehr als eine Stunde lang stockfinster und mit Schlagseite im Wasser lag. Die Menschen hätten sich vermutlich rasend vor Angst alle auf die Boote gestürzt – mit katastrophalen Folgen.«

Um 1.47 Uhr legt die *Titanic* sich ganz auf die Seite und sinkt in die Tiefe, *volle 33 Minuten früher* als beim tatsächlichen Hergang des Unglücks 1912. Da die starke Schräglage die Bemannung der übrigen Rettungsboote verhindert hätte, wären noch mehr Menschen ums Leben gekommen. Zu dieser Zeit befand die *Carpathia* sich noch um über 30 Meilen entfernt.

»Hätte Kapitän Smith die wasserdichten Schotten wieder öffnen lassen«, fasste Bill Sauder das Experiment zusammen, »und zwar entgegen seiner Ausbildung und seinen Instruktionen, so wäre das Ausmaß der Katastrophe noch viel größer gewesen, und noch mehr Menschen hätten ihr Leben verloren.« Mit diesem Versuch ist also eindeutig bewiesen, dass Kapitän Smith »alles in seiner Macht Stehende zur Rettung des Schiffes getan hat«.

22

Das letzte Lied der Bordkapelle

Der Bug des Schiffes versank nun allmählich im Wasser – wie bei einer Ente, die gründelt. Ich hatte nur noch eins im Kopf – weg vom Sog. Die Kapelle spielte noch immer. Sie muss komplett untergegangen sein. Dann spielte sie »Autumn«.

Harold Bride, Zweiter Funker der *Titanic*

Welches Stück spielte die tapfere Bordkapelle der *Titanic* als letztes, bevor die Musiker ihre Instrumente zur Seite legten und sich auf den Tod vorbereiteten? Niemand weiß es genau, aber drei Stücke ihres Repertoires kommen am ehesten in Frage: das Kirchenlied »Nearer, my God, to Thee« (Näher, mein Gott, zu Dir), das damals sehr populäre Stück »Autumn« und der »Songe d'Automne«, ein traditioneller Walzer von Archibald Joyce.

Obwohl in der auf den folgenden Seiten wiedergegebenen Repertoire-Übersicht nur der »Songe d'Automne« explizit aufgeführt ist (Listennummer 114), kann wohl davon ausgegangen werden, dass so bekannte Musikstücke wie »Nearer, my God, to Thee« und »Autumn« auch zum Repertoire des Bordorchesters gehörten und unter dem Oberbegriff »Populäres« beziehungsweise »Nationalhymnen, Kirchenlieder usw. aller Nationen« (Listennummer 96 bzw. 100) in der Aufstellung zusammengefasst waren.

Im Laufe der Jahre hat sich in der Legende um die *Titanic* immer mehr die Auffassung durchgesetzt, dass zuletzt das Kirchenlied »Nearer, my God, to Thee« intoniert wurde. Viele Überlebende wollen diesen Choral gehört haben, als die letzten Rettungsboote beladen und abgefiert wurden und das Schiff allmählich unterging.

In einem Zeitungsbericht von 1912 wird sogar behauptet, einige der Passagiere in den Rettungsbooten hätten mitgesummt, als sie hörten, wie die Bordkapelle das Lied spielte.

Harold Bride jedoch, der überlebende Funker der *Titanic* (und als solcher gewohnt, sehr aufmerksam hinzuhören), gibt »Autumn« als letztes Stück der Kapelle an, obwohl nicht ganz klar wird, ob er dabei den Joyce-Walzer (auf der Repertoire-Liste) oder das beliebte Lied »Autumn« meint.

Für die Öffentlichkeit stand jedenfalls sofort fest, dass »Nearer, my God, to Thee« das letzte Stück der Bordkapelle der *Titanic* war. Im britischen *Daily Sketch* vom 22. April 1912 erschien sogar ein Artikel, demzufolge Wallace Hartley, der Dirigent des *Titanic*-Orchesters, einem befreundeten Musiker erzählt haben soll, er werde, falls er jemals eine Havarie miterlebe, seine Kapelle zusammenrufen und den Untergang des Schiffes mit Musik begleiten. Auf die Frage, welches Stück er sich dazu aussuchen würde, soll Hartley geantwortet haben: »Nun, ich denke, am liebsten würde ich ›Oh God Our Help in Ages Past‹ oder ›Nearer, my God, to Thee‹ spielen. Beide Choräle mag ich sehr gern, und beide würden in der Situation sehr gut passen.« Diese Worte eines Menschen, der den Untergang der *Titanic* nicht überlebte, scheinen die Erinnerung zahlreicher Überlebender zu bestätigen, die »Nearer, my God, to Thee« gehört haben wollen.

Eine der ersten Erwähnungen dieses Chorals stammt im Übrigen von Edward Wheelton, einem der Salonstewards der *Titanic*. Er schreibt in seinem Bericht über die letzten Stunden

Nearer, my God, to Thee

Nearer, my God, to Thee,
Nearer to Thee!
Even though it be a cross
That raiseth me;
Still all my song shall be –
Nearer, my God, to Thee,
Nearer to Thee!

Though like the wanderer,
The sun gone down,
Darkness be over me,
My rest a stone;
Yet in my dreams I'd be
Nearer, my God, to Thee,
Nearer to Thee!

There let the way appear,
Steps unto heaven;
All that thou sendest me,
Is mercy given;
Angels to beckon me
Nearer, my God, to Thee,
Nearer to Thee!

Then with my waking thoughts
Bright with thy praise,
Out of my stony griefs
Bethel I'll raise;
So by my woes to be
Nearer, my God, to Thee,
Nearer to Thee!

Or if on joyful wing,
Cleaving the sky,
Sun, moon, and stars forgot,
Upward I fly,
Still all my song shall be –
Nearer, my God, to Thee,
Nearer to Thee.

Näher, mein Gott, zu Dir
[deutsch von Erhard Fr. Wunderlich, 1830–95]

Näher, mein Gott, zu Dir,
Näher zu Dir!
Drückt mich auch Kummer hier,
Drohet man mir,
Soll doch trotz Kreuz und Pein,
Dies meine Losung sein:
Näher, mein Gott, zu Dir,
Näher zu Dir!

Bricht mir, wie Jakob dort,
Nacht auch herein,
Find ich zum Ruheort
Nur einen Stein,
Ist selbst im Traume hier
Mein Sehnen für und für:
Näher, mein Gott, zu Dir,
Näher zu Dir!

Geht auch die schmale Bahn,
Aufwärts gar steil,
Führt sie doch himmelan
Zu meinem Heil.
Engel so licht und schön
Winken aus sel'gen Höh'n:
Näher, mein Gott, zu Dir,
Näher zu Dir!

Ist dann die Nacht vorbei,
Leuchtet die Sonn,
Weih ich mich Dir aufs neu
Vor Deinem Thron,
Baue mein Bethel Dir,
Und jauchz mit Freuden hier:
Näher, mein Gott, zu Dir,
Näher zu Dir!

Ist mir auch ganz verhüllt
Mein Weg allhier:
Wird nun mein Wunsch erfüllt
Näher zu Dir!
Schließt dann mein Pilgerlauf,
Schwing ich mich selig auf:
Näher, mein Gott, zu Dir,
Näher zu Dir!

der *Titanic*, der am Samstag, dem 20. April 1912, im *Daily Sketch* erschien:

> Während die Rettungsboote zu Wasser gelassen wurden, hörte man die Kapelle ein buntes Potpourri spielen, darunter auch einige der neuesten Melodien, die in Amerika und Europa gerade sehr beliebt waren.
>
> Erst kurz bevor das Schiff endgültig unterging, wechselten sie plötzlich zu ernster Musik und spielten dann »Nearer, my God, to Thee«.

Anfang Mai 1912 wurde noch einmal ein Schiff, die *Mackay-Bennett*, auf der Suche nach weiteren Opfern in das Gebiet entsandt, in dem die *Titanic* gesunken war. Dabei fand und identifizierte man auch die Leiche des Kapellmeisters Wallace Hartley. (Laut britischen Zeitungsberichten wurde Hartleys Musikkoffer der White Star Line übergeben.) Am Freitag, dem 17. Mai 1912, traf Hartleys Leichnam auf dem Linienschiff *Arabic* in Liverpool ein, wo er von seinem Vater in Empfang genommen wurde. In einem Leichenwagen brachte man Hartleys Sarg nach Colne, der Geburtsstadt des Musikers, wo am nächsten Tag die Beisetzung stattfand.

Der *Daily Sketch* vom Montag, dem 20. Mai 1912, schildert das Begräbnis von Wallace Hartley und bekräftigt dabei ein weiteres Mal die Legende um »Nearer, my God, to Thee«:

> Ergreifende Szenen spielten sich bei der Beisetzung von Wallace Hartley auf dem Friedhof seiner Heimatstadt Colne in Lancashire ab. Sie waren dieses heldenmütigen Mannes würdig, der ruhig und gefasst mit seinem Orchester auf dem Deck des todgeweihten Dampfers stand und seinen Untergang mit »Nearer, My God to Thee« begleitete, während gerade das letzte Rettungsboot vom sinkenden Schiff ablegte.

4

Als man Hartleys sterbliche Hülle in die Erde senkte, stimmten der Bethel-Chor und die Orchestergesellschaft von Colne das Kirchenlied »Nearer, my God, to Thee« an.

Es kann als sehr wahrscheinlich – und angesichts der vielen Aussagen von Augenzeugen sogar als gesichert – gelten, dass Hartley und seine Musiker diesen Choral (und vermutlich eines oder beide »Autumn«-Stücke) tatsächlich gespielt haben, als sie den verängstigten Passagieren beim Ausbooten ein Ständchen brachten. Aber welches dieser Stücke spielte die Kapelle nun wirklich als letztes? Das ist bis heute leider nicht mit Bestimmtheit zu sagen. Fest steht nur, dass das Kirchenlied auf jeden Fall dazugehört haben muss. Doch die Wahrheit über das *letzte* Lied der Kapelle ist für alle Zeiten verloren.

Anmerkung: Walter Lord liefert in seinem Buch »Titanic – The Night Lives On« (deutsch: »Titanic – Wie es wirklich war«) unter Berufung auf verschiedene Hymnen-Experten eine ausführliche Diskussion der Unterschiede zwischen den beiden »Autumn«-Melodien und einigen anderen Stücken, welche die *Titanic*-Kapelle in der Nacht der Katastrophe gespielt haben soll.

Das vollständige Repertoire der Bordkapelle der *Titanic*

Es war bestimmt nicht einfach, die einzige Quelle musikalischer Unterhaltung auf einem riesigen Luxusdampfer wie der *Titanic* zu sein, doch die acht Mitglieder der Bordkapelle meisterten ihre Aufgabe hervorragend.

Auf den folgenden Seiten findet sich eine Liste des gesamten Repertoires, welches das Orchester der *Titanic* auf Wunsch spielen konnte. Dazu gehörten nicht nur klassische Musikstücke und Operettenmelodien, die vornehmlich zur Untermalung beim Essen dienten, sondern auch Ragtimes und Walzer, die für das allabendliche Tanzvergnügen vorgesehen waren. Diese Aufzählung ist jedoch sicher nicht vollständig. Viele der Überlebenden wollten sich später an Stücke erinnern, die nicht auf der Liste aufgeführt sind – und wenn man die Professionalität und umfangreiche musikalische Ausbildung der Kapelle bedenkt, stellte dieses offizielle Repertoire mit Sicherheit nur eine kleine Auswahl ihres eigentlichen Könnens dar. (Beispielsweise wollte Edwina Troutt Edward Elgars »Pomp and Circumstance« an Bord der *Titanic* gehört haben, obwohl keine Komposition des britischen Komponisten auf der Liste zu finden ist.)

Abgerundet wurde diese Auswahl durch eine Reihe von Nationalhymnen, Kirchenliedern und beliebten Melodien der damaligen Zeit.

Die Musiker der Bordkapelle der *Titanic*

Wallace Henry Hartley
Orchesterleiter

W. Theodore Brailey
Piano

Roger Bricoux
Cello

John Fred Clarke
Kontrabass

John Law Hume
Erste Violine

George Krins
Viola

Percy C. Taylor
Cello

John Wesley Woodward
Cello

Das Repertoire der Kapelle

OUVERTÜREN

1. Der Barbier von Sevilla . . . . Rossini
2. Zampa . . . . Hérold
3. Semiramide . . . . Rossini
4. Die diebische Elster . . . . Rossini
5. Die Stumme von Portici . . . . Auber
6. Die Italienerin in Algier . . . . Rossini
7. Tancred . . . . Rossini
8. Wilhelm Tell . . . . Rossini
9. Das Pensionat . . . . Suppé
10. Pique-Dame . . . . Tschaikowsky
11. Dichter und Bauer . . . . Suppé
12. Raymond . . . . A. Thomas
13. Martha . . . . Flotow
14. Agnes . . . . F. Paer
15. The Bohemian Girl . . . . Balfe

OPERN- UND OPERETTENMELODIEN USW.

16. The Quaker Girl . . . . Monckton
17. Die geschiedene Frau . . . . Leo Fall
18. Samson und Dalila . . . . Saint-Saëns
19. Madame Sherry . . . . K. Hoschna
20. Cadix . . . . Valverde
21. Aïda . . . . Verdi
22. Thaïs . . . . Massenet
23. Der tapfere Soldat . . . . O. Strauß
24. Cavalleria Rusticana . . . . Mascagni
25. Mignon . . . . Thomas
26. Ein Maskenball . . . . Verdi
27. Der Bajazzo . . . . Leoncavallo

28. Orpheus in der Unterwelt . . . . Offenbach
29. Madame Butterfly . . . . Puccini
30. Die Dollarprinzessin . . . . Leo Fall
31. Ein Walzertraum . . . . O. Strauß
32. Miss Hook of Holland . . . . Rubens
33. Die lustige Witwe . . . . Lehár
34. Our Miss Gibbs . . . . Monckton
35. The Arcadians . . . . Monckton
36. The Belle of Brittany . . . . Talbot
37. Havana . . . . Stuart
38. Dear Little Denmark . . . . Rubens
39. The Fair Co-ed . . . . Luder
40. The Grand Mogul . . . . Luder
41. The Gay Musician . . . . Julian Edward
42. A Trip to Japan . . . . Klein
43. His Honour the Mayor . . . . Julian Edward
44. Die rote Mühle . . . . V. Herbert
45. Die Primadonna . . . . V. Herbert
46. The Three Twins . . . . K. Hoschna
47. The Prince of Pilsen . . . . Luder
48. It Happened in Nordland . . . . V. Herbert
49. Neptune's Daughter . . . . V. Herbert
50. Faust . . . . Gounod
51. Carmen . . . . Bizet
52. Der Troubadour . . . . Verdi
53. Rigoletto . . . . Verdi
54. La Traviata . . . . Verdi
55. Die Puritaner . . . . Bellini
56. Die Nachtwandlerin . . . . Bellini
57. Lucia di Lammermoor . . . . Donizetti
58. Die Favoritin . . . . Donizetti
59. Tosca . . . . Puccini
60. La Bohème . . . . Puccini

61. Der Mikado .... Sullivan
62. Die Piraten von Penzance................... Sullivan
63. Jolanthe .... Sullivan
64. A Princess of Kensington................. E. German
65. Merrie England .... E. German
66. Tom Jones .... E. German
67. Manon Lescaut .... Puccini
68. Hoffmanns Erzählungen .... Offenbach
69. Mephistopheles .... Boito
70. Tannhäuser............................... Wagner
71. Lohengrin................................ Wagner
72. The Girls of Gottenburg .... Caryll & Monckton
73. Haddon Hall .... Sullivan
74. Die Gondolieri........................... Sullivan
75. Recollections of Gounod................... Godfrey
76. Sullivan's Melodies .... Godfrey
77. The Maid and the Mummy .... A. Aarons
78. Love's Lottery .... Julian Edwards
79. M'lle Modisté......................... Julian Edwards
80. Miss Dolly Dollars.................. Julian Edwards
81. Wonderland .... Julian Edwards
82. The Princess Beggar .... A. G. Robyn
83. The Geisha .... Jones
84. San Toy................................... Jones

SUITEN, FANTASIEN USW.

85. Peer-Gynt-Suite .... Grieg
86. Drei Tänze: »Henry VIII.« .... E. German
87. Drei Tänze: »Nell Gwyn« .... E. German
88. Drei Tänze: »Tom Jones« .... E. German
89. The Rose .... Myddleton
90. The Thistle .... Myddleton

91. The Shamrock . . . . Myddleton
92. American National Airs . . . . Tobani
93. Plantation Songs . . . . Clutsam
94. Canadian Songs . . . . Retford
95. Tosti's Popular Songs . . . . Godfrey
96. Populäres . . . . S. Adams
97. Reminiscences of the Savoy . . . . M. Moore
98. Reminiscences of Wales. . . . . Godfrey
99. Reminiscences of All Nations . . . . Godfrey
100. Nationalhymnen, Kirchenlieder usw. aller Nationen

Walzer

101. Love and Life in Holland . . . . Joyce
102. Partners Galore . . . . .G. V.
103. The Druid's Prayer . . . . Davson
104. Vision of Salome . . . . Joyce
105. Remembrance. . . . . Joyce
106. Beautiful Spring . . . . P. Lincke
107. Wedding Dance . . . . P. Lincke
108. Comédie d'Amour. . . . . G. Colin
109. Valse Septembre. . . . . F. Godwin
110. Mondaine . . . . Bosc
111. Rêve d'Artiste . . . . Bosc
112. Swing Song . . . . Hollaender
113. Sphinx. . . . . Popy
114. Songe d'Automne. . . . . Joyce
115. La Lettre de Manon . . . . Giliet
116. Cecilia . . . . Pether
117. Apach's Dance . . . . Offenbach
118. Verschmähte Liebe . . . . P. Lincke
119. Lysistrata . . . . P. Lincke
120. Luna . . . . P. Lincke

Nearer, my God, to Thee,
Nearer to Thee;
E'en though it be a cross
That raiseth me;
Still all my song shall be,
"Nearer, my God, to Thee,
Nearer to Thee".

23

Das Rätsel um Kapitän Smiths letzte Worte und seinen Tod

Smith watet durch 15 Zentimeter tiefes Wasser zum STEUERHAUS, geht hinein und schließt die Tür hinter sich. Er ist allein auf der Brücke, umgeben von den messingglänzenden Instrumenten. Irgendetwas in ihm scheint zu zerbrechen ... Er steht am Ruder des Schiffes, starrt hinaus in die Dunkelheit vor dem Fenster und strafft dann die Schultern ... KAPITÄN SMITH steht am Ruder und beobachtet, wie das schwarze Wasser an den Fenstern des Steuerhauses emporsteigt. Er hat den verzweifelten Blick einer verdammten Seele am Tag des Jüngsten Gerichts. Fontänenartig sprudelt das Wasser unter den Türen hervor. Plötzlich bersten die Fenster, und eine mit Glassplittern gespickte Wassersäule schleudert Smith gegen die hintere Wand. Er verschwindet in einem Wirbel aus Wasser und Gischt.

Aus dem Drehbuch
zu James Camerons Film »Titanic«

Wie kam Edward J. Smith ums Leben, und wie lauteten seine letzten Worte? Der obige Auszug aus Camerons Drehbuch gibt die allgemein vorherrschende Auffassung wieder: Der unglückselige Kapitän der *Titanic* begibt sich angesichts des Untergangs des Schiffes ruhig auf die Brücke und ertrinkt in der Wasserflut, die durch die Fenster des Steuerhauses hereinbricht.

Obwohl Cameron damit ein durchaus plausibles Szenario vom Ende des Kapitäns abliefert, existieren auch noch andere, abweichende Versionen. Es folgt eine Zusammenstellung von Augenzeugenberichten über die letzten Minuten des Kapitäns:

Robert W. Daniel, Philadelphia, Überlebender Daniel berichtete, Kapitän Smith habe ruhig und gefasst auf der Brücke gestanden, während sie langsam in den eisigen Fluten des Atlantiks versank: »Ich sah Kapitän Smith auf der Brücke stehen. Ich konnte meine Augen einfach nicht von ihm abwenden. Das Deck, von dem ich heruntergesprungen war, stand längst unter Wasser. Es stieg langsam und reichte jetzt bis zum Fuß des Steuerhauses. Dann ging es Kapitän Smith bis zur Hüfte. Und dann war er irgendwann nicht mehr zu sehen. Er starb wie ein Held.« Und weiter: »Für mich ist Kapitän Smith der größte Held, den ich kenne. Er stand auf der Brücke und rief in sein Megaphon, damit ihn möglichst alle hören konnten.«

Dr. J. F. Kemp, Passagier der *Carpathia* Dr. Kemp behauptete, Kapitän Smith habe Selbstmord begangen, indem er sich eine Kugel in den Kopf schoss. Kemp hatte nach eigenen Angaben mit einem kleinen Jungen – einem Passagier der *Titanic* – gesprochen, der seinerseits gesehen haben wollte, »wie Kapitän Smith sich eine Pistole an die Schläfe setzte und dann zusammenbrach«. Andere Überlebende der Katastrophe bestätigten diesen Vorfall, während die geretteten Besatzungsmitglieder der *Titanic* allein schon die *Möglichkeit*, Kapitän Smith könne sich umgebracht haben, statt mit seinem Schiff in den Tod zu gehen, vehement bestritten.

Harold Bride, Funker der *Titanic* Bride wiederum sagte aus, er habe beobachtet, wie Kapitän Smith über Bord gesprungen sei, als das Faltboot B vom Dach der Offizierskabinen herabgelassen wurde und dabei aufs Bootsdeck stürzte: »Das Letzte, was ich vom Kapitän gesehen habe, war, wie er von

der Brücke aus über Bord sprang. Er ist über die Reling gesprungen, als wir gerade das Faltboot abfieren wollten.«

George Alfred Hogg, Ausguck »Ich sah Kapitän Smith, wie er
neben einem Rettungsfloß im Wasser schwamm. ›Da ist der
Skipper!‹, schrie ich. ›Los, helft ihm ins Boot!‹ Man wollte
ihn packen, aber er wehrte sich und rief uns zu: Lebt wohl,
Jungs. Ich werde jetzt meinem Schiff nachfolgen.‹ Das war
das Letzte, was wir von unserem Skipper gesehen haben.«

G. A. Brayton, Los Angeles, Überlebender »Ich sah Kapitän
Smith, als ich im Wasser schwamm. Er stand allein auf dem
Deck. Einmal wurde er von einer Woge umgerissen, aber er
kämpfte sich wieder auf die Füße. Als das Schiff schließlich
unterging, wurde er abermals von einer Welle erfasst; danach war er verschwunden.«

Lawrence Beesley, Überlebender »Der Kapitän hielt sich die
ganze Zeit über auf der Brücke auf und gab seinen Männern
Anweisungen, bis das Wasser schließlich auf Höhe der
Brücke stand. Da kletterte er in aller Ruhe über die Brüstung
und ließ sich ins Wasser fallen.«

Charles Williams, Überlebender Williams berichtete, er habe
Kapitän Smith im eisigen Wasser herumschwimmen sehen,
mit Rettungsweste und einem kleinen Kind auf dem Arm.
Dann habe er das Kind in eines der Rettungsboote hinaufge-
reicht, sich aber geweigert, selbst ins Boot zu klettern. Als
Nächstes habe er gefragt, was aus Murdoch geworden sei,
und als er von dessen Selbstmord hörte, stieß er sich vom
Bootsrand ab, streifte seine Rettungsweste ab und ließ sich
unter Wasser sinken, dem sicheren Tod entgegen. Diese Version der Ereignisse wurde von einem Steward namens John
Maynard bestätigt, der das Kind angeblich entgegennahm,
sowie von einem Heizer der *Titanic*, Harry Senior, der den
Kapitän ebenfalls bei der Rettung des Kindes gesehen haben
will.

Robert Williams, Heizer der *Titanic* »Der Kapitän schwamm dicht neben mir im Wasser, und auch er hatte ein kleines Kind auf dem Arm. Ich sah ihn zu einem der Boote rüberschwimmen und das Kleine zu jemandem im Boot hinaufreichen, und zum letzten Mal habe ich ihn gesehen, wie er in Richtung auf das Schiff zurückschwamm.« (Dabei muss es sich um dasselbe Kind gehandelt haben, das der Steward John Maynard angeblich ins Boot gehoben hatte.)

Edward Brown, Steward der 1. Klasse »Als das Wasser fast bis zur Brücke stand, wurde noch eines der Faltboote abgefiert. Kapitän Smith kam vorbei, das Megaphon in der Hand, und sagte zu uns: ›In Ordnung, Jungs, bringt Frauen und Kinder in Sicherheit, und dann muss jeder für sich selbst sorgen.‹ Der Kapitän kehrte auf die Brücke zurück, und kurz darauf ging das Schiff dann unter.«

Charles Lightoller, Zweiter Offizier der *Titanic* Vor dem Untersuchungsausschuss des US-Senats nach dem Verbleib von Kapitän Smith befragt, gab Lightoller Folgendes zu Protokoll: »Ich glaube, ich habe ihn zuletzt auf der Brücke gesehen … ja, ich glaube, da lief er gerade die Brücke entlang.« Auf die Frage, welche Anweisungen Kapitän Smith ihm zuletzt gegeben habe, antwortete Lightoller: »Als ich ihn fragte, ob die Boote mit Frauen und Kindern besetzt werden sollten, antwortete er: ›Ja, und fier weg.‹ Das war sein letzter Befehl an mich.«

Colonel Archibald Gracie, Überlebender Auch Gracie wirft in seiner Schilderung der tragischen Ereignisse (erschienen unter dem Titel »The Truth About the Titanic« (deutsch: »Titanic: Zwei Überlebende berichten«) die Frage auf, ob der Kapitän oder sein Erster Offizier Selbstmord begangen hat. Seine eigene Antwort lautet: »Ungeachtet der kursierenden Gerüchte und der diversen Zeitungsberichte, die diese Frage zustimmend beantworten, habe ich keinen der Passa-

giere und auch keines der Besatzungsmitglieder finden können, die mit solchen Aussagen zitiert worden sind. Im Gegenteil, was Kapitän Smith betrifft, so gibt es sogar mehrere
Zeugen, unter ihnen auch den Funker Harold Bride, die ihn
zuletzt auf der Brücke gesehen haben, und später dann, als
das Schiff in die Tiefe sank, noch einmal im Wasser ... Zehn
Minuten vor dem Untergang teilte Smith allen Männern
mit, sie hätten ihre Pflicht getan und sollten sich selbst jetzt
in Sicherheit bringen.«

Anderen Berichten vom Ende des Kapitäns zufolge wurde er
auf der Steuerbord-Brückennock von einem herabstürzenden
Schornstein erschlagen und von der Brücke gespült, als das
Schiff sich mit dem Bug nach unten neigte. Einer der Überlebenden wiederum hat ihn zum Schiff zurückschwimmen sehen:
»Vor meinen Augen ist er mit dem Schiff untergegangen.«
   Auch die Angaben über die letzten Worte von Kapitän Smith
weichen stark voneinander ab. Nur in einer Hinsicht stimmen
sie überein: Unabhängig vom genauen Wortlaut bezeugen sie
alle das tapfere und selbstlose Verhalten des dem Untergang
geweihten Kapitäns. Hier eine kurze Auflistung der letzten
Worte, die Kapitän Smith gesagt haben soll:

»Zeigt ihnen, dass ihr Briten seid, Jungs! Zeigt es ihnen!«
»Rette sich, wer kann!«
»Lebt wohl, Jungs! Ich werde jetzt meinem Schiff nachfolgen!«
»Ich werde meinem Schiff nachfolgen!«
»In Ordnung, Jungs, tut euer Möglichstes für Frauen und Kin-
   der, und dann muss jeder für sich selbst sorgen.«
»Das war's, Jungs. Viel Glück, und Gott segne euch.«

Zusammenfassung

Ungeachtet der widersprüchlichen Aussagen über seinen Tod, hat Smith doch zweifellos seine Pflicht als Kapitän erfüllt und ist letztendlich mit seinem Schiff untergegangen. Angesichts der Augenzeugenberichte und der darin vorherrschenden Meinung, Kapitän Smith habe alles getan, um möglichst viele Passagiere zu retten, erscheint jene Version am plausibelsten, derzufolge er mit einem Kind zu den Booten hinausschwamm, danach aber wieder aufs Schiff zurückkehrte, um auf der Brücke gefasst seinem Schicksal und dem seines Schiffes ins Auge zu sehen.

Die Mehrzahl der Berichte über das Ende des Kapitäns dürfte somit der Wahrheit entsprechen – mit Ausnahme der Behauptung, er habe Selbstmord begangen. Diese Version der Ereignisse wird von zu wenigen Aussagen gestützt, um sie ernsthaft in Erwägung zu ziehen, zumal die anders lautenden Schilderungen, er habe ein Kind gerettet und sei mit seinem Schiff in den Tod gegangen, nicht nur zahlreicher, sondern auch glaubwürdiger sind.

Man kann bis heute nur Vermutungen anstellen, was Kapitän Smith beim Untergang der *Titanic* empfunden haben mag. Das Gefühl, die ihm anvertrauten Menschen im Stich gelassen zu haben, war jedoch sicher vorherrschend. Der Schwarze Peter musste in letzter Konsequenz immer wieder auf ihn zurückfallen – schließlich hatte *er* in dem Moment, da er als Kapitän der R.M.S. *Titanic* Southampton verließ, unausweichlich die volle Verantwortung für 2200 Menschenleben und ein Zehn-Millionen-Dollar-Schiff übernommen.

Die letzten Minuten von Kapitän Smith müssen daher von abgrundtiefer Verzweiflung überschattet gewesen sein. Wahrscheinlich hat er den Tod sogar herbeigesehnt, als Erlösung von seiner Gewissensqual und als Sühne für sein schreckliches Scheitern – unabhängig von den wahren Gründen für den Untergang der *Titanic*.

Kapitän »E.J.«, wie wir ihn nannten, war einer der besten Skipper auf dem Atlantik, und sämtliche gegen ihn geäußerten Vorwürfe, er sei nachlässig oder unvorsichtig gewesen oder habe sein Schiff viel zu viel Fahrt machen lassen, entbehren jeglicher Grundlage. Aber diese Besserwisserei von Seiten der Stubenhocker ist eine weit verbreitete Plage und gehört zu den Dingen, mit denen wir Seefahrer leben müssen.

Charles Lightoller,
Zweiter Offizier der *Titanic*

War die *Titanic* in Wahrheit die *Olympic*?

Ich arbeite jetzt seit zwei Tagen hier ... Man kann wirklich kaum einen Unterschied zwischen den beiden Schiffen feststellen. Ich habe heute den ganzen Tag darauf gewartet, dass eins von beiden sich in Luft auflost.

Steward *George Beedem*
in einem Brief an seine Frau, nach seiner
Versetzung von der *Olympic* auf die *Titanic*

Auch wenn diese Äußerung auf den ersten Blick vollkommen lächerlich erscheint, belegt sie auf anschauliche Weise, dass die weit verbreitete Verschwörungsparanoia unserer Tage kein auf die heutige Zeit beschränktes Phänomen darstellt.

Wie aus der Zeittafel in diesem Buch ersichtlich, war die *Olympic*, das Schwesterschiff der *Titanic*, am 20. September 1911, auf ihrer fünften Fahrt und unter dem Kommando von Kapitän Edward J. Smith, beim Auslaufen aus Southampton mit der H.M.S. *Hawke* kollidiert.

Dabei erlitt die *Hawke*, ein britischer Marinekreuzer, schwere Schäden im Bugbereich, während sich die *Olympic* einen etwa zwölf Meter langen Riss im Rumpf einhandelte. Die Passagiere der *Olympic* wurden in Cowes auf der Isle of Wight von Bord gebracht, und das Schiff kehrte zur Begutachtung und Reparatur der Schäden nach Southampton zurück. Die offizielle Untersuchung der Havarie ergab, dass die Verantwortung für die Kollision eindeutig bei der *Olympic* – und damit letztendlich bei Kapitän Smith – lag, auch wenn ihn keine *direkte* Schuld traf, da das Schiff zum Zeitpunkt des Unfalls von einem Lotsen geführt wurde. Am 6. Oktober 1911 kam die *Olympic* ins Trockendock, und viele der am Bau der *Titanic* beschäftigten Werftarbeiter mussten für die sechswöchigen Reparaturarbeiten herangezogen werden.

Einer der vielen Legenden rund um den Untergang der *Titanic* zufolge soll bei dieser Gelegenheit, während die *Olympic* und die *Titanic* nebeneinander im Trockendock lagen, die White Star Line auf die Idee gekommen sein, die Namensschilder der Schiffe zu vertauschen, mit der Absicht, die beschädigte *Olympic* unter dem Namen der nagelneuen *Titanic* auf Jungfernfahrt über den Nordatlantik zu schicken. Einmal auf See, sollte die vermeintliche *Titanic* (in Wirklichkeit also die nur notdürftig reparierte *Olympic*) absichtlich einen Eisberg rammen und untergehen. Das Motiv für diesen gänzlich unbewiesenen Plan war Versicherungsbetrug. Die White Star Line, so der Verdacht, habe die Versicherung für die *Titanic* kassieren wollen, um dann im Frühjahr in der Belfaster Werft ein noch unversehrtes Schiff vom Stapel laufen zu lassen (natürlich unter falschem Namen).

Dieses Gerücht erschien seinerzeit zahlreichen Leuten aus mehreren Gründen glaubhaft (und auch heute gibt es in Southampton wahrscheinlich *immer noch* einige Menschen, die daran glauben): Zum einen kam es vielen im Nachhinein verdächtig vor, dass J. P. Morgan – der steinreiche amerikanische Investor und Besitzer der International Mercantile Marine, zu dem die White-Star-Reederei gehörte – sich geweigert hatte, an der Jungfernfahrt der *Titanic* teilzunehmen. Der zweite Grund für den aufkeimenden Verdacht war die unerklärliche Rettung des Präsidenten der White Star Line, J. Bruce Ismay, der den Untergang der *Titanic* überlebte, bei dem Hunderte von Menschen (und vor allem Männer) ihr Leben verloren hatten.

Auch Kapitän Smith, so will es die Legende, soll Teil dieses Komplotts gewesen sein – womit auch erklärt wäre, weshalb er die zahlreichen Eiswarnungen, welche die *Titanic* auf See erreichten, (bewusst) ignorierte. Dass dieses Vorhaben letztendlich scheiterte, lag einfach nur daran, dass Kapitän Smith den betrügerischen Plan nicht wie vorgesehen ausführte. Stattdessen rammte er den falschen Eisberg zur falschen Zeit und am falschen Ort – und löste damit eine echte Katastrophe aus an Stelle einer nur vorgetäuschten.

Diese Verschwörungstheorie lieferte des Weiteren die Erklärung dafür, weshalb Kapitän Lord von der *Californian* die Notrufe der *Titanic* in der Unglücksnacht nicht beachtete: Auch er war in das Vorhaben eingeweiht und wusste daher, dass er der *Titanic* überhaupt nicht zu Hilfe kommen musste. Schließlich hatte man verabredet, dass die Passagiere der *Titanic* zu einem späteren Zeitpunkt von den umliegenden Schiffen der White Star Line gerettet werden sollten, die als Teil des Plans ebenfalls alle nur darauf warteten, die Schiffbrüchigen aufzunehmen. (Anscheinend war so gut wie jeder – außer den Passagieren natürlich – in den gigantischen Versicherungsbetrug verwickelt ...)

Mehrere Faktoren trugen dazu bei, dieses Gerücht am Leben zu erhalten. Zum einen sahen sich die *Titanic* und die *Olympic* wirklich zum Verwechseln ähnlich, waren zur gleichen Zeit in Belfast gebaut worden und hatten dabei direkt nebeneinander auf der Werft gelegen.

In der Tat muss man sagen, dass die beiden Schiffe fast absolut baugleich waren – aber es *gab* mehrere eindeutige, wenn auch geringfügige, Unterschiede zwischen beiden. So besaß die *Olympic* auf dem vorderen Promenadendeck einen *offenen*

Bereich, während das vordere Promenadendeck der *Titanic* unterhalb der beiden ersten Schornsteine eine *geschlossene* Front aufwies. Dieser Einbau von stahlgerahmten Schutzwänden mit eingelassenen Schiebefenstern für Deck A der *Titanic* wurde von J. Bruce Ismay persönlich angeordnet und diente zum Schutz der Passagiere der 1. Klasse vor dem Spritzwasser vom Bug. Offenbar waren während der Jungfernfahrt der *Olympic* Klagen darüber geäußert worden, woraufhin Ismay umgehend eine Modifikation auf der *Titanic* vornehmen ließ, die *Olympic* hingegen aber nicht veränderte.

Außerdem bestand auf der *Olympic* die Fensterreihe im vorderen Teil von Deck B (das übrigens auch kürzer war als das der *Titanic*) aus *regelmäßig* eingebauten Bullaugen, während sich die gleiche Fensterreihe bei der *Titanic* aus einer Kombination von Bullaugen und richtigen Fenstern zusammensetzte und darüber hinaus *unregelmäßig* angeordnet war. Vermutlich wollte man damit gezielt die optische Linienführung des Dampfers verändern.

Wie aber konnte angesichts dieser Unterschiede das Gerücht überhaupt aufkommen, die *Titanic* sei eigentlich die *Olympic*?

Vermutlich entstand dieser Verdacht, weil es sich bei *Titanic* und *Olympic* um praktisch identische Schwesterschiffe handelte und die große Ähnlichkeit der beiden Dampfer viele Kinos, Zeitungen und Zeitschriften dazu verleitete, Aufnahmen der *Olympic* als die der *Titanic* zu verkaufen, um aus der hemmungslosen Gier des Publikums nach Informationen über das Schiff und die Tragödie möglichst schnell Kapital zu schlagen.

Zudem gelangte bereits einen Monat nach dem tragischen Unglück der zehnminütige Stummfilm »Saved From The Titanic« in die Kinos, in dem auch der Stummfilmstar Dorothy Gibson mitwirkte, eine der tatsächlichen Überlebenden der *Titanic*.

»Saved From The Titanic« war an Bord der *Olympic* gedreht worden, wobei man ihren Namen vom Rumpf und von den Rettungsbooten entfernt hatte. Dieser Stummfilm enthielt unter anderem Filmmaterial, das die *Olympic* beim Einlaufen in den Hafen von New York zeigte, behauptete aber, es sei die *Titanic*, die den Hafen von Southampton verlasse. Damit war dem Gerücht vom Austausch der Schiffe natürlich fruchtbarer Boden bereitet.

Auch Ansichtskarten wurden in ähnlicher Weise gefälscht, um aus der Katastrophe Kapital zu schlagen. So trug eine Karte mit einer Aufnahme, auf der deutlich das offene Promenadendeck der *Olympic* zu erkennen war, die Bildunterschrift »Die *Titanic*, das Unglücksschiff der White Star Line«. Noch skrupelloser erscheint die Veröffentlichung eines Aquarellbilds der *Olympic* mit dem falschen Titel *Die Titanic*. Die Fälschung eines Fotos lässt sich noch nachvollziehen, aber ein Gemälde in dieser Weise zu missbrauchen, geht deutlich einen Schritt zu weit. Warum wurde nicht einfach ein Bild der *Titanic* verwendet, das doch wahrscheinlich überall erhältlich war?

(Einen weiteren »Höhepunkt« dieser maritimen Fälschungen bildet eine »In-Memoriam«-Karte anlässlich des Untergangs des Dampfers *Lusitania*, der am 7. Mai 1915 vor der irischen Küste von einem deutschen U-Boot torpediert wurde und sank. Diese Karte kam natürlich erst Jahre nach dem Untergang der *Titanic* in den Handel – und dennoch hatte man für sie tatsächlich ein Foto der *Titanic* vom 10. April 1912 verwendet, welches das Schiff beim Auslaufen aus dem Hafen von Southampton zeigt!)

Es gab vieles, was für das Gerücht sprach, die *Olympic* sei in Wirklichkeit die *Titanic* gewesen. Vor allem das finanzielle Motiv schien für die »Verschwörungstheoretiker« die Glaubwürdigkeit der These enorm zu erhöhen. Schließlich tun Menschen für Geld doch fast alles, oder?

Der Umstand, dass nicht die White Star Line, sondern der Finanzhai J. P. Morgan eigentlicher Besitzer der Schiffe war, erhärtete den Verdacht eines Millionenbetrugs natürlich nur.

Dass es sich angesichts all dessen um ein abgekartetes Spiel handeln muss, wird bei derartigen Verschwörungstheorien immer automatisch vorausgesetzt. (Ein Beispiel dafür aus der jüngsten Vergangenheit bildet der Fall O. J. Simpson, bei dem die Jury ohne Zögern bereit war zu glauben, ein Großteil der Polizei von Los Angeles habe sich heimlich abgesprochen, Simpson gemeinsam »fertig zu machen«.) Von daher musste vielen der absurde Gedanke sehr nahe liegend erscheinen, dass nicht nur Kapitän Smith und Kapitän Lord, sondern auch eine ganze Reihe von Werftarbeitern und Mitarbeitern der White Star Line sich zu diesem Betrug zusammengetan hätten. Aber sämtlichen Verdächtigungen, dass die beiden Schiffe zum Profit ihres amerikanischen Eigners heimlich vertauscht worden waren (wofür man auf den ersten Blick nur den Austausch einiger Namensschilder auf den Schiffen und den Rettungsbooten benötigt hätte), wurde jäh ein Ende bereitet, als Dr. Robert Ballard im September 1985 das Wrack der *Titanic* entdeckte (und es ist tatsächlich die R.M.S. *Titanic* dort unten, 4000 Meter unter dem Meeresspiegel).

Die Ortung des Wracks brachte es mit sich, dass Gegenstände geborgen, Expeditionen gestartet – und Berge von dokumentarischem Filmmaterial gesammelt wurden. So zeigt der Imax-Film »Titanica« von 1990 eine Backbord-Schiffsschraube, in die deutlich die Nummer 401 eingestanzt ist. Der achterliche Ruderzeiger der Brücke wurde ebenfalls aus dem Trümmerfeld geborgen, und auch hier fand man die 401 eingestanzt. Damit war der endgültige Beweis erbracht, welches der beiden Schiffe seit über 80 Jahren in der eisigen Dunkelheit des Ozeans ruht.

Die Konstruktionszeichnungen von Harland & Wolff weisen eindeutig aus, dass die R.M.S. *Olympic* die Baunummer 400 trägt. Und die Nummer ihres Schwesterschiffs, der *Titanic*, lautet – 401.

25

Waren die Nieten der tödliche Schwachpunkt der *Titanic*?

Alles, was schief gehen konnte, ging schief.
Schiffsbauingenieur *William H. Garzke*

Waren die drei Millionen Nieten, welche die *Titanic* zusammenhielten, herstellungstechnisch fehlerhaft – so fehlerhaft, dass ihre metallurgische Beschaffenheit eine zentrale Rolle beim Untergang des Ozeanriesen gespielt haben kann? (Diese Frage fasziniert und beschäftigt vor allem jene *Titanic*-Enthusiasten, die sich selbst die »Rivet Heads« – Nietenköpfe – nennen.) Kürzlich durchgeführte Untersuchungen an zwei dieser Nieten, die man aus dem Rumpf der *Titanic* barg, erlauben ein vorsichtiges Ja auf diese Frage.

Jahrzehntelang hatte man geglaubt, dass der 300 000 Tonnen schwere Eisberg, mit dem die 46 000 Tonnen schwere *Titanic* zusammenstieß, ihren Rumpf nahezu einhundert Meter lang aufriss und ihr damit eine so verheerende Wunde zufügte, dass das »unsinkbare« Schiff in weniger als drei Stunden versank. Ein Tauchgang zum Wrack der *Titanic*, im August 1996, brachte jedoch die Erkenntnis, dass der Schaden am Rumpf der *Titanic* wesentlich geringer war, als man je vermutet hätte: Der beschädigte Bereich umfasste insgesamt nur knapp vier Quadratmeter – was in etwa der Gesamtfläche eines menschlichen Körpers entspricht.

Anhand von Ultraschallaufnahmen konnte festgestellt werden, dass sechs schmale Schlitze an der Steuerbordseite des Rumpfes den Untergang der *Titanic* verursachten. Sechs kleine Risse konnten ihr Schicksal besiegeln, weil der unvorhergesehene und äußerst unwahrscheinliche Fall eingetreten war, dass diese Risse so über die Steuerbordseite verteilt lagen, dass gleich sechs der 16 wasserdichten Abteilungen im Schiffsbauch beschädigt wurden. Der Untergang war damit unausweichlich, denn man hatte die *Titanic* konstruktionstechnisch so ausgelegt, dass sie bei einer vollständigen Flutung von drei, unter manchen Umständen sogar von vier Abteilungen immer noch schwimmfähig gewesen wäre. Den Wassereinbruch in *sechs* Abteilungen zugleich konnte die *Titanic* jedoch unmöglich verkraften. Mit dieser Möglichkeit hatte offenbar niemand auch nur im Entferntesten gerechnet – weder der Eigner noch die Konstrukteure, noch die Besatzung und erst recht nicht die Passagiere.

Als das Team des französischen Instituts für Meeresforschung IFREMER im August 1996 einen Tauchgang zur *Titanic* unternahm, war auch Paul Matthias dabei, der Direktor einer auf Rhode Island ansässigen Gesellschaft namens »Polaris Imaging«. Mit Hilfe eines so genannten »Sub-Bottom Profilers«, eines Sonargeräts, gelang es Matthias, Aufnahmen vom Rumpf der *Titanic* zu machen, mit denen er die Ursache ihres Untergangs genauer zu bestimmen hoffte. Dazu wollte er Aufnahmen von der unversehrten Backbordseite des Rumpfes zum Vergleich mit der vom Eisberg beschädigten Steuerbordseite heranziehen. Seine Entdeckung versetzte alle in Erstaunen.

»Da ist überhaupt kein Riss zu sehen«, erklärte Matthias in einem Interview nach dem Tauchgang. »Was wir hier erkennen können, ist eine Reihe kleinerer Rumpfdeformationen entlang der Steuerbordseite in etwa drei Meter Höhe über dem Kiel des Schiffes.«

Damit war endgültig bewiesen, dass der Eisberg die Rumpfplatten der *Titanic* nicht aufgeschlitzt hatte, wie jahrzehntelang
angenommen worden war. Stattdessen waren offenbar die Nieten aufgeplatzt, welche die Stahlplatten untereinander und mit
dem Rumpfskelett verbanden, wodurch sich an den Nahtstel-
len Spalten bilden konnten, kaum breiter als ein gebundenes
Buch. Durch diese Schlitze, gut sechs Meter unter der Wasserlinie, drang nunmehr mit gewaltigem Druck das Wasser in die
Kesselräume ein und füllte die *Titanic* mit nahezu 40 000 Tonnen Wasser, bevor sie schließlich in den Fluten des Atlantiks
versank. Das warf die Frage auf: Warum waren die Nieten aufgeplatzt?

Eine genauere Untersuchung der beiden geborgenen, schmie-
deeisernen Nieten der *Titanic* ergab, dass sie eine auffallend
hohe Schlackenkonzentration enthielten. Schlacke ist das gla-
sige Abfallprodukt, das beim Schmelzvorgang eisenhaltiger
Erze zurückbleibt und in geringen Mengen – normalerweise in
Höhe von etwa zwei Prozent – Schmiedeeisen zugesetzt wird,
um dessen Festigkeit zu steigern. »Andernfalls bleibt das Eisen
butterweich«, erläuterte Paul Foecke, der Metallurg, der die
mikroskopischen Untersuchungen an den Nieten der *Titanic*
durchführte.

Foecke stellte fest, dass der Schlackenanteil der *Titanic*-Nie-
ten gefährlich hohe 9,3 Prozent betrug – eine Konzentration,
die zu einer extremen Sprödigkeit der Nieten und damit zu
einer wesentlichen Schwächung des Materials führt. Außerdem fiel Foecke auf, dass die Schlackenfasern, die eigentlich
senkrecht entlang der gesamten Niete verlaufen sollten, am
Kopf der *Titanic*-Nieten im 90-Grad-Winkel abknicken, was
eine zusätzliche Destabilisierung des Materials bedeutet. »Der
Bereich, in dem die Schlackenfasern einen Knick beschreiben,
wird dadurch extrem geschwächt«, sagte Foecke. In einem Bericht, der Anfang 1998 unter dem Titel »Metallurgy of the

R.M.S. *Titanic*« erschien, stellt Foecke daher die These auf, dass »die Mikrostruktur der Nieten mit großer Wahrscheinlichkeit einen quantitativ genau bestimmbaren metallurgischen Faktor für den Verlust der *Titanic* darstellt.«

Diese neuen Erkenntnisse lassen also vermutlich den Schluss zu, dass die fehlerhaften Nieten dafür verantwortlich waren, dass die Rumpfplatten der *Titanic* überhaupt aufreißen konnten. Umgekehrt wäre folglich anzunehmen, dass bei Verwendung fehlerfreier Nieten der Rumpf der Kollision mit dem Eisberg vielleicht standgehalten hätte.

Als Schiffbauingenieur William H. Garzke jr., der Leiter eines für die *Titanic*-Katastrophe zuständigen marinegerichtlichen Expertenteams, von Foeckes Entdeckung erfuhr, gab er folgende Mitteilung an die Presse: »Wir teilen die Auffassung, dass sie [die Nieten] aufgeplatzt sind, sodass die Platten auseinander rissen und Wasser eindringen konnte.« Garzke schränkte allerdings ein, dass diese Erkenntnisse nur als vorläufig zu betrachten seien, da erst eine minimale Anzahl von Mustern, nämlich gerade mal zwei Nieten, untersucht werden konnte.

Als man auch Peter Harbinson, den Sprecher der *Titanic*-Werft Harland & Wolff, auf die neuen Erkenntnisse ansprechen wollte, verweigerte er jegliche Stellungnahme mit der Begründung, die Angelegenheit sei lange nicht mehr aktuell. »Wir haben nun mal keinen Archivar oder Ähnliches«, sagte Harbinson der Presse. »Niemand bei uns sieht sich in der Lage, dazu einen Kommentar abzugeben.«

Nach der Entdeckung des hohen Schlackengehalts drängte sich vor allem die Frage auf, ob es 1912 schon Standards für die Stahlqualität gab. War bei dem damaligen Stand der Technik ein Schlackenanteil von neun Prozent akzeptabel? Auf der Suche nach einer Antwort fiel Paul Foecke ein Metallfachbuch von 1906 in die Hände. Hier war zu lesen, dass geschmiedetes

Eisen von »mittlerer Qualität« zwischen zwei und zweieinhalb Prozent Schlacke enthält. Demnach lag der Schlackenanteil von neun Prozent in den Nieten der *Titanic* selbst nach den Maßstäben der damaligen Zeit deutlich zu hoch. Dies klingt nach einem abschließenden Urteil über die Angelegenheit, doch Foecke warnt davor, dem Wortlaut von 1906 zu viel Gewicht beizumessen. »Meines Wissens«, so betonte er in einem Interview, »gab es zu dieser Zeit einfach noch keine allgemein gültigen Normen für die Industrie.« Und er fügte hinzu, es könne durchaus sein, dass die Nieten der *Titanic* zu ihrer Zeit »dem neuesten Stand der Technik« entsprachen.

Natürlich kann der hohe Schlackengehalt der untersuchten Nieten auch reiner Zufall sein. Schließlich ist die Untersuchung zweier Nieten aus einer Masse von drei Millionen keinesfalls als repräsentativ zu betrachten. Tausende von Nieten müssten noch überprüft werden, um ein aussagekräftiges Resultat zu erhalten.

Kritiker der hier aufgeführten These, die Nieten der *Titanic* seien fehlerhaft gewesen (zu ihnen gehört übrigens auch Paul Foecke), treten jedenfalls einhellig für den hohen Qualitätsstandard der Werft Harland & Wolff und des dort verwendeten Materials ein und verweisen dabei immer wieder auf die *Olympic*, das Schwesterschiff der *Titanic*. »Sie [die *Olympic*] ist immerhin ganze 27 Jahre zur See gefahren«, gab Foecke in einem Interview zu bedenken. »Im Lauf dieser Zeit hat sie ein U-Boot gerammt und versenkt, die Kollision mit zwei anderen Schiffen und den Treffer eines Blindgänger-Torpedos überstanden. Nicht umsonst erhielt sie den Spitznamen ›Old Reliable‹ [Alte Unverwüstliche] und wurde erst 1936 endgültig verschrottet. Material und Herstellung eines Schiffes können offensichtlich nicht das einzige Kriterium sein – auch die Umstände spielen eine wichtige Rolle.«

Wie muss also die Schlussfolgerung zu dieser Theorie lauten? Ohne Zweifel stellt der hohe Schlackengehalt der beiden untersuchten *Titanic*-Nieten eine wichtige Entdeckung dar. Als beweiskräftig wäre diese Feststellung aber erst anzusehen, wenn eine große Anzahl weiterer Nieten mit gleichem Resultat untersucht worden ist. Bis dahin aber dürfte die *Titanic* wohl noch weiter ihr Geheimnis hüten.

TEIL IV

Am Grab der *Titanic*:
Dr. Ballards großer Triumph

26

Die Suche des Jahrhunderts:
Dr. Robert Ballard
entdeckt das Wrack der *Titanic*

Es war eine Sache, gewonnen zu haben – wir hatten das Schiff gefunden. Aber es war eine ganz andere Sache, wirklich dort zu sein. Das war der unheimliche Teil. Ich konnte vor meinem geistigen Auge sehen, wie die *Titanic* mit dem Bug voran in das spiegelglatte Wasser eintauchte – um mich herum die geisterhaften Schemen der Rettungsboote und die durchdringenden Schreie der Menschen, die im eisigen Wasser erfroren.

Unser andächtiges Schweigen zum Gedenken dauerte fünf, vielleicht zehn Minuten. Dann sagte ich nur: »Ich danke euch allen. Und nun an die Arbeit.«

Robert Ballards Gedanken
im Augenblick der Entdeckung
des Wracks der *Titanic*.

26 644 Tage lang ruhte das riesige Linienschiff R.M.S. *Titanic* friedlich auf dem Meeresboden, der gewaltige Rumpf in zwei Teile zerborsten, der Bug 20 Meter tief in den Boden gerammt, 4000 Meter unter der Wasseroberfläche des Nordatlantiks. Dann, am 1. September 1985, wurde der Schlaf der *Titanic* gestört.

Im Sommer 1985 betrachteten der Meeresgeologe Dr. Robert Ballard von der im US-Bundesstaat Massachusetts ansässigen Meeresforschungseinrichtung »Woods Hole Oceanographic Institution« und ein französisches Team vom IFREMER (»Institut Français de Recherche pour l'Exploitation de la Mer«, nationales französisches Institut für Meeresforschung) den Meeresboden in der Region, in der die *Titanic* gesunken war. Sie verwendeten einen tiefseetauglichen Kameraschlitten – die *Argo* –, der vom Forschungsschiff *Knorr* der US-Marine gezogen wurde.

Kurz nach Mitternacht am Sonntag, dem 1. September 1985, schaltete das Crewmitglied Bill Lang die Kameras der *Argo* von Voraus- auf Bodenbeobachtung um. Er sah auf den Videomonitor und sagte nur ein Wort: »Wrackteile.« Damit begann für die *Titanic* eine neue Ära.

Das erste echte Stück der *Titanic*, das die Forscher erblickten, war einer der Kessel des Schiffes. Im Lauf der folgenden Tage setzten Ballard und sein Team die *Argo* ein, um verschiedene wichtige Informationen über den versunkenen Luxusdampfer zu sammeln. Die wichtigste Entdeckung war, dass die *Titanic* aufrecht auf dem Kiel stand. Darüber hinaus stellten sie fest, dass der erste Schornstein fehlte und dass ein großer Teil des Schiffes intakt zu sein schien. Dies bestätigte, was viele Überlebende berichtet hatten: Der erste Schornstein war ins Wasser gestürzt, kurz bevor das Schiff sank, und hatte beinahe noch Faltboot B getroffen – eines der Rettungsboote, die im eiskalten Wasser um die *Titanic* trieben, und an das sich Colonel Gracie, Harold Bride, der Zweite Offizier Lightoller und etwa 35 bis 40 andere verzweifelt festklammerten.

Seit diesem denkwürdigen Tag ist die *Titanic* wieder und wieder aufgesucht worden. Dr. Ballard selbst kehrte mehrmals zum Wrack zurück; 1991 tauchte eine russische Filmcrew hinab, um einen Imax-Film zu drehen; George Tulloch und

»RMS Titanic« besuchten das Schiff häufiger, als man zählen kann; und James Cameron kam mindestens ein Dutzend Mal, um für seinen Film zu recherieren.

In den letzten zehn Jahren wurden über 6000 Artefakte der *Titanic* aus dem riesigen Trümmerfeld, das die beiden Hälften des Schiffes umgibt, geborgen. Bisher scheint noch jeder Teilnehmer einer Expedition zur *Titanic* vor der Plünderung des Wrackinneren zurückzuschrecken – aber das wird sich wahrscheinlich ändern, sobald das Trümmerfeld abgegrast ist und das Interesse an der *Titanic* nicht nur anhält, sondern auch noch beträchtlich zunimmt, weil mehr und mehr Menschen Camerons Film sehen und von der Faszination der Legende angesteckt werden.

Irgendwo im vorderen Frachtraum der *Titanic* steht noch ein brandneues Renault-Automobil. Und in der Sendung »Larry King Live«, die am Heiligen Abend 1997 ausgestrahlt wurde, zeigte sich Dr. Ballard davon überzeugt, dass man auf menschliche Skelette treffen würde, wenn man nur tief genug in die *Titanic* eindringe – zum Beispiel zu den Kesselräumen oder den Kabinen der 3. Klasse.

Diese Aspekte der *Titanic*-Geschichte üben auf viele eine unwiderstehliche Anziehungskraft aus – und es ist nur eine Frage der Zeit, bis das Wrack ebenso ausgenommen wird wie in vergangenen Jahrzehnten die ägyptischen Gräber. Die *Titanic* zerfällt, und viele Experten nehmen an, dass von dem großartigen Dampfer in höchstens 100 Jahren auf Grund eisenzersetzender Bakterien und der Wirkung des Meerwassers auf andere Materialien an Bord des Schiffes (wie Leder und Holz) nur noch ein Fleck am Meeresboden übrig ist.

Museen stellen regelmäßig ägyptische Mumien aus – erscheint da die Vorstellung so weit hergeholt, das Gleiche mit Skeletten aus dem Rumpf der *Titanic* zu tun? Zwar wäre es abstoßend, eine solche Präsentation der Öffentlichkeit zugänglich zu machen, doch kann man mit Sicherheit davon ausgehen, dass die Warteschlange am Tage der Eröffnung einige Kilometer lang wäre.

Ballard ist inzwischen weiterhin damit beschäftigt, die Weltmeere nach gesunkenen Schiffen zu durchsuchen. Im Herbst 1997 veröffentlichte er ein Buch mit dem Titel »Lost Liners« [deutsch: »Lost Liners – Von der Titanic zur Andrea Doria«], und im April 1998 kündigte er eine Suchexpedition nach dem US-Flugzeugträger *Yorktown* an, der am 7. Juni 1942 in der Schlacht von Midway von japanischen Torpedos versenkt wurde.

Am Dienstag, dem 19. Mai 1998, gelang es Robert Ballard erneut, das nasse Grab eines berühmten gesunkenen Schiffes ausfindig zu machen. Bei einer Expedition der National Geographic Society unter der Leitung Ballards konnte die Geschützstellung der *Yorktown* auf einem Videoband identifiziert werden, das von einem Kameraroboter der Marine aufgezeichnet worden war. Die National Geographic Society wollte die genaue Fundstelle des Wracks nicht bekannt geben, aber die Expedition hatte ein Gebiet etwa 1250 Seemeilen westnordwestlich von Honolulu abgesucht. Die Meerestiefe dort beträgt nahezu 5600 Meter, gut 1600 Meter tiefer als der Fundort der *Titanic*. Doch: Im Gegensatz zur *Titanic* wird niemals etwas von der *Yorktown* geborgen werden; Bundesgesetze verbieten die Störung von Wracks der amerikanischen Marine.

Das Interesse an der *Titanic* scheint ungebrochen. Sie zählt zu den berühmtesten Schiffen und gilt als *das* berühmteste Schiffswrack der Welt, und aus diesem Grund kann Dr. Ballards Entdeckung als eine der wichtigsten meeresarchäologischen Ereignisse des 20. Jahrhunderts bezeichnet werden.

Die Geschichte ist tatsächlich noch nicht abgeschlossen.

Fünf kaum bekannte Tatsachen
über Robert Ballards Entdeckung der *Titanic*

1. 1978 sprach Robert Ballard Roy Disney wegen der Finanzierung einer Suchexpedition nach der *Titanic* an. Disney lehnte mit den Worten ab: »Wegen der gewaltigen Investition, die Sie sofort benötigen, sehen wir uns zu einer Beteiligung außerstande.« Ballard hatte Disney um die heute lächerlich erscheinende Summe von anderthalb Millionen Dollar gebeten.

2. Auf den Tauchgängen zur *Titanic* (die etwa zweieinhalb Stunden dauerten) hörten Ballard und seine Tauchkameraden Vivaldis »Vier Jahreszeiten« vom Band. Sie schalteten den Kassettenrekorder ab, sobald sie das Wrack erreichten, um ihre Kommentare ohne »Hintergrundmusik« aufnehmen zu können.

3. Da es an Bord des Tauchboots keine Toilette gab, mussten Ballard und seine Tauchkameraden in eine Plastikflasche urinieren. Sie tauften die Flasche auf den Namen HERE – eine Abkürzung für »Human Endurance Range Extender« (Gerät zur Verlängerung der menschlichen Durchhaltefähigkeit).

4. Eine der häufigsten Fragen, die Ballard nach der Entdeckung des Wracks gestellt wurden, lautete: »Haben Sie irgendwelche Leichen gesehen?« Bei einem Tauchgang im Jahr 1986 entdeckte Ballard voller Entsetzen etwas, das er als »ein kleines, weißes, lächelndes Gesicht« auf dem Meeresboden beschrieb. »Eine Sekunde lang dachte ich, dass tatsächlich ein Toter zum Leben erweckt worden war – und ich bekam eine Heidenangst«, schrieb er 1987 in seinem Buch »The Discovery of the Titanic« (deutsch: »Die Suche nach der Titanic«). Der Kopf stellte sich als der Porzellankopf einer Puppe französischen oder deutschen Ursprungs heraus. Haare und Kleidung waren längst zerfallen, und nach seinem anfänglichen Schrecken überkam Ballard eine tiefe Trauer, wobei er

sich fragte, wem das Spielzeug wohl gehört haben mochte, und ob das kleine Mädchen zu den Überlebenden zählte. James Cameron verwendete 1997 das Bild eines Puppenkopfes auf dem Meeresboden in der Eröffnungssequenz seines Films »Titanic«.

5. Während eines Tauchgangs bemerkte Ballard meterlange rötlich braune Roststalaktiten, die von der Reling der *Titanic* herabhingen. Diese Gebilde – das Werk eisenzersetzender Bakterien – waren nach Ballards Worten noch niemals in »solcher Größe« gesehen worden. Er prägte den Begriff »rusticles« (Rostzapfen) – ein Wort, das heute allgemein bei der Beschreibung von Rostformationen dieser Art verwendet wird, nicht nur bei der *Titanic*, sondern auch bei anderen Schiffswracks.

Die Geschichte des Royal Mail Ship *Titanic* der White Star Linie ist von einer kaum vorstellbaren tragischen Kürze. Die Welt hatte erwartungsvoll auf ihren Stapellauf und auch auf ihre Abreise geblickt, hatte von der Ankündigung ihrer atemberaubenden Größe gehört, von ihrer beispiellosen Vollkommenheit und Luxuriösität. Man hatte es mit größter Befriedigung vernommen, dass ein komfortables und dazu noch so sicheres Schiff konstruiert und gebaut werden konnte – das »unsinkbare Rettungs-Boot« –, um dann einen Moment später zu hören, dass es auf Grund gegangen war, als ob es der gewöhnlichste Trampdampfer von ein paar Hundert Tonnen gewesen wäre; und mit ihm fünfzehnhundert Reisende, von denen manche weltberühmt waren! Dass diese Unwahrscheinlichkeit überhaupt passieren konnte, bringt die Menschheit ins Schwanken.

Lawrence Beesley, »The Loss of the S. S. Titanic« (deutsch: »Titanic – Wie ich den Untergang überlebte«). [Goldmann-TB 15004, München 1998, S. 12, Anm. d. Übers.]

27

»R.M.S. Titanic«
und das »Big-Piece«-Debakel

Man kann dieses Ding nicht ohne Zuschauer nach
oben bringen. Das ist schließlich ein Spektakel.
George Tulloch,
Präsident von RMS Titanic, über seinen Versuch,
ein Stück vom Rumpf der *Titanic* zu bergen.

Der Ozean schenkt einem nichts. Unser Versuch ist
misslungen, weil wir es versäumt haben, die Technologie des 21. Jahrhunderts sorgfältig auf die Schiffsbau-
technologie des 19. Jahrhunderts abzustimmen. Uns
wird dieser Fehler nicht noch einmal unterlaufen.
George Tulloch, einige Zeit später

Es ist faszinierend mitzuerleben, wie viele kleine – im Grunde
unzählige – Einzelheiten es bei der Bergung eines »Big Piece«,
eines Rumpfteils der *Titanic*, zu bedenken gibt. Beim Studium
der Tagesberichte von George Tullochs Expedition im August
1996 war ich geradezu hypnotisiert von den Fakten, und die
überwältigende Komplexität eines solchen, nahezu aussichts-
losen Versuchs erfüllte mich mit Ehrfurcht.
Die vier faszinierenden Edison-Leuchttürme; die acht Hebesäcke, die mit Dieselöl gefüllt werden sollten, das leichter ist

als Wasser; der verzweifelte letzte Versuch, das Rumpfstück näher an die Küste zu ziehen, um es zu retten – all dies interessierte mich ungemein. Und doch muss ich zugeben, dass ich mir selbst gestattete, mich von dieser modernen Abenteuer- und Schatzsuchergeschichte *unterhalten* zu lassen. Derart abstrakt betrachtet, wirkte es auf mich nicht mehr so makaber.

Das Wort »Debakel« in der Kapitelüberschrift ist nicht leichtfertig gewählt. Der Versuch, im Rahmen einer Kreuzfahrt – samt Spielcasinos und zweitrangiger Prominentenriege – ein Stück des zerstörten Steuerbordrumpfs der *Titanic* zu heben, stand in krassem Widerspruch zur erklärten Absicht der Gesellschaft RMS Titanic, das Wrack mit »Respekt und Würde« zu behandeln. (Allerdings wurden die Casinos als Zeichen des Respekts geschlossen, sobald die *Nadir* die Stelle erreichte, an der die *Titanic* gesunken war.)

Die Ziele waren hoch gesteckt: Bei geschätzten Kosten von rund 17 Millionen Dollar mussten sich der stets unternehmungslustige Tulloch und seine Mitstreiter abstrampeln, Investoren zu finden und das notwendige Kapital aufzutreiben. Eine ihrer Methoden bestand darin, 2000 Eintrittskarten für das Ereignis zum Stückpreis von 5000 Dollar zu verkaufen.

Dem Plan zufolge sollten zwei Luxus-Kreuzfahrtschiffe – die *Royal Majesty* und die *Island Breeze* – Tullochs Bergungsschiff, die *Nadir*, zu der Stelle begleiten, wo das 17 Tonnen schwere, so genannte »Big Piece« (das Große Stück) etwa 20 Meter vom Heck der *Titanic* entfernt lag.

Das »Big Piece« war etwa sechs Meter breit und sieben Meter lang und wurde von David Livingston von Harland & Wolff (dem modernen Gegenstück zu Thomas Andrews, dem Erbauer der *Titanic*) als Teil der Außenwand zweier 1.-Klasse-Kabinen – C79 und C81 – identifiziert. Diese beiden Kabinen lagen direkt neben der des britischen Journalisten W. T. Stead, des Herausgebers des *Review of Reviews*. (Zunächst hieß es,

das »Big Piece« sei in Wirklichkeit ein Stück von Steads Kabi-
nenwand, aber diese Theorie wurde widerlegt.) Stead befand
sich auf persönliche Einladung des amerikanischen Präsidenten Taft auf dem Weg in die USA, um bei der bevorstehenden
Weltfriedenskonferenz in der Carnegie Hall eine Rede zu halten. Er ging mit der *Titanic* unter.

Jede Kabine der Kreuzfahrtschiffe Tullochs war mit Bord-
fernsehen ausgestattet, sodass die Passagiere den Fortschritt
der Expedition in aller Bequemlichkeit verfolgen konnten.
Falls dabei allerdings Langeweile aufkam, konnten sie sich jederzeit eine Art Las-Vegas-Show ansehen, die auf den Schiffen
stattfand.

Das Bergungsschiff *Nadir* und das Tauchboot *Nautile* waren
die Hauptdarsteller bei dem ehrgeizigen Versuch, ein Stück der
Titanic nach 84 Jahren unvorstellbarer Finsternis auf dem
Meeresboden in 4500 Meter Tiefe zurück ans Tageslicht zu
hieven. Acht Hebesäcke, gefüllt mit insgesamt 75 000 Litern
Dieselöl von der *Nadir*, wurden mit 25 Tonnen Stahlketten am
»Big Piece« befestigt. Jeder Sack besaß eine Hebekapazität von
dreieinhalb Tonnen, sodass man davon ausgehen konnte, dass
die ungefähr 17 Tonnen des Wrackteils für die acht Säcke kein
Problem darstellen sollten. Es sei denn …

Es stellte sich heraus, dass es bei Tullochs Mission mehrere
»Es-sei-Denns« gab. Das erste potenzielle Problem bildete das
geschätzte Gewicht des »Big Piece«. Es war sorgfältig vermes-
sen worden, und man schätzte sein Gewicht auf 15 bis 17 Tonnen – aber jeder wusste, dass es auch schwerer sein konnte.
Wenn sein Gewicht an die 20 Tonnen heranreichte, würden
die acht Hebesäcke es nicht bewegen können.

Ein weiteres mögliches Problem war der so genannte »Mud-
slurp«-Faktor, die Saughaftung des Schlamms. Wenn sich das
Stück (was durchaus der Fall sein konnte) zu tief in den Meeresboden eingegraben hatte, würde die Saugwirkung des Schlamms

die erforderliche Hebekraft in solch starkem Maße erhöhen, dass die Ketten reißen konnten, und das Objekt der Begierde einfach wieder in den Schlamm des Meeresbodens zurücksank.

Und dann wartete noch die eigentliche Aufgabe auf Tulloch – die Beförderung des »Big Piece« an die Wasseroberfläche. Auch wenn die dieselgefüllten Hebesäcke durchaus in der Lage wären, das unter ihnen hängende Rumpfteil langsam an die Oberfläche zu heben, so befürchteten gleichwohl einige Wissenschaftler, welche die Expedition begleiteten, sie würden es nicht zutage fördern können. Denn die Säcke konnten unter Umständen auf eine Warmwassertrennschicht treffen, welche die kalten, schweren Wasserschichten in der Tiefe von den wärmeren und leichteren Oberflächenschichten scheidet. Wenn dies eintraf, würde ihre Hebekraft praktisch neutralisiert – und Säcke und Rumpfstück würden einfach ziellos durch den Atlantik treiben und damit »Hunderttausende von Dollars an Ausrüstung und einen Großteil des Dieseltreibstoffs der *Nadir* als Geisel nehmen« (so die Worte des Expeditionsmitglieds Steve Allison).

Am Donnerstag, dem 29. August, durchbrachen die grünroten Hebesäcke, mit dem »Big Piece« 61 Meter unter sich, die Wasseroberfläche des Atlantiks. Wegen der sich verschlechternden Wetterbedingungen entschied man, das Wrackteil zu den Grand Banks vor der Küste von Neufundland zu schleppen, wo die Wassertiefe nur etwa 60 bis 90 Meter beträgt. Dort könnten die Taucher die Aufhängung reparieren und letztendlich das »Big Piece« im Hafen von New York vor den Objektiven der TV-Kameras und den staunenden Augen der Glücklichen heben, die einen Platz am Ufer ergattert hätten, um ein Stück der *Titanic* aus dem Meer wiederauferstehen zu sehen.

Ein guter Plan – wenn er funktioniert hätte.

Mit der geringen Geschwindigkeit von zwei Knoten machte

sich die *Nadir* auf den langen Weg in flachere Gewässer. Aber das Wetter verschlechterte sich, die See wurde rauer, und schließlich hielten die Ketten um das »Big Piece« der Belastung nicht mehr stand. Sie brachen um drei Uhr morgens am Freitag, dem 30. August. Das »Big Piece« – ein Teil der *Titanic*, der zunächst vom Rumpf des großen Liniendampfers abgerissen und nach 84 Jahren unsanft von seiner Ruhestätte auf dem Meeresboden ans Licht gezerrt wurde – glitt langsam zurück auf den Grund, wo er schließlich aufrecht landete, lächerliche zehn Seemeilen (etwa 19 Kilometer) von der *Titanic* entfernt.

Die Gegner einer Bergung der *Titanic* waren begeistert und interpretierten Tullochs Versagen als eine Botschaft aus dem Jenseits, das Schiff in Ruhe zu lassen. Die Besatzung der *Nautile* löste die sechs Hebesäcke, die noch am »Big Piece« hingen, und pumpte den Treibstoff zurück in die Tanks der *Nadir*. Bevor sie die Stelle verließen, senkten sie eine Plakette zum Stück ab, auf der stand: »Ich komme wieder. George Tulloch.« (Und er hielt Wort: Im August 1998 gelang es Tullochs RMS-Titanic-Expedition »Titanic '98«, das »Big Piece« vom Meeresboden zu heben. Siehe Epilog auf Seite 530 für Details und weitere Ergebnisse dieser Expedition.)

Ernsthafte historisch-archäologische Studien sind eine Sache – die an ein Volksfest erinnernde Ausplünderung einer Grabstätte ist etwas völlig anderes. Als ich das erste Mal von Tullochs Plänen hörte, ein Rumpfstück der *Titanic* als Teil eines »Kreuzfahrtpakets« zu bergen, war meine erste Reaktion: »Was, um Himmels willen, denkt er sich eigentlich dabei?« Die *Idee* hinter dem Projekt war gut, und die potenziellen Erkenntnisse hätten von großer Bedeutung sein können, aber die Durchführung der Mission erwies sich als schlampig, unsensibel und auf die denkbar schlimmste Weise widerwärtig.

Manchmal ist die *Wahrnehmung* einer Handlung wichtiger als die tatsächliche Ausführung der Handlung selbst. Wenn

Tulloch sich das Geld einfach dadurch beschafft hätte, dass er
private Investoren, Stiftungen und sogar Unternehmen ansprach, um dann nach bestem Wissen und Können eine Bergung
des Wrackteils anzustreben, wäre der Aufschrei der Entrüstung
um ihn und seine Firma wahrscheinlich nicht annähernd so laut
gewesen.

Robert Ballard kontra George Tulloch:
Streit um die *Titanic*

Bei einer Lesung mit anschließender Signierstunde im Winter 1998, an der ich teilnahm, nutzte Dr. Ballard die Gelegenheit, sich abfällig über den Präsidenten von »RMS Titanic«, George Tulloch, zu äußern. Ballard lehnte strikt alle Versuche ab, die *Titanic* zu heben, ebenfalls Bergungsexpeditionen, weil er (und ich zitiere frei) der Ansicht war, dass die Verantwortung für das Linienschiff – und das Eigentumsrecht an allen geborgenen Artefakten – nicht in den Händen irgendeines Autohändlers aus Connecticut liegen dürfe.

Und so tobt der Krieg weiter. Auf welcher Seite stehen *Sie*?

Als Ballard 1985 die Überreste der *Titanic* entdeckte, sprach er sich – mit Ausnahme von Foto- und Filmaufnahmen – sofort gegen eine Störung ihrer Ruhe aus. Ballards Überzeugung ging sogar so weit, dass er sich eine Zeit lang weigerte, die exakte Position des Wracks bekannt zu geben. Er war der Ansicht, dass die Bergung von Gegenständen aus der *Titanic* an Grabräuberei grenzte und dass das Wrack als Gedenkstätte für die Opfer der Katastrophe betrachtet werden sollte.

Tulloch dagegen glaubt, dass die Bergung von Artefakten aus dem Wrack das historische Wissen erweitert und in hohem Maße zur Wahrung des Gedenkens an den versunkenen Luxusliner beiträgt. Er hat feierlich erklärt, niemals Gegenstände zu verkaufen, die er aus dem Schiff birgt (abgesehen von den

Zehn-Dollar-Kohlestücken der *Titanic*, die er zur Finanzierung zukünftiger Expeditionen unter die Leute bringt), und im
Laufe der letzten zehn Jahre gab es mehrere Wanderausstellun-
gen mit Objekten aus der *Titanic*, die allesamt riesige Besucherzahlen und erhebliche Aufmerksamkeit seitens der Medien verzeichneten.

So nobel solche Vorsätze auch klingen mögen – es kann doch
nicht bestritten werden, dass George Tulloch keine Einwände
gegen andere Wege hat, Kapital aus der *Titanic* und ihrer Legende zu schlagen. Ende März 1998 kündigte der Möbelher-
steller Classic Leather aus Hickory, North Carolina, den Verkauf authentischer Reproduktionen der Möbel der *Titanic*
unter der Bezeichnung »The RMS Titanic Artifact Collection«
an. Die Serie umfasste Schlafzimmermöbel aus den Kabinen
der 1. Klasse sowie Stühle und andere Möbelstücke aus den
Speisesälen und Rauchsalons. Die Firma nannte keine Verkaufs-
preise, aber man ging davon aus, dass sie für einen Sessel der
1. Klasse 800 bis 900 Dollar, für einen Klubsessel 1000 Dollar
und für einen Esstisch zwischen 2900 und 3900 Dollar verlangen würde. Die Kollektion wurde im Weihnachtsgeschäft 1997
zum ersten Mal getestet, als man im Katalog von J. Peterman
einen lederbezogenen Decksstuhl für 795 Dollar anbot. Danach teilte Ron Freeman, Leiter der Abteilung Geschäftsent-
wicklung bei Classic Leather, der Presse mit: »Der Stuhl verkaufte sich ganz hervorragend, und darum haben wir beschlossen, die Reihe fortzusetzen.« Die Möbel wurden laut den
Bedingungen eines im Frühjahr 1997 unterzeichneten Lizenz-
vertrags mit George Tullochs Firma RMS Titanic vertrieben.

Dies ist genau die Art ungeschminkter Kommerzialisierung
der *Titanic*, mit der alle Fans des Schiffes verärgert und vor
den Kopf gestoßen werden, die davon überzeugt sind, dass es
sich bei dem Wrack um einen Friedhof – die Grabstätte der
1523 Opfer des Untergangs – handelt, der nicht entweiht,

kommerzialisiert oder in irgendeiner Weise ausgebeutet werden darf.

Wer ist nun im Recht?

Hier folgt ein Querschnitt der Kommentare zum letztendlichen Schicksal der *Titanic* – zum Umgang mit dem Wrack und allem, was damit zu tun hat. Am besten machen Sie sich Ihr eigenes Bild und entscheiden, wessen Meinung Sie zuneigen.

Dr. Ballard: »Als ich 1986 die Stelle des Untergangs der *Titanic* verließ und wieder nach Hause zurückkehrte, tat ich dies in der berechtigten Hoffnung, dass ihr letzter Ruheplatz ungestört bleiben würde« (aus dem Epilog seines Buchs »The Discovery of the Titanic« [deutsch: »Das Geheimnis der Titanic«]).

George Tulloch: »Unsere Philosophie bei RMS Titanic entspricht den Gedanken des Konstrukteurs und Erbauers der *Titanic*, Thomas Andrews, der 1910 auf einer Weihnachtskarte formulierte: ›Es zählt nicht, was man sagt, es zählt nicht, was man denkt, es zählt nicht, was man fühlt. Es zählt nur, was man tut.‹ RMS Titanic fühlt sich verpflichtet, das Andenken an die *Titanic* mit Würde und Respekt zu wahren und zu schützen.« (aus dem Epilog des von RMS Titanic gesponserten Buchs »Titanic: Legacy of the World's Greatest Ocean Liner« [deutsch: »Titanic: Schicksal und Vermächtnis des Ozeanriesen«]).

Millvina Dean, Überlebende der *Titanic*: »Wenn sie Geld damit verdienen wollen, macht mir das wirklich nichts aus« (in: *People*, 19. Mai 1997).

Eva Hart, Überlebende der *Titanic*: »[Die Bergungsunternehmer] sind Glücksritter, Aasgeier, Piraten« (in: *Civilization*, Dezember 1997/Januar 1998).

Edward Kamuda, Präsident der Titanic Historical Society: »Das Wrack ist eine Grabstätte. Man kann dort nichts erfahren, was eine Ruhestörung rechtfertigen würde. Es gibt keinen Grund für eine solche Handlungsweise außer Gier« (in: *Civilization*, Dezember 1997/Januar 1998).

George Tulloch: »Wenn man in der *Nautile* sitzt, in Zeitlupe arbeitet und weiß, dass es einen fünf Dollar pro Sekunde kostet, schärft das die Konzentration« (aus einer britischen Fernsehdokumentation).

Walter Lord, Autor von »Die letzte Nacht der Titanic«: »Für mich war eines der schönsten Dinge an der *Titanic* das Geheimnis, das sie umgab – niemand wusste, was geschah, sobald sie unter der Wasseroberfläche versunken war. Das ist nun ein für allemal vorbei. Durch die Bergung all dieser Gegenstände ist das Mysterium zerstört« (in: *Civilization*, Dezember 1997/Januar 1998).

George Tulloch: »Es vergeht kaum ein Tag, an dem ich mir nicht selbst sage, das Leben wäre so viel einfacher, wenn wir [die *Titanic*-Artefakte] verkaufen könnten. Aber dabei gibt es ein echtes Problem: Es wäre falsch, das zu tun« (in: *Civilization*, Dezember 1997/Januar 1998).

John Whitehead, Media Service, The U.S. Commemorative Fine Art Gallery: »Endlich sind offiziell bestätigte und authentische historische Gegenstände von der *Titanic* für die Öffentlichkeit zugänglich – und das auch nur für eine begrenzte Zeit und solange der Vorrat reicht. Diese historischen Gegenstände werden von der U.S. Commemorative Fine Art Gallery präsentiert, einer Abteilung von SCI. SCI finanzierte und unternahm zusammen mit RMS Titanic die inzwischen berühmte und aus dem Discovery Channel und der Sondersendung von National Geographic Television bekannte Expedition mit Kreuzfahrt zur *Titanic*« (aus einer ganzseitigen Anzeige in *USA Today* vom 5. Januar 1998).

(Bei den zum Verkauf angebotenen Gegenständen (Einzelpreis 19 Dollar, alle fünf zusammen 47 Dollar) handelte es sich um Kopien der Passagier- und Besatzungslisten, die einzigen bekannten Fotografien, die Father Brown an Bord der *Titanic* aufnahm; eine exakte Reproduktion einer am Fundort des Wracks entdeckten Zeitung, historische Fotografien von vier der noch lebenden Überlebenden bei ihrem ersten Treffen im Jahr 1996 sowie Kohlestücke, die aus dem Trümmerfeld der *Titanic* geborgen worden waren.)

1997 tat sich George Tulloch mit Time-Life und dem Fernsehsender Discovery Channel zusammen, um unter dem Titel »Titanic: Legacy of the World's Greatest Ocean Liner« (deutsch: »Titanic: Schicksal und Vermächtnis des Ozeanriesen«) ein Buch über die *Titanic* herauszugeben.

Wenn man einmal alle negativen Empfindungen bezüglich des Verhaltens und der Philosophie von George Tulloch und RMS Titanic beiseite lässt, kann man nicht leugnen, dass das Buch großartig – und wichtig – ist. Es enthält Hunderte von einzigartigen Fotografien und Zeichnungen der *Titanic* und der aus dem Trümmerfeld geborgenen Objekte und stellt einen wichtigen Beitrag zum Bücherkanon rund um die *Titanic* und ihre Geschichte dar. Natürlich dient es auch als 35 Dollar teures, gebundenes PR-Paket für RMS Titanic, aber für echte *Titanic*-Fans ist es eine wahre Fundgrube.

Auch Ballard veröffentlichte ein Buch über seine Erlebnisse mit der Titanic: »The Discovery of the Titanic« (deutsch: »Das Geheimnis der Titanic«) erschien 1987 und hat sich bis heute über eine halbe Million Mal verkauft. An keiner Stelle in seinem Buch spricht Ballard davon, dass er Tantiemen aus dem Verkauf ablehnen würde, um damit die *Titanic* nicht auszubeuten. Auf der anderen Seite fließen Einkünfte aus Tullochs Buch wahrscheinlich in die Finanzierung zukünftiger Expeditionen zur *Titanic*. Für viele zeigt diese krasse Ironie die Schwierigkeiten auf, mit Sicherheit zu definieren, was im Falle der *Titanic* reine Ausbeutung und was legitimes Unternehmertum ist.

Die Debatte geht weiter. James Cameron verdiente durch seinen Film Geld mit der *Titanic*. Dr. Ballard hatte kein Problem damit und ließ sich sogar nach der Uraufführung des Films zusammen mit Cameron interviewen.

George Tulloch dagegen versucht mit seinen vielen Bergungsexpeditionen unser Wissen um die *Titanic* zu erweitern und wird dafür von den Bergungsgegnern unter den *Titanic*-Fans gehasst.

Ich tue mich mit beiden Einstellungen schwer; in meinen Augen ist letztendlich alles eine Frage des Respekts. Ich habe kein Problem damit, dass Ballard mit seinem Buch über seine Entdeckung der *Titanic* reich wird – allerdings würde ich es begrüßen, wenn er gegenüber anderen Unternehmungen zur kommerziellen Nutzung des großen Schiffes und seines Andenkens eine etwas weniger aggressive Haltung einnehmen würde.

Ebenso wenig finde ich es bedenklich, dass RMS Titanic über das Besitzrecht des Bergenden für das Wrack und dessen gesamten Inhalts verfügt. George Tullochs Leidenschaft für das Schiff scheint aufrichtig zu sein, und wahrscheinlich dürfte er – auf lange Sicht – als sorgfältiger Verwalter der *Titanic* anerkannt werden. Ich wünschte mir nur, er würde die marktschreierischen Aspekte vieler seiner Unternehmungen etwas dämpfen und dem Wrack und seinen Opfern ein wenig mehr Respekt erweisen.

Die Entdeckung des Wracks der *Titanic* im Jahr 1985 hat einige schwierige Fragen aufgeworfen, besonders für die Familien der Opfer. Auf diese Fragen gibt es viele Antworten, und jeder, der sich mit der *Titanic* befasst, muss für sich entscheiden, was akzeptabel ist und – fast noch wichtiger – was nicht.

Dr. Robert Ballard, Marinegeologe, war 1985 Leiter des Deep Submergence Laboratoriums des Woods Hole Oceanographic Institute, als er und sein Team die erste Suchexpedition nach der *Titanic* unternahmen. Seit dieser Zeit hat Dr. Ballard noch weitere Wracks gesucht und gefunden, darunter die des Flugzeugträgers *Yorktown* und der *Britannic*, eines Schwesterschiffs der *Titanic*. Darüber hinaus verfasste Ballard mehrere Bücher über seine Unternehmungen, einschließlich des 1997 erschienenen »Lost Liners« (deutsch: »Lost Liners: Von der Titanic zur Andrea Doria«).

George Tulloch war Mitbesitzer der größten BMW-Handelsniederlassung in den Vereinigten Staaten, bis er seinen Anteil mit Anfang dreißig verkaufte und nach Florida zog, um als Kellner in einem Restaurant in Disney World zu arbeiten. Mit 43 ging er zurück nach Greenwich, Connecticut, und kaufte sich erneut in sein altes Autohaus ein. Als er von Plänen zur Bergung der *Titanic* hörte, sammelte er mehr als zwei Millionen Dollar, um 1987 eine Expedition zum Wrack zu finanzieren. Er gründete schließlich die RMS Titanic, Inc., und erhielt den Zuschlag für die alleinigen Bergungsrechte. Heute beschäftigt er sich hauptsächlich mit der Beschaffung von Geld für weitere Expeditionen zum Wrack.

Der *R.M.S. Titanic International Maritime Memorial Act* von 1985

(Abschnitt 450RR–450RR-6)

Im Folgenden finden Sie den Text des Gesetzes, das die *Titanic* vor »Störungen« durch Bergungsaktionen bewahren sollte. Wenn man bedenkt, dass in den letzten zehn Jahren über 6000 Gegenstände aus ihrem Trümmerfeld geborgen worden sind, stellt sich die Frage, ob der *International Maritime Memorial Act* jemals seinen angestrebten Zweck erfüllt hat.

(a) Feststellungen

Der Kongress stellt fest, dass:

1. die *R.M.S. Titanic*, das Linienschiff, das nach der Kollision mit einem Eisberg am 14. April 1912 auf seiner Jungfernfahrt sank, zu einer internationalen maritimen Gedenkstätte erklärt werden sollte für diejenigen Männer, Frauen und Kinder, die auf ihr ihr Leben verloren;
2. die kürzliche Entdeckung der *R.M.S. Titanic* mehr als 12 000 Fuß [3658 Meter] unter dem Meeresspiegel den praktischen Nutzen der Ozeanographie und des Ingenieurwesens demonstriert;
3. die *R.M.S. Titanic*, gut erhalten im kalten, sauerstoffarmen Wasser des Nordatlantiks, von herausragender nationaler und internationaler kultureller und historischer Bedeutung ist und angemessenen internationalen Schutz verdient;

4. die *R.M.S. Titanic* eine besondere Gelegenheit für eine wissenschaftliche Erforschung der Tiefsee darstellt.

(b) Ziele

Der Kongress erklärt, dass die Abschnitte 450rr bis 450rr-6 dieses Gesetzes folgenden Zielen dienen:

1. internationale Bemühungen zu unterstützen, die das Wrack der *R.M.S. Titanic* als internationale maritime Gedenkstätte kennzeichnen wollen für diejenigen, die 1912 ihr Leben an Bord des Schiffes verloren;

2. die Vereinigten Staaten zu bewegen, Verhandlungen mit anderen interessierten Nationen aufzunehmen, um zu einer internationalen Übereinkunft zu gelangen, die der Kennzeichnung der *R.M.S. Titanic* als internationale maritime Gedenkstätte Vorschub leisten, und um die wissenschaftliche, kulturelle und historische Bedeutung der *R.M.S. Titanic* zu bewahren;

3. die Entwicklung und Festlegung von internationalen Richtlinien zur Erforschung und, wenn angemessen, zur Bergung der *R.M.S. Titanic* zu unterstützen;

4. der Meinung des amerikanischen Kongresses Ausdruck zu verleihen, dass bis zur Festlegung solcher Abmachungen oder Richtlinien keine Person während der bereits laufenden Forschungsaktivitäten die *R.M.S. Titanic* verändern, zerstören oder bergen darf.

Form No. 19.

Signal Letters (if any) H Y M D

Transcript of Register for Transmission to Registrar-General of Shipping and Seamen.

Official Number	Name of Ship	No., Date, and Port of Registry
131428	Titanic	1912 Liverpool

No., Date, and Port of previous Registry (if any)	new vessel

Whether British or Foreign Built	Whether a Sailing or Steam Ship; and if a Steam Ship, how propelled	Where Built	When Built	Name and Address of Builders
British	Steamship Triple screw.	Belfast	1912	Harland and Wolff Ld Belfast.

				Feet	Tenths
Number of Decks	first & two partial	Length from fore part of stem, under the bowsprit, to the aft side of the head of the stern post		852	5
Number of Masts	two	Length at quarter of depth from top of weather deck at side amidships to bottom of keel		849	2
Rigged	schooner	Main breadth to outside of plank plating		92	5
Stern	Elliptical	Depth in hold from tonnage deck to ceiling at midships		31	6
Build	clencher	Depth in hold from upper deck to ceiling at midships, in the case of three decks and upwards		59	5.8
Galleries		Depth from top of beam amidships to top of keel		64	9.1
Head		Depth from top of deck at side amidships to bottom of keel		65	3.2
Framework and description of Steel vessel					
Number of Bulkheads	fifteen	Round of beam			
Number of water ballast tanks	seventeen	Length of engine room if any			
and their capacity in tons					

PARTICULARS OF DISPLACEMENT.

PARTICULARS OF PROPELLING ENGINES, &c. (if any)

No. of Engines	Description of Engines	Whether British or Foreign made	When made	Name and residence of makers	Reciprocating Engines		Rotary Engines		N.H.P. I.H.P. speed of ship
					Number Diameter	Length of Stroke	No. of Cylinders in each set	speed of ship	
	expansion inverted vertical direct	British	1912	Harland & Wolff &	Manager				6906
No. of Boilers		Boilers	Boilers	Boilers	1-8				50,000
three	Iron or Steel	British	1912	Belfast	2-97				21 knots

PARTICULARS OF TONNAGE

Teil V

Titanic 1997:
Von Mexiko zum Broadway

Die Geschichte der *Titanic*:

James Cameron und seine Bemühungen um den definitiven »Titanic«-Film

Die wichtigste Motivation für meinen Wunsch, einen Film über die *Titanic* zu machen, rührte daher, dass ich während meiner Recherchen von der Emotionalität dieser Tragödie angesteckt wurde. Ich war davon ergriffen, wie überwältigend, unfassbar traurig und emotionsgeladen diese tatsächlichen und so genau erforschten Ereignisse waren – als hätte die Geschichte einen großartigen Roman geschrieben, der nur darauf wartete, verfilmt zu werden. Ich sah eine Chance, diese Gefühlstiefe im Film einzufangen, jedoch mit Hilfe einer Art nichthistorischer Technik. Es klingt fast ein wenig ketzerisch, doch es war meine Idee, Charaktere zu erfinden, um beim Publikum wahre Gefühle zu wecken und ihm damit den Weg zu ebnen, die Katastrophe des Untergangs emotional mitzuerleben – ein krasser Gegensatz zu einer detaillierten und minutiösen historischen Rekonstruktion, die aber aus nichts anderem als Fakten besteht.

James Cameron 1998 in einem Interview
mit Ken Marschall in der Januarausgabe
der Zeitschrift *Titanic Commutator*, des
offiziellen Journals der Titanic Historical Society

Während seiner vielen Promotion-Interviews für den Film *Titanic* musste Regisseur James Cameron immer wieder berichten, wie er versucht hatte, den Film an Twentieth Century-Fox zu verkaufen – doch nie wurde seine Geschichte langweilig. Warum? Weil die schiere Unglaublichkeit dieser Erzählung sie umso faszinierender machte.

Cameron sagte dem Studio, dass er einen Film plane, der »jenseits« der 100-Millionen-Dollar-Grenze liegen würde; der eine Laufzeit von über drei Stunden haben sollte (was für die Kinos eine geringere Anzahl von Vorführungen pro Tag bedeutet); der eine präzise Wiedergabe eines historischen Stoffes sein sollte (was eine Unmenge teurer Kostüme bedeutete); der ohne berühmte Stars gedreht werden müsste, da deren Gagen den finanziellen Rahmen gesprengt und deren Alter die Glaubwürdigkeit der darzustellenden Figuren in Frage gestellt hätte; und der absolut keine Möglichkeit zu einer Fortsetzung oder für Merchandise-Produkte bot. O ja ... und noch etwas: Das Ende der Geschichte war bereits der ganzen Welt bekannt.

Diese Vorstellung eines Filmstoffs bestand eigentlich nur aus Gegenargumenten, und Cameron war sich dessen bewusst. Aber schließlich war es James »›Aliens‹-›Terminator-2‹-›True Lies‹«-Cameron, der den Film anpries, und daher hörte ihm die Twentieth Century-Fox zumindest aufmerksam zu und zeigte sogar so viel Interesse, dass Cameron beschloss, ein erweitertes Handlungsschema seiner Geschichte zu schreiben. Dieses Treatment für den Film »Titanic« – ein ergreifendes, 169 Seiten langes Epos – besiegelte das Schicksal des Films.

In einem Interview mit Charles Rose sagte Cameron 1998, die Studiobosse hätten nach dem Lesen seines Treatments die Tatsache verflucht, dass sie so sehr davon begeistert waren, denn ihnen war, dass sie diesen Film einfach machen *mussten*. Und so begann eine dreijährige Odyssee, die einige Dutzend Ausflüge auf den Grund des Ozeans beinhaltete, um die echte *Titanic* zu filmen und eine Nachbildung des Kreuzfahrtschiffs auf der mexikanischen Halbinsel Baja California zu bauen, die tatsächlich 92 Prozent der Originalgröße erreichte. Des Weiteren folgten anstrengende sieben Monate Dreharbeiten (während denen ein Großteil der Schauspieler und der Crew im Krankenhaus landete, weil jemand ihr Essen absichtlich mit einer halluzinogenen Droge versetzt hatte); Camerons Abtretung seiner Regisseurgage und seiner Gewinnbeteiligung an die Studios, um den Film beenden zu können (der letztendlich mit einer Verspätung von sechs Monaten auf den Markt kam); ein Kinofilm mit einer Laufzeit von drei Stunden und fünfzehn Minuten, der an den Kinokassen der erfolgreichste Film aller Zeiten werden sollte; und ein Film, der elf »Oscars« gewinnen sollte – und der damit so erfolgreich war wie nur »Ben Hur« vor ihm.

Die Filmmusik avancierte zum meistverkauften Film-Soundtrack aller Zeiten, und schon die ersten Monate nach dem Kinostart von »Titanic« beförderten Leonardo DiCaprio, Kate Winslet und James Cameron auf die berühmte »A-Liste« der begehrtesten Leute in Hollywood, auf der nur die Elite des Filmgeschäfts zu finden ist.

DiCaprios Gage verzehnfachte sich: Hatte er für »Titanic« noch zweieinhalb Millionen Dollar erhalten, so zahlte man ihm (nach dem bereits abgedrehten »Der Mann in der eisernen Maske«) für seinen nächsten Film 25 Millionen Dollar. Außerdem erschienen binnen einiger Wochen nach Anlaufen des Films Bücher über den Jungmädchenschwarm in aller Welt.

Kate Winslet, eine bis dahin relativ unbekannte britische Schauspielerin, die bisher nur in kleineren Literaturverfilmungen zu bewundern war, erfreute sich über Nacht eines enorm großen Bekanntheitsgrades, der den vieler Schauspielerinnen mit jahrzehntelanger Leinwanderfahrung (und wesentlich mehr Filmen) bei weitem übertraf. Plötzlich besaß sie eine weltweite Fangemeinde und blickte von so vielen Titelseiten, dass selbst

der eingefleischteste *Titanic*-Fan die Übersicht verlieren musste. Im Internet erschienen ganze Seiten, die sich nur mit ihr beschäftigten, und die Boulevardpresse widmete sich in unzähli-
gen Artikeln ihrem Liebesleben, ihren Gewichtsproblemen und
den hartnäckigen Gerüchten, sie und Leonardo DiCaprio seien
sich während der Dreharbeiten zu »Titanic« wirklich sehr nahe
gekommen. (Sowohl Kate Winslet als auch Leonardo DiCaprio
haben immer wieder versichert, dass dies nicht der Fall gewesen sei, und beide klingen überzeugend.)

Es gab verschiedene Faktoren, die sich gegenseitig verstärk-
ten und dazu beitrugen, dass James Cameron diesen Film über
die Tragödie der *Titanic* unbedingt machen wollte.

Zunächst war da die Tatsache, dass Cameron sich eines
Abends, als er nichts zu tun hatte, den 1958 gedrehten und auf
Walter Lords Buch basierenden Film »A Night to Remember«
(deutsch: »Die letzte Nacht der Titanic«) ansah. Dies ließ die
Idee ihn ihm aufkeimen. Cameron hatte sich schon zuvor mit
der *Titanic* befasst, nachdem er 1988 bei seinen Recherchen
über Tiefseeforschung für seinen Film »Abyss« Dr. Robert
Ballard getroffen hatte. Bei der Betrachtung von »A Night to
Remember« dachte er darüber nach, wie man die Geschichte
anhand des heutigen Wissens über das Wrack und mit Hilfe
der modernen Computertechnik filmisch umsetzen könnte.

Cameron zufolge fiel ihm, während ihm all diese Ideen im
Kopf herumschwirrten, das von Don Lynch und Ken Marschall
verfasste, definitive Buch »Titanic: An Illustrated History«
(deutsch: »Titanic: Königin der Meere«) in die Hände. Nachdem er es durchgesehen hatte, sagte er Ken Marschall vom *Titanic Commutator*: »Die eindrucksvolle Bilderwelt, die Sie in
Ihrem Buch entwickelt haben, brachte mich auf den Gedanken, dass wir diese Bilder mit Hilfe der heutigen Digitaltechnik
tatsächlich realisieren könnten. Wir könnten Menschen in
diese Bilder einfügen, sie darin bewegen und die Bilder so zum

Leben erwecken. Allein die technischen Gesichtspunkte stellten eine faszinierende Herausforderung dar. Und so köchelte all dies eine Zeit lang in meinem kreativen Unterbewusstsein vor sich hin – wie ein Suppenfond.«

Als Cameron dann eine Einladung zur Vorführung des Films »Titanica« in einem Imax-Kino erhielt, »besiegelte« dies seinen Entschluss. Dieser ausgezeichnete Dokumentarfilm führte ihm die Bilder des Wracks lebensnah vor Augen und machte ihm klar, dass man Originalaufnahmen der *Titanic* auch in einer *fiktiven* Geschichte verwenden konnte. Von diesem Zeitpunkt an galt es nur noch, die Finanzierung zu regeln und die *Titanic* detailgetreu nachzubauen – nichts leichter als das. (Ach ja, ganz nebenbei drehte Cameron seinen Film »True Lies«, traf eine Vereinbarung mit russischen Behörden bezüglich der Verwendung eines der russischen Tauchboote für den Film, und verfasste das Treatment für »Titanic«.)

Eigentlich war der Kinostart des Films »Titanic« für den Sommer 1997 geplant, er wurde dann aber (unter nicht gerade leisem Murren des Studios) auf Dezember verschoben. Im Laufe der Filmarbeiten 1996 und Anfang 1997 überstiegen sämtliche Kosten das ursprünglich vorgesehene Budget bei weitem. »Viele der Mehrkosten«, so erzählte Cameron Ken Marschall, »gingen zu Lasten der Etats für die Elektrik und die Transporte – Kosten, die bei der ursprünglichen Berechnung nicht ersichtlich wurden. Wir haben nichts gemacht, was wir nicht auch geplant hatten. Wir haben nichts gebaut, wofür wir nicht auch ein Budget eingeplant hatten. Es hat einfach nur alles mehr gekostet, als wir kalkuliert hatten.«

Auf Grund der Überziehung des Filmbudgets suchte sich Twentieth Century-Fox mit Paramount Pictures einen Partner, der einen Teil der astronomischen Produktionskosten übernahm. Nachdem die Finanzierung des Films die 100-Millionen-Dollar-Grenze überschritten hatte, unterzeichnete Paramount einen Vertrag über zusätzliche 65 Millionen Dollar – wahrscheinlich eine der lukrativsten Investitionen, die das Studio je getätigt hat. Während der weiteren Dreharbeiten sollten jedoch sogar 165 Millionen Dollar nicht ausreichen, um das Projekt zu beenden, und eine Zeit lang überlegte man, die Produktion ganz einzustellen – Cameron weigerte sich jedoch, über diese Möglichkeit überhaupt nur nachzudenken. Gerüchte besagen, Cameron habe den Studiobossen mitgeteilt, die einzige Möglichkeit, die Dreharbeiten zu stoppen und weitere Ausgaben zu vermeiden, bestünde darin, ihm das Projekt wegzunehmen. Und weiter soll er gesagt haben, dass sie ihn schon umbringen müssten, um ihn loszuwerden.

Das nennt man wahres Engagement, nicht wahr?

Berichten zufolge stürmte Cameron nach diesen Worten aus der Besprechung, und das Schicksal des Films stand zunächst einmal auf der Kippe.

Nachdem sich alle beruhigt hatten, kehrte Cameron mit einem revolutionären Angebot an den Verhandlungstisch zurück. Wenn er den Film nach seinen Vorstellungen beenden könne, sei er bereit, auf seine Gage von zehn Millionen Dollar sowie auf seine auf etwa 25 Millionen Dollar geschätzte Gewinnbeteiligung an dem Film – also auf einen Gesamtbetrag von rund 30 bis 35 Millionen Dollar – zu verzichten. Twentieth Century-Fox nahm den Vorschlag an, Cameron überschrieb dem Studio seine Anteile an »Titanic«, und so gelangte der Film schließlich am 19. Dezember 1997 in die amerikanischen Kinos.

Bis zum 15. April 1998, dem Jahrestag des Untergangs der *Titanic*, hatte der Film weltweit bereits 1,2 Milliarden Dollar eingespielt, und der geschätzte Gesamtbruttobetrag (nach der Videoveröffentlichung und dem Verkauf der Fernsehrechte) wird sich auf rund zwei Milliarden Dollar belaufen.

Ende April 1998 kursierte das Gerücht, Cameron habe von Twentieth Century-Fox und Paramount eine Prämie in Höhe von 75 bis 110 Millionen Dollar erhalten. Später teilte Cameron den Medien mit, er wolle eine einjährige Pause einlegen, bevor er ein neues Projekt in Angriff nehme.

Im März 1998 berichtete die Nachrichtenagentur Associated Press von einem zwölfjährigen italienischen Mädchen namens Gloria aus dem Ort Castelfranco Emilia, das den Film seit seinem Start im Dezember jeden Tag gesehen hatte. Sie zeigte sich fest entschlossen, auch weiterhin täglich die Neun-Uhr-Vorstellung im einzigen Kino des Ortes zu besuchen, und das wahrscheinlich so lange, wie der Film dort lief. Gloria, die ihre zwei Katzen Jack und Rose genannt hatte, war von Leonardo DiCaprios Figur, Jack Dawson, bezaubert. So erzählte sie der italienischen Zeitung *La Repubblica*: »Jack ist süßer als Leo, und der Film ist so echt, es ist eine wahre Geschichte. Das macht ihn so großartig.« Die Zeitung berichtete ebenfalls, dass das Kino keinen Eintritt mehr von Gloria verlange und ihr sogar allabendlich einen speziellen Sitz reserviere. Glorias Mutter meinte, sie hätte mit dem neuen »Hobby« ihrer Tochter kein Problem: »Sie tut ja schließlich nichts Schlechtes.«

Dem würden das Filmstudio und James Cameron höchstwahrscheinlich zustimmen.

»*Titanic*«: Szenen, die nicht im Film zu sehen sind

Ich glaube nicht, dass ich versucht hätte, jemandem den Platz wegzunehmen. Aber wenn mir aufgefallen wäre, dass die Boote halb voll abgefiert würden, wäre ich wahrscheinlich ins kalte Wasser gesprungen. Es gab vier Leute, die dies getan haben – und ich hoffe, klug genug zu sein, um es in einer solchen Situation auch zu tun. Sie warteten, bis die Boote wegruderten, sprangen dann ins Wasser und schwammen zu ihnen hinüber.
James Cameron gegenüber dem *Esquire*, Dezember 1997

Es gibt verschiedene Fassungen eines Films, bevor er auf die Leinwand kommt. Zunächst einmal ist da das »Treatment«, das dem Drehbuch ähnelt, allerdings keine nummerierten Szenen besitzt und nur kurz umrissene Dialoge enthält.

Bei James Camerons Treatment für »Titanic«, der Grundlage für das Drehbuch des Films, handelt es sich um ein 169 Seiten starkes Opus. Aber letztlich war es dieses Treatment, das Twentieth Century-Fox dazu bewegte, dem Projekt grünes Licht zu erteilen.

Nachdem er das Treatment verkauft hatte, schrieb Cameron ein Drehbuch mit detaillierteren Szenen und Dialogen. Dieses überarbeitete er so lange, bis er jene Fassung vollendet hatte, die zur Bibel der »Titanic«-Produktion werden sollte.

Etwa 40 Szenen aus dem ursprünglichen Treatment wurden nicht in die endgültige Filmfassung übernommen. Wahrscheinlich sind die meisten dieser »verlorenen Szenen« sogar gedreht worden, fielen aber beim Schnitt der mangelnden Kontinuität zum Opfer. Cameron hat geäußert, er würde gerne eines Tages eine »Director's-Cut«-Version von »Titanic« herausbringen, die etwa 20 bis 40 Minuten dieses herausgeschnittenen Filmmaterials enthalten soll. (Einige seiner früheren Filme, darunter auch »Terminator 2«, sind bereits als »Director's Cut« erhältlich.)

Dieser »Regisseur-Schnitt« dürfte wahrscheinlich für einige Aufregung sorgen, denn einige der gekappten Szenen verleihen der Geschichte eine etwas andere Note.

• Ein rüder Kommentar von Louis Bodine über Erwachsenenwindeln, den er nach Roses Ankunft von sich gibt, wurde ebenso aus der Endfassung herausgeschnitten wie eine Sequenz, die sich mit Daniel Marvin und seiner jungen Braut befasst. Dagegen war J. Bruce Ismays Frage zu Freud im Palm Court Restaurant nicht im ursprünglichen Handlungsschema enthalten.

- Jacks »Luft-in-meinen-Lungen«-Monolog hört sich in der Endversion vollkommen anders an als in der ursprünglichen Version, und Roses Kommentar » ... so ernst ...« (während der Szene, in der Jack eine Aktzeichnung von ihr anfertigt) ist höchstwahrscheinlich ein spontaner Einfall von Kate Winslet.
- Eine längere Szene im hektischen Funkraum sowie eine Szene, in welcher der panische Ismay eine Auseinandersetzung mit dem Fünften Offizier Lowe hat, wurden gestrichen.
- In der letzten Szene wird dem Zuschauer mitgeteilt, Rose liege »warm in ihrem Bett ... Sie ist ganz ruhig. Man könnte meinen, sie schläft.« Dann kehren wir mit Rose auf die *Titanic* zurück, wo sie und Jack sich wieder begegnen. In der ursprünglichen Fassung kommt Jack die Treppe *herunter*, während Rose in der Endfassung die Treppe *hinaufgeht*, woraufhin die Kamera auf die große Glaskuppel des Treppenhauses schwenkt und Jack und Roses Seelen gemeinsam zum Licht schweben.

Es ist faszinierend, sich die unterschiedlichen Fassungen eines so herausragenden Films anzusehen, und es zeigt deutlich, wie viele verschiedene Stadien ein Film durchläuft, bis er endlich ins Kino kommt. In seiner endgültigen Fassung ist »Titanic« ein Meisterwerk. Die von James Cameron vorgenommenen Änderungen waren notwendig, um den Film schlüssig zu machen.

Die wichtigste Änderung zur ersten Version ist wahrscheinlich Jack Dawsons überglücklicher Ausruf: »Ich bin der König der Welt!« Obwohl dies in der ursprünglichen Version nicht vorgesehen war, weiß James Cameron heute (und mit ihm Millionen von »Titanic«-Zuschauern), dass er beinahe einen großen Fehler begangen hätte!

»Titanic«: Kleine Unebenheiten

Ein Mensch, der keine Fehler macht, macht normalerweise überhaupt nichts.

Edward Phelps

Selbst ein 200-Millionen-Dollar-Film ist nicht perfekt, wie aus
der folgenden Liste von Pleiten, Pech und Pannen aus »Titanic« ersichtlich wird. Aber bevor man mich der Erbsenzählerei
bezichtigt, möchte ich versichern, dass dieser Abschnitt *Vergnügen* bereiten soll und nicht als Kritik an James Cameron
und seiner Crew gedacht ist. Die Wiedergabe historischer Ereignisse erweist sich schon allein deswegen als ein schwieriges
Unterfangen, weil die Fakten nachprüfbar sind. Wenn man
sich mit realen Geschehnissen befasst, ist es unmöglich, absolut exakt zu sein (ich weiß dies aus eigener Erfahrung), und die
im Folgenden aufgelisteten kleinen Fehler sind im Gesamtbild
wirklich trivial und unerheblich.

Dennoch macht es Spaß, wenn man sie beim Betrachten
eines Films findet, und daher sollen solche Unzulänglichkeiten
in bester Absicht und als kleine Huldigung nicht verschwiegen
werden. Schließlich verbringt bestimmt niemand so viel Zeit
damit, diesen Film so genau zu *studieren*, wenn er oder sie »Titanic« nicht heiß und innig *liebt.*

Die Schnitzer sind in chronologischer Reihenfolge aufgelistet und mit einer Zeitangabe versehen, zu der sie im Film auftauchen. (Stellen Sie den Zähler Ihres Videorekorders auf
Null, sobald das Logo des Studios auf dem Bildschirm erscheint.) An dieser Stelle sei ein herzlicher Dank an all diejenigen ausgesprochen, die bei der Erstellung dieses Kapitels geholfen haben – einschließlich der freundlichen Mitarbeiter von
»Internet Movie Database« (www.imdb.com – diese Internet-
Adresse gehört auf die Lesezeichenliste jedes Kinofans); der

Eine wirklichkeitsferne zeitgenössische Darstellung der Katastrophe – auf diesem Bild treiben die Überlebenden auf Eisschollen, und das Schiff sinkt backbord über das Heck! Privatbesitz des Autors

Die ersten Fotos der geretteten Passagiere, abgedruckt in The Sphere. Privatbesitz des Autors

Die Carpathia *unter dem Kommando von Kapitän Rostron traf am 18. April 1912 mit 703 Überlebenden in New York ein.*

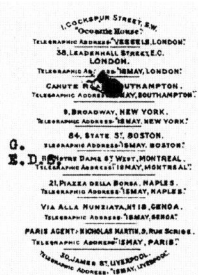

M 14488

LIVERPOOL, April 16th, 1912.

Sir Walter J. Howell, K.C.B.
Marine Department, Board of Trade,
7, Whitehall Gardens,
London. S.W.

Dear Sir,

Further to our communication of yesterday we were extremely sorry to have to send you the following wire this morning :-

"Referring telegram yesterday 'Titanic' deeply grieved "say that during night we received word steamer foundered "about 675 souls mostly women and children saved".

which we now beg to confirm.

Yours faithfully,

For ISMAY. IMRIE & CO:

Das offizielle Schreiben der White Star Line an das britische Handelsministerium, das den Untergang der Titanic bestätigt.

Das britische Magazin Punch *veröffentlichte nach der Tragödie einen Bericht zur ehrenvollen Erinnerung an die Opfer der* Titanic. *Privatbesitz des Autors*

TOLL OF THE SEA.

[Dedicated to the memory of the brave men who went down in the *Titanic*, April 15th.]

Tears for the dead, who shall not come again
Homeward to any shore on any tide!
Tears for the dead! but through that bitter rain
Breaks, like an April sun, the smile of pride.

What courage yielded place to others' need,
Patient of discipline's supreme decree.
Well may we guess who know that gallant breed
Schooled in the ancient chivalry of the sea! O.

Der Leichnam eines Ertrunkenen wird aus dem Atlantik geborgen, etwa zwei Wochen nach dem Untergang des Schiffes. Privatbesitz des Autors

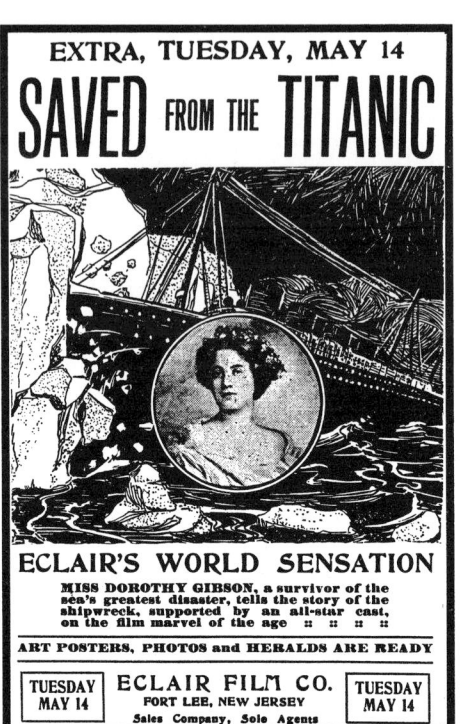

Die Überlebende Dorothy Gibson spielte die Hauptrolle in dem Film »Saved From the Titanic«, der einen Monat nach der Katastrophe in die Kinos kam.
Privatbesitz des Autors

Leichenwagen bringen die Toten nach Halifax.
Bruce Dale/National Geographic Image Collection

Descriptive Musical Sketch for the **PIANO**

by **HAYDON AUGARDE.**

45* THE LAWRENCE WRIGHT MUSIC Cº
Copyright. 8, DENMARK STREET, (CHARING CROSS ROAD,)
PRINTED IN ENGLAND. LONDON, W.C.
ALSO AT LEICESTER.

Agents for Australia and New Zealand.
ALLAN & Cº, Proprietory Ltd.
276-278, Collins St.
MELBOURNE.

Eine der vielen musikalischen Erinnerungen, die nach der Tragödie verfasst und veröffentlicht wurden.   Privatbesitz des Autors

"BE BRITISH" : The Last Words of the "Titanic's" Captain.

COMMANDER EDWARD J. SMITH, R.N.R.

Born in the Year 1853   Died April 15, 1912

Der Zeitschrift The Sphere zufolge lauteten die letzten Worte von Kapitän Smith: »Zeigt ihnen, dass ihr Briten seid!« … Oder sagte er etwas ganz anderes?
Privatbesitz des Autors

Eine Werbepostkarte für das Schwesterschiff der Titanic. Wurden Olympic und Titanic möglicherweise vertauscht?
Privatbesitz des Autors

WHITE STAR LINE.

TRIPLE-SCREW R.M.S. "OLYMPIC," 46,359 TONS, THE LARGEST BRITISH STEAMER, PASSING AMBROSE CHANNEL LIGHTSHIP.

Postkarte zu Ehren der »heroischen Musiker« der Titanic. Welches Lied haben sie als Letztes gespielt?
Privatbesitz des Autors

Eine der riesigen Schiffsschrauben, halb im Meeresboden vergraben.
Emory Kristof/National Geographic Image Collection

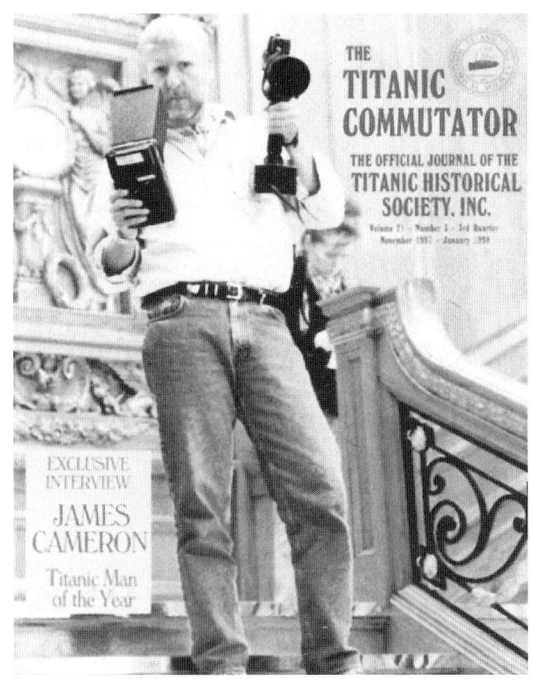

Der Stapellauf des Schiffes wurde im Film »Titanic« nachgestellt. Photofest

James Cameron erhält von der Zeitschrift The Titanic Commutator *eine Auszeichnung für seinen Film.*
Privatbesitz des Autors

Molly-Brown-Biografin Kristen Iversen; den Autoren von
»Last Dinner on the Titanic« (deutsch: »Das letzte Dinner auf
der Titanic«), Rick Archbold und Dana McCauley sowie meinem Bruder Paul.

- Während des einleitenden Wochenschauberichts schwenkt
  die Kamera über den Bug des Schiffes. Dabei kann man
  oberhalb der Reling einen schmalen Streifen Land erkennen,
  wo normalerweise nur das offene Meer zu sehen sein dürfte.
- Bei 0.11, als Rose und Lizzy den CNN-Bericht über Brock
  Lovetts *Titanic*-Expedition sehen, spiegelt sich in Roses Fern-
  seher ganz kurz das Kamerateam.
- Bei 0.15 erzählt Rose Lovett und den anderen, »das ›Herz
  des Ozeans‹ sei »ein fürchterlich schwerer Klunker« gewesen, und sie »habe es nur dieses eine Mal getragen« (wobei
  sie sich auf den Tag bezieht, an dem sie für Jack nackt Modell gestanden hat). Später sieht man jedoch, wie Cal Hockley Rose die Kette schenkt und ihr um den Hals legt, was bedeutet, dass sie sie zumindest *zweimal* getragen hat.
- Bei 0.23 kann man in der Pokerszene, kurz vor der Abfahrt
  der *Titanic* aus Southampton, für einen kurzen Moment
  einen Blick auf Jack Dawsons Karten werfen. Obwohl ein
  Teil seines Blattes verdeckt ist, lassen sich eine 5, eine 8 und
  eine 4 erkennen. Dann zieht Jack *eine* Karte und fordert mit
  einem Full House seinen Gewinn ein – Karten für die Überfahrt nach Amerika auf der *Titanic*. Wenn er aber mit nur
  einer Karte sein Full House komplettiert hat, hätte er vorher
  zwei Paare auf der Hand haben müssen. Nach dem, was man
  im Bild sieht, kann dies aber nicht der Fall gewesen sein.
- Bei 0.27 betreten Jack und Fabrizio ihre Kabine im Zwischendeck, und ihre Schlafkojen sind zu sehen. Die Rohrrahmen,
  von denen die Kojen getragen werden, verfügen über einge-
  schraubte Rohrschuhe – eine Befestigungsmethode, die erst

1946 erfunden wurde, also 35 Jahre nach dem Bau der *Titanic*.

- Bei 0.28 erzählt die alte Rose der Crew der *Keldysh*: »In Cherbourg kam eine Frau namens Margaret Brown an Bord ... wir nannten sie aber alle Molly.« Margaret Tobin Brown wurde jedoch, wie mir die Autorin der 1998 erschienenen Biografie der Molly Brown, Kristen Iversen, versicherte, bis zu ihrem Tod niemals »Molly« genannt. ... das ist eine Erfindung Hollywoods. Im Grunde stammt fast alles, was die Leute über ihr Leben wissen, aus dem Debbie-Reynolds-Film ›The Unsinkable Molly Brown‹ (1964, deutsch: Goldgräber-Molly), der zu 99 Prozent reine Erfindung ist!«

- Bei 0.29 stehen Kapitän Smith und der Erste Offizier Murdoch auf der Brücke, vor und leicht rechts vom Ruderhaus. Der Kapitän sagt zu Murdoch: »Schicken Sie sie auf See, Mr. Murdoch. Legen Sie ein paar Kohlen auf.« An den von links hell erleuchteten Gesichtern von Kapitän Smith und Murdoch wird ersichtlich, dass die Sonne auf der linken Seite steht. In der nächsten Szene sieht man, wie Murdoch das Ruderhaus betritt und sein Schatten *vor* ihn fällt. Dies würde bedeuten, dass die Sonne *hinter* ihm steht, wodurch sie nun zur *Rechten* des Kapitäns stehen müsste – was schlicht unmöglich ist.

- Bei 0.29 kann man im Maschinenraum erkennen, dass die Anzeigen geschweißte Rohrverbindungen besitzen. Diese Installationstechnik war 1911 jedoch noch nicht entwickelt worden; zu jener Zeit verwendete man noch Gewindehülsen aus Messing.

- Bei 0.33 versammeln sich Thomas Andrews, Molly Brown, Rose, Cal und Ruth zum Mittagessen im Verandah Café und Palm Court. In dieser unvergesslichen Szene bestellt Cal für Rose und sagt zum Steward: »Wir nehmen beide das Lamm, englisch. Englisch mit ein wenig Minzsauce.« Den Original-

Speisekarten der White Star Line und der *Titanic* zufolge [die in diesem Buch abgedruckt sind] war Lamm mit Minzsauce nur zum Dinner erhältlich. Auf der Mittagskarte wurden gegrillte Hammelkoteletts angeboten. Ein weiterer möglicher Fehler besteht darin, dass die Gruppe ihr Mittagessen im Palm Court (Palmengarten) einnimmt. Dazu heißt es in dem Buch »Last Dinner on the Titanic« (deutsch: »Das letzte Dinner auf der Titanic«): »In der Tat gab es zwei Verandah Cafés, je eins auf beiden Seiten des Deckhauses, direkt hinter dem Rauchsalon ... Es ist jedoch zweifelhaft, wie oft diese Räumlichkeiten überhaupt als Cafés dienten. Einer der Räume scheint hauptsächlich als Spielzimmer für die Kinder aus der 1. Klasse verwendet worden zu sein. Aber wahrscheinlich konnten die Passagiere dort beim Steward jederzeit einen kleinen Snack oder eine Tasse heiße Bouillon bestellen.«

- Bei 0.39 antwortet Jack auf Roses Frage nach der Temperatur des Wassers: »Ziemlich kalt. Vielleicht ein paar Grad über Null.« Tatsächlich lag die Wassertemperatur in dieser Nacht bei einigen Grad *unter* Null, doch dies muss Jack nicht unbedingt gewusst haben. Also ist es vielleicht etwas überzogen, dies zu den Fehlern zu zählen.

- Bei 0.39 fragt Jack Rose, ob sie jemals in Wisconsin gewesen sei, und erzählt ihr dann, dass er als Junge immer mit seinem Vater zum Eisfischen an den Lake Wissota gefahren sei. Lake Wissota ist jedoch ein künstlich angelegter See, der erst 1917 entstand.

- Bei 0.48 kann man während der Szene auf dem Promenadendeck, am Morgen nach Roses missglücktem Selbstmordversuch, über Jacks Schulter hinweg einen Hügel mit einem Gebäude darauf erkennen. Dies würde bedeuten, dass das Gebäude (und der Hügel) irgendwo im Nordatlantik herumtrieben.

- Bei 0.53 erzählt Jack Rose, dass er »zum Santa Monica Pier« gegangen sei und dort für zehn Cents Porträts gemalt habe. Der Bau des Piers begann jedoch erst 1916, also vier Jahre, nachdem die *Titanic* untergegangen war.
- Bei 0.54 taucht an Jacks Kinn plötzlich Spucke auf, als er sich herumdreht, um Ruth und ihre Begleiterinnen zu begrüßen. Als er noch mit dem Gesicht zur Reling steht, ist keine Spucke zu sehen. Doch als er sich umdreht, erkennt man einen dicken Tropfen unten rechts an seinem Kinn. Molly Brown weist ihn darauf hin, diesen abzuwischen.
- Bei 0.56 spiegelt sich (ganz) kurz ein Teil der Kameraausrüstung in der Glasscheibe der Tür, die für Jack aufgehalten wird, als er zu seinem großen Abendessen mit der feinen Gesellschaft geht.
- Bei 0.59 fragt Molly Jack, ob er gerne eine Dame zum Essen geleiten würde. Er antwortet: »Sicher doch«, und sie nimmt seinen Arm. In der nächsten Szene stehen Jack und Molly aber noch getrennt nebeneinander. Auch bei 1:00, als Jack, Molly und Rose sich John Jacob Astor nähern (den Molly mit »Hey, Astor!« begrüßt), geht Molly allein, während Jack Rose am Arm führt.
- Bei 1.13 besuchen Rose, Ruth, Cal, Molly sowie viele andere Passagiere der 1. Klasse einen Gottesdienst und singen das Kirchenlied: »Eternal Father, Strong to Save« (das auch unter dem Namen »The Navy Hymn« bekannt ist). Die beiden Strophen, welche die Gruppe singt, wurden aber erst 1937 von Robert Nelson Spencer verfasst, wodurch die Chancen schlecht stehen, dass die Gläubigen die Verse bereits 1912 gekannt haben. (Die Gottesdienstteilnehmer singen auch eine Strophe mit der Zeile »Lord, guard and guide the men who fly / Through the great spaces in the sky«, die ebenfalls erst 1915, und zwar von Mary Hamilton, verfasst wurde.)

- Bei 1.14 wird Jack von Stewards und Cals Diener Lovejoy daran gehindert, den Speisesaal der 1. Klasse zu betreten, da er nur ein Ticket der 3. Klasse besitzt und seine Anwesenheit (Lovejoy zufolge) also nicht standesgemäß ist. Tatsächlich war der Gottesdienst, der am Sonntag, dem 14. April, um 10.30 Uhr auf der *Titanic* abgehalten wurde, allen Passagieren zugänglich.

- Bei 1.20 hat sich in der Szene, in der Rose am Bug des Schiffes »fliegt«, ein Beleuchtungsfehler eingeschlichen. Hierzu ein Auszug aus der *»Internet Movie Database«*: »Während der Szene ... fällt das Sonnenlicht fast im rechten Winkel von links nach rechts über das Schiff. Am Abend des 14., also noch zu Beginn der ›großen Rundfahrt‹, hätte der Kurs des Schiffs etwa Richtung WSW und SW verlaufen müssen. Der Ausleuchtung dieser Szene zufolge stand die Sonne in Richtung SSO und SO, während sie aber tatsächlich in Richtung W und WNW gestanden haben müsste.« Außerdem kann man erkennen, dass Roses und Jacks Gesichter in dieser Szene aus verschiedenen Richtungen angestrahlt werden.

- Bei 1.22 trägt Bodine ein weißes T-Shirt und eine Weste, obwohl er zuvor ein T-Shirt mit einem »Smiley mit einem Einschussloch in der Stirn« darauf anhatte. Da Rose ohne Unterbrechung erzählt, ist dies entweder ein Fehler, oder Bodine muss während Roses Monolog den Raum verlassen haben, um sich umzuziehen. Dies dürfte jedoch sehr unwahrscheinlich sein, wenn man bedenkt, wie sehr er offensichtlich von ihrer Geschichte fasziniert ist.

- Bei 1.25 bezahlt Rose Jack für seine Zeichnung mit einer Münze, die einige für einen *Roosevelt* Dime [ein Zehncentstück] halten. Dies wäre allerdings ein Fehler, da es 1912 noch keine solchen Goldstücke gab. Die meisten halten die Münze jedoch für einen *Barber* Dime. Diese wurden zwischen 1892 und 1916 geprägt.

- Bei 1.26 wird die Zeichnung von Rose von den Händen eines offensichtlich älteren Mannes ausgeführt. (Es sind in der Tat die Hände des Regisseurs James Cameron, der auch die anderen Zeichnungen anfertigte.)
- Bei 1.27 verschwindet eine Blutblase, die während der Zeichenszene deutlich unter Jacks Daumennagel zu erkennen war, auf wundersame Weise (da nun wahrscheinlich wirklich DiCaprios Hände zu sehen sind).
- Bei 1.29 wird klar ersichtlich, dass Kapitän Smith weiche Kontaktlinsen trägt, eine Annehmlichkeit, die erst 59 Jahre später auf den Markt kam.
- Bei 1.31 zeigt Rose Lovejoy den Mittelfinger, was viele Fehlersucher für einen Anachronismus halten. Der so genannte »Stinkefinger« ist jedoch (mit der gleichen Bedeutung wie heute) seit dem späten 19. Jahrhundert geläufig.
- Bei 1.31 laufen Rose und Jack auf der Flucht vor Lovejoy durch den Kesselraum Nr. 6 und gelangen dann in den Frachtraum, wo sie schließlich einen Renault finden, den sie auf sehr praktische Weise nutzen. Das einzige Problem dieser Sequenz ist, dass es auf der *Titanic* keine Tür gab, die vom Kesselraum Nr. 6 in den Frachtraum geführt hätte. Selbst wenn eine solche Tür existiert hätte, wären Rose und Jack im Gepäckraum gelandet, der sich *neben* dem Frachtraum befand, in dem der Renault abgestellt war.
- Bei 1.32 spiegelt sich kurz die Kamera in einer Messingverkleidung des Renaults, in dem Rose und Jack sich lieben.
- Bei 1.38, nur ein paar Sekunden, bevor die *Titanic* mit dem Eisberg kollidiert, läuft der Erste Offizier Murdoch auf die Brücke und stößt mit dem Zweiten Offizier Lightoller zusammen, der dabei seinen Tee verschüttet. In Wahrheit lag Lightoller beim Zusammenstoß in seiner Koje. Im Kapitel »Collision With an Iceberg« seines Buches »Titanic« schrieb Lightoller: »Ich war gerade dabei einzuschlafen, als ich

merkte, wie eine vibrierende Erschütterung durch das Schiff lief ... Ich sprang sofort aus meiner Koje und rannte in meinem Pyjama an Deck, spähte über die Backbordseite des Schiffes, konnte aber nichts sehen, rannte hinüber zur Steuerbordseite des Schiffes, konnte aber auch dort nichts erkennen und ging dann wieder in meine Kabine zurück, da es schneidend kalt war.« Die nächste halbe Stunde blieb Lightoller in seiner Koje, bis er vom Vierten Offizier Boxhall gerufen wurde.

- Bei 1.49 beginnt Harold Bride, auf Anweisung von Kapitän Smith das Notsignal zu senden. Was er durchgibt, ist jedoch kein entzifferbarer Morsecode.

- Bei 1.52 ist Jack im Büro des Schiffsprofosen mit Handschellen an ein Rohr gekettet. Das Büro verfügt über ein Bullauge. Auf der *Titanic* lag das Büro des Schiffsprofosen in Wahrheit im Innern des Schiffes auf dem Deck E, zwischen den Kabinen E201 und E1, am Ende des zweiten Ganges. Um ein Bullauge zu sehen, hätte Jack sich in Kabine E2 befinden müssen.

- Bei 1.53 versammelt Kapellmeister Wallace Hartley seine Musiker an Deck, als die Rettungsboote bestiegen werden, und sagt zu ihnen: »Wie der Kapitän gesagt hat: Wir spielen etwas Fröhliches.« Die meisten Historiker, die sich mit der *Titanic* befasst haben, gehen davon aus, dass Hartley seine Musiker aus eigenem Antrieb zusammenrief, um an Deck zu spielen, als die Rettungsboote bestiegen wurden. Es ist sehr unwahrscheinlich, dass das Orchester auf direkten Befehl des Kapitäns handelte.

- Bei 1.58 sieht man von außen, wie der an ein Rohr gefesselte Jack durch das Bullauge im Büro des Schiffsprofosen nach draußen späht. In der Außenansicht ist das Bullauge bereits vollständig vom Wasser überspült. In einer Szene, die in diesem Raum spielt, liegt die Wasserlinie ein paar Minuten später jedoch einige Zentimeter unterhalb des oberen Bullaugenrands.

- Bei 2.03 benutzt Rose die schwere Messingdüse eines Feuerwehrschlauchs, um die Scheibe eines Schranks zu zertrümmern, in dem eine Axt hängt. Rose schlägt fast das gesamte Glas aus der Tür, sodass die Axt praktisch frei liegt. In der nächsten Einstellung (nur eine Sekunde später), als Rose die Axt aus ihrer Halterung reißt, befindet sich der Großteil der Scheibe noch in der Tür, inklusive des oberen Teils, auf dem man eine rote Aufschrift erkennt (die wahrscheinlich lautet: »Im Notfall Scheibe einschlagen«).

- Bei 2.08, in der Szene, in der Andrews Lightoller zur Rede stellt, weshalb die Boote nur halb voll abgefiert werden, kann man den Atem der beiden Männer während der gesamten Szene sehen. Die einzige Ausnahme ist die Einstellung, in der Lightoller Andrews erklärt, sie seien sich wegen des Gewichts der Boote unsicher gewesen und hätten befürchtet, sie würden durchbrechen. Da der Atem bei den Außenszenen digital eingefügt wurde, ist diese Stelle wohl übersehen worden.

- Bei 2.28 treffen Rose und Jack im Rauchsalon der 1. Klasse auf Thomas Andrews. Andrews steht vor dem offenen Kamin und starrt auf das Gemälde, das darüber hängt. Auf der *Titanic* war dies ein Bild mit dem Titel »Approach to Plymouth Harbor«, das Norman Wilkinson speziell für die *Titanic* angefertigt hatte. Da von dem Gemälde keine Fotografien existieren, wurde im Film ein Bild des New Yorker Hafens verwendet. Ebenfalls in dieser Szene kann man Andrews' Schwimmweste über der Lehne eines Sofas hängen sehen. Die Forscher sind sich allerdings einig, dass die Rettungsweste auf einem Spieltisch lag, als Andrews im Rauchsalon stand und seinen Tod – und den der *Titanic* – erwartete.

- Bei 2.30, als Kapitän Smith das Ruderhaus betritt, um zu sterben, zeigt der Maschinentelegraf »Äußerste Kraft zurück« anstatt »Alle Maschinen stopp« (der Griff steht senkrecht nach oben). Dies war jedoch der Befehl, den Smith bei 1.40 gegeben hat.

- Bei 2.36 entkommt Cal in einem Rettungsboot mit Holzboden, das vom Deck der *Titanic* treibt, als diese untergeht. In Wahrheit wurden alle 16 Rettungsboote mit Holzböden an Tauen zu Wasser gelassen. Nur zwei der Faltboote wurden während des Untergangs von Deck gespült.

- Bei 2.53 hört man ein Echo, als der Fünfte Offizier Lowe nach Überlebenden unter den im Wasser treibenden Menschen sucht. Es ist unmöglich, dass eine Stimme inmitten des Ozeans ein Echo erzeugt, es sei denn, in der Nähe befindet sich ein solider Körper, der den Schall zurückwirft.

- Bei 3.00 sieht Rose von Bord der *Carpathia* zur New Yorker Freiheitsstatue hinauf. Um die Statue jedoch aus diesem Blickwinkel vor Augen zu haben, müsste Rose an Land stehen.

- Bei 3.01 erscheint in einer Nahaufnahme die Fackel der Freiheitsstatue. Es handelt sich jedoch um die seit 1986 restaurierte, mit Blattgold überzogene Fackel und nicht um die ursprüngliche Fackel aus bernsteinfarbenem Glas, die 1912 zu sehen war.

»Titanic«: Die Filmmusik

> »Musik, zu der man ertrinken könnte. Jetzt weiß ich,
> dass ich in der 1. Klasse bin.«
>
> *Tommy Ryan* im Film »Titanic«
> (gespielt von Jason Barry)

> James Horners Komposition für »Titanic« ist genau
> das, was ich mir für den Film erhofft und wofür ich
> gebetet habe – und sogar noch mehr. Sie wechselt ge-
> schickt von Intimität zu Erhabenheit, von Fröhlichkeit
> zu herzzerreißender Traurigkeit, deckt die gesamte
> emotionale Spannweite des Films ab und bildet den-
> noch sowohl stilistisch als auch thematisch eine Ein-
> heit. Das Wichtigste ist jedoch, dass er uns in Jack und
> Rose hineinversetzt, uns ihren Herzschlag spüren lässt,
> als sie die Art von Liebe erfahren, von der wir alle träu-
> men, der aber nur die wenigsten von uns begegnen.
>
> *James Cameron,*
> im Begleittext zur *Titanic*-Filmmusik

Ein mir bekannter Musikliebhaber war überrascht, als er
hörte, dass die Filmmusik zu »Titanic« in der Klassikreihe von
Sony veröffentlicht werden sollte. »Das ist eine *Filmmusik*«,
protestierte er und umriss damit in vier Worten das Problem
eklektischer Schöpfungen wie Horners Komposition.

Handelt es sich bei einer Filmmusik wirklich um klassische
Musik? Im Grunde genommen nicht – und dennoch ist an einigen Stellen der Einfluss von Dvořák und Mahler deutlich zu
hören.

Zählt Horners Komposition dann vielleicht zur »New-Age«-
Musik? Man könnte argumentieren, dass die Kategorie New
Age (oder vielleicht auch Weltmusik?) den Klang und das »Ge-

fühl«, das viele der 15 Stücke der CD vermitteln, am besten umschreibt. Tatsächlich bat James Cameron James Horner ausdrücklich darum, sich Musik der New-Age-Sängerin Enya anzuhören, als dieser an der Filmmusik arbeitete, und sagte ihm, dass ihm an Melodien gelegen sei, die eine Art »Enya«-Wirkung hätten. James Horner erfüllte ihm diesen Wunsch, und so könnte beispielsweise das Stück »Southampton« (die zweite Singleauskopplung von der CD) mit Leichtigkeit auf jedes Enya-Album passen.

Egal, welchen Kategorien man James Horners einfühlsame Komposition zuordnet – Tatsache ist, dass die CD alle Rekorde brach, als sie schließlich angeboten wurde. *Jeder* schien die Filmmusik zu kaufen – und was noch viel erstaunlicher war, die Leute hörten sich anscheinend wirklich die ganze CD an: vom ersten Stück, der von einer irischen Flöte gespielten, traurigen Ballade »Never an Absolution« bis hin zur imposanten »Hymn to the Sea«. Natürlich werden viele Käufer ihre CD-Spieler so programmiert haben, dass Celine Dions Song mehrmals wiederholt wurde; dennoch gefiel den *Titanic*-Fans die gesamte Filmmusik, und so machte ihre Begeisterung (und ihr Wunsch, den Film mittels der Musik noch einmal zu erleben) die CD zum meistverkauften Soundtrack aller Zeiten.

Im Frühjahr 1998 wurde bekannt, dass die gleichen Mädchen, die sich den Film immer und immer wieder ansahen, sich auch zu Filmmusik-Partys trafen. Dabei wurden Spiele gespielt wie etwa jenes, wer als erster weinen musste, während die Musik Jack und Roses Geschichte erneut aufleben ließ.

»Wir hatten keine Ahnung, dass sich die Musik so gut verkaufen würde – ebenso wie die Filmstudios nicht geahnt haben dürften, dass der Film in den Kinos einen solchen Erfolg haben würde«, sagte Peter Gelb von Sony Classical.

Nach Angaben der Medienkontrollfirma Soundscan waren bis Anfang April 1998 mehr als fünf Millionen Kopien der

Filmmusik verkauft worden. Allein in der Woche vor dem Valentinstag 1998 wanderte die CD 847662-mal über den Ladentisch, was die fünfthöchste Verkaufszahl innerhalb einer Woche seit 1991 bedeutet, seit Soundscan seine Untersuchungen durchführt.

Eins der beliebtesten Stücke der CD (und ein absoluter Hit) war die bereits erwähnte, kraftvolle Ballade »My Heart Will Go On« von Celine Dion. James Cameron hatte seinem Komponisten Horner ausdrücklich gesagt, er wolle auf keinen Fall, dass der Abspann von »Titanic« mit einem Popsong unterlegt würde. Zunächst fügte Horner sich diesem Wunsch, konnte jedoch der Versuchung nicht widerstehen, dennoch einen Song zu komponieren. Also stellten Horner und sein Texter Will Jennings aus verschiedenen Instrumentalthemen, die Horner für die Filmmusik komponiert hatte (am auffälligsten fließt die herrliche Melodie für »Rose« mit ein), eine wunderschöne Ballade zusammen.

Dann bat Horner eine Freundin, die kanadische Sängerin Celine Dion, eine Probeaufnahme der Ballade zu machen, die er Cameron vorspielen wolle. Celine sagte zu, war aber auf Grund der Geheimhaltung des Projekts ein wenig nervös. Hinzu kam, dass sie vor der Aufnahme zwei Tassen Kaffee trank (normalerweise trinkt sie nur Wasser), und so sagte sie später der Zeitschrift *Entertainment Weekly:* »Ich hatte meine Stimme nicht unter Kontrolle. Ich zitterte und schwitzte die ganze Zeit. Ich konnte meine Knie schlackern hören.« Nach rund drei Vierteln der Aufnahme brach Dion wegen der fast unerträglichen Traurigkeit des Liedes sogar in Tränen aus.

All diese emotionale Anspannung zahlte sich aber aus. »Ich bin froh, dass ich mich so gefühlt habe, denn dies kommt jetzt voll zur Geltung«, meinte Dion in ihrem Interview mit *Entertainment Weekly*. Ihre koffeingetränkte Aufnahme des Liedes (die Version der Filmmusik, nicht die glatte Version auf ihrem eigenen Album »Let's Talk About Love«) trieft regelrecht vor herzzerreißenden Gefühlen. Und sie überzeugte James Cameron nicht nur davon, das Lied in den Film aufzunehmen, sondern er erlaubte auch, dass es während des Abspanns eingespielt wurde – obwohl er geschworen hatte, etwas Derartiges niemals zuzulassen.

»Es ist einfach umwerfend, wie dieses Lied den Kern von Roses Charakter einfängt und beschreibt«, schwärmte Glen Brunman, der Direktor der Filmmusikabteilung von Sony gegenüber, der Presseagentur Associated Press, nachdem die Single sich zu einem riesigen Erfolg entwickelt hatte. »Es gibt nur wenige Melodien, die eigene Erfahrungen so genau zum Ausdruck bringen. Das Lied spiegelt die gesamten Emotionen des Films wider.«

James Horner, dessen Arbeit an »Titanic« mit zwei »Oscars« ausgezeichnet wurde, fand noch einige andere Wege, aus der Popularität des Films Kapital zu schlagen. Im Frühjahr 1998 kündigte Sony Music an, James Horner werde gemeinsam mit einem Orchester auf Tournee gehen und die Filmmusik aufführen. Dann wurde im Frühherbst ein zweiter Soundtrack zu »Titanic« veröffentlicht, die Musik der irischen Gruppe Gaelic Storm enthielt (jener Band, die im Film bei den Tanzszenen im Zwischendeck zu sehen ist), sowie neue Musik zu »Titanic« (komponiert von James Horner und durch den Film »inspiriert«). Des Weiteren umfasste die zweite CD Variationen der Musikstücke, die das Schiffsorchester während des Untergangs spielte, sowie eine Aufnahme von »My Heart Will Go On«, die Dialogteile des Films enthielt (auch »Southampton« wurden Dialogteile aus dem Film beigemischt).

»Jedes Mal, wenn ich mit einer Filmgesellschaft Gespräche führe, suchen sie nach einem Weg, den Erfolg von ›Titanic‹ zu wiederholen oder zu übertreffen«, sagte Peter Gelb gegenüber Associated Press.

Die Musikstücke

1. »Never an Absolution« (3.03)
2. »Distant Memorys« (2.24)
3. »Southampton« (4.02)
4. »Rose« (2.52)
5. »Leaving Port« (3.26)
6. »›Take Her to Sea, Mr. Murdoch‹« (4.31)
7. »›Hard to Starboard‹« (6.52)
8. »Unable to Stay, Unwilling to Leave« (3.57)
9. »The Sinking« (5.05)
10. »Death of *Titanic*« (8.26)
11. »A Promise Kept« (6.03)
12. »A Life So Changed« (2.13)
13. »An Ocean of Memories« (7.58)
14. »My Heart Will Go On« (Liebeslied aus »Titanic«, gesungen von Celine Dion) (5.11)
15. »Hymn to the Sea« (6.26)

Musik komponiert und dirigiert von James Horner
Album produziert von: James Horner
Tonmeister: Jim Henrikson
Toningenieur: Joe E. Rand
Assistent des Toningenieurs: Lesley Langs
Musik aufgenommen und gemischt von Shawn Murphy im
   Todd-AO Scoring Stage, Studio City, California
Tontechniker: Andy Bass, David Marquette
Korrepetitor: Bob Bornstein
Orchesterzusammenstellung: Sandy De Crescent
Orchestrierung: James Horner
Zusätzliche Orchestrierung: Don Davis

Gesang: SISSEL

Instrumental-Solisten:
  Simon Franglen
  Tony Hinnigan
  James Horner
  Randy Kerber
  Eric Rigler
  Ian Underwood

»My Heart Will Go On« (Liebeslied aus »Titanic«)
Musik von James Horner
Text von Will Jennings
Gesungen von Celine Dion
Produziert von James Horner und Simon Franglen

Nominierungen und Filmpreise für »Titanic«

Schön und gut – es war in der Tat ein wenig geschmacklos, dass James Cameron bei der »Oscar«-Verleihung nach dem elften Academy Award für »Titanic« »Ich bin der König der Welt!« rief – aber kann man es ihm verübeln? Schließlich heißt es doch, der Erfolg gibt einem Recht, und hier hat der Erfolg nun einmal einen Namen – »Oscar«.

Die folgende Liste enthält alle wichtigen Nominierungen und Filmpreise für »Titanic«:

Academy Awards (»Oscars«)

Beste Ausstattung: Michael Ford (Ausstatter), Peter Lamont
  (Art-Director)
Beste Kamera: Russell Carpenter
Beste Kostüme: Deborah Lynn Scott
Beste Regie: James Cameron
Beste Toneffekte: Tom Bellfort, Christopher Boyes

Beste visuelle Effekte: Thomas L. Fisher, Michael Kanfer, Mark
A. Lasoff, Robert Legato
Bester Filmschnitt: Conrad Buff IV., James Cameron, Richard
A. Harris
Beste Musik zu einem Drama: James Horner
Bester Filmsong: James Horner (Musik), Wilbur Jennings (Text),
für »My Heart Will Go On«, gesungen von Celine Dion
Bester Film: James Cameron und Jon Landau, Produzenten
Bester Ton: Tom Johnson, Gary Rydstrom, Gary Summers,
Mark Ulano

Nominierungen
Beste Hauptdarstellerin: Kate Winslet
Bestes Make-up: Greg Cannon, Tina Earnshaw,
Simon Thompson
Beste Nebendarstellerin: Gloria Stuart

American Cinema Editors
Nominierungen
Bester Spielfilm

American Society of Cinematographers
Preis für hervorragende Leistungen bei Kameraaufnahmen in
Spielfilmen: Russell Carpenter

Blockbuster Entertainment Awards
Beliebtester Hauptdarsteller in einem Drama:
Leonardo DiCaprio
Beliebteste Hauptdarstellerin in einem Drama: Kate Winslet
Beliebtester Nebendarsteller in einem Drama: Billy Zane
Beliebteste Nebendarstellerin in einem Drama: Kathy Bates

Bogey, Deutschland
Bogey: »Titanic«

Broadcast Film Critics Association Awards
Beste Regie: James Cameron
Nominierungen
Bester Film

Chicago Film Critics Association Awards
Beste Kamera: Russell Carpenter
Beste Originalmusik: James Horner
Nominierungen
Beste Regie: James Cameron
Bester Film

Directors Guild of America
Preis für außergewöhnliche Regieleistung in einem Spielfilm:
   James Cameron

Florida Film Critics Circle Awards
Beste Kamera: Russell Carpenter
Bester Film

Golden Globe Awards
Beste Regie – Spielfilm: James Cameron
Bestes Drama – Spielfilm
Beste Originalmusik – Spielfilm: James Horner
Bester Filmsong – Spielfilm: James Horner (Musik),
   Will Jennings (Text), für »My Heart Will Go On«
Nominierungen
Bester Hauptdarsteller in einem Drama – Spielfilm:
   Leonardo DiCaprio

Beste Hauptdarstellerin in einem Drama – Spielfilm:
  Kate Winslet
Beste Nebendarstellerin in einem Drama – Spielfilm:
  Gloria Stuart
Bestes Drehbuch – Spielfilm: James Cameron

Golden Laurel Awards
Filmproduzent des Jahres: James Cameron und Jon Landau

Golden Satellite Awards
Beste Regie – Spielfilm: James Cameron
Bestes Drama – Spielfilm: James Cameron, Jon Landau
Bester Art-Director – Spielfilm: Peter Lamont
Beste Kostüme – Spielfilm: Deborah Lynn Scott
Bester Filmschnitt – Spielfilm: Conrad Buff IV.,
  James Cameron, Richard A. Harris
Beste Filmmusik – Spielfilm: James Horner
Bester Filmsong – Spielfilm: James Horner (Komponist), Will
  Jennings (Texter), für »My Heart Will Go On«, gesungen
  von Celine Dion
Nominierungen
Bester Schauspieler in einem Drama – Spielfilm:
  Leonardo DiCaprio
Beste Schauspielerin in einem Drama – Spielfilm:
  Kate Winslet
Beste Kamera – Spielfilm: Russell Carpenter
Bestes Drehbuch – Spielfilm: James Cameron
Beste visuelle Effekte – Spielfilm: Robert Legato

Los Angeles Film Critics Association
Bestes Produktionsdesign: Peter Lamont

Screen Actors Guild
Hervorragende Leistung einer Schauspielerin in einer Neben-
rolle: Gloria Stuart (zusammen mit Kim Basinger für »L.A.
Confidential«)
Nominierungen
Hervorragende Leistung eines Ensembles
Hervorragende Leistung einer Schauspielerin in einer Haupt-
rolle: Kate Winslet

Writers Guild of America
Nominierungen
Bestes Originaldrehbuch: James Cameron

31

Eine erstklassige Besetzung

Ich habe literweise Tränen vergossen. Wirklich literweise. Der Film war es absolut wert. Es ist unglaublich,
wenn ich darüber nachdenke, dass ich so eine wichtige
Rolle darin spielen durfte. Der Film wird wahrscheinlich in die Geschichte eingehen. Das macht mir fast
etwas Angst.

Kate Winslets Kommentar,
nachdem sie »Titanic«
das erste Mal gesehen hatte
(*Rolling Stone*, März 1998)

Der Film »Titanic« führte zur Wiederbelebung der Karriere
einer Filmdiva der Dreißigerjahre und katapultierte zwei junge
Schauspieler hinauf zu weltweit bekannten Leinwandstars. Wer
sich dafür interessiert, in welchen Filmen die sieben Hauptdarsteller von »Titanic« noch mitgewirkt haben, der findet hier eine
Auswahl der wichtigsten Filme ihrer Karriere. (Für die vollständige Liste der Darsteller siehe auch den Abschnitt »›Titanic‹ –
Darsteller und andere Beteiligte«.)

Leonardo DiCaprio (Jack Dawson): Zu seinen bekanntesten
Filmen zählen »Critters 3« (1991); »This Boy's Life« (1993);
»Gilbert Grape – Irgendwo in Iowa« (1993); »Jim Carroll –
In den Straßen von New York« (1994); »Schneller als der

Tod« (1994); »Total Eclipse« (1995) und »Der Mann in der eisernen Maske« (1998).

Szenenausschnitt: Nachdem Leonardo DiCaprio 1998 durch »Titanic« zu einem weltweiten Megastar geworden war, wurden sämtliche Kopien seines 1995 gedrehten Films »Total Eclipse« aus allen Videotheken der USA zurückgezogen, da DiCaprio in diesem Film völlig nackt zu sehen ist. Als daraufhin das Magazin *Playgirl* bekannt gab, Standfotos aus dem Film abzudrucken, wehrte sich DiCaprio mit einer einstweiligen richterlichen Verfügung gegen die Veröffentlichung der nun plötzlich peinlichen Bilder.

Kate Winslet (Rose DeWitt Bukater): Zu ihren bekanntesten Filmen zählen »Heavenly Creatures« (1994); »Knightskater – Ritter auf Roller-Blades« (1995); »Sinn und Sinnlichkeit« (1995); »Herzen in Aufruhr« (1996); »Hamlet« (1996) und »Marrakesch« (1998).

Szenenausschnitt: Kate Winslet raucht wie ein Schlot, gibt zu, dass die Beschäftigung mit ihren Füßen eines ihrer typischen Abendvergnügen ist und spricht enorm stolz von ihren »immens großen Latschen« (womit natürlich die bereits erwähnten Füße gemeint sind). Außerdem ist sie bekannt für ihre ständigen Gewichtsprobleme (einer ihrer früheren Spitznamen aus der Zeit, als sie noch über 80 Kilogramm wog, lautete »Kate Weighs-a-Lot«, was so viel bedeutet wie »Kate wiegt sehr viel«). Während der Dreharbeiten zu der »Titanic«-Szene, in der ein Korridor geflutet wird, sagte sie zu James Cameron und dem Team: »Wenn das plötzlich so aussieht wie eine Szene aus ›Der Weiße Hai‹, dann ist das meine Schuld.« Gegenüber dem Magazin *Rolling Stone* kommentierte sie dies mit den Worten: »Überlegen Sie doch einmal – sieben Monate Dreharbeiten, siebenmal die Periode.« Im selben Monat, in dem »Titanic« in die Kinos kam, veröffentlichte das Magazin *Celebrity Skin*, das Berühmtheiten hüllenlos ablichtet, mehrere Nacktaufnahmen von ihr, die aus ihrem weniger erfolgreichen Film »Herzen in Aufruhr« stammten.

Billy Zane (Caledon Hockley): Zu seinen bekanntesten Filmen zählen »Zurück in die Zukunft« (1985); »Critters« (1986); »Zurück in die Zukunft, Teil 2« (1989); »Todesstille« (1989); »Memphis Belle« (1990); »Orlando« (1992); »Posse – Die Rache des Jessie Lee« (1993); »Das Schweigen der Hammel« (1993); »Tombstone« (1993); »Phantom« (1996); »Taxman« (1998) und »Susan's Place« (1998)

Szenenausschnitt: Im Frühjahr 1998 waren James Cameron und einige der Darsteller aus »Titanic« zu Gast in Oprah Winfreys Talkshow. Als Billy Zane angekündigt wurde und ins Studio kam, hielt er eine Porzellanpuppe in der Hand, die er Cameron schelmisch zuwarf. Eine seiner ersten Rollen spielte Billy Zane in dem Horrorfilm »Critters«. Fünf Jahre später übernahm dann einer von Zanes Mitstreitern bei »Titanic«, Leonardo DiCaprio, eine Rolle in der zweiten Fortsetzung dieses Gruselstreifens »Critters 3«. Zu Beginn des Jahres 1998 rasierte sich Zane den Kopf und gab mit Vollglatze und Sonnenbrille mehrere Interviews (so etwa in Howard Sterns Radioprogramm, bei »E!« und in der Show »Live With Regis and Kathie Lee«).

Kathy Bates (Margaret »Molly« Brown): Zu ihren bekanntesten Filmen zählen »Straight Time« (1978); »Komm zurück, Jimmy Dean« (1982); »Der Morgen danach« (1986); »Verrückte Zeiten« (1989); »Roe vs. Wade« (1989); »Dick Tracy« (1990); »Misery« (1990); »Frühstück bei ihr« (1990); »Der Pfeil in den Himmel« (1991); »Grüne Tomaten« (1991); »Bodyswitch« (1992); »Dolores« (1994); »North« (1994);

»Diabolisch« (1996) und »Late Shift – Spätvorstellung« (1996).

Szenenausschnitt: Auch wenn niemand Margaret Brown vor ihrem Tod je »Molly« genannt hat, war Kathy Bates' Darstellung der extravaganten und bodenständigen Millionärin aus Colorado eine weitere exzellente schauspielerische Leistung der bereits mit einem »Oscar« prämierten Schauspielerin (für »Misery«). Zu ihrer ausgezeichneten Darstellung kam die Tatsache, dass Kathy Bates der echten Molly Brown verblüffend ähnlich sieht.

Frances Fisher (Ruth DeWitt Bukater): Zu ihren bekanntesten Filmen zählen »Café New York« (1983); »Patty« (1988); »Lucy and Desi: Before the Laughter« (1991); »Erbarmungslos« (1992) und »Der wunderliche Mr. Cox« (1994).

Szenenausschnitt: Im März 1998 unternahm Frances Fisher mit der Unterhaltungsshow »Access Hollywood« einen Ausflug auf das Gelände in Rosarito, auf dem »Titanic« gedreht worden war. Das Schiff war verschwunden, der riesige Tank war trockengelegt und ein Hauch von Melancholie lag über dem Gelände, als sie an den Schauplätzen vorbeiging, auf denen viele der Filmszenen entstanden waren. Da Twentieth Century-Fox die Studios für eine Mehrfachverwendung hatte errichten lassen, waren wenigstens die Produktionsgebäude und die Wohnwagen noch vorhanden und wurden genutzt. Als Frances Fisher mit dem Kamerateam den Make-up-Wohnwagen betrat, brach sie in Tränen aus. Dann gestand sie, dass *dies* der Ort war, an dem die Darsteller und das Team die meiste Zeit zusammen verbracht hatten – und nicht auf dem Set während der Dreharbeiten.

Bernard Hill (Kapitän Edward J. Smith): Zu seinen bekanntesten Filmen zählen »Die Bounty« (1984); »Shirley Valentine

– Auf Wiedersehen, mein lieber Mann« (1989) und »Land der schwarzen Sonne« (1990).

Szenenausschnitt: Im April 1998 moderierte Bernard Hill eine Fernsehdokumentation über die »Titanic« mit dem Titel »Titanic: Secrets Revealed«, in der neue Forschungsergebnisse über die wasserdichten Schotten vorgestellt wurden (siehe Kapitel 21). Interessanterweise schien Hill sich in der Kontroverse über das Schicksal der Titanic – Ballard gegen Tulloch, Anti-Bergung kontra Pro-Bergung –, die bis zum heutigen Tage erbittert geführt wird, auf eine Seite geschlagen zu haben. Zum Schluss der Dokumentation lobte Hill George Tullochs Organisation »RMS Titanic« für ihre Bemühungen, das Andenken an die *Titanic* in Würde und mit Respekt zu bewahren. Dies war eine kleine Überraschung, denn James Cameron scheint vollends die Meinung der Anti-Bergungs-Fraktion der *Titanic*-»Rivet Heads« zu teilen. (Cameron hatte bei seinen Recherchen für den Film Don Lynch und Ken Marschall zu Rate gezogen und wurde nach dem Kinostart des Films mit Dr. Ballard gesehen.) Das lässt darauf schließen, dass Hill, obwohl er für Cameron gearbeitet hat, eine Meinung vertritt, welche die Bergung favorisiert.

Gloria Stuart (Die alte Rose): Zu ihren bekanntesten Filmen zählen »The Old Dark House« (1932); »Der Unsichtbare« (1933); »Roman Scandals« (1933); »The Poor Little Rich Girl« (1936); »Rebecca of Sunnybrook Farm« (1938); »It Could Happen to You« (1939); »Die drei Musketiere« (1939); »The Two Worlds of Jenny Logan« (1979) und »Draufgänger in New York« (1982).

Szenenausschnitt: Gloria Stuart war 87 Jahre alt, als sie für ihre Darstellung der hundertjährigen Rose in »Titanic« mit einem »Oscar« für die beste weibliche Nebenrolle ausgezeichnet wurde. Dies machte sie zur ältesten Schauspielerin, die je für den »Oscar« nominiert wurde – nicht schlecht nach einer (bis auf einige kleine Rollen) fast sechzigjährigen Unterbrechung ihrer Schauspielkarriere.

Mit eigenen Worten:
Cameron, DiCaprio, Winslet und Zane
sprechen über *Titanic*

Der folgende Abschnitt enthält eine Zusammenstellung einiger Aussagen, die Cameron und prominente Darsteller über die Arbeit am teuersten – und erfolgreichsten – Film aller Zeiten gemacht haben (die Zitate stammen aus den elektronischen Medien und wurden zum Kinostart des Films an die Presse geschickt).

James Cameron

Bevor James Cameron Figuren aus dem Jahr 1912 erschaffen konnte, musste er die Menschen des Jahres 1912 verstehen lernen. Nachfolgend äußert er sich darüber, wie man in der friedlichen Zeit vor dem Ersten Weltkrieg und dem Untergang der *Titanic* lebte und liebte:

»Die Menschen hatten das Gefühl, in einer strahlenden, goldenen Zeit zu leben, in der sich der Fortschritt wie eine nie endende Spirale immer weiter nach oben bewegte – alles konnte nur noch besser und besser und schöner und schöner werden. Es gab elektrisches Licht und Untergrundbahnen und Flugmaschinen, und mit Hilfe der Dampfkraft – welche die *Titanic* symbolisiert – konnte man sogar über den Atlantik reisen. Außerdem war gerade das Telefon erfunden worden, und Kinofilme steckten noch in den Kinderschuhen. All dies faszinierte die Menschen, ebenso wie die erste Musikaufnahme und die drahtlose Kommunikation. Diese für uns heute so selbstverständlichen Dinge waren zur damaligen Zeit neue Errungenschaften. Daher herrschten damals auch ein so gewaltiger Optimismus und eine solche immense Erregung.«

Was bedeutete der Untergang der *Titanic* wirklich? An dieser Stelle spricht Cameron über die tieferen Erkenntnisse, die sich ergeben, wenn man eine Katastrophe – und die Arroganz der Menschen, die sie verursachen – genauer betrachtet.

»Wir [müssen] die Botschaft verstehen und in uns aufnehmen, die uns davor warnt, uns völlig optimistisch auf die Technik zu verlassen – oder genauer gesagt, uns völlig optimistisch auf eine Technik zu verlassen, die von fehlerhaften menschlichen Wesen bedient wird. Denn in Wahrheit ist die *Titanic* auf Grund menschlichen Versagens gesunken, nicht auf Grund eines Fehlers des Schiffes. Die Technologie an sich war in Ordnung. Sie repräsentierte den damals neuesten Stand der Technik. Die *Titanic* war ein einwandfrei gebautes Schiff, an dessen Konstruktion es kaum etwas zu kritisieren gibt. Sie wurde nur eben mitten in der Nacht in einen Eisberg gesteuert. Dafür war sie nicht konstruiert, und genau deswegen sind so viele Metaphern rund um die *Titanic* entstanden. Und ebendies macht für die breite Öffentlichkeit auch heute noch die große Faszination dieser Katastrophe aus, die doch bereits 85 Jahre zurückliegt.

Im Weiteren erläutert Cameron den gedanklichen Prozess, der letztendlich zu seinem Film über den Untergang der *Titanic* führte:

»Auf der einen Seite hatten wir das Wrack – wir wissen, wie es aussieht, sind vor Ort gewesen und haben unsere Aufnahmen gemacht. Auf der anderen Seite hatten wir Augenzeugenberichte von Menschen, die den Untergang miterlebten. Meine Arbeit bestand darin, diese beiden Seiten miteinander zu verbinden – und das ist es, was der Film repräsentiert.«

Cameron liest in seiner Freizeit Geschichtsbücher. Seiner

Ansicht nach bedürfen Menschen, die sich mit Geschichte befassen, eines großen Einfühlungsvermögens, um uns die Vergangenheit so faszinierend nahe bringen zu können, wie sie sich in seinen Augen darstellt:

»In dem Augenblick, in dem man erkennt, dass die Menschen damals die gleichen Gefühle hatten wie wir heute, dass sie Schmerz, Freude und Liebe genau so empfanden, wie wir sie heute empfinden, und dass sie diese Gefühle nur mit anderen Worten ausdrückten und sich ein wenig seltsam anzogen – in diesem Augenblick wird Geschichte sehr, sehr interessant.«

Leonardo DiCaprio

Leonardo DiCaprio musste sich gründlich mit der Art und Weise auseinander setzen, wie er Jack Dawson zum Leben erwecken konnte. Hier verrät er, dass Jacks bemerkenswerte Sensibilität alles andere als das Produkt einer plötzlichen Eingebung war:

»Er spürt natürlich das Interesse von ihrer [Roses] Seite, aber ich halte Jack nicht für die Art von Mann, der sich einer Frau aufdrängt oder sie zu etwas nötigt, zu dem sie nicht bereit ist. Und ich glaube, er ... gibt ihr genügend Raum und lässt sie diese Entscheidung selbst fällen.«

Häufig hört man, dass die Arbeit mit James Cameron eine fast surreale Erfahrung darstellt, und offenbar stimmt Leonardo DiCaprio dem vollkommen zu:

»[Das Heck stand] vollkommen senkrecht, und wir saßen nur so da, und plötzlich sah ich, wie James mit dem Kran nach oben fuhr, bis über ihm nur noch der Nachthimmel war; aber er fuhr noch weitere 30 Meter nach oben und lehnte sich mit seiner Kamera direkt über mir nach vorne. Als ich zu ihm hinaufsah, habe ich mich gefragt: ›Wie bin ich nur hierher geraten? Welche seltsamen Wege habe ich beschritten, dass ich *hier* bin, jetzt, in diesem Moment?‹ Die ganze Situation war absolut surreal, einfach vollkommen bizarr.«

James Cameron sorgt zwar immer wieder wegen des technischen Aufwands seiner Filme für Wirbel in den Medien, für seine Schauspieler ist er aber auch ohne Zweifel ein Regisseur, der sich mit Hingabe um sie bemüht. DiCaprio schildert seine Erfahrungen bei der Arbeit mit ihm folgendermaßen:

»Jim ist vollkommen anders als alle, mit denen ich bisher gearbeitet habe. Er ist nicht nur in der Lage, sich um die technische Seite zu kümmern, bis etwas absolut *unglaublich* aussieht, sondern er hat sich in all seinen Filmen auch sehr um die darstellerische Seite bemüht. Alles in allem ist er einfach ein *extrem* fordernder Regisseur.«

Kate Winslet

Wenn *irgendjemand* wissen sollte, wie typische Engländer auszusehen haben, dann doch wohl eine englische Schauspielerin ... Es folgt eine Aussage von Kate Winslet über die Authentizität der Szene, in der die Menschen in Southampton an Bord der *Titanic* gehen:

»Der Beginn der Szene in Southampton ist einfach *unglaublich*. Ich konnte kaum fassen, wie echt alles aussah. Und diese Masse von Menschen ... ich habe noch nie in einem Film mitgespielt, bei dem *so viele* Statisten gebraucht wurden. Und sie alle sahen so *echt* aus, so *englisch* – und das meine ich ernst.«

Kate Winslet erklärt, auch sie habe sich intensiv mit der Beziehung zwischen Rose und Jack befasst, bevor die vielen gemeinsamen Szenen gedreht wurden:

»Sie haben so viel gemeinsam, teilen eine so starke Leidenschaft für die unterschiedlichsten Dinge des Lebens – Dinge, die er schon erlebt hat. Auch sie sehnt sich danach, sie zu erleben, kann dies aber nur in ihrer Traumwelt, obwohl sie doch zum Greifen nah vor ihr liegen. Und dann verliebt sie sich in ihn *und* in das Leben, und gibt sich allem hin.«

Titanic war der erste Film, in dem zwei Schauspielerinnen für die Darstellung derselben Figur für einen »Oscar« nominiert wurden. Kate Winslet über die Begegnung mit der Frau, die ihr »älteres« Ich verkörperte:

»Ich war sehr gespannt darauf, wer die ›alte‹ Rose spielen sollte, und dann sagte man mir, es sei Gloria Stuart. Für mich war es eine faszinierende Erfahrung, diese Dame zu treffen, die so vieles weitergeben kann. Sie hat so viele berühmte Menschen gekannt. Sie war mit den Marx Brothers befreundet, und sie zeigte mir alte Fotos von sich und erzählte mir, was sie alles in ihrem Leben gemacht und wen sie alles kennen gelernt hat. Sie hat mir auch herrliche Geschichten über all die Streiche erzählt, die sie gespielt hat; sie strahlte so viel Lebensfreude und Ausgelassenheit aus und ging mit der gleichen Leidenschaft an die Dreharbeiten heran wie ich.«

Billy Zane

Hier spricht Billy Zane – das reiche Scheusal in *Titanic*, das wir so gerne gehasst haben – darüber, wie begeistert er von der Innenausstattung der *Titanic* war, die später mit einem Oscar prämiert wurde:

»Die Innenausstattung ist zum Sterben schön, einfach fantastisch. Die Stoffe und Gegenstände sind so detailliert nachgebildet. Anscheinend hat man sogar einen Teil des Teppichs im Salon nach Originalmustern derselben Firma weben lassen, die schon die Teppiche für die *Titanic* herstellte – was ich schon sehr beeindruckend finde.«

Die Dreharbeiten zu »Titanic« dauerten extrem lange, und Billy Zane spricht den Statisten, die wirklich endlos durchhalten mussten, den wohlverdienten Respekt aus:

»Wir hatten die engagiertesten Statisten, die man sich vorstellen kann. Sie haben alles ertragen, was nötig war, um diesen Film zu ermöglichen. Sie mussten viele Stunden in der Kälte verbringen, im Wasser, sie mussten herumstehen und warten, Gefühlsausbrüche mimen, schreien, rennen, sich verstecken, springen. Aber sie waren immer voll bei der Sache.«

Billy Zanes Erklärung zu »Jimspeak« (Jimsprache) bietet in gewisser Weise auch eine Erklärung dafür, warum das Budget für *Titanic* ein »klein wenig« überzogen wurde:

»Im Drehbuch heißt es: ›Cal blickt über die Reling und sieht, wie Boot 14 zu Wasser gelassen wird.‹ In ›Jimspeak‹ bedeutet das schlicht: ›Gut, nun brauche ich 500 Leute und 60 technische Gerätschaften, die gleichzeitig in Aktion treten.‹ Es wurde immer eine riesige Maschinerie in Gang gesetzt, und so war es mit jeder Szene. Hinter dem, was – zugegebenermaßen – sehr knapp auf dem Papier stand, verbarg sich stets etwas Unglaubliches.«

»Titanic« – Darsteller und andere Beteiligte

Kinostart (USA): Freitag, 19. Dezember 1997
Kinostart (Deutschland): 8. Januar 1998
Produziert von: Twentieth Century-Fox, Lightstorm
    Entertainment und Paramount Pictures
Freigegeben: ab 13 Jahren (USA)
Freigegeben: ab 12 Jahren (Deutschland)
Sprachen: Französisch, Englisch, Deutsch, Schwedisch
Länge: 195 Minuten
Sound Mix: DTS 70 mm, DTS, Dolby Digital, SDDS
Vertrieb durch: Twentieth Century-Fox
Spezialeffekte von:
    Digital Domain (spezielle visuelle Effekte und digitale
    Animation)
    4-Ward Productions

Matte World Digital
Pacific Titles and Optical (zusätzliche visuelle Effekte)
POP Film
Perpetual Motion Pictures (zusätzliche visuelle Effekte)
Banned From the Ranch Entertainment
Video Image (zusätzliche visuelle Effekte)
CIS Hollywood
Donald Pennington, Inc.
Cinesite
Title House (zusätzliche Effekte)
Digiscope (zusätzliche visuelle Effekte)
Hammerhead Productions, Inc.
Industrial Light and Magic
Light Matters, Inc.
USA 1997 Color (Deluxe)
Werbeslogans: Collide with destiny, Nothing on Earth could come between them (USA)
Nichts auf der Welt konnte sie trennen (Deutschland)
Auch bekannt unter: »Planet Ice« (1996, falscher Arbeitstitel)
Regie: James Cameron

Darsteller

Leonardo DiCaprio. . . . . Jack Dawson
Kate Winslet . . . . Rose DeWitt Bukater
Billy Zane . . . . Cal Hockley
Kathy Bates . . . . Molly Brown
Frances Fisher . . . . Ruth DeWitt Bukater
Bernard Hill . . . . Kapitän Edward J. Smith
Jonathan Hyde . . . . J. Bruce Ismay
Danny Nucci . . . . Fabrizio De Rossi
David Warner . . . . Spicer Lovejoy
Bill Paxton. . . . . Brock Lovett

Gloria Stuart . . . . Die alte Rose
Victor Garber . . . . Thomas Andrews
Suzy Amis . . . . Lizzy Calvert
Lewis Abernathy . . . . Lewis Bodine
Nicholas Cascone . . . . Bobby Buell
Dr. Anatoly M. Sagalevitch. . . Anatoly Milkailavich
Jason Barry . . . . Tommy Ryan
Ewan Stewart . . . . Erster Offizier Murdoch
Ioan Gruffudd . . . . Fünfter Offizier Lowe
Jonathan Phillips . . . . Zweiter Offizier Lightoller
Mark Lindsay Chapman. . . . . Leitender Offizier Wilde
Richard Graham . . . . Quartiermeister Rowe
Paul Brightwell . . . . Rudergänger Hitchens
Ron Donachie . . . . Schiffsprofos
Eric Braeden . . . . John Jacob Astor
Charlotte Chatton. . . . . Madeleine Astor
Bernard Fox . . . . Col. Archibald Gracie
Michael Ensign . . . . Benjamin Guggenheim
Fannie Brett. . . . . Madame Aubert
Jenette Goldstein. . . . . Irische Mutter
Camilla Overbye Roos . . . . . . Helga Dahl
Linda Kerns. . . . . Frau aus der 3. Klasse
Amy Gaipa . . . . Trudy Bolt
Martin Jarvis. . . . . Sir Duff Gordon
Rosalind Ayres . . . . Lady Duff Gordon
Rochelle Rose . . . . Countess of Rothes
Jonathan Evans-Jones . . . . Wallace Hartley
Brian Walsh. . . . . Ire
Rocky Taylor. . . . . Bert Cartwell
Alexandrea Owens . . . . Cora Cartwell
Simon Crane . . . . Vierter Offizier Boxhall
Edward Fletcher . . . . Sechster Offizier Moody
Scott G. Anderson. . . . . Ausguck Frederick Fleet

Martin East . . . . Ausguck Lee
Craig Kelly . . . . Funker Harold Bride
Gregory Cooke . . . . Funker Jack Phillips
Liam Tuohy . . . . Chef-Patissier Joughin
James Lancaster . . . . Vater Byles
Elsa Raven . . . . Ida Straus
Lew Palter . . . . Isidor Straus
Reece P. Thompson III . . . . . . Irischer Junge
Laramie Landis . . . . Irisches Mädchen
Alison Waddell . . . . Cals weinendes Mädchen
Amber Waddell . . . . Cals weinendes Mädchen
Mark Rafael Truitt . . . . Yaley
John Walcutt . . . . Ehemann der 1. Klasse
Terry Forrestal . . . . Chefingenieur Bell
Derek Lea . . . . Oberheizer Barrett
Richard Ashton . . . . Schiffszimmermann
                                        John Hutchinson
Sean M. Nepita . . . . Liftboy
Brendan Connolly . . . . Scotland Road Steward
David Cronnelly . . . . Matrose
Garth Wilton . . . . Kellner der 1. Klasse
Martin Laing . . . . Promenadendeck-Steward
Richard Fox . . . . Steward Nr. 1
Nick Meaney . . . . Steward Nr. 2
Kevin Owers . . . . Steward Nr. 3
Mark Capri . . . . Steward Nr. 4
Marc Cass . . . . Frachtsteward Nr. 1
Paul Herbert . . . . Frachtsteward Nr. 2
Emmett James . . . . Steward der 1. Klasse
Christopher Byrne . . . . Treppensteward
Oliver Page . . . . Steward Barnes
James Garrett . . . . Gepäckträger
Erik Holland . . . . Olaf Dahl

Jari Kinnunen . . . . Björn Gunderson
Anders Falko . . . . Olaus Gunderson
Martin Hub . . . . Slowakischer Vater
Seth Adkins . . . . Slowakischer Junge
Barry Dennen . . . . Betender Mann
Vern Urich . . . . Mann im Wasser
Rebecca Jane Klingler . . . . Mutter am Heck
Tricia O'Neil . . . . Frau
Kathleen S. Dunn . . . . Frau im Wasser
Romeo Francis . . . . Syrischer Mann
Mandana Marino . . . . Syrische Frau
Van Ling . . . . Chinese
Björn . . . . Olaf
Dan Pettersson . . . . Sven
Shay Duffin . . . . Wirt
Greg Ellis . . . . Steward auf der *Carpathia*
Diana Morgan . . . . Reporterin
Ferenc Szedlák . . . . Mitglied des Streichorchesters
                                      (Ensemble I Salonisti)
Werner Giger . . . . Mitglied des Streichorchesters
                                      (Ensemble I Salonisti)
Thomas Füri . . . . Mitglied des Streichorchesters
                                      (Ensemble I Salonisti)
Lorenz Hasler . . . . Mitglied des Streichorchesters
                                      (Ensemble I Salonisti)
Béla Szedlák . . . . Mitglied des Streichorchesters
                                      (Ensemble I Salonisti)
Kris Andersson . . . . Tänzer
Bobbie Bates . . . . Tänzer
Aaron James Cash . . . . Tänzer
Anne Fletcher . . . . Tänzerin
Ed Forsyth . . . . Tänzer
Andie Hicks . . . . Tänzer

Scott Hislop. . . . . Tänzer
Stan Mazin . . . . Tänzer
Lisa Ratzin . . . . Tänzerin
Julene Renee . . . . Tänzerin
James Cameron. . . . . Kurz während der Tanzszene
im Bild (nicht in der
Darstellerliste aufgeführt)
Aimee Amanda Garten . . . . . . Junge Passagierin der 1. Klasse
(nicht in der Darstellerliste
aufgeführt)
Jo Lynn Garten . . . . Ältere Passagierin der 2. Klasse
(nicht in der Darstellerliste
aufgeführt)
Don Lynch. . . . . Mann, der mit einem Kind
spielt (nicht in der
Darstellerliste aufgeführt)
Francisco Váldez. . . . . Mann, der auf Läuse untersucht wird (nicht in der
Darstellerliste aufgeführt)
Peter J. White . . . . Dritter Offizier Groves
(nicht in der Darstellerliste
aufgeführt)

Drehbuch: James Cameron
Kamera: Russell Carpenter
Musik: James Horner
Produktionsdesign: Peter Lamont
Kostüme: Deborah Lynn Scott (als Deborah L. Scott)
Schnitt: Conrad Buff IV., James Cameron, Richard A. Harris
Produzenten: James Cameron, Pamela Easley (Mitproduzent);
Al Giddings (Koproduzent); Grant Hill (Koproduzent);
Jon Landau; Sharon Mann (Koproduzent); Rae Sanchini
(Produktionsleitung)

Die Rückkehr der *Titanic*:
Wie einzigartige Spezialeffekte die Vergangenheit zum Leben erwecken

Das Streben nach größtmöglicher Perfektion durchdrang alle Bereiche, vom Bühnendesign und den Bühnenarbeitern über die Ausstattung, Requisite, Kostümbildner, Stylisten bis hin zu den Spezialeffekten. Aber es sollte nicht nur alles perfekt aussehen, sondern auch die Nuancen des menschlichen Verhaltens mussten genau durchdacht werden. Wie die Schauspieler sich bewegten, wie sie sprachen, ihre Umgangsformen, aber auch die tägliche Routine der Schiffsbesatzung oder Reaktionen in einer Notfallsituation ... all dies musste stimmig sein, bevor wir die einzelnen Szenen drehen konnten.

James Cameron, Auszug aus seinem Vorwort
zu »James Cameron's Titanic«

Filmarbeiten unter Druck

Bevor James Cameron mit den Dreharbeiten zu »Titanic« begann, unternahm er eine Reihe von Tauchgängen zur echten »Titanic«, die die Twentieth Century-Fox rund drei Millionen Dollar kosteten. Nach seinem zwölften Tauchgang wurde Ca-

meron bewusst, dass er bereits mehr Zeit mit dem Schiff verbracht hatte als dessen unglückselige Passagiere und Besatzungsmitglieder. Cameron wollte in seinem Film Originalmate-
rial verwenden und daher mit eigenen Augen sehen, wie der
verlorene Leviathan aussah, der in zwei Hälften zerbrochen auf
dem Grund des Ozeans ruhte – der Bug majestätisch und
schwer, das Heck eine zerdrückte Masse aus verbogenem Stahl.

Zur Vorbereitung der Tauchgänge schufen die Modellbauer
von Digital Domain – einer Spezialeffekt-Firma, die Cameron
selbst gegründet hatte – zusammen mit Scott Ross und Stan
Winston ein dreieinhalb Meter langes Modell der *Titanic*, das
Cameron als Vergleich dienen sollte. Dieses Modell war nur
das erste in einer ganzen Reihe von Nachbauten, die konstruiert werden sollten – in der Realität und mittels Computer –,
um Camerons Vision von der Wiederauferstehung der *Titanic*
auf der Leinwand in die Tat umzusetzen, und dies mit einer
Realitätsnähe, wie sie zuvor noch nie erreicht wurde.

Bei der Beschaffung von Originalaufnahmen der *Titanic* stieß
man auf zwei Probleme, für deren Lösung jeweils völlig neuar-
tige technische Ausrüstungen entwickelt werden mussten. Das
erste Problem bestand darin, dass Cameron in Teile des Schiffes vordringen wollte, für die das angemietete, russische Tauchboot *Keldysh* zu groß war. Dies erforderte die Entwicklung
eines revolutionären, ferngesteuerten Unterseefahrzeugs (kurz
ROV – »Remotely Operated Vehicle« – genannt), das an einem
Halteseil befestigt wurde und in dem eine Videokamera installiert war. Das ROV konnte über das Deck der *Titanic* schweben und sogar in das Schiff eindringen, wenn es auf eine geeignete Öffnung stieß. Cameron war sich darüber im Klaren, dass
Originalaufnahmen aus dem Inneren der *Titanic* ein unbezahl-
bares Plus für den Film darstellen würden.

Das zweite Problem bildete die Kamera, die in das ROV installiert werden sollte. Cameron suchte nach einer Spezialan-

fertigung, die es ermöglichte, mit einer Kassette im Standardformat doppelt so lange aufzunehmen wie üblich. (Man kann rund 4500 Meter unter dem Meeresspiegel nicht einfach kurz den Film wechseln.) Und auch nach der Verdoppelung betrug die Laufzeit einer Kassette gerade mal 15 Minuten.

In der Tiefe, in der Cameron seine Aufnahmen machen wollte, betrug der Druck rund 460 Kilogramm pro Quadratzentimeter. Um diesem Druck standhalten zu können, musste der Glasverschluss, der auf der Front des Titangehäuses der Kamera im ROV saß, fast 18 Zentimeter dick sein. Und trotz dieser immensen Stärke litt der Entwickler und Erbauer der Kamera, Mike Cameron – James Camerons Bruder –, ständig unter der Angst, das Glas könne brechen. Gegenüber der Zeitschrift *Cinefex* erklärte James Cameron, falls der Glasverschluss brechen sollte, würde das »Wasser wahrscheinlich mit Überschallgeschwindigkeit in die Röhre schießen, bevor es die Rückwand des Gehäuses erreicht und die Kamera atomisiert. Noch viel schlimmer wäre, dass dann der rückwärtige Verschluss der Kamera mit der Wucht einer Kanonenkugel herausgesprengt werden und die Außenhülle des Tauchboots durchschlagen würde. Also hing unser Leben davon ab, dass das Glas nicht brach.«

Als reine Sicherheitsmaßnahme empfahl Mike Cameron seinem Bruder, das ROV nie so zu steuern, dass die Rückseite des Kameragehäuses in Richtung des Tauchbootes zeigte. »Mike«, antwortete James, »die Rückseite des Kameragehäuses wird immer in Richtung des Tauchbootes zeigen, da die Kamera in entgegengesetzter Richtung Aufnahmen machen wird. Das ist doch gerade der Sinn der Sache!«

Glücklicherweise hielt das von Mike Cameron verwendete Glas hervorragend, und James Cameron bekam die Bilder, die er wollte. Einen Teil des Bildmaterials kann man auch in der Endfassung des Films sehen. In einem Interview mit Larry

King berichtete Cameron, welche der Originalaufnahmen er verwendet hat, und fügte hinzu, dass sehr leicht zu erkennen ist, welche Szenen mit dem Modell des Schiffes und welche auf dem echten Wrack der *Titanic* gedreht wurden: Alle Szenen, in denen sowohl das Wrack als auch das ROV zu sehen sind, entstanden am Modell. (Andernfalls hätte man zwei ferngesteuerte Unterseefahrzeuge benötigt, um beides ins Bild zu bekommen.) Alle Aufnahmen, in denen nur das Wrack zu sehen ist, stammen von der echten *Titanic*.

Erste Gedanken

Nach Camerons Tauchgängen begannen er und Produzent Jon Landau, sich darüber Gedanken zu machen, wie sie die *Titanic* tatsächlich auf die Leinwand bringen wollten.

»Wir waren mit einem einzigartigen Problem konfrontiert«, erzählte Landau *Cinefex*. »Wir mussten sowohl Aufnahmen davon bekommen, wie ein nagelneues Schiff den Ozean befährt, als auch dessen Untergang zeigen. Wenn wir uns nur mit einem dieser Teile hätten befassen müssen, wäre es hundertmal einfacher gewesen – aber wir hatten es nun einmal mit beiden zu tun.«

James Cameron war anfangs davon überzeugt, dass er auf offener See drehen musste, damit die Szenen echt wirkten. Er entschloss sich, ein gewaltiges Set für »Titanic« auf einem großen Tanker bauen zu lassen und vor der Küste Polens oder Schwedens zu drehen, da diese Regionen ein einzigartiges Licht bieten. Zuerst erschien die Idee mit Polen so viel versprechend, dass Cameron und Landau bereits mit Schiffbauern in Danzig über den Bau der von ihnen erdachten, »seegehenden« Filmkulisse für die *Titanic* sprachen.

Parallel zu ihren Plänen für die »Voruntergangs-*Titanic*« diskutierten sie Möglichkeiten, wie man den eigentlichen Untergang filmen könnte. Frühere Versuche, diese Katastrophe auf der Leinwand zu zeigen, waren an der Glaubwürdigkeit der Bilder gescheitert. Die Filmemacher hatten bis dahin immer nur Modelle verwendet, und der Untergang sah im Allgemeinen so aus, als ob ein Spielzeugschiff in einem großen Wasserbecken versinke. Damit wollte Cameron sich nicht zufrieden geben. Er beharrte unnachgiebig darauf, dass der Untergang nicht ausschließlich mit Miniaturen gedreht werden könne, weil er die Schauspieler dabei auf dem Schiff zeigen wolle.

Da sie weiterhin vorhatten, die ersten Tage der Fahrt mit »beweglichen« Kulissen auf dem Tanker zu drehen, kamen Landau und Cameron auf die Idee, diese Konstruktion später ab- und in einem Wasserbecken wieder aufzubauen, wo sie sie dann unter Wasser setzen konnten. Die einzige Schwierigkeit an diesem Plan bestand darin, dass das größte Becken der Welt – das sich auf der Mittelmeerinsel Malta befindet – zu klein war. Man dachte darüber nach, das Becken auf Malta für eigene Zwecke zu erweitern, aber das hätte bedeutet, dass Twentieth Century-Fox sehr viel Geld in eine fremde Anlage hätte investieren und diese nach den Dreharbeiten wieder aufgeben müssen. Also beschäftigten Cameron und Landau sich mit dem Gedanken, einen alten Steinbruch oder eine alte Mine mit Wasser zu füllen, doch dieser Vorschlag wurde ebenfalls abgelehnt.

Wie es so oft bei scheinbar unüberwindlichen Schwierigkeiten der Fall ist, brachte auch diesmal ein intensives »Brainstorming« das erwünschte Resultat. Diesmal war es Digital Domains bahnbrechende Arbeit bei der Erzeugung von »digitalem Wasser«, die ihnen die Lösung lieferte.

Man dachte sogar über die Möglichkeit nach, die Schiffsszenen auf See gar nicht vor Ort zu drehen. Auch die Studiobosse erklärten unmissverständlich, dass sie nur dann große Summen in ein Filmset und eine Tankanlage investieren würden, wenn diese hinterher Teil der festen Studioeinrichtung der Twentieth Century-Fox sein sollte.

Eine wichtige Entscheidung

Schließlich traf man die Entscheidung, Land zu kaufen und darauf sowohl eine Tankanlage als auch ein Studiogelände zu errichten, um die *Titanic* (beinahe) in Originalgröße nachzubauen. Mit Hilfe des von Digital Domain entwickelten, durch Computer erzeugten Wassers bot sich die Möglichkeit, Aufnahmen des Modells »auf hoher See« zu erstellen. Dies ermöglichte Cameron, seinen Film zu drehen, und stattete Twentieth-Century-Fox mit einem exzellenten Studiogelände aus, das sich auch für weitere Filmprojekte verwenden ließ. (Einige Insider aus der Filmbranche schätzen, dass die visuellen Effekte sich auf rund 30 Prozent des 200 Millionen Dollar betragenden Budgets beliefen – also auf rund 60 Millionen Dollar.)

Im Juni 1996 erwarb Twentieth Century-Fox ein etwa 16 Hektar großes Areal in der Nähe der mexikanischen Stadt Rosarito auf der Halbinsel Baja California, rund 50 Kilometer südlich von San Diego. Das gesamte Gelände umfasste 40 Hektar, und die Twentieth Century-Fox sicherte sich auch die Option zum Kauf weiterer 24 Hektar. Der Beginn der Dreharbeiten war für den September 1996 geplant, und so wurde das »100-Tage-Studio« auf dem Gelände errichtet – und zwar tatsächlich in rund 100 Tagen.

Das gesamte Bauvorhaben unterteilte sich in vier Bauphasen: In der ersten Bauphase entstand ein riesiger, dreieinhalb Hektar großer Tank direkt am Meer (mit drei unterschiedlichen Wassertiefen von einem Meter, viereinhalb und zwölf Metern), in dem die *Titanic*-Replik gebaut und später auch versenkt wurde. Cameron und sein Team hatten ein rund siebeneinhalb Meter langes Modell der *Titanic* konstruiert, um die genaue Position für diese enorme Filmkulisse bestimmen zu können. Mit Handkameras probierte Cameron verschiedene Kameraeinstellungen aus und versuchte sich einen Eindruck davon zu verschaffen, wie das Schiff vor dem Hintergrund des Meeres wirken würde. Man entschied sich dafür, das Schiff nach Norden auszurichten, sodass der Rauch der drei funktionstüchtigen Schornsteine durch die vorherrschenden Winde zum Heck des Schiffes getrieben würde. Dadurch sollte der Eindruck entstehen, das Schiff bewege sich tatsächlich mit einer Geschwindigkeit von rund 20 Knoten (37 km/h) fort.

In der zweiten Bauphase wurde ein etwas kleinerer, rund neun Meter tiefer Tank errichtet, der den Speisesaal der 1. Klasse aufnahm. Während der Untergangsszene konnte diese Kulisse ins Wasser abgesenkt werden, was eine wahrhaft realistische Wiedergabe des wahren Geschehens ermöglichte.

In Phase drei und vier entstanden kleinere und eher konventionelle Kulissen, in denen viele der Szenen gedreht wurden, die im Innenraum des Schiffes spielen.

Für die Außenaufnahmen wurden schließlich vier Schornsteine errichtet, sowie die Brücke, das Bootsdeck, das Promenadendeck, das vordere und hintere Welldeck und die Poop. Das Backdeck ließ man aus, wobei Cameron später klar wurde, dass er damit einen Fehler begangen hatte: Letztendlich ging mehr Zeit dabei verloren, die Einstellungen immer so arrangieren zu müssen, dass das Fehlen des Decks nicht auffiel, als man für dessen Bau benötigt hätte. Nach Camerons eigener Aussage »gingen uns die ständigen Umbauten viel mehr auf die Nerven, als der Bau jemals dazu in der Lage gewesen wäre«.

Das fertige Schiff war schließlich zehn Prozent kleiner als das Original. Man reduzierte den Abstand zwischen den Schornsteinen um je fünfeinhalb Meter und verkürzte auch die Poop entsprechend um sechs Meter. Um die Proportionen der echten *Titanic* einzuhalten, wurden die Masten und die Schornsteine ebenso verkürzt wie die 16 hölzernen Rettungsboote und die Welin-Davits, sodass man deren Anordnung so original wie auf der *Titanic* beibehalten konnte. (Mit dem Bau dieser Davits – Hebezeuge auf Schiffen zum Ein- und Aussetzen von Booten – beauftragte Cameron die Firma Welin, die bereits die Davits für die echte *Titanic* hergestellt hatte.)

Die endgültige Konstruktion war rund 236 Meter lang (gegenüber den etwa 269 Metern der echten *Titanic*) und bestand aus zwei Hälften, die zwischen dem zweiten und dem dritten Schornstein miteinander verbunden waren. Außerdem hatte man nur die Steuerbordseite (rechts) des Schiffes ausgebaut. Für die zu drehenden Szenen auf der Backbordseite wurde der Film spiegelverkehrt belichtet.

Am Bau des Schiffes waren 500 mexikanische und amerikanische Arbeiter beteiligt, doch zum Schrecken aller sah das Modell auch nach Vollendung des Baus und sämtlicher Malerarbeiten immer noch wie ein Modell aus. Der leitende Art-Director Charles Lee meinte später: »Eines kann ich Ihnen sagen – wenn man etwas von 230 Meter Länge gebaut hat, ist man verdammt entschlossen, es nicht wie ein Modell aussehen zu lassen.« Schließlich fand man heraus, dass das Problem durch die Bullaugen verursacht wurde. Sie wirkten zu einheitlich und erschienen auf Film wie Nachbildungen.

Lee und sein Team fanden für dieses Problem schließlich eine wahrhaft kreative Lösung. Sie scannten Innenaufnahmen der *Titanic* und ihres Schwesterschiffs *Olympic* in den Computer ein, kolorierten und vergrößerten sie, sodass sie in die Bullaugen passten, und blendeten sie digital hinter die vorhandenen Bullaugen ein – größtenteils sogar an genau die Stellen, an denen sich diese Interieurs ursprünglich befunden hatten. Das Ergebnis war einfach atemberaubend und verlieh dem Schiff jenes realistische Aussehen, das Cameron immer angestrebt hatte.

Der Großteil der Dreharbeiten wurde letztendlich auch auf diesem lebensgroßen Modell der *Titanic* und vor den kleineren Kulissen durchgeführt. Eine Ausnahme bilden die Aufnahmen der *Keldysh* auf See, die vor der Küste Neukaledoniens auf dem Atlantik entstanden, einige Innenaufnahmen in einem umgebauten Lagerhaus in Halifax sowie ein mehrtägiger Aufenthalt in Malibu, bei dem die Szenen im Haus der alten Rose entstanden.

Zusätzlich verbrachte Cameron einen Tag auf der (eigens für diesen Zweck gecharterten) *Lane Victory*, um Aufnahmen von echtem Bug- und Heckkielwasser zu machen, die später in die digitalen Wassermassen von Digital Domain eingefügt wurden.

Unvergessliche Szenen aus »Titanic«

Es gibt unzählige Bilder und Szenen in »Titanic«, angesichts derer man wirklich glaubt, etwas absolut Unmögliches zu sehen: Wie, um Himmels willen, sagt uns unser Verstand, hat James Cameron es nur geschafft, in die Vergangenheit zu reisen und all das aufzunehmen? Wo bekommt man heutzutage eine Zeitmaschine? Wie viel kostet so ein Ding? Vielleicht 200 Millionen Dollar?

Die visuelle Wirkung des Films ist einzigartig und wird Cineasten wahrscheinlich noch in Jahrzehnten beschäftigen. Und wenn man nach dem Kinobesuch erfährt, dass fast das gesamte Wasser im Film mittels eines Computers entstanden ist und dass Hunderte der Personen auf dem Deck der *Titanic* ebenfalls digital erschaffen wurden, will man unbedingt herausbekommen, was echt war und was nicht.

Einige der Fimszenen wirken so realistisch, dass man anfängt, an seinem eigenen Verstand zu zweifeln – vor allem, wenn man erfährt, dass nichts von dem, was man gesehen hat, wirklich existiert. Der in Los Angeles lebende Drehbuchautor James Cole zählt zu den vielen Angehörigen der Filmindustrie, die sich von Camerons wieder erschaffener *Titanic* sehr beeindruckt zeigen: »Als der Film anfing, war ich davon überzeugt, dass ich alle Spezialeffekte erkennen würde«, erzählte er mir. »Als jedoch die Tauchboote sich über den Bug der *Titanic* erhoben und das Deck mit ihren Scheinwerfern beleuchteten, wurde mir klar, dass es nicht so einfach werden würde. Zuerst dachte ich: ›Da, das muss ein Modell gewesen sein‹, aber dann war ich mir wieder nicht so sicher.«

Für viele Menschen sind die Szenen im Maschinenraum die faszinierendsten. Sie wirken so realistisch, dass man kaum für möglich hält, dass sie fast ausschließlich mit Miniaturen und per Computer entstanden. Einer meiner jungen Bekannten hörte gar nicht mehr auf, von den riesigen Kolben des Maschinenraums zu schwärmen, und fragte sich, wie man die bloß gebaut hatte.

Er sprach von der sehr detaillierten Szene aus dem Maschinenraum der *Titanic*, kurz nachdem Kapitän Smith den Befehl gibt: »Schicken Sie sie auf See, Mr. Murdoch«. (Im Drehbuch trägt die Sequenz, zu der diese Szenen zählen, übrigens den Titel »Ode an die Titanic«.)

Diese Bildsequenz wurde aus verschiedenen Elementen zusammengesetzt: fünf echten Gegenständen im Vordergrund, einer Kulisse aus einer teils erhöhten Plattform und einem Gerüst mit Green-Screen-Wänden, die durch Aufnahmen einer maßstabsgetreuen Miniatur der Kulisse ergänzt wurden. Dies alles wurde mittels Computer nahtlos übereinander geblendet. Die Bilder aus dem Maschinenraum zählen wahrlich zu den eindrucksvollsten des Films – aber sie sind bei weitem nicht die einzigen.

In der folgenden Liste sind die zwölf unvergesslichsten Szenen aus »Titanic« aufgeführt – einzigartig in ihrem visuellen

Eindruck, ihrer Einprägsamkeit und ihrer schlichten Schönheit. Anmerkung: Die Szenen wurden in umgekehrter Reihenfolge aufgelistet – die in meinen Augen denkwürdigste Szene rangiert also an letzter Stelle.

12. **Das Gesicht auf dem Bug:** Ich glaube nicht, dass die Szene so geplant war, aber als wir zum ersten Mal das Wrack der *Titanic* erblicken (aus der Sicht des Tauchbootes), lassen die Formen des Bugs und der Beplattung des Rumpfs ein geisterhaftes Gesicht erkennen. Unabhängig davon, ob der Bug digital nachbearbeitet wurde, um diesen unheimlichen Effekt zu unterstreichen, oder ob der Bug wirklich so aussieht – es ist und bleibt ein sehr beeindruckender Anblick.

11. **Blick auf die *Titanic* durch das Kneipenfenster:** Die Effekte für diese Szene (in der Jack die Fahrkarten für die *Titanic* beim Pokern gewinnt) wurden fast ausschließlich mit Hilfe von Miniaturen und fotografischen Spezialeffekten erstellt, und doch ist das Ergebnis tadellos. Weder das Wirtshaus (als Gebäude) noch die *Titanic* in dieser Szene sind echt. Als Hintergrund verwendete man eine auf einen festen Rücken gespannte, *fünf Meter breite* Vergrößerung eines Fotos vom Zwölf-Meter-Modell der *Titanic* und drehte davor die Aufnahmen der Miniaturkulisse des Wirtshauses. Diese Szene ist beispielhaft dafür, mit welch einfachen Mitteln man die Realität nachstellen kann – wenn man weiß, was man will.

10. **Der Zusammenstoß mit dem Eisberg:** Die Kollisionsszene wurde bis auf Eisstücke – die das Team auf das Deck warf – vollständig mit Hilfe der Green-Screen-Technik erstellt. Auch wenn diese Szene ein wenig dunkel ist, wirkt sie doch sehr eindrucksvoll, besonders wenn man bedenkt, dass sie praktisch ohne Kulisse gedreht wurde.

9. **Der große Treppenaufgang:** Dieses Prunkstück der *Titanic*, das vom Bootsdeck bis hinunter zum Empfangsraum der 1. Klasse auf Deck D reichte, wurde für den Film detailgetreu nachgebildet. Die Szenen, die hier spielen, sind aus zwei Gründen außergewöhnlich: Zum einen, weil die Genauigkeit des Nachbaus eine Meisterleistung der Bühnenbildner darstellt, und zum anderen, weil Cameron und sein Team diese wunderbare Konstruktion wieder zerstören, als sie die *Titanic* untergehen lassen. Die Szene, in der die Glaskuppel des Treppenaufgangs zerbirst und Hektoliter von Wasser sich über die Treppe ergießen, ist einfach atemberaubend. Auch die darauf folgende kurze Szene, in der eine Ertrunkene in ihrem Nachthemd im überfluteten Treppenaufgang treibt, hat in ihrer Endgültigkeit etwas Ergreifendes und zugleich Bedrückendes.

8. **Die Überflutung der Korridore:** Es gibt verschiedene, samt und sonders eindrucksvolle Szenen, in denen die Korridore der *Titanic* überflutet werden – aber am beeindruckendsten ist sicherlich die Szene, in der Rose und Jack vor einer riesigen Wasserwand den Gang hinunter fliehen. Diese Szene war extrem riskant, und da James Cameron Leonardo DiCaprio und Kate Winslet nicht in Gefahr bringen wollte, wurde sie mit Stuntdoubles gedreht. (Dazu sagte Adam Howart, der Leiter der Abteilung für Spezialeffekte: »Natürlich konnten wir in dieser Szene nicht die Hauptdarsteller einsetzen. Sogar die Stuntleute wurden gegen die Wände geschleudert.«) In der Endfassung des Films kann man jedoch die Gesichter von Jack und Rose (DiCaprio und Winslet) genau erkennen, wie sie verzweifelt versuchen, den Wassermassen zu entkommen, die sich hinter ihnen den Gang hinunter ergießen. Dies wurde erreicht, indem man ihre Gesichter digital in den Film einsetzte. Howard zufolge war dies das erste Mal, »dass diese Technik bei Nahaufnahmen eingesetzt wur-

de«. (Zuvor hatte sie nur bei Weitwinkelaufnahmen oder bei Aufnahmen Verwendung gefunden, in denen die Gesichter der Schauspieler teilweise verdeckt waren.)

Kate Winslets Gesicht war am schwierigsten zu bearbeiten, da sie die gesamte Szene der Kamera zugewendet spielt. So wurden für die Nachbildung ihres Kopfes schließlich fast 50 unterschiedliche Bilder verwendet. Eines der größten Probleme beim »Austausch« ihres Gesichts bestand darin, dass Kate Winslets Stuntdouble wesentlich kräftiger war als sie, wodurch die Konturen des Kopfes und des Halses nicht übereinstimmten. Außerdem musste jede einzelne ihrer Haarsträhnen in die Szene eingefügt werden, ebenso wie das digital erzeugte Wasser, um Übergänge zu retuschieren. Howard verbrachte letztendlich fast zwei Monate mit der Arbeit an dieser Bildsequenz, die später im Film noch nicht einmal 30 Sekunden dauert. »Dies ist eine der schwierigsten Szenen, die mir je untergekommen ist«, gestand er gegenüber *Cinefex*, »und ich bin schon seit 17 Jahren in diesem Geschäft.«

7. **Die Delfine:** Von den vielen Delfinen, die den Bug der *Titanic* umtanzen, während das Schiff sich seinen Weg durch den Atlantik bahnt, ist nur ein einziger echt (und zwar jener ganz links im Bild). Alle anderen sind Computer-Kreationen und wurden mit sehr viel Sorgfalt entworfen, damit sie neben dem echten Delfin nicht auffallen. Jamie Dixon von Hammerhead Productions war zunächst strikt gegen die Verwendung computererzeugter Delfine, musste sich aber später eingestehen, dass dies die einzige Möglichkeit war, jene Anzahl dieser Tiere in der Szene zu verwenden, die Cameron vorgesehen hatte.

Da er von seiner eigenen Arbeit offenbar nicht völlig überzeugt war, schickte Dixon ein Band mit den Delfinen an James Cameron, ohne ihm jedoch zu verraten, welcher der Delfine echt und welche computergeneriert waren. Als Cameron das

Material ohne Kommentar absegnete, wusste Dixon, dass seine digitalen Delfine den Test bestanden hatten.

6. **Die erste Überblendung des Schiffes:** Bei einer Überblendung geht ein Bild fast unmerklich in ein anderes Bild über, wodurch dem Zuschauer etwas ganz Neues gezeigt wird. Die erste Überblendung der *Titanic* – vom heutigen Wrack zum brandneuen Schiff, das im Hafen von Southampton liegt – ist perfekt ausgeführt und technisch wahrscheinlich sehr kompliziert.

Einer der führenden Mitarbeiter der Abteilung für Spezialeffekte, Rob Legato, meinte dazu 1997 in einem Interview mit *Cinefex*: »Die erste Überblendung in das Jahr 1912 erwies sich als eine der schwierigsten Szenen des Films – nicht nur, weil sie so kompliziert war, sondern weil wir die erste Überblendung auch absolut perfekt machen wollten. Die Vorgehensweise war eigentlich recht einfach. Erik Nash filmte sowohl das Wrack als auch das unbeschädigte Schiff mit der gleichen Kamerafahrt, und dann verwendete unser Computerteam eine so genannte Morphingtechnik für den Übergang zwischen den beiden Sequenzen. Es gab Hunderte von Menschen auf dem neuen Schiff – einige von ihnen zweidimensional, der Rest computergeneriert –, was die Angelegenheit ziemlich erschwerte. Das Schwierigste an der Einstellung war allerdings, dass beinahe nichts darin real war – was im Übrigen auch für die anderen Einstellungen in dieser Sequenz gilt.«

5. **Der Untergang:** Der Untergang der *Titanic*, so wie er im Film dargestellt wird, ist die realistischste Wiedergabe der Katastrophe, die es bis zum heutigen Tag gibt. Der eindringlichste Teil dieser Sequenz sind allerdings die Szenen auf dem Heck des Schiffes, als Jack und Rose sich an die Reling klammern, während um sie herum Menschen in den Tod stürzen. Diese Szenen wurden durch die Montage von

Green-Screen-Aufnahmen, Aufnahmen der Modelle sowie computergenerierten Passagieren erstellt. Die Poop des fast originalgetreuen Modells der *Titanic* war an einer Aufhängung befestigt, die es ermöglichte, das Modell in nur wenigen Sekunden von der Waagerechten in die Senkrechte zu bringen. Zusätzlich setzte Cameron einen extrem hohen Turmkran ein, um die Szene von oben her aufzunehmen. Die entstandenen Aufnahmen sind wirklich beeindruckend und liefern uns ein sehr realistisches Bild dessen, was den an Deck verbliebenen Passagieren der *Titanic* widerfahren sein muss, als das Heck sich hoch aufrichtete und dann mit einer Geschwindigkeit von 20 bis 30 Knoten (37 bzw. 56 km/h) in die Tiefe schoss.

Einer der Überlebenden dieses schrecklichen Ereignisses verglich den endgültigen Untergang mit einer Fahrt in einem Aufzug. Dadurch, dass wir dies im Film – durch die Augen von Jack und Rose – direkt miterleben, können wir eher nachvollziehen, was die Menschen damals empfunden haben mögen. Für die Aufnahmen ließen sich tatsächlich ein paar Stuntleute 60 Meter in die Tiefe fallen, und man kann erkennen, wie sie gegen Ankerwinden und andere Teile der Decksaufbauten geschleudert werden, bevor sie ins Wasser fallen. Ebenso sieht man in einer Furcht einflößenden Szene Menschen vom senkrecht aufragenden Heck der *Titanic* in die Tiefe stürzen. Ein Mann stürzt vom Achterdeck und schlägt (mit einem markerschütternden Geräusch) auf eine der riesigen, nun aus dem Wasser ragenden Schiffschrauben der *Titanic*, bevor ihn die eiskalten Fluten des Atlantiks verschlingen.

Für diese Szene entwickelte Cameron das, was später als »Nerf-Kulisse« bekannt wurde [Nerf ist der Markenname einer Spielzeugwaffe für Schaumstoffbälle, die ein wenig an die übergroßen Wasserpistolen erinnert, die man in

Deutschland kennt, Anm. d. Übers.], weil alle Gegenstände darin mit Schaumstoff umkleidet und nur so angestrichen waren, dass sie Stahl ähnelten. Cameron geht bei seinen Dreharbeiten keinerlei Risiken ein, wenn es um die Sicherheit geht – so erlitten bei den Dreharbeiten zu *Titanic* insgesamt nur drei Stuntleute leichtere Verletzungen. Die Szene, in der sich das Poopdeck aufrichtet, zählt zu den technisch aufwendigsten des Films. Die Stuntleute bereiteten sich hierfür sogar mit Trainingsgeräten vor, die sonst für die Ausbildung von Fallschirmjägern verwendet werden. Ohne Frage hat diese Sequenz einen wichtigen Anteil daran, dass *Titanic* sowohl für die Spezialeffekte als auch für den Schnitt je einen »Oscar« erhielt.

4. **Dic Abrcisc aus Southampton:** Dies ist eine der beeindruckendsten Szenen des Films – und doch entstand sie vollständig in den Trickstudios, mit Hilfe computergenerierter Menschen und Wassermassen sowie einiger anderer branchenüblicher Tricks. Aber auch nachdem ich die Szene bereits ein Dutzend Mal gesehen habe, kann ich »den Mann hinter den Kulissen« nicht entdecken. Einige Zuschauer halten es in dieser Szene für sehr unrealistisch, dass die in Southampton ablegende *Titanic* von einem kleinen Segelboot umkreist wird, das nur sehr wenig Abstand hält – sie sind der Meinung, 1912 hätte die Bugwelle des Ozeanriesen einen solche Nussschale erfasst und wahrscheinlich zerstört. Falls dem so gewesen wäre, ist dies der einzige kleine Fehler in einer ansonsten außergewöhnlichen Szene.

3. **Die Szenen in Maschinen- und Kesselraum:** Verschiedene Szenen des Films spielen in diesen höhlenartigen Kulissen – und sie wirken sämtlich atemberaubend. Dabei ist fast alles, was wir in diesen Sequenzen sehen, nicht real. Der Maschinenraum beispielsweise entstand, indem man Aufnahmen von echten Kulissen (hauptsächlich für den Vordergrund der

Szenen) mit Miniaturen, Computeranimationen und mittels Green-Screen-Technik erstellter Bilder im Computer miteinander verschmolz. Der »Bau« des Maschinenraums stellte die Mitglieder des Teams für Spezialeffekte unter anderem vor das Problem, dass vom Original-Maschinenraum der *Titanic* kein Fotomaterial existiert. So mussten sie mit den Original-Blaupausen der Firma Harland & Wolff für die *Titanic* und die *Olympic* arbeiten, aber auch diese Unterlagen gaben oftmals keinen Aufschluss über die genaue Anordnung einzelner Armaturen. Aus diesem Grund stattete der Regisseur des zweiten Aufnahmeteams, Steve Quale, der *Queen Mary* einen Besuch ab und sah sich in ihrem Maschinenraum um. Anschließend versuchte er zwei oder drei Jahrzehnte technischen Fortschritts von dem abzuziehen, was er gesehen hatte, um den Maschinenraum der *Titanic* so identisch wie irgend möglich zu gestalten. Zusätzlich besichtigte Quale die *Jeremiah O'Brian*, ein stillgelegtes, aber noch funktionstüchtiges Kriegsschiff aus dem Zweiten Weltkrieg, das im Hafen von San Francisco liegt. Dieser Besuch war sehr aufschlussreich, erzählte er *Cinefex*: »Die *Jeremiah O'Brian* ist das einzige noch funktionstüchtige Schiff mit einer Kolbenmaschine. Sie verfügt über die gleichen Dreifach-Expansionsmaschinen wie die *Titanic* – nur sind ihre viel kleiner. So konnte ich mir eine solche Maschine mit all ihren Einzelteilen im Betrieb ansehen und dadurch später festlegen, wie die Sequenz ablaufen musste, in der alle Maschinen auf ›Volle Kraft zurück‹ geschaltet werden.«

Viele Dampfschiffliebhaber haben »Titanic« gerade für diese Sequenz gelobt, da sie korrekt wiedergibt, dass sich während der Umkehrung des Schubes nur die Steuerbord- und Backbordschrauben drehten, während die Mittelschraube sich im Rückwärtsgang nicht drehte. Zur Realitätsnähe der Szenen trug weiterhin bei, dass die hektische

Betriebsamkeit nach dem Zusammenstoß mit dem Eisberg mit Handkameras aufgenommen wurde. Auf diese Weise verstärkt die unruhige Kameraführung, indem sie durch den Raum hastet, Leitern erklimmt und über Gerüste läuft, den Eindruck der Panik.

2. Die »Ode-an-die-*Titanic*«-Überflugszene: Dies sind jene Bilder, welche den Zuschauern durch ihren gewaltigen Schwung und ihre Realitätsnähe wahrhaft den Atem verschlagen haben. Das Schiff erreicht bei diesen enormen und gleitenden Überflügen, bei denen man es in seiner Gesamtheit sieht, eine Präsenz, wie sie noch nie zuvor auf einer Leinwand zu sehen war. Viele Leute, mit denen ich über den Film gesprochen habe, waren angesichts solcher Luftaufnahmen davon überzeugt, Cameron habe die *Titanic* tatsächlich vollständig nachgebaut, sie auf See gebracht und dort mit einem Helikopter umrundet – wobei er sich wahrscheinlich mit seiner Kamera halb aus der Tür lehnte –, um diese Bilder zu machen. Diese Totalen entstanden jedoch in den Trickstudios mit Hilfe von computererzeugtem Wasser, einem riesigen Kran und zahllosen anderen Spezialeffekten (wie Rauch für die Schornsteine, Menschen an Deck, Wind usw.).

Diese Totalen der *Titanic* dokumentieren die Entwicklung der visuellen Spezialeffekte auf ihrem bisherigen absoluten Höhepunkt. Und Cameron setzt sie hervorragend ein, um den Verlauf seiner Geschichte voranzutreiben (denn wir wollen ja nicht vergessen, dass hier eine Geschichte erzählt wird). Der erste Überflug folgt auf die Szene, in der Jack seinen Schrei »Ich bin der König der Welt!« ausstößt, der zweite nach der Szene, in der Rose am Bug der *Titanic* steht und »Ich fliege!« ruft.

1. Die Überblendung zum Wrack: Dies ist die Szene, von der alle reden – und sie ist so hervorragend gemacht, dass sie uns kurzfristig aus der Welt des Films herauszureißen droht, weil

wir zu begreifen versuchen, was wir gerade gesehen haben. Jack lässt Rose die Augen schließen und führt sie an den Bug des Schiffes; dann breitet er ihre Arme aus und sagt ihr, sie solle die Augen wieder öffnen. Der Ausblick verschlägt ihr fast den Atem, und sie ruft: »Ich fliege!« Sie küssen sich, die Kamera fährt langsam zurück, und man sieht die Liebenden in inniger Umarmung versunken, auf dem Bug der *Titanic* des Jahres 1912. Dann verändert sich das Licht, und wie von Geisterhand bilden sich rostige Gebilde an der Reling des Bugs. Für einen winzigen Augenblick stehen Jack und Rose auf dem *versunkenen Bug des Wracks der Titanic*. Doch dann lösen sie sich auf, und wir sehen nur noch den Bug, wie er heute, mehr als 4000 Meter tief, auf dem Meeresgrund ruht. Die Sequenz endet mit der alten Rose, die auf einem Monitor an Bord der *Keldysh* das Wrack der *Titanic* betrachtet. In seinem Buch »James Cameron's Titanic« (deutsch: »James Camerons Titanic«) schreibt Ed Marsh: »Diese elegante Darstellung der Überschreitung von Zeitgrenzen in der Erinnerung ... fasst viele Facetten der Geschichte, der Figuren und der Gefühle in einem Bild zusammen. Es ist die Umsetzung der Vision von Cameron und Digital Domain, visuelle Spezialeffekte auch als erzählerisches Mittel einzusetzen.« Diese Sequenz wurde Einzelbild für Einzelbild zusammengesetzt, um einen glatten Übergang zu erzielen, und sie ist wirklich die beeindruckendste Szene des gesamten Films.

33

Der erfolgreichste Film aller Zeiten?

Eine Bilanz

Dieses Kapitel bietet einen Überblick über die Gewinn- und Verlustrechnung des Films »Titanic«, die anhand von Angaben des *Wall Street Journal* und anderer Quellen erstellt wurde. Bei sämtlichen Zahlen handelt es sich um ungefähre Schätzungen, die einen Eindruck von den Riesensummen vermitteln sollen, die der Film einspielt. Und wenn man sich dann noch die unbestreitbare Tatsache vor Augen hält, dass Verluste im Filmgeschäft an der Tagesordnung sind, erscheint der Erfolg von »Titanic« umso erstaunlicher.

»Titanic« ist der Film mit dem besten Kino-Einspielergebnissen aller Zeiten. Rechnet man bei den Einnahmen älterer Filme jedoch die Inflationsrate mit ein, so rangiert »Titanic« zwar immer noch unter den »Top Ten«, liegt aber hinter »ET: Der Außerirdische« und »Vom Winde verweht« zurück.

Einnahmen

Kinos USA . . . .   550 000 000 Dollar
(per 25. 04. 1998)
Kinos weltweit . . . . 1 200 000 000 Dollar
(voraussichtlich)
Videomarkt USA . . . .   360 000 000 Dollar
(voraussichtlich)
Videomarkt weltweit . . . .   216 000 000 Dollar
(voraussichtlich)
Fernsehrechte USA. . . . .   60 000 000 Dollar
Fernsehrechte weltweit . . . .   <u>65 000 000 Dollar</u>
(voraussichtlich)
Gesamt . . . . 2 451 000 000 Dollar

Kosten

Produktion und Zinsen . . . .   235 000 000 Dollar
Kopierkosten . . . .   27 000 000 Dollar
Weltweite Vermarktung. . . . .   115 000 000 Dollar
Videovermarktung und -produktion. . .   242 000 000 Dollar
Wiederholungshonorare
und Beteiligungen. 52 000 000.Dollar
Studiogebühren und Vertriebskosten . .   <u>105 000 000 Dollar</u>
Gesamt . . . .   776 000 000 Dollar

Gewinne weltweit (geschätzt) . . . . 1 675 000 000 Dollar

Die Zeitschrift *Variety* über die Auswirkungen des Untergangs der *Titanic* auf die Theaterbetriebe im Jahr 1912

Vier Tage nach dem Untergang der *Titanic* befasste sich Hollywoods »Bibel des Showbusiness«, die Zeitschrift *Variety*, mit den Auswirkungen, welche die Katastrophe an den Kino- und Theaterkassen in ganz Amerika hatte. Am Samstag, dem 20. April 1912, erschien auf Seite 4 der Ausgabe ein Artikel mit der Überschrift »Erschütternde *Titanic*-Katastrophe verbreitet Grabesstille in den Theatern«. Im Folgenden sind einige Auszüge aus diesem doch recht abgestumpft, elitär und respektlos anmutenden Artikel wiedergegeben. In der Rückschau wirkt es wie ein Paradebeispiel für Ironie, dass ebendieses Hollywood – sieben Jahrzehnte nach dem Untergang der *Titanic* den Erfolg von Camerons Film enthusiastisch feierte. Hatte sich die Sichtweise etwa dadurch verändert, dass die Katastrophe für Hollywood *profitabel* geworden war?

»[Nach dem Untergang] kam der gesamte Kino- und Theaterbetrieb fast völlig zum Erliegen, und die Besucherzahlen gingen drastisch zurück. In der ersten Hälfte der Woche gelang es den verschiedenen Musik- und Comedyshows kaum einmal, dem Publikum spontanes Gelächter zu entlocken, was den Veranstaltungen etwas von einer Beerdigung verlieh.«

»Aufgrund der Berichte der Überlebenden und weiterer erschütternder Nachrichten, die uns in den nächsten Wochen über die Zeitungen erreichen werden, ist damit zu rechnen, dass die Theater weiterhin mit niedrigen Besucherzahlen und geringem Interesse rechnen müssen, bis die Schrecken des Untergangs der *Titanic* zu verblassen beginnen.«

»[Im Winter Garden Theater] verließen etwa in der Mitte der Vorstellung einige Männer eine Loge, um an der Bar etwas zu trinken. Als sie zurückkehrten, informierte einer von ihnen die Schwester eines Passagiers der *Titanic* mit fast unverzeihlicher Dummheit über das wahrscheinliche Schicksal ihres Bruders. Wie kaum anders zu erwarten, fiel sie prompt in Ohnmacht, was beinahe eine Panik im Theater ausgelöst hätte.«

»Neben Henry B. Harris war Charles Williams – der frühere Tanzpartner von John Scott in ›Hello George‹ – das einzige bekannte Gesicht der Theaterwelt an Bord der *Titanic*. Berichten zufolge gehört er zu den Überlebenden aus der 2. Klasse ...«

»Die Reedereien wurden förmlich mit Stornierungen überhäuft, nachdem der Untergang der *Titanic* auch offiziell bestätigt war. Man rechnet damit, dass mit Ausnahme derer, die sie geschäftlich antreten müssen, nur wenige in dieser Saison auf Seereisen gehen werden.«

»Angehörige der Theaterwelt, die bereits Reservierungen vorgenommen hatten, sind unentschlossen, ob sie nun reisen sollen oder nicht. Einige haben aber bereits mitgeteilt, dass sie stornieren und lieber in die Berge oder an die Küste fahren werden.«

»Titanic«:
Ein neues Musical

> Sail on, sail on
> Great ship »Titanic«!
> »*Godspeed Titanic*« aus
> »Titanic: A New Musical«

In »Titanic: A New Musical« gibt es so viele gefühlvolle Momente, dass es nicht weiter verwundert, dass es seit seiner Premiere am 23. April 1997 im Lunt-Fontaine Theater in New York zu den erfolgreichsten Broadway-Musicals zählt. Das Musical ist sogar so beliebt, dass es eine eigene Newsgroup im Internet besitzt (alt.buybroadway.titanic).

Zu seinen ergreifenden Momenten zählt jene Szenen, in welcher die Passagiere der 3. Klasse das Lied »I Must Get on That Ship« (Ich muss auf dieses Schiff) anstimmen. Zum ersten Mal singen sie dieses Lied, während sie darauf warten, endlich an Bord der *Titanic* gehen zu dürfen, um ihre lang erwartete Reise nach Amerika antreten zu können (wo »die Straßen mit Gold gepflastert sind«). Als das Lied im 2. Akt abermals ertönt, sind diesmal jedoch die Rettungsboote gemeint. In einer weiteren anrührenden Szene werden die Überlebenden auf der Bühne mit ihren beim Untergang verlorenen, geliebten Seelen wieder vereint und singen gemeinsam mit ihnen das Lied »Godspeed Titanic« (Gute Reise, Titanic) mit der ergreifenden Zeile »Pray

the journey's sound, till your port be found« (Hoffen wir auf
eine ruhige Reise, bis dein Hafen gefunden ist). Überflüssig zu
erwähnen, dass diesem Lied eine jener Gänsehaut erzeugenden,
majestätischen Melodien unterlegt ist und es folglich umso
dramatischer wirkt, da wir das Schicksal kennen, das die *Titanic* nach den Wünschen für eine gute Reise ereilte.

Einer der interessantesten Songs des gesamten Musicals trägt
den Titel »The Blame« und ist im 2. Akt nach der Kollision
mit dem Eisberg zu hören. Komponist Peter Stone und Texter
Maury Yeston lassen J. Bruce Ismay, Thomas Andrews und Ka-

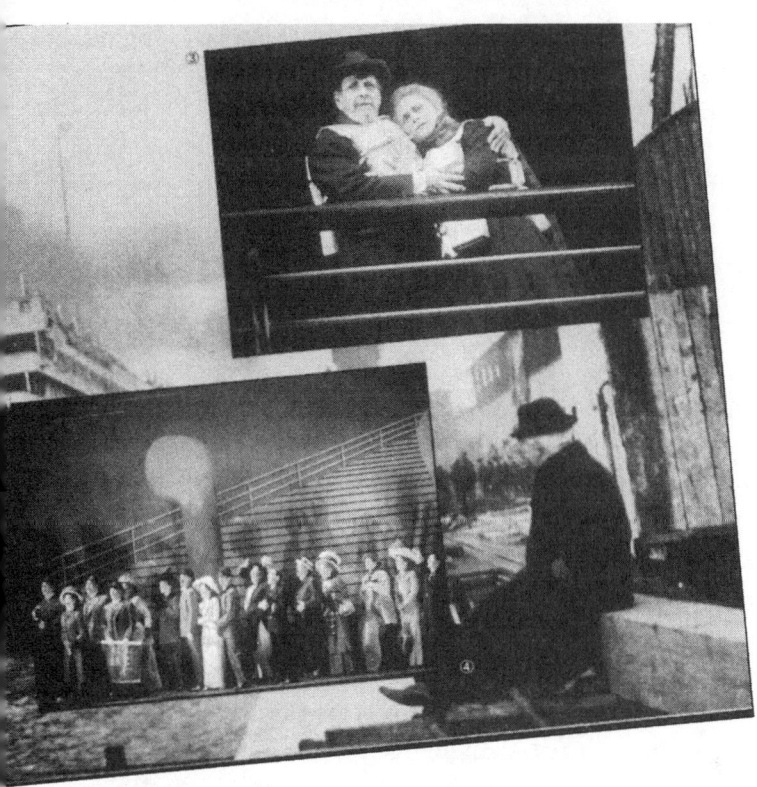

pitän Smith einen hitzigen Streit austragen, in dem sie sich gegenseitig beschuldigen, ihre eigenen Handlungen zu rechtfertigen suchen und sich selbst von einer Schuld am drohenden Untergang freisprechen wollen. Zunächst ist Ismay hoffnungsvoll,
dass das Schiff nicht sinken wird (»Possibly she won't go
down/Possibly she'll stay afloat/Possibly all this could come to
an end on a positive note«), bis Andrews ihm mitteilt, dass er
»gewisse Dinge« wisse und das Schiff mit Sicherheit untergehen
werde, falls ihm nicht plötzlich Flügel wachsen. Daraufhin geht
Ismay auf Andrews los und fragt ihn, warum er den Untergang

nicht verhindern könne, wenn er schon so viel wisse. Dann beschuldigt er Andrews, dies alles sei sein Werk, und er sei für ihrer aller Tod verantwortlich (»This is your work, Mr. Andrews! You have done us in!«). Zuletzt sagt Ismay, ganz der Pragmatiker: Sollte irgendjemand die Verantwortung übernehmen müssen, sei dies bestimmt Andrews.

Danach fragt Kapitän Smith sich, ob ein Schiff kommen wird, um sie zu retten, und nachdem Andrews ihn informiert, dass der Rumpf sich mit Wasser füllt, greift Ismay diesmal den Kapitän an (»There stands the Captain who sailed us straight into disaster!«). Andrews verteidigt Kapitän Smith und erinnert Ismay daran, dass er es war, der auf höherer Geschwindigkeit bestand, um alle Rekorde zu brechen (»Who called for speed and to break every record?«).

Im weiteren Verlauf der Auseinandersetzung drehen sich die gegenseitigen Schuldzuweisungen um das Ignorieren der Eisbergwarnungen, den Verzicht auf höhere Schotten bei der Konstruktion des Schiffes (auf Ismays Vorwürfe erwidert Andrews wahrheitsgemäß, dass Ismay selbst die Schotten nur bis zum Deck E hochziehen ließ, um mehr Raum für die Kabinen der 1. Klasse zu gewinnen), die zu hohe Geschwindigkeit, den zu weit nördlich gefahrenen Kurs, die zu geringe Anzahl von Ausgucken und die Tatsache, dass Ismay das größte *und* das schnellste Schiff zugleich konstruiert haben wollte.

Zum Schluss dieses ausdrucksstarken Stücks, nachdem die verzweifelten Schuldzuweisungen von einem zum anderen und wieder zurückgeflutet sind, tritt Kapitän Smith vor und nimmt jegliche Verantwortung auf sich. Im Liedtext heißt es: »Es gibt auf diesem Schiff nur einen Kapitän … Ich trage die Verantwortung … Dies ist mein Schiff, nicht das eines anderen …«

»Titanic: A New Musical« feierte am 23. April 1998 sein einjähriges Jubiläum. Sein anhaltender Erfolg ist mit Sicherheit auch auf den Erfolg von James Camerons Film zurückzuführen, durch den das allgemeine *Titanic*-Fieber sich zu einer weltweiten *Titanic*-Epidemie ausweitete. Auch wenn das Musical eine ganz andere Erfahrung bietet, handelt es sich nichtsdestotrotz ebenfalls um eine äußerst gelungene Interpretation der Geschichte der *Titanic*. Dies ist umso erstaunlicher, wenn man bedenkt, dass diese Geschichte hier mit gerade einmal 40 Liedern innerhalb von nur 73 Minuten erzählt wird.

»Titanic: A New Musical« ist das äußerst schwierige, gelungene Unterfangen einer Verschmelzung zahlloser kleiner Bestandteile eines gewaltigen Epos zu einem packenden Musical, ohne dass der Ernst der Geschehnisse durch die musikalische Form der Darbietung verloren geht.

In einer der frühen Kritiken wurde bemängelt, dass die Lieder des Musicals nicht gerade »Ohrwürmer« seien. Im Gegensatz dazu vertrete ich die Ansicht, dass die Songs sehr gelungen sind und die Handlung unterstützen. Besonders die Melodien von »I Must Get on That Ship«, »Lady's Maid«, »No Moon« und vor allem »Godspeed Titanic« prägen sich dem Zuhörer unwiderstehlich ein.

Am 2. Juni 1997 wurden in der Radio City Music Hall die Tony Awards – Auszeichnungen für herausragende Leistungen im Broadway-Theater – verliehen. »Titanic: A New Musical« in fünf Kategorien:

Bestes Musical
Beste Originalmusik – Musik und Texte von Maury Yeston
Beste Buchvorlage für ein Musical – Peter Stone
Beste Orchestrierung – Jonathan Tunick
Bestes Bühnenbild – Stewart Laing

Lob für »Titanic« gab und gibt es reichlich. Ken Mandelbaum vom Theatermagazin *Playbill On-Line* schrieb: »›Titanic‹ hat die bei weitem beste Musik unter den Musicals dieser Saison, eine, die man immer wieder hören möchte.« Associated Press schwärmte von der »wundervollen Musik« und auch der *New Yorker* zeigte sich beeindruckt: »›Titanic‹ führt die Spitze der Musicals dieses Frühjahrs an! Dem Musical gelingt es, Ernst und Unterhaltung, Schwermut und Freude zu verbinden, und unterdessen wird einem allmählich bewusst, dass man es mit einem der neuen Sterne am amerikanischen Musicalhimmel zu tun hat.« David Messineo, der Herausgeber des *Sensations Magazine*, lobte: »›Titanic: A New Musical‹ ist eine überragende Leistung.«

Am 8. September 1997 war im Magazin *People* folgende Besprechung der CD zum Musical zu lesen: »Es erfordert Mut, ein Musical über die berühmteste Katastrophe dieses Jahrhunderts zu schreiben, dennoch segelt die *Titanic* auf dem Broadway unaufhaltsam weiter – mit ihrem Gepäck aus dramatischen musikalischen Themen an Bord des einstmals größten, von Menschenhand geschaffenen Fahrzeugs, das am 15. April 1912 sein jähes Ende fand. Die mit mehreren Tony Awards ausgezeichnete Musik von Maury Yeston, die Einflüsse des stimmungsvollen ›Sweeney Todd‹ enthält, ist gewaltig und mitreißend zugleich. Sie und die großzügige Orchestrierung weisen nur wenig von den billigen Synthesizerklängen auf, die andere zeitgenössische Musicals wie ›Les Miserables‹ und ›Das Phantom der Oper‹ verderben. Yestons ernste, aber nicht weinerliche Texte tragen die Handlung. (Eine nette Idee: Yeston lässt den Schiffbauer in einem verzweifelten Akt die Schiffpläne neu zeichnen, um das sinkende Kreuzfahrtschiff auf dem Papier wieder unsinkbar zu machen.) Endlich eine *Titanic* in tadellosem Zustand.«

Musikalischer Ablauf, Szenen und Darsteller von »Titanic: A New Musical«

Die Handlung spielt zwischen dem 10. und 15. April 1912. Die Darstellung der Handlung und der Figuren basiert auf den bekannten Fakten.

Erster Akt

1. Ouvertüre / Prolog: »In Every Age« – Thomas Andrews

Der Stapellauf:

SCHAUPLATZ:
Southampton, The Ocean Dock
Mittwoch, 10. April 1912, 6.00 Uhr morgens

2. »How Did They Build Titanic?« – Oberheizer Frederick Barrett
3. »There She Is« – Barrett, Funker Harold Bride, Ausguck Frederick Fleet und Matrosen

DERSELBE SCHAUPLATZ:
8.00 Uhr morgens
»Loading Inventory« – Stevedore, Dritter Offizier Pitman, Zweiter Offizier Lightoller, Vierter Offizier und Steuermann Joseph Boxhall, Rudergänger Robert Hitchens, Kapitän Edward J. Smith, Erster Offizier William Murdoch, Matrosen, Page

DERSELBE SCHAUPLATZ:
10.00 Uhr morgens
»The Largest Moving Object« – J. Bruce Ismay, Kapitän Smith, Thomas Andrews

4. »I Must Get on That Ship« – Pitman, Kate Murphey, Kate McGowan, Kate Mullins, Passagiere der 3. Klasse, Charles Clarke, Edgar Beane, Alice Beane, Caroline Neville, Passagiere der 2. Klasse

5. »The 1st Class Roster« – Pitman, Alice Beane, Passagiere

SCHAUPLATZ:
An Bord der R.M.S. *Titanic*
12.00 Uhr mittags

6. »Godspeed Titanic« – gesamtes Ensemble

SCHAUPLATZ:
Kesselraum Nr. 6

7. »Barrett's Song« – Oberheizer Frederick Barrett

SCHAUPLATZ:
Die Brücke

8. »To Be a Captain« – Erster Offizier William Murdoch

SCHAUPLATZ:
Der Speisesaal der 3. Klasse

9. »Lady's Maid« – Kate McGowan, Kate Murphey, Kate Mullins, drei Männer der 3. Klasse, Männer aus Deutschland, Männer und Frauen aus Italien, Jim Farrell

SCHAUPLATZ:
Der Speisesalon der 1. Klasse

10. »What a Remarkable Age This Is!« – 1.-Klasse-Steward Etches, Passagierinnen der 1. Klasse, Passagiere der 1. Klasse, Millionäre, deren Ehefrauen, Dienstpersonal

SCHAUPLATZ:
Der Funkraum, auf dem Bootsdeck
Samstagnacht
11. »The Proposal« / »The Night Was Alive« – Frederick Barrett, Harold Bride

SCHAUPLATZ:
Das Promenadendeck
Sonntagmorgen, 14. April
12. »Hymn« / »Doing the Latest Rag« – Passagiere, Kapellmeister Wallace Hartley und zwei Musiker, Passagiere der 1. Klasse
13. »I Have Danced« – Alice Beane, Edgar Beane

SCHAUPLATZ:
Das Krähennest, 22.30 Uhr
14. »No Moon« – Frederick Fleet

SCHAUPLATZ:
Deck der 1. Klasse
»No Moon« (Fortsetzung) – Ida Straus, Isidor Straus

SCHAUPLATZ:
Deck der 3. Klasse
»No Moon« (Fortsetzung) – Jim Farrell, Kate McGowan

SCHAUPLATZ:
Die Brücke, 23.00 Uhr
»No Moon« (Fortsetzung) – Kapitän Smith, Lightoller, Murdoch

SCHAUPLATZ:
Krähennest und Brücke
»No Moon« (Fortsetzung) – Fleet, Smith, Lightoller und Murdoch

SCHAUPLATZ:
Deck der 2. Klasse
»No Moon« (Fortsetzung) – Caroline Neville, Charles Clarke

SCHAUPLATZ:
Rauchsalon der 1. Klasse
»No Moon« (Fortsetzung) – Mrs. Cardoza, der Major, John Jacob Astor, Wallace Hartley
15. »Autumn« / Finale – Wallace Hartley, Mrs. Cardoza, der Major

SCHAUPLATZ:
Krähennest und Bootsdeck
»Autumn« / Finale (Fortsetzung) – Frederick Fleet, Fleets Mannschaft, Passagiere, Harold Bride, Frederick Barrett, Thomas Andrews

SCHAUPLATZ:
Die Kollision, ein Tableau

Ende des ersten Akts

(15 Minuten Pause)

Zweiter Akt

SCHAUPLATZ:
Das Promenadendeck
Großer Salon der 1. Klasse, Sonntagnacht, 0.03 Uhr

16. »Dressed in Your Pyjamas in the Grand Salon« – Passagiere der 1. Klasse, Etches, Stewards, John Thayer, Benjamin Guggenheim, Alice Beane

SCHAUPLATZ:
Funkraum, 0.16 Uhr

17. »The Blame« – Bruce Ismay, Thomas Andrews, Kapitän Smith

SCHAUPLATZ:
Das Bootsdeck

18. Zu den Rettungsbooten:
»Getting in the Lifeboat« – Marion Thayer, John Thayer
»I Must Get On That Ship« (Reprise) – Murdoch, Lightoller, Isidor Straus, Ida Straus, Steward, John Jacob Astor, Alice Beane, Page, George Widener, Charles Clarke, alle Passagiere
»Lady's Maid« (Reprise) – Jim Farrell, Kate McGowan
»The Proposal« / »The Night Was Alive« (Reprise) / Kanons – Barrett, Bride, Teile des Ensembles, Andrews, Schiffsoffiziere

19. »We'll Meet Tomorrow« – Barrett, Charles Clarke, ganzes Ensemble

SCHAUPLATZ:
Das Promenadendeck, 2.01 Uhr

20. »Still« – Isidor Straus, Ida Straus

SCHAUPLATZ:
Das Bootsdeck
21. »To Be a Captain« (Reprise) – Etches

SCHAUPLATZ:
Rauchsalon der 1. Klasse, 2.16 Uhr
22. »Mr. Andrews' Vision« – Thomas Andrews
23. Epilog: »In Every Age« (Reprise) / Finale – Harold Bride,
alle Überlebenden, Chor hinter der Bühne, ganzes Ensemble

SCHLUSSVORHANG

Daten zur Produktion
Story und Drehbuch: Peter Stone
Musik und Texte: Maury Yeston
Regie: Richard Jones
Choreografie: Lynne Taylor-Corbett
Ausstattung und Kostüme: Stewart Laing
Licht: Paul Gallo
Ton: Steve Canyon Kennedy
Orchestrierung: Jonathan Tunick
Musikalische Leitung: Kevin Stites
Tonregie: John Miller
Technische Leitung: Aurora Productions
Stunt-Koordinator Rick Sordelet
Inspizienz: Susan Green
Produktion: Dodger Management Group
Management: Robert C. Strickstein
Präsentiert von Dodger Endemol Theatricals, Richard S. Pech-
ter und dem John F. Kennedy Center for the Performing
Arts im Lunt-Fontaine Theater, New York

Orchester

Leitung: Kevin Stites
Assistenz: Matthew Sklar
Assistenz: Nicholas Archer
Original Ensemble-Aufnahme am 27. April 1997 im Studio 1
  von Hit Factory, New York City

Originalbesetzung

Offiziere und Besatzung der R.M.S. Titanic

Kapitän E. J. Smith . . . . John Cunningham
Erster Offizier William Murdoch . . . . David Costabile
Zweiter Offizier Charles Lightoller . . . . . John Bolton
Dritter Offizier Herbert J. Pitman . . . . . . Matthew Bennett
Frederick Barrett, Oberheizer . . . . Brian d'Arcy James
Harold Bride, Funker . . . . Martin Moran
Henry Etches, 1.-Klasse-Steward . . . . Allan Corduner
Frederick Fleet, Ausguck . . . . David Elder
Rudergänger Robert Hitchens . . . . Adam Alexi-Malle
Vierter Offizier Joseph Boxhall . . . . Andy Taylor
Chefingenieur Joseph Bell . . . . Ted Sperling
Wallace Hartley, Kapellmeister . . . . Ted Sperling
Musiker Bricoux . . . . Adam Alexi-Malle
Musiker Taylor . . . . Andy Taylor
Stewardess Robinson . . . . Michele Ragusa
Stewardess Hutchinson . . . . Stephanie Park
Page . . . . Mara Stephens

Passagiere der R.M.S. Titanic
Passagiere der 1. Klasse

J. Bruce Ismay . . . . David Garrison
Thomas Andrews . . . . Michael Cerveris
Isidor Straus . . . . Larry Keith
Ida Straus . . . . Alma Cuervo
John Jacob Astor . . . . William Youmans
Madeline Astor . . . . Lisa Datz
Benjamin Guggenheim . . . . Joseph Kolinski
Mademoiselle Aubert . . . . Kimberly Hester
John B. Thayer . . . . Michael Mulheren
Marion Thayer . . . . Robin Irwin
George Widener . . . . Henry Stram
Eleanor Widener . . . . Jody Gelb
Charlotte Cardoza . . . . Becky Ann Baker
J. H. Rogers . . . . Andy Taylor
Der Major . . . . Matthew Bennett
Edith Corse Evans . . . . Mindy Cooper

Außerdem: Melissa Bell, Jonathan Brody, David Elder, Erin Hill, John Jellison, Peter Kapetan, Theresa McCarthy, Charles McAteer, Drew McVety, Jennifer Piech, Clarke Thorell, Kay Walbye

Passagiere der 2. Klasse

Charles Clarke . . . . Don Stephenson
Caroline Neville . . . . Judith Blazer
Edgar Beane . . . . Bill Buell
Alice Beane . . . . Victoria Clark

Außerdem: Melissa Bell, John Bolton, Jonathan Brody, Mindy
Cooper, David Costabile, David Edler, John Jellison, Peter
Kapetan, Drew McVety, Kay Walbye

Passagiere der 3. Klasse

Kate McGowen . . . . Jennifer Piech
Kate Murphey. Theresa McCarthy
Kate Mullins. . . . . Erin Hill
Jim Farrell. . . . . Clarke Thorell

Außerdem: Adam Alexi-Malle, Becky Ann Baker, Melissa Bell,
Matthew Bennett, Jonathan Brody, Mindy Cooper, Alma
Cuervo, Lisa Datz, Jody Gelb, Kimberly Hester, Robin
Irwin, John Jellison, Peter Kapetan, Larry Keith, Joseph Ko-
linski, Drew McVety, Michael Mulheren, Charles McAteer,
Ted Sperling, Mara Stephens, Henry Stram, Andy Taylor,
Kay Walbye, William Youmans

"STEAMER TITANIC"

Largest and most luxurious in the World. Launched at Belfast Ireland, May 1911. Length 882 ft. 6 in. Displacement 66,000 tons. On her maiden trip struck a mammoth iceberg on Sunday, April 14th at 10.25 P. M. in 41° 49 minutes, north latitude-50° 14 minutes, West longitude. The worst disaster known in Marine History. Sunk at 2.20 A. M. April 15 1912, with a loss of over 1500 lives.

TEIL VI

Die unsterbliche *Titanic*:
Eine Legende
lebt weiter

Das seltenste Sammlerstück der Titanic?

Kurz bevor die R.M.S. *Titanic* am 10. April 1912 Southampton zu ihrer Jungfernfahrt verließ, wurden drei ihrer Decksbänke entfernt, um Platz für Ausrüstung zu schaffen. Man brachte die Bänke ins Büro der White Star Line in Southampton und verschenkte eine von ihnen an einen Vikar (einem anglikanischen Geistlichen, der einer Gemeinde vorsteht), der in einer engen persönlichen Beziehung zu einigen Beschäftigten der White Star Line stand. Die Bank blieb jahrzehntelang in seinem Besitz.

Gegen Ende der Neunzigerjahre verkaufte die Familie des Vikars diese Decksbank der *Titanic* (die Londoner Firma Onslow's übernahm die Transaktion) einem Repräsentanten der Firma J. Peterman Co., der sie bis 15. Mai 1998 der *Titanic*-Ausstellung in Saint Petersburg, Florida, als Schauobjekt überließ.

Im 1998er Frühjahrskatalog von J. Peterman Co. wurde diese *Titanic*-Decksbank des Vikars zum Kauf angeboten, zusammen mit den Originaldokumenten, die ihre Herkunft und Geschichte belegen. Der geforderte Preis lautete 188 000 Dollar.

Der erläuternde Katalogtext, von J. Peterman unterschrieben, schloss mit den Worten: »Anfragen bitte nur von ernsthaften Sammlern.«

Dem ist nichts mehr hinzuzufügen.

Die Auferstehung der *Titanic?*

Associated Press berichtet:
6. April 1998:

USA und Schweiz bauen eine Kopie der *Titanic*

New York (AP) – Ein schweizerisch-amerikanisches Konsortium hat angekündigt, eine 500 Millionen Dollar teure Kopie der *Titanic* in Originalgröße zu bauen, die zum 90. Jahrestag des Untergangs des Schiffes fertig gestellt sein soll.

»Sie kann nicht sinken«, versicherte Walter Navratil, Präsident des in der Schweiz beheimateten Bauträgers White Star Line Ltd., am Montag der *New York Post.*

Navratil gab bekannt, dass das ölbetriebene Dampfschiff im April 2002 eine Reise von Southampton nach New York und zurück antreten wird. Dabei ist 560 Meilen vor Neufundland im Nordatlantik ein Aufenthalt geplant – an der Stelle, wo am 15. April 1912 1500 Menschen ums Leben kamen.

Laut Auskunft der Organisatoren werden die Ticketpreise zwischen 10 000 und 100 000 US-Dollar liegen. Nach Abschluss der Reise soll das Schiff auf Kreuzfahrten eingesetzt werden.

Die Bauträger bestätigten, sich in der vergangenen Woche den Namen »R.M.S. Titanic« beim Internationalen Büro für geistiges Eigentum in Genf gesichert zu haben.

»Wir dachten, dies wäre der geeignete Moment, weil die ganze Welt von der *Titanic* begeistert ist«, sagte Annette Voelcker, Pressesprecherin von G&E Business Consulting and Trust, dem in der Schweiz ansässigen Bauträger und größten Anteilseigner des Projekts.

Aber es besteht kein Grund zur Sorge.

»Das Schiff wird modernste Anlagen zur Erkennung von Eisbergen an Bord haben«, versicherte Voelcker.

Die Baukosten für die echte *Titanic* beliefen sich 1912 auf zehn Millionen Dollar. Der amerikanische Partner bei diesem Projekt ist die Titanic Development Corp. aus Las Vegas.

8. April 1998:

Südafrikaner planen Replik der *Titanic*

Johannesburg (AP) – Eine in Südafrika ansässige Firma kündigte am Mittwoch an, bis zum Ende nächsten Jahres eine Replik der *Titanic* fertig stellen zu wollen – womit sie deutlich vor einem konkurrierenden schweizerisch-amerikanischen Konsortium läge.

Die Public-Relations-Firma Saatchi & Saatchi gab bekannt, man habe von der RMS Titanic Shipping Holdings of South Africa den Auftrag erhalten, eine Kampagne rund um das neue *Titanic*-Projekt zu entwickeln.

Das Schiff soll in Durban, an der Ostküste Südafrikas, entstehen und laut Saatchi & Saatchi am 29. Dezember 1999 seine Jungfernfahrt antreten.

Des Weiteren wurde bekannt, RMS Titanic Shipping Holdings hätten die Exklusivrechte zum Bau der Replik von Harland and Wolff Holdings erworben, die bekanntermaßen im Besitz der Originalpläne der *Titanic* sind.

Die Replik soll exakt den Spezifikationen des Originalschiffs entsprechen, allerdings mit modernen Annehmlichkeiten wie Klimaanlagen, Satellitenfernsehen und modernster Sicherheitstechnik ausgestattet werden.

Am Montag hatte das schweizerisch-amerikanische Konsortium verlauten lassen, für seine Kopie der *Titanic* 500 Millionen Dollar ausgeben zu wollen.

Der Film »Titanic« erzielte das beste Einspielergebnis aller
Zeiten und errang elf Academy Awards, wodurch er mit dem
bisherigen Rekordhalter »Ben Hur« gleichzog.

Zu den angekündigten schweizerisch-amerikanischen und süd-
afrikanisch-amerikanischen *Titanic*-Repliken gesellten sich kurz
darauf noch zwei weitere: Ende April 1998 kündigte eine Gesellschaft namens »Voyager Titanic Exhibition« aus Düsseldorf
an, sie habe sich den Namen »RMS Titanic« in Deutschland,
Frankreich, Luxemburg, Spanien, Belgien, den Niederlanden
und der Schweiz als Warenzeichen schützen lassen. Nach Auskunft von Harland & Wolffs Chefingenieur Jim Lee hat Voyager zwar ehrgeizige Pläne, diese bestanden jedoch im Frühjahr
1998 nur auf dem Papier. »[Sie sind] noch nicht ganz aus den
Startlöchern«, sagte Lee, und es gab noch keine genaueren Details wie einen Termin für den Stapellauf oder einen Zeitpunkt
für den tatsächlichen Baubeginn.

Bei der vierten geplanten Kopie der *Titanic* handelt es sich
um eine 30 Millionen Dollar teure, etwa 50 Meter lange Version im Maßstab 1:6, welche die in Belfast ansässige Gesellschaft North Star Holdings als gemeinnütziges Geschäfts- und
Tourismuszentrum nutzen will. Die North Star Holdings als
Erbauer dieser kleineren Schwester des Ozeanriesen ist davon
überzeugt, den drei anderen, kommerzielleren Konsortien mo-
ralisch überlegen zu sein. »Die Leute vergessen, dass es sich
um eine Tragödie bedeutenden Ausmaßes gehandelt hat«, sagt
Mark Blackburne, Chef von North Star, der diese Unternehmen als »Profiteure« bezeichnet.

Die in Südafrika ansässige Gesellschaft versuchte (siehe den
zweiten Pressebericht auf Seite 527), den anderen Konkurren-
ten einen Riegel vorzuschieben und sich die Exklusivrechte –
nebst den Originalplänen der *Titanic* – von Harland & Wolff
zu sichern. Allerdings handelt es sich laut Jim Lee dabei eher

um ein Wunschdenken von Seiten der Südafrikaner. »Wenn andere Interessenten mit genügend Kapital zu uns kommen«, sagte er der *New York Post* im April 1998, »werden wir auch mit ihnen einen Kontrakt abschließen.«

Das schweizerisch-amerikanische Konsortium, das sich völlig legal White Star Lines Ltd. taufte, stieß nach Ankündigung seines ehrgeizigen Planes, im Jahr 2002 – dem 90. Jahr seit dem Untergang – eine brandneue *Titanic* vom Stapel laufen lassen zu wollen, auf ganz andere rechtliche Probleme: Die Reederei Cunard Line, die in den Dreißigerjahren den Namen White Star Line von International Mercantile Marine erwarb, drohte mit einem Gerichtsverfahren bezüglich der Namensrechte.

Als Laura Italiano von der *New York Post* Jim Lee von Harland & Wolff um einen Kommentar zu diesem noch nie da gewesenen Boom an »Wiederbelebungsversuchen« der *Titanic* bat, meinte der lakonisch: »Ob die Welt vier *Titanics* braucht oder nicht, steht auf einem anderen Blatt.«

In der Tat.

EPILOG

August 1998:
Der »Big-Piece«-Triumph
und »*Titanic* Live«

Es ist so großartig, so schön, so überwältigend.
Man sieht Dinge, von denen man bis dahin nur gelesen
hat. Und es ist eine tief bewegende Erfahrung, plötzlich
den Ort zu Gesicht zu bekommen, an dem sich diese
ganzen Ereignisse abgespielt haben.
Charles Haas, Titanic-Historiker

Der August des Jahres 1998 war einer der bedeutendsten Monate in der Geschichte der *Titanic*-Forschung, da es George Tulloch und »RMS Titanic« im zweiten Versuch gelang, das »Big Piece« vom Meeresboden des Atlantiks zu heben. Ihr erfolgreiches Unternehmen fand in sämtlichen Medien gebührende Würdigung.

Zwei Jahre nach dem »Big-Piece«-Debakel (siehe Kapitel 27) konnte Tulloch sich von den Vorwürfen bezüglich seiner zirkusreifen Veranstaltung anlässlich des ersten Bergungsversuchs befreien. Als Reaktion auf die heftige Kritik, die er für seine respekt- und geschmacklosen Rahmenaktivitäten rund um das Heben des »Big Piece«, eines 17 Tonnen schweren Rumpfteils der *Titanic*, einstecken musste, gab es bei Tullochs *Titanic*-Expedition des Jahres 1998 keine gaffenden Touristen, keine

Casinos, keine Las-Vegas-Shows oder irgendwelche anderen Hinweise auf eine partyähnliche Stimmung an Bord wie bei seinem ersten Versuch.

Diesmal handelte es sich um ein rein wissenschaftliches Unternehmen – ein durch und durch meeresarchäologisches Forschungsvorhaben, bei dem es Tulloch (großenteils) gelang, ein Debakel in einen Triumph zu verwandeln.

NBC-»Dateline«, 12. August 1998

Obwohl die *Titanic*-Expedition 1998 Boston am 30. Juli 1998 verließ und vom ersten Tag an über ihre Aktivitäten berichtete, erhielt die Öffentlichkeit erst am Mittwoch, dem 12. August 1998, durch die einstündige »Dateline«-Sondersendung »Raising the *Titanic*« des amerikanischen Fernsehsenders NBC ausführlichere Informationen über dieses Forschungsvorhaben.

»Titanic '98« verfolgte mehrere Forschungszwecke, aber das Projekt, das George Tulloch wahrscheinlich am meisten am Herzen lag, war die Bergung des »Big Piece« – des Rumpfteils der *Titanic*, das er im August 1996 schon fast in Händen gehalten, dann jedoch wieder verloren hatte.

Am Montag, dem 10. August 1998, meldete die Nachrichtenagentur Associated Press, dass das »Big Piece« tatsächlich vom Meeresboden zutage befördert worden sei und sich im Besitz der RMS Titanic befinde. Und in einer zweiten Pressemitteilung am Tag darauf erklärte George Tulloch: »Wir von der Firma RMS Titanic sind außerordentlich erfreut darüber, dieses bedeutende Teil in der Geschichte der *Titanic* heute bergen zu können. Während die *Titanic* selbst niemals gehoben werden kann, soll dieses Rumpfteil als eindrucksvolles Monument dienen, das die Erinnerung an die *Titanic* für immer wach halten wird. Mein Dank gilt vor allem dem Team von Ingenieuren und Wissenschaftlern, deren Wissen und fachmännisches Können diese Bergungsaktion zu einem Erfolg werden ließen.«

Ab diesem Zeitpunkt wusste die Weltöffentlichkeit also definitiv, dass das »Big Piece« zum ersten Mal seit 86 Jahren im Trockenen war.

Aber die zwei Tage später ausgestrahlte, einstündige Sondersendung »Raising the *Titanic*« zeigte nicht sofort Bilder der Bergung. Stattdessen beschäftigte man sich mit der Frage, ob Tulloch und seine Firma erfolgreich gewesen seien, indem man die Zuschauer durch launige Zwischenbemerkungen bis kurz vor Sendeschluss zappeln ließ und erst in den letzten zwei Minuten Bilder des »Big Piece« über Wasser ausstrahlte.

Der Grund für diese Verzögerungstaktik von »Dateline« bestand darin, dass man eine Exklusivberichterstattung über die Bergung des »Big Piece« bringen wollte und daher eine einstündige »Sondersendung« rund um dieses Ereignis herum »strickte«, in der die Zuschauer wiederholt mit der Frage auf die Folter gespannt wurden, ob das Expeditionsteam seine Aufgabe meistern würde oder nicht.

Obwohl Tulloch sich bemüht hatte, der Expedition den »Showbusiness«-Charakter zu nehmen, hieb NBC genau in diese Kerbe und präsentierte den Ablauf der Bergungsarbeiten bis hin zur Hebung des »Big Piece« wie eine Episode aus der Reihe »Ungeklärte Rätsel«. Aber Privatfernsehen ist und bleibt nun einmal Privatfernsehen, und die drei führenden US-Privatsender haben noch nie eine Gelegenheit ausgelassen, ausgiebig die Werbetrommel zu rühren.

In der Sendung wurde die *Titanic* als »eine im Meeresboden begrabene Legende« bezeichnet und die Expedition als »beispiellose Mission« beschrieben (wobei man den ersten Versuch aus dem Jahr 1996 bequemerweise einfach vergaß). Außerdem forderte man die Zuschauer dazu auf, »dabei zu sein, wenn Geschichte geschrieben wird«.

Darüber hinaus erklärte der Moderator Stone Phillips, dass das Ziel dieser Mission darin bestünde, das »andauernde Mysterium des Untergangs der *Titanic*« zu klären (ich hatte bis dahin immer angenommen, dass das Schiff mit einem Eisberg kollidierte und voll Wasser lief). Gleichzeitig bediente sich die Korrespondentin Sarah James solcher Phrasen wie »unbeschreibliche Odyssee« und erhielt schließlich die Gelegenheit, mit der *Nautile* zum Fundort des »Big Piece« hinabzutauchen.

Es ist eine bekannte Tatsache, dass der Discovery Channel und NBC sich mit George Tulloch und RMS Titanic darauf verständigt hatten, für die Bergungsaktion der Gruppe über Exklusivrechte für Fernsehen und Printmedien zu vermarkten. Daher bestand auf Seiten von NBC bei der Berichterstattung über die Expedition eine gewisse Befangenheit, die sich in Kommentaren wie den folgenden äußerte:

• Die Korrespondentin Sarah James erklärte beispielsweise, dass George Tulloch von »den Franzosen hinzugeholt worden« sei, um zu gewährleisten, dass die geborgenen *Titanic*-Artefakte sorgfältig behandelt und der Öffentlichkeit zugänglich gemacht werden würden. Das klingt so, als hätten die französischen Forscher den besten Mann ausgesucht, den sie finden konnten, um die geborgenen Objekte zu schützen. Und wieder vergisst man bequemerweise, dass Tulloch den Erwerb der alleinigen Bergungsrechte an dem Wrack und allen darin befindlichen Gegenständen aggressiv betrieben hatte.

• Später fügte Sarah James noch hinzu, dass »Tulloch feierlich erklärt hat, keine Artefakte zu verkaufen« und dass »seine Firma lediglich aus dem Verkauf von *Titanic*-Memorabilien und Fahrkarten für [*Titanic*]-Expeditionen Gewinne macht«. Das ist im Prinzip richtig, lässt aber die Tatsache außer Acht, dass (vielleicht zu Unrecht?) berichtet wurde,

Tulloch sei rechtlich nicht befugt, *Titanic*-Relikte zu verkaufen. Falls dies zutrifft, ist seine feierliche Erklärung möglicherweise ein wenig unaufrichtig.

- Im halbherzigen Bemühen um journalistische Ausgewogenheit wird mit dem Umstand argumentiert, dass es sich bei Tullochs Bergungsaktion um die »Schändung einer unterseeischen Grabstätte« handle. Und man fragt Tulloch, warum Kleidungsstücke und andere aus dem Trümmerfeld geborgene Gegenstände nicht den Nachkommen der rechtmäßigen Besitzer übergeben werden. Tullochs Antwort – die tatsächlich einen Sinn ergibt – besteht darin, auf die Frage mit einer Gegenfrage zu reagieren: Wem soll man die Sachen denn übergeben? Welchem Cousin? Welcher Großnichte?

- Im Anschluss wird auf folgenden Aspekt verwiesen: Wenn Tulloch nicht die alleinigen Bergungsrechte erworben hätte, wäre die *Titanic* wahrscheinlich dem gleichen Schicksal anheim gefallen wie andere Schiffswracks und von Schatzsuchern und Plünderern heimgesucht worden. Es ist ein Gebot der Fairness: In diesem Punkt stimme ich vollkommen mit ihm überein. Wenn die Bergung der *Titanic* nicht für alle anderen illegal wäre, könnte jedermann, der über genügend Geld für die Anmietung der *Nautile* oder eines vergleichbaren Tauchboots verfügt, hinabtauchen, die Reling abmontieren und das Wrack in tausend Einzelteile zerlegen.

- Gegen Ende der Sondersendung erklärt Korrespondent Bob MeKeown, George Tullochs »persönliche Mission« bestünde darin, »uns allen ein besseres Verständnis für den Verlauf des Untergangs dieses berühmten Dampfschiffs zu vermitteln«. Es sollte an dieser Stelle darauf hingewiesen werden, dass die Bergungsgegner alles andere als begeistert sind, dass George Tulloch sich als einzig Verantwortlicher für die Wahrung der Erinnerung an die R.M.S. *Titanic* aufspielt.

Von diesen Dingen einmal abgesehen, konnte die »Dateline«-Sondersendung tatsächlich mit einigen Neuigkeiten aufwarten.

»Dateline« stellte Bill Willard vor, einen Lehrer aus South Carolina, den Erfinder einer kleinen, ferngesteuerten Kamera namens »T-Rex« (kurz für »Titanic Remote Explorer«). Bei einem Kongress hatte Willard eines der Mitglieder der Expedition von 1996 kennen gelernt und sich erkundigt, warum man nicht in das Wrack eingedrungen sei und Aufnahmen gemacht habe. Als er erfuhr, dass es eine solch kleine Kamera nicht gebe, fragte Willard, ob man von seinem Modell Gebrauch machen werde, wenn er eines konstruiere. Man signalisierte Zustimmung, und er baute eine Kamera. (So war es zumindest geplant. Zur Zeit der NBC-Sondersendung arbeitete der T-Rex namens »Robin1« immer noch nicht fehlerfrei.)

Außerdem wurde von »Dateline« erstmals enthüllt, dass es sich bei dem »Big Piece« um einen Teil der an Backbord gelegenen 1.-Klasse-Kabine C86 handelte (und nicht C79 und C81, wie ursprünglich angenommen). Diese Kabine auf Deck C hatten Mr. und Mrs. Walter Douglas aus Minneapolis gebucht, die sich auf dem Heimweg von einer Europareise befanden. »Dateline« spürte Mrs. Douglas' Großnichte auf (Mr. Douglas ging mit dem Schiff unter) und verlas ein Gedicht, das Mrs. Douglas über den Untergang der *Titanic* verfasst hatte.

»*Titanic* Live«

Am Freitag, dem 14. August 1998, posaunte der Discovery Channel auf einer ganzseitigen Anzeige in *USA Today* heraus, dass er am Sonntag, dem 16. August, eine Sondersendung »*Titanic* Live« ausstrahle. *Titanic*-Fans im ganzen Land wurden mit den Worten eingeladen: »Erleben Sie den Augenblick der Entdeckung! Roboterkameras, Tauchboote und Satellitenverbindungen bringen Sie 4500 Meter unter die Wasseroberfläche und lassen Sie live bei der Erforschung der Titanic dabei sein!« Die Anzeige warnte die Zuschauer auch davor, dass es »von den äußeren Bedingungen« abhängig sei, was während der Live-übertragung auf den Bildschirmen zu sehen sei – aber man ließ keinen Zweifel daran, dass dieses Unternehmen zumindest so atemberaubend sein werde wie der große Treppenaufgang der *Titanic*.

»Titanic '98« wollte die folgenden Stellen des Schiffes live erforschen:

- die Korridore der 3. Klasse, um den Gerücht nachzugehen, die Ausgänge seien verschlossen worden, um die Zwischendeckspassagiere am Besteigen der Rettungsboote zu hindern;
- die Kesselräume im Heck, um zu klären, ob die Kessel explodiert waren beziehungsweise der Rumpf implodiert war oder beides;
- den Funkraum, in der (angeblich von der Marconi Foundation finanzierten) Absicht, die Marconi-Funkanlage zu bergen, von der aus die Notrufe der *Titanic* versandt worden waren;
- den Bug unterhalb der Wasserline, wo die *Titanic* mit dem Eisberg kollidierte, um zum ersten Mal Bilder von dem Schaden zu erhalten, den der Eisberg dem Schiffsrumpf zugefügt hatte.

Die so marktschreierisch angekündigte Sondersendung begann mit der Eröffnung, dass das Expeditionsteam im Laufe der nächsten zwei Stunden »einen endgültigen Trennstrich zwischen Wahrheit und Legende, zwischen Fakten und Sagen« ziehen würde. Als Moderatoren der Sendung traten Bob McKeown und Sarah James von NBC auf, die Anfang derselben Woche bereits die »Dateline«-Sondersendung »Raising the *Titanic*« moderiert hatten. Unterstützt wurden beide durch eine Einleitung und Kommentare von John Siegenthaler direkt aus den Studios des Discovery Channel.

Den größten Teil der Sendung über arbeitete die Glasfaser- und Satellitentechnik problemlos; die einzigen kleineren Defekte und Störungen traten auf, als Sarah James Paul Matthias' Erklärungen aus der *Nautile* kommentieren wollte, die sich unmittelbar vor Ort befand. Es kam zu einer leichten Verzögerung in der Kommunikation mit dem Tauchboot, und als James in Matthias' Text hineinsprach und ihn seinen Bericht nicht beenden ließ, führte dies zu Momenten des Schweigens, in denen beide auf eine Äußerung des jeweils anderen warteten.

Die Sendung raumte George Tulloch, P. H. Nargeolet und anderen Mitarbeitern von RMS Titanic breiten Raum ein, desgleichen David Livingstone von Harland & Wolff, dem Schiffbauer Bill Garzke (siehe Kapitel 25, »Waren die Nieten der tödliche Schwachpunkt der *Titanic?*«) und den Titanic-Historikern und -Autoren Charles Haas und John Eaton. Der Mikrobiologe Dr. Roy Cullimore trat ebenfalls in der Sendung auf, um über die Auswirkungen der »Rostzapfen« bildenden, eisenzersetzenden Bakterien auf die strukturelle Festigkeit des Schiffes zu sprechen. (Laut vorherrschender Expertenmeinung, wird die *Titanic* in weniger als 90 Jahren zu einem überdimensionalen Rostfleck auf dem Boden des Atlantiks zerfallen sein.)

»*Titanic* Live« bestand aus sechs vorbereiteten Abschnitten, durchsetzt mit Liveübertragungen von Bord der *Nautile* und Interviews mit den Hauptakteuren, die sich an Deck der *Ocean Voyager* befanden.

Von diesen sechs Abschnitten präsentierte »The Heart of Titanic« die aufsehenerregendsten Bilder, Aufnahmen von der Inneneinrichtung des Wracks. Der winzige T-Rex »Robin1«

(der mittlerweile voll funktionstüchtig war) zeigte den Zuschauern:

- Kapitän E.J. Smiths Badezimmer, samt Aufnahmen vom Duschkopf und der Badewanne des Kapitäns (was Haas zu der absurden Bemerkung veranlasste, die Wanne hätte eine gründliche Reinigung nötig);
- die Offiziersmesse;
- den Funkraum mitsamt eines Details des Funkgeräts;
- Innenansichten der Kabine von J. Bruce Ismay (B54), die über den großen Treppenaufgang zu erreichen war;
- einen Beleuchtungskörper und einen Kerzenhalter;
- einen Empfangsraum auf dem Deck B;
- Kabine B51, mit erkennbarem offenem Kamin;
- Ismays Kabinentür, sein Waschbecken und einen Stuhl;
- Sicherheitsgitter, die zu einem Gesellschaftsraum der 3. Klasse führen (oder ihn absperrten?)
- das Deck G;
- einen Haufen leinerner Postsäcke, bedeckt von etwas, das wie ein rosa Plüschteppich aussah, sich aber letztlich als unbekannte unterseeische Lebensform herausstellte;
- einige intakte Fenster von Kabinen der 1. Klasse;
- das Oberlicht des Funkraums;
- einen Marconi-Anschlusskasten.

Weitere Live-Unterwasserbilder von der *Titanic* zeigten das beschädigte Heck (aufgenommen von Paul Matthias in der *Nautile*), die Pumpe der Steuerbordmaschine, einige Kessel und Zylinder Nr. 2 der Backbord-Kolbenmaschine.

Allein dieses Filmmaterial (ebenso wie das früher aufgenommene Video vom Bug, dem vorderen Mast, der Luke zum Krähennest und dem Ruderhaus) lohnte es, den Rest dieser auf Sensationsgier bedachten Sendung mit ihren wieder aufgewärmten älteren Filmsequenzen durchzustehen.

Dennoch muss zwischen der *Titanic*-Expedition 1998 und
»*Titanic* Live« ein klarer Trennstrich gezogen werden.

Obwohl sich George Tulloch im Laufe dieser Sendung den
wahrscheinlich übelsten verbalen Fehltritt leistete, von dem ich
jemals bei einer *Titanic*-Forschungsreise gehört habe, besteht
kein Zweifel daran, dass die Bergung des »Big Piece«, das
»Rusticle«-Experiment (bei dem verschiedene Materialien auf
den Meeresboden platziert wurden, um festzustellen, welches
von ihnen sich gegen die Bildung von Rostzapfen als besonders
resistent erweist – in der Hoffnung, dieses Material bei zukünftigen Schiffbauten verwenden zu können) sowie die Aufsehen
erregenden Fernsehbilder vom Äußeren und Inneren der *Titanic*, die im Lauf dieser Mission aufgezeichnet wurden, diese
Expedition in den Rang eines bedeutenden und wichtigen wissenschaftlichen Ereignisses erhoben. Der oben erwähnte *faux
pas* geschah während einer von Sarah James' Gesprächen mit
Paul Matthias an Bord der *Nautile*. Sie fragte Tulloch, ob er dem
Unterwasserforscher etwas mitteilen wollte, worauf Tulloch
Matthias die Nachricht zukommen ließ: »Ich hoffe, ich muss
Gail [Matthias' Frau] nicht sagen, dass du heute Nacht auf
dem Boden des Meeres schläfst.« Tulloch bezog sich damit eigentlich auf das schlechte Wetter, das den Aufstieg der Nautile
an die Wasseroberfläche verzögerte, aber seine Bemerkung
kam äußerst unpassend über den Bildschirm, vor allem, wenn
man bedenkt, dass Matthias gerade ein Wrack untersuchte, das
für viele nichts anderes ist als eine Grabstätte, in der immer
noch 1500 Menschen auf dem Boden des Meeres »schlafen«.
Mit diesen und anderen, ähnlich gedanken- und respektlosen
Bemerkungen hat Tulloch bei vielen Bergungsgegnern für zusätzlichen Zorn gesorgt.

Bezüglich der Diskussion rund um eine Bergung hat Charles
Haas ein in meinen Augen sehr stichhaltiges Argument vorge-
bracht, mit dem sich Tullochs und Haas' Bemühungen des ver-

gangenen Jahrzehnts rechtfertigen lassen. Da wir heute zweifelsfrei wissen, dass die *Titanic* langsam zerfällt, können wir davon ausgehen, dass in absehbarer Zeit die geborgenen Artefakte, Videoaufnahmen und Fotos vom Wrack alles sein werden, was der Welt von diesem großartigen Dampfschiff bleibt. Diese Überlegung ist nicht von der Hand zu weisen und ein wichtiger Beweggrund dafür, das Wrack so detailliert wie möglich zu kartografieren und aufzunehmen, bevor das Unvermeidliche geschieht. Ob man mit Haas und Tulloch einer Meinung ist oder nicht – fest steht, dass ohne ihre Untersuchungen unser Wissen über die *Titanic* und ihre Passagiere weit weniger vollständig wäre.

Anhang

Quellen zur *Titanic*

Spiel- und Fernsehfilme

1912 »Saved From the Titanic« (Stummfilm)
1929 »Atlantic« (Spielfilm)
1943 »Titanic« (Propagandafilm der Nazis)
1953 »Der Untergang der Titanic« (Spielfilm)
1956 »A Night to Remember« (NBC-/Kraft-Fernsehfilm)
1958 »Die letzte Nacht der Titanic« (Spielfilm)
1979 »S.O.S. Titanic« (ABC-Fernsehfilm)
1980 »Hebt die Titanic« (Spielfilm)
1996 »Titanic« (CBS-Mini-Fernsehserie)
1997 »Titanic« (Spielfilm)

Episoden von Film- und Fernsehserien, in denen die *Titanic* eine Rolle spielt

1958 »One Step Beyond: April 14th« (Fernsehepisode)
1964 »Goldgräber-Molly« (Spielfilm)
1966 »Time Tunnel: Rendezvous mit der Vergangenheit« (Fernsehepisode)
1971 »Night Gallery: Lone Survivor« (Fernsehepisode)
1976 »Das Haus am Eaton Place« (BBC-Fernsehserie)
1979 »Time Bandits« (Spielfilm)
1982 »Voyagers: Voyagers of the Titanic« (Fernsehepisode)
1985 »Ghostbusters 2« (Spielfilm)
1995 »No Greater Love« (Fernsehfilm)

Dokumentarfilme

»The Final Voyage«(1960)
»S.O.S. Titanic« (1979)
»Titanic: A Question of Murder« (1983)
»Return to the Titanic« (1986)
»Titanic: The Nightmare and the Dream« (1986)
»National Geographic, Secrets of the Titanic« (1987)
»National Geographic, Search for Battleship Bismarck« (1990)
»I Witness Video, Eva Hart« (1992)
»Treasures of the Titanic« (1992)
»Titanica« (1993)
»Titanic: Treasures of the Deep« (1993)
»The Making of a Night to Remember« (1994)
»National Geographic, Last Voyage of the Lusitania« (1994)
»Titanic: The Legend Lives On« (1994)
»Echoes of Titanic« (1997)
»Titanic: Anatomy of a Disaster« (1997)
»Titanic: Collide With Destiny« (1997)
»Titanic Remembered« (1997)
»Titanic: Breaking New Ground« (1998)
»Titanic: Secrets Revealed« (1998)

Bücher

Sachbücher

Archbold, Rick, und McCauley, Dana: »*Das letzte Dinner auf der Titanic. Mit 50 Rezepten und Menüs von dem legendären Luxusliner*«. München: Heyne 1997

Ballard, Robert: »*Finding the Titanic*«. New York: Cartwheel Books 1993

Ballard, Robert, und Archbold, Rick: »*Das Geheimnis der Titanic – 3800 Meter unter Wasser*«. Frankfurt/M.: Ullstein 1995

Beesley, Lawrence: »*Titanic – Wie ich den Untergang über-lebte*«. München: Goldmann 1998

Behe, George: »*Titanic – Psychic Forewarnings of a Tragedy*«. Cambridge: Patrick Stephens 1987

Biel, Steven: »*Down With the Old Canoe – A Cultural History of the Titanic Disaster*«. New York: W. W. Norton 1996

Bonsall, Thomas E: »*Titanic*«. New York: Gallery 1987

Booth, John, und Coughlan, Sean: »*Titanic – Signals of Disaster*«. Westbury: White Star 1993

Bown, Mark, and Simmons, Roger: »*R.M.S. Titanic – A Portrait in Old Picture Postcards*«. Shropshire: Brampton 1987

Boyd-Smith, Peter: »*Titanic – From Rare Historical Reports*«. 1. Aufl. Southampton: Brooks 1992: Southampton: Steamship, 1994 (2. Auf.)

Braynard, Frank O.: »*Story of the Titanic Postcards: Twenty-four Ready-to-Mail Cards*«. New York: Dover Publications 1988

Brown, Rustie: »*The Titanic, the Psychic, and the Sea*«. Lomita: Blue Harbor 1981

Bryceson, Dave: »*The Titanic Disaster – As Reported in the British National Press April–July 1912*«. New York: Norton 1997

Bullock, Shan F.: »*A Titanic Hero – Thomas Andrews, Shipbuilder*«. Riverside: Seven C's Press 1973 (Nachdruck einer in Dublin 1912 gedruckten Ausgabe, erschienen bei Maunsel Press)

Butler, Daniel Allen: »*Unsinkable: The Full Story of RMS Titanic*«. Mechanicsburg: Stackpole Books 1998

Clarke, Arthur: »*Ghost From the Grand Banks*«. New York: Bantam Doubleday Dell 1990

Cohen, Leo: »*Titanic Revisited*«. La Jolla: L. Cohen 1984

Conklin, Thomas: »*The Titanic Sinks! – Disaster as Media Event*«. New York: Random House 1997

Conrad, Joseph: »*Gesammelte Werke in Einzelbänden*«. Frankfurt/M.: S. Fischer 1976

Cooper, Gary: »*The Man Who Sank the Titanic? – The Life and Times of Captain Edward J. Smith*«. Stoke-on-Trent: Witan 1992

Costello, Philip: »*Titanic*«. Portsmouth: Titanic Products 1985

Davie, Michael: »*Titanic – The Death and Life of a Legend*«. New York: Knopf 1987

Eaton, John P., und Haas, Charles A: »*Titanic: The Story in Pictures*«. Wellington: Stephens 1986

Eaton, John P., und Haas, Charles A: »*Titanic – Legende und Wahrheit*«. Königswinter: Heel 1997

Eaton, John P., und Haas, Charles A: »*Titanic – Triumph und Tragödie; eine Chronik in Texten und Bildern*«. München: Heyne 1997

Everett, Marshall, (Hrsg.): »*The Wreck and Sinking of the Titanic: The Ocean's Greatest Disaster. A Grafic and Thrilling Account of the Greatest Floating Palace Ever Built Carrying Down to Watery Graves More Than 1,500 Souls*«. Chicago: L. H. Walter 1912

Friedlander, Robert: »*Titanic*«. (Übersetzung Erna McArthur) London: Secker 1938

Gardiner, Robin, und van der Vat, Dan: »*Die Titanic-Verschwörung – Die Geschichte eines gigantischen Versicherungsbetrugs*«. München: Goldmann 1997

Gardiner, Robin, and van der Vat, Dan: »*The Titanic Conspiracy: Cover-Ups and Mysteries of the World's Most Famous Sea Disaster*«. Secaucus: Citadel Press 1996

Gardner, Martin (Hrsg.): »*The Wreck of the Titanic Foretold?*« New York: Prometheus 1998

Garrett, Richard: »*Atlantic Disaster – Titanic and Other Victims of the North Atlantic*«. Auburn: Seven Hills 1986

Gibbs, Philip: »*The Deathless Story of the Titanic*«. London: Lloyd's Weekly News 1912

Gracie, Archibald: »*Titanic: ein Überlebensbericht*«. Bergisch Gladbach: Bastei Lübbe 1998

Harrison, Leslie: »*Defending Captain Lord – A Titanic Myth, Part Two*«. Worcestershire: Images Publications 1996

Harrison, Leslie: »*A Titanic Myth – The Californian Incident*«. London: William Kimber 1986

Heyer, Paul: »*Titanic Legacy – Disaster as Media Event and Myth*«. Westport: Praeger 1995

Hilton, George W: »*Legacy of the Titanic*«. Stanford: Stanford University Press 1995

Hoffman, William, und Grimm, Jack: »*Beyond Reach: The Search for the Titanic*«. New York: Beaufort Books 1982

Hyslop, Donald, Forsyth, Alastair, und Jemima, Sheila (Hrsg.): »*Die Geschichte der Titanic – erzählt in Zeugnissen, Interviews und Dokumenten*«. München: Droemer 1998

Kuntz, Tom (Hrsg.): »*Titanic-Protokolle – Die Berichte der Überlebenden*«. Königswinter: Heel 1998

Lightoller, C. H.: »*Titanic and Other Ships*«. London: Nicholson and Watson 1935

Lloyd's Weekly News: »*The Deathless Story of the Titanic – Complete Narrative With Many Illustrations*«. London: Lloyd's Weekly News 1912 (Nachdruck: London: Lloyd's of London Press 1985).

Lord, Walter: »*Titanic – Wie es wirklich war: Die Geschichte des Luxusliners und seiner Passagiere*«. München: Heyne 1998

Lord, Walter: »*Die letzte Nacht der Titanic*«. Bern: Scherz 1956

Lord, Walter: »*Die Titanic-Katastrophe – Der dramatische Untergang des Luxusdampfers*«. München: Heyne 1992

Lynch, Donald: »*Titanic – Königin der Meere. Das Schiff und seine Geschichte*«. München: Heyne 1992

MacInnis, Joseph: »*Titanic – in einem neuen Licht*«. Remseck: RVG Interbook 1993

Marcus, Geoffrey: »*The Maiden Voyage*«. New York: Viking Press 1969

Marsh, Ed: »*James Camerons Titanic*«. Nürnberg: Burgschmiet 1997

Marshall, Logan (Hrsg.): »*The Sinking of the Titanic*«. Philadelphia: John C. Winston Co. 1912

Mauro, Philip: »*The Titanic Catastrophe and Its Lessons*«. London: Morgan and Scott 1912

Mowbray, Jay H.: »*Sinking of the Titanic – Most Appalling Ocean Horror With Grafic Descriptions of Hundreds Swept to Eternity Beneath the Waves*«. Harrisburg: Minter Co. 1912

Neil, Henry: »*Wreck and Sinking of the Titanic*«. Chicago: Homewood Press 1912

O'Connor, Richard: »*Down to Eternity*«. New York: Fawcett, 1956

Padfield, Peter: »*The Titanic and the Californian*«. New York: John Day Co. 1965

Pellegrino, Charles R: »*Die letzte Fahrt der Titanic – Eine Legende gibt ihr Geheimnis preis*«. München: Droemer Knaur 1998

Pellow, James, und Kendle, Dorothy: »*A Lifetime on the Titanic: The Biography of Edith Haisman*«. London: Island Books 1995

Quinn, Paul J.: »*Titanic at Two A.M.: An Illustrated Narrative With Survivor Accounts*«. New York: Fantail 1997

Random House: »*Titanic: The Official Story April 14–15, 1912*«. New York: Random House 1997

Reade, Leslie: »*The Ship That Stood Still – The Californian and Her Mysterious Role in the Titanic Disaster*«. New York: Norton 1993

Robertson, Morgan, und Stevenson, Ian: »*The Wreck of the Titan: The Paranormal Experiences Connected With the Sinking of the Titanic*«. Cutchogue: Buccaneer Books 1991

Rose, Alan: »*Build Your Own Titanic*«. New York: G. P. Putnam 1981

Rostron, Arthur: »*Home From the Sea*«. New York: Macmillan 1931

Russell, Thomas H.: »*Sinking of the Titanic*«. Chicago: Homewood Press 1912

Shipbuilders (Magazin): »*Ocean Liners of the Past – Olympic and Titanic*«. Cambridge: Patrick Stephens, Ltd. 1976 (Nachdruck der Magazinartikel von 1911)

Spignesi, Stephen J.: »*The Complete Titanic: From the Ship's Earliest Blueprints to the Epic Film*«. Secaucus: Birch Lane Press 1998

Stenson, Patrick: »›*Lights‹ – The Odyssey of C. H. Lightoller*«. New York: Norton 1984

Thayer, John B.: »*Der Untergang der S.S. Titanic*«. Bergisch Gladbach: Bastei Lübbe 1998

Tibbals, Geoff: »*The Titanic – The Extraordinary Story of the ›Unsinkable‹ Ship*«. New York: Reader's Digest 1997

Ticehurst, Brian J.: »*Titanic Passenger Miss Kate Buss of Sittingbourne*«. Kent: B & J Printers 1995

Ticehurst, Brian J.: »*Titanic's Memorials, Worldwide – Where They Are Located. A Listing of the Memorials and Grave Sites/Stones of Both Titanic Victims and Survivors*«. Southampton: B & J Printers 1996

Tyler, Sidney: »*A Rainbow of Time and Space – Orphans of the Titanic*«. Tucson: Aztek Corporation 1981

Wade, Wyn Craig: »*Die Titanic – Das Ende eines Traums*«. München: Deutscher Taschenbuch Verlag 1983

Walker, J. Bernard: »*An Unsinkable Titanic – Every Ship Its Own Lifeboat*«. New York: Dodd, Mead 1912

Wels, Susan: »*Titanic – Schicksal & Vermächtnis des Ozean-riesen*«. Augsburg: Bechtermünz Verlag 1999

Winocour, Jack (Hrsg.): »*The Story of the Titanic – As Told by Its Survivors*« (Lawrence Beesley, Archibald Gracie, C. H. Lightoller, Harold Bride). New York: Dover 1960

Young, Filson: »*Titanic*«. London: G. Richard 1912

Belletristik

Bainbridge, Beryl: »*Nachtlicht*«. München, Wien: EuropaVerlag 1997

Bass, Cynthia: »*Maiden Voyage*«. New York: Bantam Books 1997

Brown, Richard: »*Voyage of the Iceberg*«. New York: Beaufort Books 1983

Chipperfield, Joseph E: »*The Story of a Great Ship – The Birth and Death of the Steamship Titanic*«. New York: Roy Publications 1959

Cussler, Clive: »*Hebt die Titanic!*« München: Goldmann 1988

Finney, Jack: »*Von Zeit zu Zeit – Die Vergangenheit ist nur einen Schritt entfernt …*« Bergisch Gladbach: Bastei Lübbe 1998

Peck, Richard: »*Amanda Miranda*«. München: Heyne 1983

Precht, Robert: »*Titanic*«. New York: Dutton 1940

Robertson, Morgan: »*Titan – eine Liebesgeschichte auf hoher See – Der Roman, der den Untergang der Titanic vorwegnahm*«. München: Heyne 1997

Seil, William: »*Sherlock Holmes and the Titanic Tragedy – A Case to Remember*«. New York: Inbook 1996

Stanwood, Donald: »*Die Überlebenden der Titanic*«. Frankfurt/M., Wien: Ullstein 1980

Steel, Danielle: »*Nichts ist stärker als die Liebe*«. München: Blanvalet 1996

Ziavras, Charles: »*Titanic Interlude*«. Lowell: Ithica Press 1983

Lyrik

Ball, Richard: »The Last Voyage of the Titanic«. Milton: Gazebo Books 1968

Cronin, Anthony: »R.M.S. Titanic«. Dublin: Raven Arts Press 1981

Dixon, J. Qallan: »Wreck of the Steamship Titanic«. Buffalo: Sovereign Publishing 1912

Drew, Edwin: »The Wreck of the Titanic – Treated in Verse«. London: W. Nicholson and Sons 1912

Greeley, Horace: »The Wreck of the Titanic – A Poem«. Brooklyn: Donald Sinclair o. J.

Hardy, Thomas: »The Convergence of the Twain«. New York: Prometheus 1998 (in »The Wreck of the Titanic Foretold?« hrsg. von Martin Gardner)

Howell, J. A: »The Great Ship Titanic and Its Disaster«. Richwood: Yew Pine Independent Print 1913

MacFie, Ronald Campbell: »The Titanic – An Ode of Immortality«. London: E. MacDonald 1912

Pratt, E. J.: »The Titanic«. Toronto: Macmillan 1935

Root, E. Merrill: »When Man's Great Ship Went Down«, in: »Of Perilous Seas«. Francestown: Golden Quill Press 1964

Stahl, C. Victor: »The Sinking of the Titanic and Other Poems«. Boston: Sherman, French and Co. 1915

Kinderbücher

Ballard, Robert: »*Die Suche nach der Titanic*«. Nürnberg: Tessloff 1988

Blos, Joan: »*The Heroine of the Titanic – A Tale Both True and Otherwise of the Life of Molly Brown*«. New York: Morrow 1991

Boning, Richard: »*Adventures at Sea*«. Baldwin: Dexter and Westbrook 1978

Boning, Richard: »*Titanica*« (Incredible Series). Baldwin: Dexter and Westbrook 1974

Brewster, Hugh: »*Komm mit auf die Titanic*«. Bindlach: Loewe 1997

Bunting, Eve: »*S.O.S. Titanic*«. San Diego: Harcourt Brace 1996

Cooke, Arthur Owens: »*A Day in the Shipyard*«. New York: Hodder and Stoughton 1911

Donnelly, Judy: »*The Titanic, Lost ... and Found*«. New York: Random House 1987

Gormley, Beatrice: »*Back to the Titanic!*« Denver: Apple 1994

Hamilton, Sue L.: »*Royal Mail Steamship Titanic*«. Bloomington: Abdo and Daughters 1988

Henkel, Virginia: »*Letters From the Past*«. Petone: Nelson Price Milburn 1989

Kent, Deborah: »*The Titanic*« (Cornerstones of Freedom Series). Danbury: Children's Press 1993.

Rawlinson, Jonathan: »*Discovering the Titanic*« (Great Adventure Series). Vero Beach: Rourke Enterprises 1988

Sloan, Frank: »*Titanic*« (a First Book Series). New York: Watts 1987

Spedden, Daisy, und Stone, Corning: »*Polar, der Titanic-Bär*«. Nürnberg: Tessloff 1995

Stacey, Thomas: »*The Titanica*« (World Disaster Series). San Diego: Lucent 1989

Tanaka, Shelley: »*Auf der Titanic – Augenzeugen berichten*«. Hamburg: Carlsen 1996

Wallace, Jim: »*Terror on the Titanic*« (Choose Your Own Adventure, No. 169). New York: Bantam 1996

Williams, Barbara: »*Titanic Crossing*«. New York: Dial Books for Young Readers 1995

Zeitschriften

Die folgende Liste enthält eine Auswahl an Zeitschrifen, die Artikel über die Entdeckung der *Titanic* und den Film »Titanic« veröffentlicht haben. Viele dieser Magazine brachten ihren *Titanic*-Bericht als Titelstory. Zusätzlich zu den hier aufgeführten regelmäßig erscheinenden Publikationen findet man Hunderte von Zeitungen in aller Welt, die Artikel rund um die *Titanic* veröffentlichten (sowohl über das historische Ereignis als auch über den Film), aber eine vollständige Liste würde ein eigenes Buch erfordern und den Rahmen dieser Bibliographie sprengen. Stattdessen soll die folgende Auswahl als Ausgangspunkt für Interessierte dienen, die sich in aktuellen, maßgeblichen Zeitschriften eingehend über das Schiff und den Film informieren wollen.

Al Majalla (Saudi-Arabien; Januar 1998)
American Cinematographer (19. Dezember 1997)
Celebrity Skin (Dezember 1997)
Cine Live (Frankreich; Januar 1998)
Cinefex (Dezember 1997)
Cinema (Deutschland; Januar 1998)
Civilization (Dezember 1997)
Computer Graphics World (Januar 1998)
Cracked (März 1998; Mai 1998)
Der Stern (Deutschland; 1996)
Empire (England; Februar 1998)
Entertainment Weekly (24. Oktober 1997; 2. November 1997; 7. November 1997; 12. Dezember 1997; 19. Dezember 1997; 9. Januar 1998; 23. Januar 1998; 6. Februar 1998; 13. März 1998; 20. März 1998; »Oscar«-Edition 1998)
Esquire (Dezember 1997)

Film Comment (Januar/Februar 1998)
Film Review (England; Januar 1998; Februar 1998)
Gente (Italien; Februar 1998)
Globe (13. Januar 1998; 24. März 1998; 31. März 1998)
Gold Series: Leo and Titanic (März 1998)
Le Figaro (Frankreich; Januar 1998)
Life (Juni 1997)
Linux Journal (Februar 1998)
Make-Up Artist (Februar 1998)
Movieline (Dezember/Januar 1997/1998; März 1998)
National Geographic (Dezember 1985; Dezember 1986)
National Review (23. Dezember 1996)
Naval History (Oktober 1996)
New Tekniques (Dezember 1997)
Newsweek (16. September 1985; 23. September 1985;
    23. Februar 1998)
Nouvel Observateur (Frankreich; Februar 1998)
Panorama (Italien; Februar 1998)
Paris Match (Frankreich; 12. Februar 1998)
People (19. Mai 1997; 26. Januar 1998)
Popular Mechanics (Januar 1986; September 1998)
Popular Science (Februar 1995)
Porthole (Januar 1998)
Premiere (Frankreich; Januar 1998; Dezember 1997)
The Red Herring (Januar 1998)
Roadshow (Japan; Februar 1998)
Rolling Stone (5. März 1998)
Science (27. September 1985)
Sea Classics (Februar 1998; März 1988)
Smithsonian (August 1986)
Theatre Crafts International (Januar 1998)
Time (11. August 1986; 16. September 1985)
Time Out (England; Dezember 1997)

TV Hits (England; Januar 1998)
US (Januar 1988)
U.S. News and World Report (16. September 1985;
   23. September 1985; 28. Juli 1986; 11. August 1986)
Vanity Fair (Januar 1998; März 1988)
Veja (Spanien; Januar 1998)
Wired (Februar 1998)
Written By (Dezember 1997)

Organisationen

Wenn Sie nur einer einzigen historischen *Titanic*-Gesellschaft beitreten wollen, möchte ich Ihnen die erste Organisation auf der nachfolgenden Liste ans Herz legen: die in Massachusetts ansässige »Titanic Historical Society, Inc«. (THS). Schon allein ihre offizielle Zeitschrift, *The Titanic Commutator*, ist den jährlichen Mitgliedsbeitrag wert. Und man befindet sich in bester Gesellschaft, denn zu den Mitgliedern der THS zählen unter anderen. Don Lynch, Ken Marschall und Dr. Robert Ballard (ebenso wie der Autor dieses Buches). Die THS ist sehr darauf bedacht, das Andenken an die *Titanic* auf würdevolle und historisch korrekte Art und Weise zu bewahren, und auch ihr Katalog mit Büchern, Videobändern, Kassetten, Postern und anderen *Titanic*-Memorabilien lohnt unbedingt die Mühe. Auf den Jahrestreffen der Gesellschaft versammeln sich die profiliertesten Freunde und Verehrer der *Titanic* aus aller Welt, und die »Titanic Historical Society« hat sogar ihr eigenes Museum – ausgerechnet in den hinteren Räumen eines Juweliergeschäfts.

Was die anderen Organisationen betrifft, so hatte ich bisher noch keinen persönlichen Kontakt mit einem ihrer Mitglieder. Daher kann ich an dieser Stelle nur ihre (hoffentlich aktuellen) Adressen auflisten – für alle, die es interessiert.

Titanic Historical Society
P.O. Box 51053 (208 Main Street)
Indian Orchard, MA (USA) 01151
(413) 543-4770

Titanic International, Inc.
P.O. Box 7007
Freehold, NJ (USA) 07728

The British Titanic Society
P.O. Box 401
Hope Carr Way
Leigh, Lancashire
WN7 3WW England

The Titanic Society of Ireland
The Anchorage
Coast Road
Malahide Co.
Dublin, Ireland

The Shannon Ulster Titanic Society
Adam Bell
8 Knockdene
Bangor, Co. Down
Northern Ireland
BT2O 4UZ6AE

The Ulster Titanic Society
32 Heatherstone Road
Bangor, Co. Down
Northern Ireland
BT19 6AE

The Steamship Historical Society of America
300 Ray Drive / Suite No. 4
Providence, RI (USA) 02906
(401) 274–0805

The Titanic Society of South Africa
P.O. Box 1880
Rottenville, 2130
Johannesburg / South Africa

Titanic-Informations-Center Deutschland e. V.
Postfach 1214
D-87618 Füssen

Titanic-Verein Schweiz
Postfach 407
CH-8636 Wald

Titanic-Memorabilien

Titanic-Memorabilien rufen häufig zwiespältige Gefühle hervor. Wann überschreitet ein *Titanic-*»Souvenir« die unsichtbare Grenze und wird respektlos und unangemessen? Denn letzten Endes handelt es sich beim Untergang der *Titanic* um eine schreckliche Katastrophe, bei der über 1500 Menschen ihr Leben verloren. Viele Menschen betrachten das Wrack als eine Grabstätte und halten *Titanic*-Memorabilien für ebenso anstößig und ungehörig wie Holocaust- oder Sklaverei-Souvenirs.

Nichtsdestotrotz gibt es eine riesige Nachfrage nach allem, was mit der *Titanic* zu tun hat, und für die Interessierten unter Ihnen möchte ich die beiden wichtigsten Quellen für Memorabilien nennen: die Titanic Historical Society und die J. Peterman Company.

Die Titanic Historical Society

Die Titanic Historical Society (THS) gibt einen Katalog mit Büchern und Merchandise-Artikeln heraus, der sich als eine Fundgrube an Informationen zur *Titanic* erweist. Die Gewinne aus den Verkäufen werden dazu verwandt, den außergewöhnlich hohen Standard des *Titanic Commutator*, der offiziellen Zeitschrift der Gesellschaft, zu wahren. Außerdem bestreitet die THS damit einen Teil ihrer organisatorischen Kosten, sodass die Mitgliedsbeiträge im Rahmen gehalten werden können. (Die meisten Mitglieder zahlen etwa 25 Dollar – ein sehr geringer Betrag, wenn man sich die Qualität des *Commutator* und die anderen Angebote der Gesellschaft vor Augen hält.)

Die Kontaktadresse der THS finden Sie im Abschnitt »Organisationen«.

Der *Titanic*-Katalog der THS enthält u.a. Folgendes:
• Audiokassetten und CDs mit Berichten von *Titanic*-Überlebenden
• Videobänder von *Titanic*-Dokumentationen
• Bücher über die *Titanic*, darunter Nachdrucke seltener, 1912 erschienener Ausgaben, Biografien von Offizieren und Überlebenden, Passagier- und Mannschaftslisten, Kinderbücher, Bücher über die Kontroverse rund um die *Californian* sowie offizielle *Titanic*-Dokumente
• Audiokassetten und CDs mit Musik und Liedern zur *Titanic*
• Reproduktionen von Zeitungen aus dem Jahr 1912
• Abhandlungen zu verwandten Themen, darunter mehrere Bände über die Erfindung der drahtlosen Telegrafie und des Funks
• Originalgetreue Reproduktionen von Wimpeln der White Star Line, Rangabzeichen, Broschüren, Faltblättern und anderen Gegenständen

- *Titanic*-Postkartensätze, häufig als Nachdruck der Original-Postkarten von 1912
- Papierwaren, Briefpapier und Briefumschläge der *Titanic* und der White Star Line
- Nachdrucke der Original-Deckspläne von *Titanic, Olympic, Britannic, Homeric, Carpathia, Adriatic, Andrea Doria* und *Empress of Ireland*
- Poster, Lithographien, Kunstdrucke und Fotos der *Titanic*, sowie viele Arbeiten von Ken Marschall und Drucke und Fotos mit Originalunterschriften von Überlebenden wie Millvina Dean und Winnifred Quick Van Tongerloo
- *Titanic-* und White-Star-Line-T-Shirts, Baseballkappen, Schmuck und Uhren
- Krimskrams wie *Titanic*-Puzzles, Stifte, Schlüsselanhänger, Magneten und Stickmuster
- Ältere Ausgaben des *Titanic Commutator*

Die J. Peterman Company

Die in Lexington im US-Bundesstaat Kentucky ansässige J. Peterman Co. ist ein Postversandhaus, das nicht nur durch die Fernsehserie »Seinfeld« unsterblich wurde (Elaine schreibt am Katalog für die Firma) oder für seine schrulligen kleinen Geschichten rund um seine Waren bekannt ist, sondern auch Merchandising-Artikel der Titanic Historical Society führt.

Die Firma stieg im Herbst 1997 in das »*Titanic*-Geschäft« ein und bot Original-Requisiten und andere Objekte aus James Camerons Film an. Dieser erste Vorstoß in die Welt der *Titanic*-Fangemeinde übertraf sämtliche Erwartungen (fast alle Artikel, inklusive sehr teurer Kostüme und anderer Gegenstände aus dem Film waren innerhalb kürzester Zeit ausverkauft), und im Frühjahrskatalog 1998 – dessen Titelblatt groß »Weitere TITANIC-Artikel« anpries – wurde das Warenangebot um authentische Titanic-Gegenstände erweitert. Obwohl aus dem Wrack geborgene Artefakte nicht verkauft werden dürfen, war die Nachfrage nach Reproduktionen sehr groß, und J. Peterman schlug aus diesem »Bedarf« Kapital, indem die Firma Repliken von *Titanic*-Artefakten anfertigen ließ und einige extrem seltene *Titanic*-Gegenstände erwarb, die frei verkäuflich waren. (Siehe »Das seltenste Sammlerstück der *Titanic*?« in diesem Teil.)

Die J. Peterman Company arbeitete mit George Tullochs »RMS Titanic« zusammen, um »exakte Reproduktionen von Gegenständen« herzustellen, die »von der RMS Titanic geborgen wurden, welche die alleinigen Bergungsrechte für das Wrack besitzt«. Darüber hinaus bot man »eine limitierte Anzahl erstaunlicher Requisiten und Kostüme aus dem Film ›Titanic‹ an. (Der Katalog wies ferner darauf hin, dass »echte Artefakte von der *Titanic* zwar unverkäuflich« seien, dafür jedoch »von RMS Titanic für zukünftige Generationen erhalten« würden.)

Nachfolgend finden Sie eine Liste ausgewählter Merchandising-Artikel der Firma J. Peterman, die getrennt vom restlichen Katalog in einer vierseitigen Beilage unter dem Titel »Schiff der Träume« vorgestellt werden (die in Klammern gesetzten Beträge beziehen sich auf den Verkaufspreis, nicht auf den Nominalwert).

• Gerahmte *Titanic*-Fahrscheine mit Kontrollabschnitt (250 Dollar)
• *Titanic*-Korbsessel und -sofa (3500 Dollar)
• Von James Cameron signierte Original-»Titanic«-Filmposter (95 Dollar – auf Bitten James Camerons ging die Hälfte des Verkaufserlöses an die Multiple-Sklerose-Stiftung der USA)
• *Titanic*-Briefpapierset (45 Dollar)
• »Kapitän Smiths Mantel« (5000 Dollar – der Mantel, den Bernard Hill im Film »Titanic« trug)
• *Titanic*-Anker (25 000 Dollar – eine fast vier Meter große Fiberglas-Replik des echten *Titanic*-Ankers)

- Gerahmte *Titanic*-Teller (375 Dollar – aus dem im Film »Titanic« verwendeten Geschirr)
- 20-Dollar-Goldstücke aus der Zeit der *Titanic* (zum Preis von 350 Dollar verkauft – aus dem Film »Titanic«)
- *Titanic*-Klappstuhl aus Leder (795 Dollar – Replik eines *Titanic*-Stuhls)

Außerdem bot die J. Peterman Co. eine autorisierte Replik von Roses Halskette »Le Cœur da Mer« (Das Herz des Ozeans) an, die 198 Dollar kosten sollte – was relativ teuer ist für ein mit Rhodium beschichtetes Schmuckstück mit falschen Diamanten. Die Fans waren jedoch anderer Ansicht, und bis zum 15. April 1998 – dem Jahrestag des Untergangs der *Titanic* – hatte die Firma bereits über 4000 Exemplare dieser Halskette verkauft. »Das ist mit Abstand der bestverkaufte *Titanic*-Artikel«, erklärte der Sprecher von J. Peterman, Arnie Cohen, der Zeitung *USA Today*. »Wir schätzen, dass wir bis zum 1. Juni mehr als 10 000 Stück verkauft haben werden«.

Newsgroups und E-Digests

Bei einer Internet-»Newsgroup« handelt es sich im Grunde um ein virtuelles schwarzes Brett, an dem Benutzer mit gleichen Interessen Nachrichten und Fragen hinterlassen, »FAQs« (Listen der am häufigsten gestellten Fragen) zur Verfügung stellen und mit anderen Mitgliedern der »Nachrichtengruppe« in Kontakt treten können. Individuelle Nachrichten nennt man »subject«, und eine Nachricht mit den darauf erfolgten Reaktionen wird als »thread« bezeichnet.

»E-Digests« sind Internet-Sammlungen von Nachrichten und Reaktionen, die den Abonnenten der Artikelsammlung per E-Mail zugeschickt werden.

Für *Titanic*-Fans gibt es zwei Newsgroups und einen E-Digest, die einen Besuch lohnen:

Newsgroups

alt.history.ocean-liners.titanic   Hierbei handelt es sich um eine historisch interessierte Newsgroup, die sich nicht nur mit dem Schiff und seinem Untergang beschäftigt, sondern auch mit allen für die Geschichte der *Titanic* relevanten Aspekten. Manche Beiträge sind sehr informativ und zeugen von einem hohen Kenntnisstand, während andere naive Fragen von erstmaligen Besuchern dieser Website darstellen. Darüber hinaus findet man hier eine rege Debatte über solche Fragen wie Murdochs Selbstmord, das Schicksal der Rettungsboote der *Titanic* und das potenzielle Vorhandensein einer ägyptischen Mumie im Laderaum der *Titanic*.

Kurz nach dem Start des Films »Titanic« im Dezember 1997 wandten sich viele begeisterte Filmfans an diese Newsgroup, um einen Dialog über den Film in Gang zu setzen. Aber manche langjährigen Newsgroup-Mitglieder waren über diese Abschweifung vom Thema verärgert, und ihr Protest führte zur Einrichtung einer neuen Newsgroup, die sich ausschließlich dem Film »Titanic« widmet.

alt.movies.titanic   Diese Newsgroup beschäftigt sich ausschließlich mit James Camerons Film »Titanic«. Ihre zahlreichen Beiträge bestehen aus Dialogen über bevorzugte Filmszenen sowie Gerüchten über Dinge wie die Videoveröffentlichung oder überarbeitete Filmversionen in anderen Ländern. Um die »Herzdes-Ozeans«-Replik und die Position des Films auf der Liste mit den besten Einspielergebnissen aller Zeiten haben sich schon ganze Dialogseiten entsponnen. Außerdem enthält diese Newsgroup regelmäßig Beiträge à la »Ich liebe Leonardo DiCaprio« und zahlreiche Anfragen bezüglich Websites mit Nacktfotos von Kate Winslet. Im Vergleich zur oben genannten Newsgroup ist *alt.movies.titanic* etwas weniger anspruchsvoll.

E-Digests

titanic-discuss@silverquick.com Diese täglich aktualisierte Sammlung von Fragen, Kommentaren und Listen zur *Titanic* wird nur Abonnenten per E-Mail zugeschickt. Die Zahl der Beiträge schwankt zwischen zehn und hundert pro Tag, und es kann sehr anstrengend sein, sich täglich auf dem Laufenden zu halten. Dennoch enthält diese Sammlung zahlreiche Informationen, und für ernsthafte *Titanic*-Interessenten, denen an einem regen Informationsaustausch mit anderen »Rivet Heads« gelegen ist, könnte sich ein Abonnement lohnen. Der Zugang ist kostenlos, und man kann sich auch über die entsprechende Website (http://www.silverquick.com/titanic.htm) in die Liste der Abonnenten eintragen. Der »Titanic Discuss Digest« gehört Mark Taylor, einem ernst zu nehmenden *Titanic*-Forscher, der all denen eine wertvolle, kostenlose Informationsquelle zur Verfügung stellt, die mehr über das Schicksal der *Titanic* wissen möchten. Taylor ist über met@mindspring.com zu erreichen.

Websites

Es gibt so viele Websites im Internet, die sich alle mit der *Titanic* beschäftigen, dass man kaum noch mit allen Angeboten Schritt halten kann. Am besten lässt man das World Wide Web von einem Browser – beispielsweise www.excite.com, www.hotbot.com, www.infoseek.com und natürlich dem guten, alten www.yahoo.com – nach dem Begriff »Titanic« durchsuchen und lehnt sich dann entspannt zurück.

Um Ihnen jedoch ein wenig Zeit zu sparen, finden Sie hier die Adressen einiger wichtiger und interessanter *Titanic*-Websites, die einen Besuch durchaus lohnen:

http://www2.titanic1.org/titanic1/ (die Website der Titanic
  Historical Society);
http://www.titanicmovie.com (die offizielle Website des Films
  »Titanic«);
http://www.titanic-online.com (die Website der RMS Titanic,
  Inc.);
http://www.lib.virginia.edu/cataloging/vnp/titpref.html
  (Nachdrucke von Nachrichten aus der Zeit der *Titanic*);
http://www.geocities.com, Hollywood/Hills/3162/
  titanic_webring.html (ein *Titanic*-Webring mit Links zu
  anderen Websites);
http://www.discovery.com/DCO/doc/1012/world/specials/
  titanic/titanicopener.html (Online-Übertragung der *Titanic*-
  Sondersendung »Raising the Titanic« des Discovery Channel);
http://www.si.edu/resource/faq/titanic.htm (Eintrag zur *Titanic* in der Encyclopedia Smithsonian);
http://www.mediature.com/titanic/ (Titanic-Seite der Mace-
  don Mediature, Inc.);
http://www.niweb.com/dnet/dnetnAvo (die International
  Titanic-Convention-Seite der Ulster Titanic Society);
http://octopus.gma.org/space1/titanic.html (»The Grave of
  the Titanic« vom Gulf of Maine Aquarium);
http://www.frenchbulldog.org/ardesign/titanic (enthält ein
  Interview mit der *Titanic*-Überlebenden Eva Hart)

Auch die folgenden Websites lohnen die Mühe:
http://www.titanicinternational.org
http://www.sstitanic.com
http://www.fireball.de/surflips/arttit.html
http://www.yahoo.de/promotions/events/titanic.html
http://www.rmplc.co_uk/eduweb/sites/phind/

Frachtliste der *Titanic*

Es hat mich immer irritiert, auf welch überkommene Art und Weise die Fracht der *Titanic* in den vielen, im Lauf der Jahre über sie veröffentlichten Bücher aufgelistet wurde. Stets tauchte zuerst der Name des Spediteurs auf, dann erst folgten die Artikel, die als Fracht auf der *Titanic* verschifft wurden. Nach meinem Dafürhalten bestand jedoch der interessanteste Aspekt der Frachtliste der *Titanic* darin, *was* verschifft wurde, und nicht darin, *wer* es verschiffte. Aus diesem Grund folgt hier, in alphabetischer Reihenfolge, eine Aufstellung aller in der Frachtliste der *Titanic* genannten Artikel.

Eine derartige inhaltliche Auflistung der auf der *Titanic* verschifften Güter macht die gewaltige Menge an Waren wesentlich zugänglicher und lesbarer. Zudem gewährt uns eine solche Liste Einblick und Einsicht in das Leben zu Beginn des 20. Jahrhunderts.

Frachtgut	Menge	Spediteur
Alarmanlagen	15 Kisten	Maltus and Ware
Alte Eichenbalken	eine Fuhre	American Express Co.
Anchovis	75 Kisten	Acker, Merrall and Condit
Argol[1]	33 Sack	Inhaber des Originalfrachtbriefs
Auto	1 Kiste	W.E. Carter
Autoteile	1 Kiste	G. Prost
Bänder	2 Kisten	J.G. Johnson Co.
Baumwolle	1 Kiste	Tice and Lynch
Baumwolle	2 Kisten	Nottingham Lace Works
Baumwolle	4 Kisten	Leo J. Rosenthal Co.

[1] Argol ist ein grober Weinstein, der sich in Weinfässern während des Alterungsprozesses absetzt.

Frachtgut	Menge	Spediteur
Baumwollspitzen	1 Kiste	Calhoun, Robbins and Co.
Baumwollspitzen	12 Kisten	H.B. Claflin and Co.
Baumwollstoffe	1 Kiste	B. Altman and Co.
Baumwollstoffe	7 Kisten	Sherman Sons and Co.
Baumwollstoffe	20 Kisten	Mills and Gibb
Bekleidung	1 Kiste	Carbon Machinery Equipment Co.
Bilder	1 Kiste	Davies, Turner and Co.
Bilder usw.	2 Kisten	Oelrichs and Co.
Blechrohre	1 Kiste	Adams Express Co.
Blumen	2 Kisten	Judkins and McCormick
Bohnen	3 Kisten	J. Munro and Co.
Brandy	110 Kisten	H. Hollander
Bruyèrepfeifen	3 Kisten	U.S. Export Co.
Bücher	1 Kiste	Davies, Turner and Co.
Bücher	2 Kisten	Brasch and Rothenstein
Bücher	2 Kisten	G.W. Sheldon and Co.
Bücher	2 Kisten	Thomas and Pierson
Bücher	3 Kisten	Snow's Express Co.
Bücher	3 Kisten	Wells, Fargo and Co.
Bücher	5 Kisten	Adams Express Co.
Bücher	5 Kisten	American Shipping Co.
Bücher	5 Kisten	T. Meadows and Co.
Bücher	5 Kisten	Tice and Lynch
Bücher	9 Kisten	American Express Co.
Bücher	10 Kisten	J.P. Lippincott and Co.
Bücher	35 Kisten	Adams Express
Bücher und Spitze	2 Kisten	G.T. Mathews and Co.
Bukko	5 Ballen	Inhaber des Original-frachtbriefs
Bukko	8 Ballen	Auftrag
Bürstenware	1 Kiste	Cauvigny Brush Co.

Frachtgut	Menge	Spediteur
Bürstenware	1 Kiste	Park and Tilford
Bürstenware	1 Kiste	Victor and Achiles
Bürstenware	$1/_2$ Kiste	Calhoun, Robbins and Co.
Butter	12 Kisten	N.Y. and Cuba SS Co.
Champagner	63 Kisten	F.B. Vandegrift and Co.
Chirurgische Instrumente	1 Kiste	International Trading Co.
Cognac	2 Kisten	American Express Co.
Cognac	15 Kisten	C.A. Van Renssaller
Crêpe de Chine	3 Kisten	Spielman Co.
Dichtungsgummi	1 Kiste	American Express Co.
Dichtungsgummi	1 Kiste	G.W. Sheldon and Co.
Drachenblut [2]	76 Kisten	Brown Bros. and Co.
Drogerieartikel	5 Kisten	Park and Tilford
Drucke	3 Kisten	American Express Co.
Drucksachen	1 Kiste	Aero Club of America
Drucksachen	2 Kisten	U.S. Export Co.
Drucksachen	3 Kisten	American Express Co.
Drucksachen	4 Kisten	Davies, Turner and Co.
Drucksachen	4 Kisten	Pitt and Scott
Druckschriften	1 Kiste	Wells, Fargo and Co.
Druckschriften	1 Kiste	Knauth, Nachod and Kuhne
Druckunterlagen	4 Kisten	Fuchs and Lang Manufacturing Co.
Effekten	1 Paket	American Express Co.
Eier	1 Kiste	Wells, Fargo and Co.
Eisenfassungen	1 Kiste	R.F. Downing and Co.
Eisenwaren	1 Kiste	International Trading Co.
Eisenwaren	2 Kisten	Thomas and Pierson

[2] Drachenblut ist das Harz der Palmfrucht und wird für Farbglasuren und Fotogravüren verwendet.

Frachtgut	Menge	Spediteur
Erbsen	13 Kisten	J.Munro and Co.
Erbsen	15 Kisten	J.Munro and Co.
Erde	1 Fass	American Express Co.
Essig	19 Kisten	N.Y. and Cuba SS Co.
Factis	14 Kisten	Auftrag
Federn	1 Kiste	Young Bros.
Federn	4 Kisten	Inhaber des Original-frachtbriefs
Federn	11 Kisten	Morris Goldster
Feinwerkzeug	5 Kisten	G.W. Sheldon and Co.
Felle	1 Ballen	Lazard Freres
Felle	1 Ballen	Thorer and Praetorius
Felle	1 Kiste	Auftrag
Felle	1 Kiste	Engle Gross Co.
Felle	2 Pakete	Dublin, Morris and Kornbluth
Felle	3 Ballen	Inhaber des Original-frachtbriefs
Felle	4 Ballen	J. Gillman
Felle	5 Pakete	M. Cohen Bros
Felle	8 Ballen	Auftrag
Felle	8 Ballen	Auftrag
Felle	8 Pakete	Auftrag
Fensterrahmen	3 Kisten	Auftrag
Filme	1 Kiste	C.B. Richard
Filme	1 Kiste	N.Y. Motion Picture Co.
Filme	6 Kisten	American Express Co.
Filterpapier	41 Kisten	E. Fouger
Filz	1 Kiste	R.F. Downing and Co.
Fisch	10 Bund	J. Munro and Co.
Fisch	75 Ballen	Strohmeyer and Arpe
Fische	5 Kisten	Auftrag

Frachtgut	Menge	Spediteur
Fotos	1 Kiste	Davies, Turner and Co.
Füllfederhalter	4 Kisten	Spencerian Pen Co.
Gemischtes Gemüse	10 Kisten	J. Munro and Co.
Gemischtwaren	1 Kiste	U.S. Export Co.
Gemüse	3 Kisten	Auftrag
Glaswaren	2 Kisten	American Express Co.
Glühbirnen	1 Kiste	R.F. Downing and Co.
Glühbirnen	3 Kisten	J.M. Thorburn and Co.
Golfbälle	1 Schachtel	G.W. Sheldon and Co.
Grammofone	1 Kiste	American Express Co.
Gummi	11 Ballen	National City Bank of New York
Gummi	68 Kisten	Baring Bros. and Co.
Gummi	134 Kisten	Arnold and Zeiss
Gummiband	1 Kiste	P.C. Kuyper and Co.
Gummiwaren	1 Kiste	American Express Co.
Guttapercha [3]	100 Sack	Baring Bros. and Co.
Haarnetze	1 Kiste	Rush and Co.
Haarnetze	3 Kisten	R. Sanger and Co.
Haarnetze	4 Pakete	Auftrag
Handelsgüter	1 Kiste	Davies, Turner and Co.
Handelsgüter	1 Kiste	F.B. Vandegrift and Co.
Handelsgüter	1 Kiste	G.A. Walker
Handelsgüter	1 Kiste	G.S. Nicholas and Co.
Handelsgüter	1 Päckchen	Lemke and Buechner
Handelsgüter	1 Päckchen	S. Budd
Handelsgüter	2 Päckchen	American Express Co.
Handelsgüter	18 Kisten	American Express Co.

---

[3] Guttapercha ist eine zähe Kunststoffmasse, die aus dem Milchsaft verschiedener malaysischer Bäume gewonnen wird und eine Ähnlichkeit mit Gummi aufweist, jedoch mehr Harz enthält und bei Isolierungen und in der Zahnmedizin Verwendung findet.

Frachtgut	Menge	Spediteur
Handelsgüter	20 Bund	J. Munro and Co.
Handelsgüter	25 Kisten	American Express Co.
Handschuhe	1 Kiste	A.M. Tolson and Co.
Handschuhe	1 Kiste	Marshall Field and Co.
Handschuhe	1 Kiste	Mills and Gibb
Handschuhe	1 Kiste	Speilman Co.
Harz	3 Kisten	Brown Bros. and Co.
Harz	13 Kisten	Auftrag
Harz	14 Fass	Auftrag
Hogshead-Essig [4]	2 Kisten	N.Y. and Cuba SS Co.
Hüte	1 Kiste	Adams Express Co.
Hutleder etc.	2 Kisten	M.J. Corbett and Co.
Hutmacherpelze	10 Kisten	Auftrag
Jutesackleinwand	30 Rollen	Auftrag
Kalebassen [5]	16 Kisten	Inhaber des Original-frachtbriefs
Kameras und Stative	8 Kisten	American Express Co.
Kaninchenfell	1 Kiste	Auftrag
Kaninchenfell	15 Kisten	Brown Bros. and Co.
Kaninchenfelle	3 Kisten	Broadway Trust Co.
Kapern	12 Kisten	J. Munro and Co.
Kartoffeln	1196 Sack	Chas Pape and Co.
Kartoffeln	1962 Sack	Auftrag
Kartoffeln	318 Sack	J.P. Sauer and Co.
Käse	1 Kiste	American Express Co.
Käse	10 Laib	P.H. Petry and Co.
Käse	15 Laib	Auftrag
Käse	15 Laib	Reynolds and Dronig

[4] Ein Hogshead ist ein großes Fass, das für gewöhnlich zwischen 63 und 140 Gallonen (zwischen 240 und 640 Liter) fasst.
[5] Eine Kalebasse ist ein Flaschenkürbis, dessen harte Schale als Gebrauchsgegenstand, beispielsweise als Flasche, verwendet wird.

Frachtgut	Menge	Spediteur
Käse	30 Laib	American Express Co.
Käse	30 Laib	Phoenix Cheese Co.
Käse	40 Laib	Sheldon and Co.
Käse	50 Laib	C.D. Stone and Co.
Käse	50 Laib	C.Percival
Käse	50 Laib	F.X. Baumert and Co.
Käse	50 Laib	Haupt and Burgi
Käse	70 Laib	Judas Bernard and Co.
Käse	190 Laib	Rathenberger and Co.
Kekse	7 Kisten	T. Leeming and Co.
Kekse	25 Kisten	Wakem and McLaughlin
Kerzen	1 Paket	American Motor Co.
Konserven	3 Kisten	Lazard Freres
Konserven	6 Kisten	N.Y. and Cuba SS Co.
Konserven	25 Kisten	Schall and Co.
Kork	6 Ballen	Wakem and McLaughlin
Kretonne[6]	1 Kiste	R.H. Sterns and Co.
Kühlschränke	11 Kisten	Anderson Refrigeration Machinery Co.
Kurzwaren	1 Kiste	Davies, Turner and Co.
Leder	1 Kiste	P.C. Kuyper and Co.
Leder	2 Kisten	Auftrag
Leder	3 Ballen	Adams Express Co.
Leder	3 Kisten	A. Wimpfheimer and Co.
Linoleum	4 Rollen	Adams Express Co.
Linoleum	856 Rollen	Witcombe, McGrachlin and Co.
Maschinenteile	1 Kiste	Davies, Turner and Co.
Maschinenteile	1 Kiste	G.W. Sheldon and Co.
Maschinenteile	1 Lattenkiste	Aero Club of America

[6] Kretonne ist kräftiger, nicht glänzender Baumwoll- oder Leinenstoff, aus dem vor allem Vorhänge- oder Bezüge angefertigt werden.

Frachtgut	Menge	Spediteur
Maschinenteile	18 Kisten	Alfred Suter
Mehl	1 Kiste	R.F. Downing and Co.
Melonen	10 Schachteln	Dujardin and Ladnick
Möbel	2 Kisten	Thomas and Pierson
Möbel	2 Kisten	Wells, Fargo and Co.
Möbel	3 Kisten	Wm. Baumgarten and Co.
Motordichtungen	1 Kiste	R.F. Downing and Co.
Muscheln	225 Kisten	Acker, Merrall and Condit
Musterseil	3 Kisten	U.S. Export Co.
Öl	18 Kisten	N.Y. and Cuba SS Co.
Öl	38 Kisten	Moquin Wine Co.
Oliven	25 Kisten	J.Munro and Co.
Olivenöl	25 Kisten	Nichols Austin
Opium	4 Kisten	Auftrag
Orchideen [7]	8 Kisten	Maltus and Ware
Orchideen	11 Kisten	Maltus and Ware
Päckchen	1	E.H. Van Ingen and Co.
Papierwaren	6 Kisten	Adams Express Co.
Parfümseife	3 Kisten	Crown Perfume Co.
Paste	8 Kisten	American Express Co.
Patronen	5 Kisten	Kronfeld, Saunders and Co.
Pergament	1 Kiste	T. Meadows and Co.
Pflanzen	1 Kiste	American Express Co.
Pflanzen	1 Kiste	Wells, Fargo and Co.
Pflanzen	30 Kisten	Hempstead and Sons

[7] Diese 19 Kisten (mit insgesamt 500 Stück) Orchideen stammten aus Indien und waren für Kalifornien bestimmt. Es handelte sich um eine seltene, an der pazifischen Küste noch nicht eingeführte Varietät, und die Züchter warteten bereits ungeduldig auf ihr Eintreffen – bis sie die Nachricht erhielten, dass die Blumen mit der *Titanic* verschifft worden waren.

Frachtgut	Menge	Spediteur
Pilze	22 Kisten	J. Munro and Co.
Pilze	25 Kisten	Nichols Austin
Pilze	107 Kisten	Knauth, Nachod and Kuhne
Porzellan	1 Kiste	Tiffany and Co.
Proben	2 Kisten	American Express Co.
Proben	3 Schachteln	T. Meadows and Co.
Quecksilber	2 Fass	American Express Co.
Rahmen	1 Tasche	Tice and Lynch
Rohfedern	1 Kiste	A.I. Simon and Co.
Rohfedern	7 Kisten	Auftrag
Rohgummi	31 Pakete	Auftrag
Rohseide	8 Ballen	Auftrag
Rosshaar	2 Kisten	Auftrag
Salz	60 Kisten	S. Stern
Samt	1 Kiste	A.V. Heyliger
Samt	1 Kiste	Rusch and Co.
Sardinen	25 Kisten	Lazard Freres
Sardinen	246 Kisten	Auftrag
Schaffelle	3 Ballen	Inhaber des Original-frachtbriefs
Schreibwaren	2 Kisten	Tice and Lynch
Schwämme	117 Kisten	Lasker and Bernstein
Segeltuch	1 Kiste	American Express Co.
Seide	2 Kisten	Auftrag
Seidenwaren	1 Kiste	F. Costa
Seidenwaren	1 Kiste	Flietmann and Co.
Seidenwaren	3 Kisten	J.A. Blum
Seidenwaren	3 Kisten	T. Tiedman and Sons
Seife	2 Kisten	Adams Express Co.
Seife	6 Kisten	F.R. Arnold Co.
Sero-Fassungen	1 Kiste	American Express Co.

Frachtgut	Menge	Spediteur
Servietten	3 Kisten	American Express Co.
Servietten	3 Kisten	Manhattan Shirt Co.
Servietten	3 Kisten	Muser Bros.
Silberwaren	1 Kiste	Tiffany and Co.
Sirup	10 Kisten	Auftrag
Sirup	25 Kisten	P.W. Engs and Sons
Spirituosen	1 Kiste	Acker, Merrall and Condit
Spirituosen	1 Kiste	Moquin Wine Co.
Spirituosen	2 Kisten	Auftrag
Spirituosen	190 Kisten	P.W. Engs and Sons
Spitzen	1 Kiste	H. Mallouk
Spitzen	1 Kiste	Naday and Fleischer
Spitzen	8 Kisten	Bardwill Bros.
Spitzenkragen	2 Kisten	Brasch and Rothenstein
Sportartikel	34 Kisten	A.G. Spanlding and Bros.
Spitzentücher	1 Kiste	G.H. Cobb
Spitzenware	1 Kiste	Gallia Textile Co.
Standuhren	2 Kisten	Auftrag
Stickereien	4 Kisten	Inhaber des Original-frachtbriefs
Stiefel	2 Kisten	Adams Express Co.
Stöcke	28 Sack	Rawstick and H. Trading Co.
Stoff	3 Kisten	Auftrag
Straußenfedern	12 Kisten	Inhaber des Original-frachtbriefs
Stroh	4 Ballen	Isler and Guve
Stroh	53 Pakete	Isler and Guve
Strohflechten	1 Kiste	American Express Co.
Strohhüte	3 Kisten	American Express Co.
Strohhüte	4 Kisten	Lustig Bros

Frachtgut	Menge	Spediteur
Strohwaren	13 Ballen	H.W. Peabody and Co.
Strumpfwaren	1 Kiste	James Jacobson
Strumpfwaren	3 Kisten	Thomas Meadows and Co.
Strumpfwaren	4 Kisten	American Express Co.
Tachometer	1 Kiste	American Express Co.
Tee	200 Pakete	Auftrag
Tee	285 Fass	Auftrag
Tee	437 Fass	Wright and Graham Co.
Tennisbälle	3 Kisten	R.F. Downing and Co.
Trockenfrüchte	8 Kisten	N.Y. and Cuba SS Co.
Tuch	1 Kiste	Pitt and Scott
Tüll [8]	1 Kiste	P.H. Petry and Co.
Tüll	2 Kisten	A.S. Metzger
Tüll	61 Kisten	P.K. Wilson and Son
Tweed	1 Kiste	American Express Co.
Ungehobeltes Holz	35 Sack	H. Blechoff and Co.
Verpackte Päckchen	1 Kiste	American Express Co.
Walnüsse	11 Kisten	Heidelbach, Ickelheimer and Co.
Walnüsse	100 Ballen	Brown Bros. and Co.
Walnüsse	100 Kisten	Inhaber des Original- frachtbriefs
Walnüsse	150 Kisten	Auftrag
Walnüsse	300 Kisten	First National Bank of Chicago
Wäsche	2 Kisten	P.K. Wilson and Sons
Wein	1 Kiste	Wakem and McLaughlin
Wein	3 Fass	Inhaber des Original- frachtbriefs
Wein	4 Kisten	Geo F. Dubois

[8] Tüll ist eine hauchdünne, oft gestärkte Seide, die im Allgemeinen für Schleier, Abendkleider oder Ballettkostüme verwendet wird.

Frachtgut	Menge	Spediteur
Wein	10 Dp.-Kisten	N.Y. and Cuba SS Co.
Wein	10 Fass	C.A.Van Renssaller
Wein	16 Fass	Geo.C. Dubois
Wein	42 Kisten	Wakem and McLaughlin
Wein	50 Kisten	Acker, Merrall and Condit
Wein	185 Kisten	H. Hollander
Wermut	6 Kisten	Geo F. DuBois
Whiskey	1 Kiste	Wells, Fargo and Co.
Wissenschaftliche Instrumente	1 Kiste	U.S. Export Co.
Wollfett	17 Pakete	Shieffelin and Co.
Wollstoffe	1 Kiste	E.H. Van Ingen and Co.
Wollstoffe	3 Kisten	Milbank, Leaman and Co.
Zahnpasta	1 Kiste	Park and Tilford
Zeitschriften	10 Pakete	International News Co.
Zeitschriften	12 Pakete	G.E. Stechert and Co.
Ziegenfelle	79	Inhaber des Original-frachtbriefs

Danksagung

Ich danke meinem Herausgeber Mike Lewis, der bei diesem Projekt vom Stapellauf bis zum sicheren Ankerplatz am Ruder blieb und dabei Eisberge aller Art umschiffte; meiner Schwägerin Linda Fantarella und ihrem Trauzeugen Steve für ihre Hilfe bei den Recherchen; der Titanic Historical Society, einer unerschöpflichen Quelle für alles »Titanische« (wozu auch ihre großartige Zeitschrift *Titanic Commutator* zählt); der University of New Haven Library; der Albertus Magnus Library; Merilee Choquette sowie Sue und Bob Leen von Minuteman Press

in East Haven; Jennifer Eldridge und Joanna Bell für ihre Hilfe
bei den Musical-Programmheften der *Titanic*; Cody Grater;
John White; Steven Schragis; meiner immer optimistischen
Mutter Lee; meinem lieben Freund Toni Capelli und natürlich
Pam und Carter.

Bildnachweis

Sämtliche Fotos und Illustrationen – sofern nicht anders angegeben – stammen aus dem Privatbesitz des Autors.

Seite 14: Postkarte des White-Star-Liners *Titanic*
Seiten 22/23: Querschnitt der Decks B, C und D der *Titanic*
Seite 40: Titelseite des »Report of Survey of an Immigrant
  Ship« (Bericht über die Untersuchung eines Immigrations-
  schiffes)
Seite 51: Fahrplan der *Olympic*
Seite 53: Menükarte zur Feier des Stapellaufs
Seite 85, links: Frühstückskarte der 2. Klasse
Seite 85, rechts: Mittagskarte der 2. Klasse
Seite 86: Speisekarte der 3. Klasse
Seite 93: Postkarte mit Abbildungen der Morsecodes für S.O.S.
  und C.Q.D., die aus dem Funkraum der *Titanic* verschickt
  wurden
Seite 94: Postkarte, welche die Kollision der *Titanic* mit dem
  Eisberg zeigt
Seite 147: Hinweis auf die Schließung des Kaufhauses Macy's,
  in Trauer über den Tod von Mr. und Mrs. Straus
Seite 166: Titelblatt des »Report on the Loss of the ›Titanic‹«
  (Bericht zum Verlust der Titanic) des britischen Handelsmi-
  nisteriums

Seite 188: Zeitungsausschnitt mit dem Kondolenztelegramm von König Georg V. von England

Seite 190: Postkarte, die Trauernde nach dem Untergang zeigt

Seite 192: Titelblatt des Abschlussberichts der Anhörung vor dem Unterausschuss des US-Senats

Seite 256: Das einzige bekannte, noch existierende Ticket der *Titanic*. Sein Besitzer, Reverend J. Stuart Holden, änderte in letzter Minute seine Pläne, da seine Frau erkrankte

Seite 273: Karte mit Angaben zur Eisgrenze und den Schiffen in der Nähe

Seite 290: Postkarte, die das Abfieren der Rettungsboote zeigt

Seite 312: Titelseite der *Evening Sun*, 15. April 1912

Seite 327: Postkarte mit Abbildung der Davits

Seiten 330/331: Titelseite des *Boston Daily Globe*, 16. April 1912

Seite 341: Titelseite der Abendausgabe des *Boston Daily Globe*, 16. April 1912

Seite 346: Eidesstattliche Erklärung von Margaret »Molly« Brown

Seite 366: Postkarte mit Ansicht der R.M.S. *Titanic*

Seite 393: Gedenkpostkarte

Seite 414: Fenster einer Kabine der 1. Klasse. Emory Kristof/ National Geographie Image Collection

Seite 436: Abschrift des Registerbriefs der *Titanic*, auf der in roter Tinte gekritzelt steht: »Register geschlossen am 31. Mai 1912. Schiff untergegangen im Atlantischen Ozean, 14. April 1912. Registerbrief mit dem Schiff verloren.«

Seite 438: Der berüchtigte Eisberg, mit dem die *Titanic* kollidierte

Seiten 508/509: Ausschnitt aus dem CD-Booklet zu »Titanic: A New Musical«